DUMONT

Reise-Taschenbuch

dominikanische republik

Philipp Lichterbeck

Senkrechtstarter

Der Karibikdschungel ist ein Ort der Sehnsucht: Hier gibt noch die Natur den Ton an, hier wächst alles ungezähmt, hier leben exotische Tiere. Zum Dschungel gehört das Wasser. Der ewige Kreislauf von Verdunstung, Wolkenbildung, Regen, Photosynthese. Klare Flüsse bahnen sich ihren Weg unter dem Blätterdach des Waldes. Und wenn ein Abhang kommt, stürzen sie sich hinunter, wie hier der Río Limón auf der Halbinsel Samaná. Dann entstehen fantastische Wasserfälle, die uns daran erinnern, dass die größte Künstlerin die Natur ist.

Überflieger

Hier machten die Spanier ihren ersten Siedlungsversuch
Ruinas La Isabela
Bunte Altstadt
Monte Cristi
Punta Rica
Gugelhupf mit Aussicht
Brütendes Nest
27 Charcos de Damajagua
Puerto Plata
La Ola
Cabarete
Ins Wasser fallen
Haiti schnuppern
Dajabón
Santiago de los Caballeros
Das Haus der drei Schmetterlinge
Salcedo
Im Land von Tabak und Rum
Restauración
Pendeln zwischen zwei Welten
Der höchste Gipfel der Karibik
Santo Cerro
Ein Kreuz von Kolumbus
Pedro Santana
Jarabacoa
Aktiv sein!
Pico Duarte
Constanza
Im Knoblauchtal
Abenteuer Straße
Down under
Wo Hexen und Zauberer hausen
San José de Ocoa
Lago Enriquillo
Immer der Küste nach
San Cristóbal
Barahona
Las Salinas
Hier blüht der Kaffee
Sand, Sand, Sand
Immer dem Zucker nach
Polo
Pedernales
Bunte Marktwirtschaft
Laguna de Oviedo
Schlammpackung gefällig?

Die Dominikanische Republik — vom Atlantik und dem Karibischen Meer umbrandet! Mal eben drüberfliegen, von West nach Ost und von Nord nach Süd. Viel Meer, viel Küste, viele Berge, viel Urlaub!

Querfeldein

Ein bunter Flecken Erde — Dieses Land ist ein Phänomen! So viele verschiedene Landschaften kann man durchqueren: Dschungel und Wüsten, Reisfelder und Gebirge. Es gibt so viel zu entdecken und so viel zu unternehmen. Brechen Sie auf!

Sonne, Sand und Palmen

Der ›Traumstrand‹ ist das Erste, was viele mit der Dominikanischen Republik verbinden. Auf fast 1300 km Küstenlinie ist für jeden einer dabei: Vom Hotelstrand mit Rundumservice bis zum einsamen Robinson-Hideaway. Es gibt Strände mit Puderzuckersand und andere mit warmen Kieseln. Palmen säumen meist die Ufer, das Meer funkelt türkis, ist klar und warm. Klingt kitschig, ist aber so.

Die Berge

Die Dominikanische Republik kann auch Berge. Und was für welche! Im Inselzentrum erhebt sich das höchste Gebirge der Karibik. Neben dem touristisch entwickelten Jarabacoa als Basis für Wanderungen empfehlen sich für Abenteuer das kleine Polo in der Sierra de Baoruco oder das bukolisch gelegene San José de las Matas am Fuß der Zentralkordilleren. Die Temperaturen sind angenehm, das Essen deftig, die Menschen ernster als an der Küste.

Die Wüste

Hitze, Kakteen, Leguane. Menschenleere. Die Península de Pedernales ist anders, als man es auf einer Karibikinsel erwarten würde – zumindest der westliche Teil, wo das Meer an trockenes Buschland grenzt. Am eindrücklichsten erlebt man das in der Bahía de las Aguílas beim Grenzstädtchen Pedernales.

An einem warmen Abend auf dem kleinen Parque Duarte in Santo Domingos Altstadt sitzen, von einer Bank oder einem Bartisch aus dem Treiben der Bohème zuschauen, ins Gespräch kommen, Freunde finden, einen Snack aus der Bar de Yura essen, einen Rum probieren, vielleicht eine Zigarre rauchen. In den karibischen Rhythmus kommen.

Zeitreisen

Santo Domingo ist die erste europäische Stadt auf dem amerikanischen Kontinent und in ihrem historischen Zentrum stehen die erste Kirche, die erste Festung sowie das erste Hospital der Neuen Welt. Es braucht nur wenig Vorstellungskraft, um sich hier ins 16. Jh. zurückdenken. Auch auf dem Land gibt es viele geschichtsträchtige Orte. Die Ruinas La Isabela bezeichnen den Ort der ersten spanischen Siedlung in Amerika. Im Casa Ponce de León bei Boca de Yuma hauste der gleichnamige, berühmt-berüchtigte Konquistador und in der Cueva de las Maravillas östlich von San Pedro de Macorís finden sich fantastische Malereien der Ureinwohner.

Wie kommunizieren?
Dominikaner sind sehr offen und fast immer für ein Schwätzchen zu haben. Ob bei einer Fahrt im Sammeltaxi oder beim Bier in einer Strandkneipe. In welcher Sprache? Wer ein paar Worte Spanisch beherrscht, hat es leicht, ansonsten tun es auch Hände und Füße.

»Gringo« – wundern Sie sich nicht, wenn Sie so angesprochen werden! Für die Dominikaner ist jeder Ausländer erst mal ein Gringo.

Die Musik

Die Dominikaner sind musikverrückt. Immerzu muss es irgendwo dudeln, und meistens auch sehr laut: im Bus, im Taxi, im Colmado, im Restaurant oder am Strand. Das kann nerven, gehört aber einfach dazu. Das Schöne an der Sache ist, dass die Dominikaner fleißig einheimische Musik mit spanischen Texten hören und weniger US-Konserven wie wir. So gut wie immer ist die Musik auch tanzbar. Merengue und Bachata sind die meistgehörten Genres. Bereiten Sie Ihre Ohren also vor.

Inhalt

Vor Ort

Santo Domingo 14

Die Zwiebeln und Bananen kann man kaufen. Der Hahn ist nicht für den Kochtopf bestimmt, sondern für eine Kampfarena und des dominikanischen Machos liebstes Spielzeug – neben den Frauen.

Der Osten 54

Der Südwesten 90

Das Landesinnere 120

Puerto Plata und die Nordwestküste 156

Die Nordküste von Sosúa bis Samaná

Das Kleingedruckte

Das Magazin

Vor

Farbreichtum! Ob in der Natur oder auf den Gemälden der Maler: Die Dominikanische Republik präsentiert sich bunt. Da kann man dann auch über künstlerisch zweifelhafte Graffiti an alten Gemäuern hinwegsehen.

Ort

Santo Domingo

Die Stadt ist ein Muss! — Neben viel Historie hat sie jede Menge urbanes Flair. Sie kann stressig sein, aber auch angenehm entspannt und beschaulich. Santo Domingo ist sehr alt und ganz jung zugleich. Ein aufregendes Spannungsfeld.

Seite 17

Altstadt ✪

Der historische Stadtkern ist einzigartig in Amerika und gehört zum UNESCO-Weltkulturerbe. Den atmosphärischen Zauber, der von ihm ausgeht, muss man erlebt haben. Alte Gemäuer, tolle Museen, hippe Bars und Geschäfte.

Seite 20

Catedral Santa María la Menor

Die Besichtigung der ersten Kathedrale der Neuen Welt lohnt sich auch für Geschichtsmuffel – und sei es nur, um dem Freibeuter Sir Francis Drake nachzuspüren, der hier einst biwakierte.

Guyabera heißt das traditionelle Leinenhemd der Herren.

Eintauchen

Seite 31

Alcázar de Colón

Eine Zeitreise in die feudale Welt der frühen Kolonie gefällig? Besuchen Sie das prächtigste Privathaus der Altstadt mit seiner kostbaren Ausstattung, die das Leben im 16. Jh. veranschaulicht.

Seite 33

Calle El Conde

Die Conde, wie sie kurz genannt wird, ist die quirlige Abwechslung zur gediegenen Altstadt. Mit ihren unzähligen Geschäften, Souvenirläden, Cafés, Restaurants und Supermärkten entfaltet sich hier das dominikanische Leben in seiner bunten Vielfalt.

Seite 40

Teleférico de Santo Domingo

Man schwebt über den Río Ozama bis an die Peripherie der Stadt, genießt weite Ausblicke und erlebt dominikanischen Alltag abseits der Touristenströme.

Seite 41

Jardín Botánico

Sie sind in einem tropischen Land und sollen dennoch einen Botanischen Garten besuchen? Dieser hier gilt als der schönste der Karibik!

Seite 42

Faro a Colón

Die im wörtlichen Sinne größte Sehenswürdigkeit von Santo Domingo ist der Faro a Colón, der ›Leuchtturm des Kolumbus‹. Er hat die Form eines liegenden Kreuzes und ist das megalomanische Symbol der Entdeckung Amerikas.

&

Seite 49

Espandrilles & Drinks

In der Alpargatería kann man nach hippen Schuhen stöbern und seinen Einkauf danach mit einem Bier oder Cocktail begießen – zwei in einem, lautet das Konzept dieses Ladens.

Die dominikanische Flagge zeigt in der Mitte eine kleine Bibel, aufgeschlagen bei dem Vers: »Und die Wahrheit wird euch frei machen.«

La Capi, so nennen die Dominikaner Santo Domingo leicht flapsig. Der Spitzname steht für La Capital – ›die Hauptstadt‹.

erleben

Die Älteste der Neuen Welt

S

Schicke Geschäfte und Galerien, nette Cafés, große Museen, Universitäten, belebte Plätze, moderne Einkaufszentren, zwei U-Bahn-Linien. Seit Neuestem hat Santo Domingo sogar eine Drahtseilbahn, aus der Sie alles von oben bestaunen können. Auch damit unterstreicht die älteste Stadt der Neuen Welt wieder einmal ihren Status als modernste Metropole der Karibik.

Zur Wahrheit gehören noch ein paar andere Fakten. Wie jede lateinamerikanische Großstadt hat Santo Domingo mit Problemen zu kämpfen: Außerhalb der Altstadt staut sich der Verkehr, in manchen Vierteln herrschen Kriminalität und Unsicherheit, es gibt riesige Armenviertel mit Häusern aus Blech und Holz, ohne fließend Wasser und Strom. Dies ist eine Folge des schnellen und unkontrollierten Wachstums der 3-Mio.-Stadt, die noch 1960 nur 370 000 Einwohner hatte.

Heute lebt in der dominikanischen Hauptstadt ein Drittel der Gesamtbevölkerung. Hier laufen alle politischen, wirtschaftlichen und kulturellen Fäden des Landes zusammen. Die Metropole ist auch Durchgangsstation für Reisende auf dem Weg zwischen Ost und West, Nord und Süd.

ORIENTIERUNG

O

Touristeninformation: Palacio Borgellá, Calle Isabel la Católica, schräg gegenüber der Kathedrale am Parque Colón, tgl. 9–15 Uhr.
Anreise und Weiterkommen: Wegen der chaotischen Verkehrssituation in Santo Domingo ist die Anreise per Mietwagen nicht zu empfehlen. Die Altstadt lässt sich problemlos zu Fuß erkunden. Für Fahrten in die Neustadt bieten sich Taxis, Uber oder die U-Bahn (s. S. 51) an.
Planung: Die meisten Touristen kommen nur für einen Tagesausflug nach Santo Domingo. In dieser Zeit kann man zwar die Altstadt kurz durchstreifen, wird aber kaum etwas mitbekommen von der besonderen Stimmung, die v. a. abends herrscht, in einem der zahlreichen Lokale mit Tischen im Freien zwischen uralten Mauern. Wer kann, sollte also mindestens einen zweitägigen Aufenthalt einplanen.

Obwohl es mit dem Naturwunder Tres Ojos und dem Faro a Colón auch andere touristische Attraktionen gibt, bleibt die größte Sehenswürdigkeit von Santo Domingo das außerordentlich gut erhaltene historische Zentrum.

Altstadt

Karte 3, C3

Auf Zeitreise

Den atmosphärischen Zauber, der heute von der **Altstadt** Santo Domingos ausgeht, muss man erlebt haben, den kann man nicht beschreiben. Relativ überschaubar, verkehrsberuhigt, mit über 500 Jahre alten, wohlproportionierten Gebäuden aus hellen Steinquadern ist sie ein gutes Beispiel für eine geglückte historische Sanierung. Der Beginn der spanischen Kolonialisierung Amerikas wird hier greifbar – und man kann sich beim Gang durch die Gassen mit etwas Fantasie in die abenteuerliche Anfangszeit der Eroberung zurückversetzen.

F

FAKTENCHECK

Einwohner: ca. 3 Mio.
Bedeutung: Hauptstadt der Dominikanischen Republik
Stimmung auf den ersten Blick: laut, hektisch und chaotisch
Stimmung auf den zweiten Blick: In der Altstadt kann man es mehr als gut aushalten, hier ist es entspannt, zurückgelehnt – und verkehrsberuhigt.
Besonderheiten: Santo Domingo ist der politische, wirtschaftliche und kulturelle Knotenpunkt des Landes. Hier laufen die Fäden zusammen, hier ist es modern, hier lebt die Elite.

Neu in Alt

Aber nicht alles ist alt hier. Hinter den Gemäuern öffnen immer häufiger nette Cafés, spannende Galerien, alternative Restaurants und originelle Unterkünfte. Kaum irgendwo auf der Insel sitzt man schöner als in der Altstadt mit ihren vielen Plätzen. Es gibt den Parque Colón mit sei-

An vielen Stellen in der Altstadt von Santo Domingo öffnen sich kleine oder auch größere Plätze. Man kann hier die entspannte Atmosphäre auf sich wirken lassen, Eis- und Obstverkäufer sind meist nicht weit.

Die Eingangstür wird von der typischen Kordel des Franziskanerordens gerahmt. Das Haus heißt dementsprechend: Casa del Cordón (›Kordelhaus‹).

nen großen Bäumen. Es gibt die Plaza de España mit ihren Restaurants, den Parque Duarte, der von einer alternativen Szene frequentiert wird, und einen Block weiter den etwas schickeren Parque Billini.

Das historische Zentrum, das unter dem Welterbeschutz der UNESCO steht, wurde mit internationalen Geldern aufwendig renoviert. Und in diesem Zuge auch verkehrsberuhigt. Das zahlt sich aus, weil nun viel Platz für Fußgänger da ist. Flanieren Sie also durch die Gassen. Erkunden Sie die Kirchen und Festungen, die Häuser mit ihren Patios. Besuchen Sie Galerien und stilvolle Lädchen. Nehmen Sie sich Zeit. Hier begann die Geschichte Amerikas. Und hier wird sie fortgesetzt.

Was bisher geschah – ein bisschen Historie

Die Spanier setzen sich fest

Die Geschichte Santo Domingos ist eng mit einem der großen Wendepunkte der Weltgeschichte verwoben: der Ankunft der Spanier auf der Insel an Weihnachten 1492. Vier Jahre später bauten sie schon auf der Ostseite des Río Ozama eine Siedlung und nannten sie Nueva Isabela. Dann kam ein Hurrikan und zerstörte sie.

Also machte Inselgouverneur Nicolás de Ovando einen zweiten Versuch und ließ die Stadt 1502 auf die Westseite des Flusses verlegen. Er taufte sie Santo Domingo de Guzmán, nach dem Gründer des Dominikanerordens, dem heiligen Dominicus bzw. bürgerlich Domingo de Guzmán Garcés. Zwei Jahre darauf wurde Santo Domingo zum Bistum Roms erhoben, weitere fünf Jahre später zur Hauptstadt des Vizekönigreichs Neuspanien mit Diego Kolumbus als erstem Vizekönig, dem Sohn von Christoph Kolumbus.

Aufstieg und Abstieg

Die folgenden Jahre waren die wohl ruhmreichste Epoche Santo Domingos. Die Stadt wurde ›Schlüssel zu den Westindischen Inseln‹ genannt, weil die Schiffe auf ihrem Weg in die Karibikregion hier Halt machten. Der Ruhm überdauerte aber kaum die erste Hälfte des 16. Jh.: Als zu unergiebig erwiesen sich die Goldminen auf der Insel, und die indigene Bevölkerung dezimierte sich rasch durch Krankheiten und Sklavenarbeit.

Mindestens ebenso ausschlaggebend für die zunehmende Bedeutungslosigkeit Santo Domingos waren die Eroberungen von Mexiko und Peru, wo es Gold und Silber zuhauf gab – diese Reichtümer hatten die Spanier ja über die Weltmeere getrieben. Schon ab den 1520er-Jahren wurden Mexiko und Peru zu den Hauptzielen der Konquistadoren und bereits ab 1528 reglementierte die spanische Krone die Abwanderung von Hispaniola, um den Niedergang abzuwenden. Vergebens. Das Interesse der Spanier an Hispaniola und Santo Domingo erlosch endgültig 1586, als der englische Freibeuter Francis Drake die Stadt plünderte (s. S. 246).

Der Pirat und der Diktator

Es war klar: Der Ort war zu unsicher geworden, um weiter als Zwischenlager für Goldtransporte zu dienen. In den folgenden langen Jahren der Misere blieb Santo Domingo eine Provinzstadt. Noch 1860 war sie nicht über die Stadtmauern hinausgewachsen, die sie bereits im 16. Jh. umfasst hatten. Und selbst 1940 lästerte ein Kritiker über die mittlerweile größte Stadt der Karibik, sie sei ein »motorisiertes Dorf«.

Einen Tiefpunkt erlebte Santo Domingo während der Herrschaft des Diktators Rafael Trujillo (s. S. 251) zwischen 1930 und 1961, ein Egomane, der die Stadt in Ciudad Trujillo umtaufen ließ. Aber im Widerstand gegen den Tyrannen entwickelten sich auch eine Demokratiebewegung sowie die bis heute aktive Kunst- und Intellektuellenszene.

Parque Colón

Der Entdecker in Lebensgröße

Der **Parque Colón** ist der gefühlte Mittelpunkt der Dominikanischen Republik. Er ist Treffpunkt von Liebespaaren, Kutschern und Flaneuren. Man liest, döst, trinkt einen Kaffee oder raucht eine Zigarre unter ausladenden Bäumen.

Exakt in der Mitte des Platzes ragt das **Monumento a Cristóbal Colón** ❶ auf. Christoph Kolumbus in Strumpfhosen, Rock und Umhang, seine halblangen Haare wehen im Wind. Der Bronzeadmiral zeigt nach Norden, also zu der Küste, an der er erstmals seinen Fuß auf die Insel setzte. Die vier Schiffsrümpfe am Denkmalsockel symbolisieren Kolumbus' insgesamt vier Reisen in die Neue Welt. Zu seinen Füßen reckt sich die Figur einer halbnackten Indianerin, die den Namen Colón in den Stein ritzt. Es soll sich um Anacaona handeln, die ›Goldene Blume‹, Königin von Xaragua im Süden des heutigen Haiti. Sie war eine der fünf Taíno-Kaziken, die die Insel beherrschten, als die Spanier anlandeten, und die erste Indigene, die lesen und schreiben konnte. Da Anacaona rebellisch war, ließ der Inselgouverneur Nicolás de Ovando sie 1504 in einen Hinterhalt locken und aufhängen. Man darf die Skulptur aus dem Jahr 1887 daher ruhig zynisch finden.

Neue Zeiten, neue Architektur

Der Park ist der beste Ort, um eine Besichtigung der Altstadt zu beginnen. Denn hier kommt alles zusammen, Geschichte und Aktualität: der Seefahrer mit den unvermeidlichen Tauben auf seinem Kopf, die Nonnen, die aus der Kathedrale strömen, eine kleine Merengue-Truppe, gedankenversunkene Schachspieler und Touristen in Selfieposen. Ich genieße es jedes Mal, mich auf eine der Bänke zu setzen und die Atmosphäre aufzusaugen. Hier kann man runterkommen, sich akklimatisieren, den Alltag vergessen.

Und man kann sich vorstellen, wie auf dem Platz einst ein öffentlicher Brunnen stand. Hier wurden Märkte abgehal-

B

BUMMELN MIT DER BAHN

Wer wenig Zeit hat, dem sei der Minizug **Chu Chu Colonial** empfohlen, der von der nordöstlichen Ecke des Parque Colón startet und eine 45-minütige Runde durch die Altstadt dreht (Calle Conde, Ecke Calle Isabel la Católica, tgl. 9–17 Uhr, Tickets in der Touristeninformation im Palacio Borgellá, 12 US-$).

A

SCHNITZELJAGD ZU DEN ANFÄNGEN AMERIKAS

In Santo Domingo kommt man an einem Mann nicht vorbei: Christoph Kolumbus. Wer nicht viel Zeit hat und dennoch das Wesentliche seiner Historie in der Stadt sehen will, folgt diesen Spuren: Den Mittelpunkt der Altstadt bildet der **Parque Colón** (s. S. 19) mit – logisch – einer Kolumbusstatue, dem **Monumento a Cristóbal Colón** ❶. Im Rücken des Entdeckers steht die **Catedral Santa María la Menor** ❹ (s. unten), wo lange Zeit die Gebeine von Kolumbus lagen. Die **Fortaleza Ozama** ⓱ (s. S. 29) ist der Ort, an dem Kolumbus mit seinem Bruder Bartolomeo im Kerker saß. Kolumbus' Sohn Diego, der Vizekönig von Hispaniola, regierte vom **Alcázar de Colón** ㉔ (s. S. 31) aus. In diesem Palast planten die Spanier die weitere Eroberung Amerikas. Und ganz zum Schluss wieder die Knochen von Christoph Kolumbus: Sie liegen nun im **Faro a Colón** W (s. S. 42).

ten, es fanden Kirchenfeste, Reiterspiele und Stierkämpfe statt. Feuerwerke wurden gezündet. Damals öffneten sich die Häuser mit ihren Loggien, Balkonen und Galerien zum Platz hin, so wie man es heute in spanischen Städten sieht. Aber diese Bebauung wurde im 19. Jh. durch eine zeittypische Prunk-Architektur ersetzt, für die die **Casa Consistorial** ❷ mit ihren Arkaden und dem vierstöckigen runden Uhrturm (die Anzeige stimmt nie) ein gutes Beispiel ist. Schräg gegenüber liegt das traditionsreiche **Café El Conde,** in dem man gut sitzen und dem Treiben zuschauen kann. Gleich daneben schließt sich eine kleine Einkaufszeile mit Souvenirläden, Bars und dem **Restaurant Jalao** an, wo oft Bachata- und Salsakonzerte stattfinden.

Ein Haus mit vielen Funktionen

Der **Palacio Borgellá** ❸ an der Ostseite des Platzes wurde 1825 ursprünglich für den Stadtgründer Nicolás de Ovando erbaut und später nach dem einstigen haitianischen Gouverneur Gerónimo Borgellá benannt. Das ist eine Besonderheit. Man erinnert sich nicht gerne an die haitianische Besatzung. Der Palast hatte danach mehrere Funktionen: Hier tagte 1862 die königliche Audienz nach dem anachronistischen Wiederanschluss an Spanien, er war weiterhin Gerichtsgebäude, Senatssitz, Kunstschule und beherbergt nun die Touristeninformation (s. S. 16).

Catedral Santa María la Menor

Die erste Kirche Amerikas

Sie hat gleich mehrere Namen: **Catedral Santa María la Menor** ❹**,** Catedral Primada de América oder Basílica Menor de Santa María. Am schönsten aber ist: Santa Iglesia Catedral Basílica Metropolitana de Nuestra Señora Santa María de la Encarnación. Alles klar? Gut.

Die Catedral Santa María la Menor ist Amerikas erste Kirche – und ein Symbol: für die Kolonisierung im Zeichen des Kreuzes, die Amerika so geprägt hat. Begonnen wurde der Bau 1521 und in seinem zentralen Teil 1540 abgeschlossen. 1546 kam aus Rom die Ernennung zur Kathedrale für alle christlichen Gemeinden der Neuen Welt. Dann wurde es still um sie, weil Santo Domingo in Vergessenheit geriet. Erst 1877 rückte die Kirche wieder in den Mittelpunkt, als man hier das Grab von Kolumbus entdeckte und ein Streit um dessen Knochen begann (s. S. 43). Zu Beginn des 20. Jh. wurde die Kirche zu einer ›minderen‹ *(menor)* Basilika herabgestuft und damit den römischen Basiliken (fast) gleichgestellt.

Aus mächtigen Quadern erbaut und mit Zinnen gekrönt, ist der Bau ein gutes Beispiel für die Wehrkirchen, die im Spanien der Eroberungen charakteristisch waren. Man musste sich verteidigen. Es fallen aber auch feinere Elemente auf – für Kunsthistoriker ist der Bau eine Augenweide.

Mo–Sa 8–17 Uhr, 50 RD-$, Audioführer 70 RD-$ (auch auf Deutsch)

Santo Domingos Schmuckstück

An der reich verzierten **Ostfassade** prangen arabische Mudéjar-Elemente und für die Zeit typische platereske Applikationen. Die **Nordfassade** dominieren gotische Bögen. Auffällig ist der Glockenturm, der einem Stumpen gleicht. Sein Bau wurde abgebrochen, da die anvisierte Höhe ein Sicherheitsrisiko für die Stadt dargestellt und den Festungsturm am Río Ozama übertroffen hätte.

So viel zum Äußeren. Ihren wahren Reichtum offenbart die Catedral Santa María la Menor in ihrem Inneren: Sie ist die einzige gotische Kirche der Neuen Welt.

Auch Piraten waren schon hier

Man betritt sie durch das streng gotische **Südportal (1),** das als **Puerta del Perdón** (›Tor der Vergebung‹) eine besondere Funktion hatte. Wer es erreichte, bekam Asyl, wenn er ein politisch Verfolgter war. War er nur ein gemeiner Verbrecher, wurde ihm ein ordentliches Verfahren garantiert. Seinen Tiefpunkt erlebte das Gotteshaus, als 1586 der englische (und anglikanische, also anti-katholische!) Freibeuter Sir Francis Drake hier mit seinen Soldaten biwakierte und randalierte (s. S. 246).

Im Inneren fällt gleich das strenge Gewölbe auf, das in dieser chaotisch-heiteren Stadt etwas fremd erscheint. Die Kirche ist wie eine gotische Hallenkirche gebaut, die den Grundriss eines lateinischen Kreuzes hat. Hinter den zwei Reihen von Pfeilern, die das Netzgewölbe und die zwei Seitenschiffe stützen, liegen 14 Kapellen. Jede hat ein besonderes Gesicht.

Der Jungfrau gebührt die Ehre

Auf der Nordseite ruht der Kirchengründer Bischof Geraldini. Sein Sarkophag wird von zwei steinernen Löwen getragen, die der Kapelle ihren Namen gaben: **Dos Leones (2).** Es folgt die Kapelle der Zwillingsbrüder und Märtyrer **Cosmas und Damian (3)** mit einem marmornen Grabmal des Erzbischofs Meriño, der im späten 19. Jh. ein bekannter Politiker war.

Die nächsten beiden Kapellen sind der Maria geweiht: die der **Virgen de la Luz (4)** (›Jungfrau des Lichts‹), in der eine Reliquie des hl. Maximus aufbewahrt wird, und die der **Maria da Altagracia (5)** (›Maria der Gnadenreichen‹) mit einem kleinen Marienbildnis aus Holz. Bis 1944 standen hier die Särge und Urnen der Nationalhelden, die heute im Panteón Nacional (s. S. 30) zu finden sind.

In der letzten Kapelle auf der Nordseite hängt schließlich das älteste und

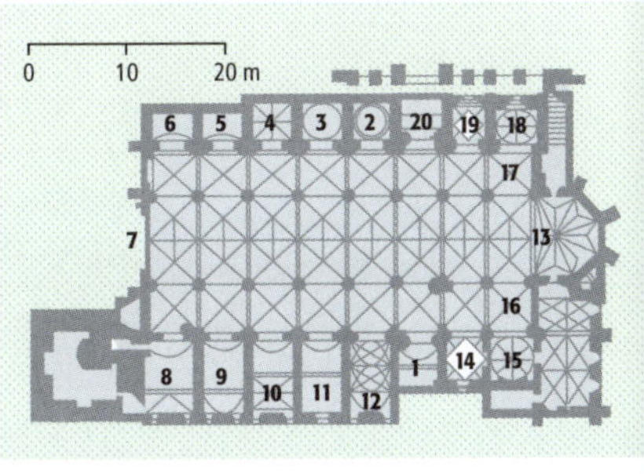

Catedral Santa María la Menor

wertvollste Gemälde der Kathedrale, ein Geschenk von Spaniens Monarchen, den Reyes Católicos (›Katholische Könige‹). Es stammt von 1523 und zeigt die **Virgen Antigua (6).**

Sie ist die Schönste

Man kommt nun am früheren **Hauptportal (7)** vorbei, das auf einen abgeschlossenen Vorhof führt. Werfen Sie von außen einen Blick auf die Fassade, die als Meisterwerk des plateresken Stils gilt.

Neben der Kapelle **Jesús al Pilar (8)** (›Jesus an der Säule‹) liegt die Kapelle der **Virgen de Candelaria (9)** (›Jungfrau von Candelaria‹), die von den Bruderschaften der Mandingo- und Biafra-Sklaven verehrt wurde.

Vorbei an den relativ späten Kapellen des **Franziskus (10)** und des **San Pedro (11),** die häufig ihre Namen und Zuordnungen wechselten, gelangt man zur letzten Kapelle vor dem Südportal. Sie ist dem **Santísimo Sacramento (12)** gewidmet und gehört dank ihres Reichtums im Gewölbe und am Altar sowie dem silbernen Tabernakel zu den bedeutendsten Kapellen der Kirche. In den Boden eingelassen ist das Grab von Diego Caballero, einem frühen Konquistador.

Er sponserte den Kirchenbau

Am Kirchenkopf steht der imposante **Hochaltar (13),** um den sich vier Kapellen und verschiedene Gemälde gruppieren. Sie gehören zu den ältesten und wertvollsten der Kirche. Da ist rechter Hand zunächst die **Taufkapelle (14)** mit dem Gemälde »Maria der unbefleckten Empfängnis« aus dem 17. Jh. Daneben folgt die Kapelle **Santa Ana (15),** die einen interessanten Stilmix aufweist: ein gotischer

Freunde treffen. Ein Bier oder einen Rum trinken. Auch Snacks gibt es im Parque Duarte. Er ist ein beliebter abendlicher Treffpunkt von Einheimischen und Reisenden.

Türpfosten, ein Renaissancegewölbe, ein plateresker Altar und Kachelschmuck aus Sevilla. Im Kapellengrab liegt Rodrigo de Bastidas, ein umstrittener Kirchenfürst der frühen Kolonialzeit. Der Reichtum seiner Familie ermöglichte 1540 die Fertigstellung der Kathedrale.

Rechter Hand wird der Hochaltar flankiert von einem **Ave Maria (16)** genannten Altar aus dem 18. Jh., der ein Gegengewicht zum **Reliquienaltar (17)** auf der linken Seite darstellt. Beide Bildnisse zeigen viel vom spirituellen Selbstverständnis der Dominikaner: Maria wird im Himmel gekrönt, während die Katholischen Könige Spaniens betend zu ihr aufblicken.

Linker Hand des Altars öffnet sich die Kapelle der **Ánimas (18)** (›Seelen‹). Ihr Name ist auf ein mittlerweile verschwundenes Bild zurückzuführen, das das Leiden der Seelen im Fegefeuer zeigte. Im schlichten Sarkophag soll der erste Erzbischof der Kolonie, Fuenmayor, ruhen. Die Kapelle mit den gotischen Schmuckbögen links daneben ist die älteste der Kathedrale. Beachten Sie die elegante Marienstatue mit schwarzem Mantel in der Altarmitte. Es ist die **Virgen de los Dolores (19)** (›Schmerzensreiche Jungfrau‹).

Man verlässt die Kirche durch das meisterhafte spätgotische **Nordportal (20)** mit seinen drei übereinanderliegenden Bögen. Den ersten krönt ein Wappen mit einer Lilienvase, ein von der Kathedrale in Sevilla übernommenes Motiv.

Calle Padre Billini

Die **Calle Padre Billini** ist eine meiner Lieblingsstraßen. Ganz entspannt flaniert man hier durch die Weltgeschichte und kommt immer wieder an idyllischen Orten vorbei, an denen man die Kamera zücken und sich setzen möchte.

Der Freund der Kinder

Schon 1556 gab es in Santo Domingo ein Frauenkloster, das erste der Neuen Welt. Es gehört zum Klarissenorden und ist der **Iglesia de Santa Clara** ❺ angeschlossen. Schräg gegenüber öffnet sich ein Platz, **El Patio,** mit einigen Fastfood-Angeboten (u. a. Fisch), falls es Sie schon zu Tisch zieht.

Richtung Westen gelangt man gleich zum **Parque Billini** mit dem **Monumento a Don Francisco Billini** ❻. Ein Kind blickt zu dem Geistlichen (1837–96) auf, der sich für Arme, Kranke, Behinderte und Kinder einsetzte. Er gründete Schulen, Hospitäler, Zeitungen (eine trug den Namen »Der Freund der Kinder«) und eine Lotterie zugunsten Bedürftiger. Auf dem hübschen Platz gibt es zwei auf der schickeren Seite verortete Restaurants: **Lulú Tasting Bar** (mit umfangreicher Weinkarte, tgl. 10–3 Uhr) und das recht neue **Time Vegetarian Kitchen** (tgl. 12–23 Uhr), ein empfehlenswerter Vegetarier. Direkt gegenüber lädt das sehenswerte **Casa de Tostado** zu einem Besuch im **Museo de la Familia Dominicana** (53) (s. S. 43) ein.

Anklage gegen die Spanier

Natürlich findet sich auch auf der **Plaza Bartolomé de las Casas** ein Denkmal, das **Monumento a Bartolomé de las Casas** ❼. Der Mönch (1484–1566) verfasste den weltberühmten »Bericht von der Verwüstung der westindischen Länder«. Darin beschreibt er den Völkermord der Spanier an den Ureinwohnern der Karibik. Es ist eine große Anklageschrift, die bis heute die Vorstellung von der Eroberung Lateinamerikas prägt. An manchen Tagen findet auf dem Platz ein Markt für Kunsthandwerk statt.

Ein Drink auf den Befreier

Denkmäler über Denkmäler. Auch der **Parque Duarte** hat eins, das **Monumento a Juan Pablo Duarte** ❽, das den schnauzbärtigen Befreiungshelden und Republikgründer zeigt. Der Ort ist geschichtsträchtig und leicht gruselig. Hier wurde – lange vor Duarte (1813–76) – die indigene Königin Anacaona hingerichtet, weil sie sich weigerte, den Spaniern als Konkubine zu dienen. Der englische Freibeuter Francis Drake wiederum soll hier mehrere Mönche exekutiert haben (als Anglikaner mochte er die Katholiken nicht). Heute wird der Platz jeden Abend von einem alternativen Publikum bevölkert, das sich aus den drei Bars mit Bier, Rum und hervorragenden Snacks (Bar de Yura!) versorgt.

Mystiker und Ankläger

Genau gegenüber dem Parque Duarte stand früher eines der wichtigsten sakralen Ensembles von Santo Domingo, das zwischen 1524 und 1532 erbaute **Dominikanerkloster.** Erhalten, aber leider meist geschlossen ist die **Iglesia de los Dominicos** ❾, in der sich aufgrund späterer Umbauten Stilelemente der Gotik, Renaissance, des Barock und der Neoklassik mischen. Das zeigt sich bereits an der schönen Terrakottafassade mit ihrem gotischen Bogen, dem Renaissancegesims, den Sevillakacheln und dem barocken Weinstock, die ein harmonisches Gesamtbild vermitteln. Sollten Sie Glück haben und der Bau steht offen, finden Sie im Inneren einen angeblich von Karl V. gestifteten Hochaltar aus dem 18. Jh. mit dem österreichischen Doppeladler über dem Bild des hl. Dominicus. Aber wahrscheinlich ist das Ding wie so häufig geschlossen. Gegenüber liegt die **Capilla de la Tercera Orden** ❿ (›Kapelle des Dritten Ordens‹) von 1559.

Auf dem freien Platz zwischen den Gebäuden befand sich einst die **Universidad de Santo Tomás de Aquino,** gegründet 1538. Sie war nach dem Mystiker Thomas von Aquin benannt. Hier lehrte der Mönch Antonio de Montesinos, der noch vor Bartolomé de las Casas die Grausamkeit der Spanier gegen die Ureinwohner anprangerte. Dafür setzte man ihm 1982 an der Uferpromenade ein beeindruckendes Denkmal (s. S. 28).

Weshalb verbarg er sein Gesicht?

Casa del Tapao ⓫ heißt übersetzt ›Haus des Verhüllten‹. Ein seltsamer Name. Er kommt daher, dass sein einstiger Besitzer stets sein Gesicht verborgen hielt. Der Legende nach war er ein verbannter Zwillingsbruder des spanischen Königs. Andere Quellen berichten, er sei durch die Lepra entstellt gewesen. Heute ist in dem Gebäude die **Quinta Dominica** untergebracht, eine sehenswerte Kunstgalerie mit herrlichem Patio-Café (s. S. 25).

Übernachten auf großem Fuße

Exklusiver übernachten in Santo Domingo als im **Hotel Casas del XVI** (www.casasdelxvi.net) geht kaum. Fast gleich daneben befindet sich das **Hotel Billini** 8, dessen Patio und Dachterrasse Sie besuchen können. Beide stehen für einen Trend im historischen Zentrum: Luxusunterkünfte in aufwendig renovierten historischen Gemäuern. Die Entwicklung ist zweischneidig. Sie trägt zum Erhalt des lange vernachlässigten Zentrums bei, gleichzeitig lässt sie die Immobilienpreise in die Höhe schießen. Die Folge: Alteingesessene Einwohner werden verdrängt. Alles wird exklusiver.

Gleich neben dem Hotel Billini liegt eine schöne Fußgängerpassage mit Bougainvilleas. Hier gibt's im netten **Corner Café** (tgl. 7–21 Uhr) leckere Fruchtsäfte, dabei sitzt man vis-à-vis der Kirche des alten Franziskanerinnenklosters, der **Iglesia Regina Angelorum** ⓬. Ich habe den Bau noch nie geöffnet gesehen. Vielleicht haben Sie mehr Glück. Die Kirche stammt (natürlich!) aus dem 16. Jh. Das Hauptportal wie auch das Innere sind barock gestaltet. Hier liegt der Wohltäter Francisco Billini begraben.

Lieblingsort

Ort der Stille

Sie streifen durch die Altstadt von Santo Domingo. Die Sonne brennt, es ist heiß, Sie möchten sich ausruhen. Am besten an einem ruhigen Plätzchen. Dann auf zur altehrwürdigen **Casa del Tapao ⓫** (s. S. 24). In dem renovierten Haus gibt es eine sehr feine Kunstgalerie, die **Quinta Dominica,** und einen sehr schönen Patio mit Garten und Café, das kaum besucht wird. Es herrscht eine andächtige Stille, was vielleicht auch damit zu tun hat, dass die Mauern einst das erste Kloster des Landes von der Außenwelt abschirmten. Hier kann man herrlich sitzen und einen Kaffee oder Mangosaft trinken (Calle Padre Billini 202, www.quintadominica.com, Mo–Sa 9.30–18 Uhr, Eintritt frei).

Santo Domingo – Altstadt

Ansehen

1 Monumento a Cristóbal Colón
2 Casa Consistorial
3 Palacio Borgellá
4 Catedral Santa María la Menor
5 Iglesia de Santa Clara
6 Monumento a Don Francisco Billini
7 Monumento a Bartolomé de las Casas
8 Monumento a Juan Pablo Duarte
9 Iglesia de los Dominicos
10 Capilla de la Tercera Orden
11 Casa del Tapao / Quinta Dominica
12 Iglesia Regina Angelorum
13 Museo Fernando Peña Defilló
14 Museo de la Porcelana
15 Monumento a Fray Montesinos
16 Centro Cultural de España
17 Fortaleza Ozama
18 Kahkow
19 Casa de Hernán Cortés
20 Casa de Nicolás de Ovando
21 Panteón Nacional
22 Casa de las Gárgolas
23 Capilla Nuestra Señora de los Remedios
24 Alcázar de Colón
25 Museo de las Atarazanas
26 Puerta de San Diego
27 Iglesia de Santa Bárbara
28 Monasterio de San Francisco
29 Casa del Cordón
30 Banco Banreservas
31 Casa de la Moneda
32 Hospital San Nicolás de Bari
33 Edificio Baquero
34 Edificio Diez
35 Edificio Copello
36 Puerta del Conde
37 Altar de la Patria
38 Iglesia Nuestra Señora del Carmen
39 Capilla de San Andrés
40 Casa de los Trinitarios
41 Puerta de Misericordia
42 Iglesia de San Lázaro
43 Iglesia Las Mercedes
44 – 52 s. Karte S. 36
53 Museo de la Familia Dominicana
54 Museo Infantil Trampolín
55 Museo Memorial de la Resistencia Dominicana
56 Museo de las Casas Reales
57 – 58 s. Karte S. 36

Schlafen

1 La Choza Guesthouse
2 La Puerta Roja
3 Go Zona Colonial
4 Hostal La Colonia
5 Antiguo Hotel Europa
6 Boutique Hotel Palacio
7 Casa Naemie

Fortsetzung S. 28

Santiago 1
Puente Mella
La Romana 3
VILLA DUARTE
Parque Enriquillo
Ravelo
Juana Saltitopa
VILLA FRANCISCA
José Martí
Av. México
Fuerte Santa Bárbara
Juan Parra
Avenida Presidente Francisco Alberto Camaño Deño
Av. Mella
Puente Flotante
Avenida Malecón
Gabino Puello
Río Ozama
Benito Gonzalez
Av. Duarte
Cabral
General
Isabel la Católica
ATARAZANA
Fuerte San Antón
Vicente Celestino Duarte
Jacinto de la Concha
Arzobispo Meriño
Atarazana
José Reyes
Restauración
Tomás de la Concha
Duarte
Ruinas de San Francisco
Plaza de España
Emiliano Tejera
La Marina
Restauración
Fuerte San Miguel
SAN MIGUEL
Puerto Don Diego
Francisco Ceron
Juan Isidro Pérez
Las Mercedes
Iglesia de San Miguel
Parque San Miguel
19 de Marzo
Universidad CETEC
Las Mercedes
uerte
an Lázaro
Hostos
CIUDAD COLONIAL
Plaza María de Toledo
Las Damas
Santiago Rodríguez
General Luperón
SAN LÁZARO
El Conde
Las Mercedes
Salomé Ureña
Parque Colón
El Conde
Alfau
Sánchez
Torre de Homenaje
El Patio
Padre Billini
Santomé
El Conde
Cestur
Arzobispo Nouel
Parque Billini
Las Damas
Pedro Valverde
Parque Duarte
Arzobispo Nouel
Plaza Bartolomé de las Casas
Cestur
Parque Julia de Burgos
La Marina
Hospital Padre Billini
Padre Billini
Macorís
Parmento Troncoso
19 de Marzo
Hostos
José Gabriel García
Arzobispo Portes
Paseo Pte. Billini
Espaillat
Santomé
Sánchez
Fuerte de San José
Arzobispo Portes
José Gabriel García
Paseo Presidente Billini
Playa Montesinos
Puerto Ozama
0
200
400 m

Santo Domingo – Altstadt Fortsetzung von S. 26

8 Hotel Billini
9 – 10 s. Karte S. 36

Essen
1 Navarricos
2 Mercado Colón
3 Kalenda
4 Pat'e Palo
5 Pizza Colonial
6 Mesón de Bari
7 Mamey Librería Café
8 Susanna Knapp
9 D'Luis Parrillada
10 Casa del Mojito
11 D Comer Colonial
12 – 15 s. Karte S. 36

Einkaufen
1 Galería Bolós
2 Mercado Modelo
3 Diseño Local Store
4 La Leyenda del Cigarro
5 Museo Mundo del Ámbar
6 La Alpargatería
7 Desireé Cepeda

Bewegen
1 Zona Bici
2 Trikke RD

Ausgehen
1 Casa de Yura
2 Caciba
3 Onno's
4 Casa de Teatro
5 La Resistencia

Gemaltes und Gebranntes
Klasse Kunst findet man im **Museo Fernando Peña Defilló** ⓭ (www.museofernandopenadefillo.com, Mi–So 14–19 Uhr, Eintritt frei). Die zeitgenössischen Werke schmücken ein Kolonialhaus mit herrlichen Kachelböden und einem kleinen Patio. Vom maurischen Baustil inspiriert ist das Gebäude, in dem das private **Museo de la Porcelana** ⓮ (Calle José Reyes 6, T 809 688 47 59, unregelmäßig geöffnet, 100 RD-$) eine kleine, aber interessante Porzellansammlung zusammentragen hat.

Malecón

Ein früher Ankläger
Er steht auf einem 30 m hohen Sockel und ruft mit der Hand am Mund die Ungerechtigkeit aufs Meer hinaus: der Dominikanermönch Antonio de Montesinos. Mit dem **Monumento a Fray Montesinos** ⓯ wird an die Person erinnert, die bereits 1511 in einer zornigen Predigt die Vernichtung der indigenen Bevölkerung durch die Spanier anklagte – einige Sätze daraus sind auf einer Tafel unterhalb der Statue zitiert. Die Ausrottung der Taíno konnte Montesinos nicht verhindern. Sie führte zum Import versklavter Afrikaner.
Paseo Presidente Billini (Malecón)

Kultur aus dem Mutterland
Ausstellungen zeitgenössischer Künstler, Vorträge und an manchen Wochenenden Livemusik im Patio bietet das **Centro Cultural de España** ⓰. Dies ist eine der wichtigsten und umtriebigsten Kultureinrichtungen in der Altstadt, die auf jeden Fall einen Besuch lohnt, allein um das prächtig renovierte Kolonialhaus in Augenschein zu nehmen.
Calle Arzobispo Meriño 2, www.ccesd.org, Mo–Sa 9–21 Uhr

Calle Las Damas

Ihre Länge von nur 500 m steht in keiner Relation zu ihrer Bedeutung: Die **Calle**

Las Damas war die erste gepflasterte Straße Amerikas – und zwar zur Blütezeit Santo Domingos, damals die Kapitale der Neuen Welt.

Wo Kolumbus einst einsaß

Vom 18 m hohen Turm der **Fortaleza Ozama** ⓱ aus dem Jahr 1503 kontrollierten die Spanier die Mündung des gleichnamigen Flusses. Auch die einlaufenden Schiffe wurden von hier aus begrüßt. Später diente er zudem als Hinrichtungsstätte, Folterkammer und Gefängnis. Die berühmtesten Insassen hießen Christoph und Bartolomeo Kolumbus. Sie waren auf Order der Krone festgesetzt worden, die sich über die Machtkämpfe in der Kolonie ärgerte. Die beiden wurden nach Spanien gebracht und begnadigt. In den Zellen im ersten Stock waren zuletzt unter Diktator Trujillo politische Gefangene inhaftiert.

Auf den **Torre de Homenaje** mit seinen 2 m dicken Mauern kann man hinaufsteigen. Über Wendeltreppen geht es bis zu einer Aussichtsplattform. Die letzten Stiegen wurden später von außen angebaut, denn ursprünglich waren die oberen Etagen nur über Leitern zu erreichen, die im Angriffsfall eingezogen werden konnten. Von oben reicht der Blick über das Festungsareal bis zur Ozama-Mündung.

Auf der grünen Wiese im Innenhof steht eine einsame Bronzestatue von Fernández de Oviedo, der bis 1533 hier logierte und als Bürgermeister der Stadt und oft zweifelhafter Chronist bekannt ist.

Di–So 9–17 Uhr, 70 RD-$

Süßes für zwischendurch

Wieder heraus aus den Festungsmauern, kann man gegenüber das **Kahkow** ⓲ besuchen. Der Name deutet es an: Hier erfahren Sie etwas über die Geschichte des Kakaos und die Herstellung von Schokolade – die aus der Dominikanischen Republik schmeckt richtig gut!

www.cacaotour.com, tgl. 10–19 Uhr, Tour 8 US-$

Museum für Kinder

Zurück zur Historie. Es folgt auf der Uferseite die lang gezogene **Casa de Bastidas,** benannt nach Rodrigo de Bastidas Almojarife, der 1493 mit Kolumbus auf die Insel kam. Seine Sippe stellte viele staatliche und kirchliche Würdenträger, Konquistadoren und Grundbesitzer der ersten Jahre der Kolonie. Die Außenfront des Gebäudes wurde im 18. Jh. umgebaut, als die Gebäude als Kaserne dienten. Das Innere blieb jedoch zum großen Teil in der ursprünglichen Form erhalten und beherbergt heute das **Museo Infantil Trampolín** 54 (s. S. 43). Nur ein paar Schritte weiter Richtung Norden wird die Calle Las Damas von einigen schönen Renaissancegebäuden gesäumt.

Mexikanische Pläne

Weltgeschichte wurde in der **Casa de Hernán Cortés** ⓳ geschrieben: Hier soll der berühmt-berüchtigte Konquistador seine Mexiko-Expedition ge-

Heute weht auf der Fortaleza Ozama die dominikanische Flagge. Doch im Laufe der Geschichte flatterten dort oben schon die Fahnen Spaniens, Englands, Haitis und der USA.

plant haben, die zur Unterwerfung der Azteken führte.

Das enorme Gebäude gegenüber, die **Casa de Nicolás de Ovando** ⑳, ist mit seiner Fassade und dem Portal ein eindrucksvolles Beispiel für die ersten spanischen Bauten der Neuen Welt. Der Stadtgründer Ovando selbst ließ es errichten. Später wurde es unter Einbeziehung des benachbarten Wohnhauses der Konquistadorenfamilie Dávila zu einem luxuriösen Hotel umgebaut (www.hodelpanicolasdeovando.com).

Schauspiel in der Kirche

Die Frau von Kolumbus' Bruder Diego Colón gab der kleinen, nur Fußgängern zugänglichen **Plaza María de Toledo** ihren Namen. Manchmal finden hier Flohmärkte statt.

Am Platz steht die mächtige Barockkirche des früheren Jesuitenklosters (1714–40), die in ihrer bewegten Geschichte u. a. als Tabaklager und Theater diente. 1955 fungierte man sie zum **Panteón Nacional** ㉑ um. Hier ruhen heute die ›großen Männer‹ der dominikanischen Geschichte zwischen einem übertrieben patriotischen Fahnenmeer.

Mo 12–18, Di–So 8–18 Uhr, Eintritt frei

Mit fremden Federn geschmückt

Wie und warum sie hierherkamen, ist unbekannt: die sechs Wasserspeier unter dem Dachgiebel der entsprechend benannten **Casa de las Gárgolas** ㉒. Früher nämlich waren sie an der Kathedrale angebracht und sollten dort mit ihren Fratzen die bösen Geister fernhalten.

An der Ecke der Calles Damas und Mercedes findet sich die mit kunstvollen gotischen Bögen ausgestattete **Capilla Nuestra Señora de los Remedios** ㉓. Nicht zu übersehen ist ein großer angerosteter

Der Kolumbus-Klan ist allgegenwärtig in Santo Domingo: Der Sohn von Christoph hieß Diego. Vom feudalen Alcázar de Colón aus leitete er als Vizekönig die Geschicke der Insel.

Anker, der an der Kirchenwand lehnt. Er gehörte zu einer spanischen Galeone, die 1724 in der Bucht von Samaná sank.

Zur Sonne hin ausgerichtet

Eines der interessantesten Museen von Santo Domingo ist das **Museo de las Casas Reales** 56 (s. S. 44). Auf dem Plätzchen davor zeigt eine **Sonnenuhr** die Zeit an – und zwar seit Mitte des 18. Jh. An ihr hangelten sich bereits die spanischen Beamten durch den Tag, die in den Casas Reales, also den ›Königlichen Häusern‹, arbeiteten. Von dem Platz hat man einen schönen Blick auf den Río Ozama und die Schiffe, die dort ankern, u. a. die Fähre nach Puerto Rico. Der Platz ist wegen seiner Ruhe und Aussicht besonders bei Liebespaaren beliebt.

Plaza de España

Das Haus des Kolumbussohns

Dort, wo die Calle Las Damas im Norden endet, beginnt die weite **Plaza de España.** An der Frontseite steht die **Alcázar de Colón** 24, die beeindruckende ›Festung des Kolumbus‹. Sie war das Wohnhaus von Diego Kolumbus, dem Sohn des Seefahrers und Vizekönig von Hispaniola. Ein Besuch nimmt Sie mit auf eine Zeitreise in die Welt der frühen Kolonie.

Der von indianischen Sklaven errichtete Palast hat eine bewegte Geschichte. Von hier aus lenkte Diego de Colón ab 1512 die Geschicke seines karibischen Reiches, bis er 1526 starb. Zurück blieb seine Witwe María de Toledo, die bis 1549 ein vornehmes Leben führte. Später litt der Palast mehrfach unter der Einquartierung englischer Soldaten. Wahrscheinlich ist auch, dass die Meute von Francis Drake das Haus plünderte. Danach war es dem Verfall preisgeben, bis man 1870 zumindest seine Ruinen unter Denkmalschutz stellte. Schließlich gab Diktator Trujillo 1955 die Renovierung des Palasts in Auftrag, die Grundstrukturen blieben dabei erhalten. Es ist allerdings unklar, inwieweit der beauftragte spanische Architekt die Loggia im Renaissancestil, die gotischen Fenster und das plateresk dekorierte Portal nach eigener Fantasie oder nach Originalvorbild rekonstruierte. Die Möblierung im Inneren ist nicht original, doch die Kunsthistoriker haben kein Geld gescheut, um die einzelnen Zimmer passend auszustatten.

Di–So 9–17 Uhr, 100 RD-$, kostenfreier Audioguide empfehlenswert (auch auf Deutsch)

Atarazana

Das kleine Viertel nördlich der Plaza de España ist eines der ältesten der Stadt und heißt **Atarazana** – so wurden in spanischen Hafenstädten die schlecht beleumundeten Gegenden bezeichnet. Hier gab es Seilereien und Handwerksbetriebe, Kneipen und Bordelle. So war das schon zur Zeit von Kolumbus und auch noch in den 1950er-Jahren. Inzwischen wurde die Atarazana von Santo Domingo saniert.

Wo Matrosen sich vergnügten

... findet man heute einige Pubs und Restaurants, v. a. in der **Calle Atarazana.** Die alte Segelmacherei mit dem **Museo de las Atarazanas** 25, ein Schiffsmuseum, ist wegen Renovierung auf unbestimmte Zeit geschlossen.

Natürlich hatte die Atarazana auch einen direkten Zugang zum Hafen: die mit Schild und Wappen geschmückte **Puerta de San Diego** 26, auch als Puerta de Atarazana bekannt.

Kirche in Schieflage

Einen Blick wert ist zumindest die Fassade der **Iglesia de Santa Bárbara** 27 von 1562. Ihre zwei ungleich hohen

T

TANZBIER

Auf dem Platz vor dem alten Eingang zum Monasterio de San Francisco (s. unten) finden jeden Sonntag sehr populäre **Merengue- und Salsakonzerte** statt. Zwischen 17 und 22 Uhr füllt sich die Plaza mit einer bunten Mischung aus Alt und Jung, Einheimischen und Touristen. Es spielt die vielköpfige traditionelle und wirklich exzellente **Grupo Bonyé,** angeführt von ihren schon etwas betagten Sängern. Dazu wird natürlich ausgiebig getanzt und getrunken. Hingehen!

Türme im spanischen Kolonialstil scheinen sie etwas aus dem Gleichgewicht zu bringen, was das Gesamtbild allerdings nicht stört. Das Innere ist ein Gemisch unterschiedlicher Stile von Gotik bis Barock. Es wurde immer wieder ramponiert: durch den nun schon bekannten Raudi Francis Drake sowie verschiedene Erdbeben. Der Besuch lohnt daher nicht. Und auch der kleine Platz davor machte zuletzt einen vernachlässigten Eindruck.

Calle Arzobispo Meriño

Das geschundene Kloster

Es war das erste Kloster der Neuen Welt. Und ist auch als Ruine noch beeindruckend. Mit dem Bau des **Monasterio de San Francisco** 28 wurde 1508 begonnen, komplett fertiggestellt hat man den Bau aber erst 120 Jahre später. Das lag auch daran, dass der nun schon etwas nervige Francis Drake das halbfertige Kloster 1586 niederbrannte.

Der Verfall begann im 18. Jh., als die Franziskaner die Insel wegen der zwischenzeitlichen Machtübernahme der Franzosen verließen. Danach wurden immer wieder Kanonen auf das Dach montiert, zuletzt 1809. Die Erschütterungen durch die Schüsse, heißt es, hätten das Gewölbe zum Einsturz gebracht. Erdbeben und Wirbelstürme taten ein Übriges. Der Bau diente auch als Irrenhaus und wurde ganz zuletzt als Steinbruch missbraucht. Heute werden vor der Ruine gerne Hochzeitsfotos geschossen, auf den Rasenflächen davor picknicken Familien.

Eines der ersten Steinhäuser

Nur ein paar Meter weiter liegt eines der ersten steinernen Wohnhäuser der Kolonie, die **Casa del Cordón** 29 (›Kordelhaus‹) aus dem Jahr 1503. Der Name ist auf das Abbild einer steinernen Kordel über der gotischen Eingangstür zurückzuführen. Der sogenannte Stopperknoten repräsentiert ein typisches Kleidungsstück des Franziskanerordens. Heute wird das Gebäude von der Banco Popular genutzt: Eine Ironie des Geschichte, denn in der Casa del Cordón hat man 1586 das Gold – darunter der Schmuck der Damen – gewogen, das als Lösegeld an den Freibeuter Francis Drake gezahlt wurde, damit er wieder abzieht.

Calle Isabel la Católica, Ecke Calle Emiliano Tejera

Hier ist Geld im Spiel

Mit viel Geld hat auch der tolle Bau schräg gegenüber von der Casa del Cordón zu tun. Es ist das Gebäude der **Banco Banreservas** 30 aus der ersten Hälfte des 20. Jh. Das Betreten der weiten Halle mit ihren Säulen, dem Marmorboden und einem großen Wandgemälde im Stil der mexikanischen Muralisten der 1930er- und 1940er-Jahre lohnt sich – allein schon wegen der angenehmen Kühle, die einen plötzlich umfängt.

Calle Emiliano Tejera, Mo–Fr 8–17 Uhr

Money makes the world go round
Und noch mal geht es um Geld. Die **Casa de la Moneda** ❸❶ (›Münzhaus‹), diente im 16. Jh. als Dependenz der spanischen Münzanstalt. Bemerkenswert ist der platereske Wandschmuck über der Treppe und in den Medaillons.

Calle Arzobispo Meriño 358

Frühe Notversorgung
Eine weitere Ruinenstätte ist das **Hospital San Nicolás de Bari** ❸❷. Im 16. Jh. stand hier das erste Krankenhaus der Neuen Welt, das bereits 1503 gegründet wurde. Die Mauerreste sind imposant.

Calle Hostos, tgl. 8–17 Uhr, Eintritt frei

Calle El Conde

So, wie man in Deutschland den Ku'damm kennt, kennt jeder Dominikaner die **Calle El Conde.** Sie ist die älteste Einkaufsstraße Santo Domingos und die einzige Fußgängerzone des Landes. Vor Ihnen liegt einer der lebendigsten Kilometer der Republik: Souvenirläden, Cafés und Bars, Restaurants, ein guter Supermarkt, Tabakläden reihen sich hier aneinander. Dazwischen verkaufen ambulante Händler Bilder im haitianischen Stil.

Ganz schön eklektisch
Die Calle El Conde wurde im 16. Jh. angelegt, heute aber dominieren Häuser aus dem 20. Jh., darunter einige Jugendstilbauten. An der Ecke zur Calle Hostos steht das hoch aufgeschossene **Edificio Baquero** ❸❸, das bei seiner Fertigstellung 1928 das höchste Wohnhaus der Stadt und das erste mit Aufzug war. Schräg gegenüber fällt ein Gebäude mit verschiedenen Balkontypen ins Auge. Das eklektische **Edificio Diez** ❸❹ stammt wie das Edificio Baquero vom Architekten Benigno Trueba und wurde 1929 errichtet. Leider werden beide Häuser wenig gepflegt und bezeugen, wie grob man hier teilweise mit den architektonischen Schätzen des Landes umgeht. Diese Nachlässigkeit ist auch ein Grund dafür, warum viele bessere Geschäfte aus der Calle El Conde fortgezogen sind.

Vater der Moderne
Ein gutes Beispiel für die architektonische Moderne Santo Domingos ist das **Edificio Copello** ❸❺ mit seiner abgerundeten Seitenfassade. Es wurde vom Vater der modernen dominikanischen Architektur, Guillermo González Sánchez, entworfen und 1939 eröffnet. Hier tagte während der US-Invasion 1965 die konstitutionelle Regierung der Republik.

Paten und Patrioten
Am westlichen Ende der Calle El Conde befindet sich **Grand's Cafetería y Bar** (tgl. 24 Std.), wo einige Szenen des Films »Der Pate II« gedreht wurden. Hier sit-

K

STARKER KAFFEE

Ein Muss: **La Cafetera,** eines der urigsten Etablissements der Stadt. Das kleine, leicht zu übersehende Café war während der Franco-Zeit Treffpunkt spanischer Exilanten und ist heute eine Art zweite Heimat für die Künstler von Santo Domingo. Sie schätzen das Gebäck und den sehr starken Kaffee. Vielleicht sehen Sie hier auch einen alten Herren mit Glatze und Schnauzer: Don Roque, der seit mehr als 60 Jahren an der Theke sitzt. Er sagt, er habe die Schachspiele auf der Calle Conde begründet (Calle El Conde 253, tgl. geöffnet).

Sie ist die Schutzheilige des Landes: Unsere Liebe Frau der Hohen Gnade (Nuestra Señora de la Altagracia). An ihrem Ehrentag, dem 21. Januar, zieht es Tausende zu den Prozessionen.

zen illustre Gäste mit Aussicht auf das Straßengeschehen – und das historische Stadttor, die **Puerta del Conde** 36. 1844 wurde an diesem Ort die Dominikanische Republik ausgerufen und die erste dominikanische Flagge gehisst.

Dementsprechend dem Patriotismus gewidmet ist der **Parque Independencia.** In seiner Mitte thront der 1933 erbaute **Altar de la Patria** 37 (›Altar des Vaterlandes‹). Darin ruhen die Gebeine der Nationalhelden Juan Pablo Duarte, Francisco del Rosario Sánchez und Ramón Mella (s. S. 268). Den Eingang des Marmorbaus flankiert eine Ehrenwache. Über die Sehenswürdigkeit dieses recht bombastischen Denkmals kann man geteilter Meinung sein, für das dominikanische Nationalgefühl hat es aber große Bedeutung.

Calle Arzobispo Nouel

Die Widerständler

Ein Abstecher in die Calle Arzobispo Nouel führt zur **Iglesia Nuestra Señora del Carmen** 38 mit einer Holzfigur des Jesus von Nazareth, die bei den Karfreitagsprozessionen durch die Stadt getragen wird. Nebenan steht die **Capilla de San Andrés** 39 mit einer Fassade aus dem 18. Jh. und ihr gegenüber die **Casa de los Trinitarios** 40. In diesem Gebäude wurde 1838 die gleichnamige Widerstandsbewegung (s. S. 268) gegen die haitianische Besatzung gegründet. Davor steht eine Büste von Nationalheld Juan Pablo Duarte.

Um Widerstand geht es auch im **Museo Memorial de la Resistencia**

Dominicana 55 (s. S. 43), und zwar u. a. gegen die Diktatur von Trujillo.

Tor des Todes

Reichlich blutig verlief die Geschichte der **Puerta de Misericordia** 41 oder Puerta Grande, dem einstigen Haupttor der Stadt, das den Zugang aus Westen regelte. Hier drangen 1586 Francis Drakes Truppen in die Stadt ein, 1655 wehrte man englische Truppen ab. Die kleine Kapelle, die dem Tor ihren Namen gab, steht heute nicht mehr. Ebenso wenig wie das Schafott, das einmal davor stand.

San Lázaro

Als Viertel der kleinen Leute könnte man **San Lázaro** bezeichnen. In dieser Ecke der Stadt leben überwiegend Handwerker und Händler. Touristen sieht man selten. Das heißt nicht, dass es keine Sehenswürdigkeiten gäbe.

Wunder und Wunden

Seinen Namen erhielt das Viertel in Anlehnung an den Patron der Totengräber, den hl. Lazarus. Ein Bildnis von ihm findet sich über dem Eingang der **Iglesia de San Lázaro** 42. Zur Kolonialzeit lag dieser Bezirk vor den Stadtmauern, deswegen wurden Leprakranke hierher verbannt. Auch der Heilige litt an dieser Krankheit – er ließ sich seine Wunden von einem Hund lecken.

Erdbeben, Wirbelstürme und Piraten bedrängten mehrmals die **Iglesia Las Mercedes** 43 (Mo–Sa 8–12, 15.30–18, So 8.30–12, 17.30–20 Uhr), die deswegen immer neu erfunden werden musste. Im Inneren der Klosterkirche von 1534 mischen sich daher verschiedenste Stile: Die Säulen sind gotisch, bei den Fresken lassen sich Mudéjar-Elemente erkennen.

Stürzen Sie sich ins Chaos!

Nördlich des Viertels verläuft die **Avenida Mella,** eine belebte, sehr populäre und chaotische Einkaufsmeile. Aus den Geschäften dröhnen die neuesten Hits, die Gehwege sind verstopft von fliegenden Händlern und auf der Straße konkurrieren Obstkarren mit Kleinbussen. Hier befindet sich auch der **Mercado Modelo** 2, ein großer, etwas angestaubter Souvenirmarkt (s. S. 49).

Neustadt

Karte 3, B/C2/3

Mit **Neustadt** werden hier die Stadtgebiete beschrieben, die sich westlich und nordwestlich der Ciudad Colonial erstrecken. Die Strukturen dieser Viertel wurden zum Teil noch unter Trujillo angelegt, der Santo Domingo in den ›fetten‹ Jahren nach dem Zweiten Weltkrieg zu einem Schaufenster der Modernität

E

WIE ERKUNDE ICH DIE NEUSTADT?

Die Distanzen in der Neustadt Santo Domingos sind groß. Zur Fortbewegung empfehle ich fortgeschrittenen Travellern den Gebrauch der spottbilligen und meist pickepackevollen Kleinbusse oder Sammeltaxis. Beide fahren feste Routen ab. Wer sich das nicht zutraut, kann die gut funktionierende Metro nehmen (die allerdings nicht alles abdeckt) oder eines der günstigen Uber-Taxis bestellen. Auch reguläre Taxis sind in Santo Domingo nicht allzu teuer, Sie sollten aber vorher mit dem Fahrer einen Festpreis verhandeln.

Santo Domingo – Neustadt

Ansehen

1 – 43 s. Karte S. 26
44 Obelisco Hembra
45 Obelisco Macho
46 Centro de los Héroes de Constanza, Maimón y Estero Hondo
47 Monumento Héroes del 30 de Mayo
48 Palacio de Bellas Artes
49 Jardín Botánico
50 Teleférico de Santo Domingo
51 Los Tres Ojos
52 Faro a Colón
53 – 56 s. Karte S. 26
57 Museo del Hombre Dominicano
58 Museo del Arte Moderno

Schlafen

1 – 8 s. Karte S. 26
9 Hostal San Francisco de Asís
10 Sheraton Santo Domingo

Essen

1 – 11 s. Karte S. 26
12 C-Organico
13 El Conuco
14 Centro Asturiano de Santo Domingo
15 Mesón de la Cava

VILLA CONSUELO
VILLA FRANCISCA
SAN CARLOS
SAN MIGUEL
SAN LAZARO
CIUDAD COLONIAL
VILLA DUARTE
GASCUE
CIUDAD NUEVA
Av. 27 de Febrero
Av. San Martin
Av. México
Av. Mella
Av. Bolívar
Av. Independencia
Av. George Washington
Avenida Duarte
Avenida del Puerto
Puente Ramón Matías Mella
Pte. Flotante
Paseo Presidente Billini
Río Ozama
Puerto Sanssouci
Puerto Ozama
Plaza Rubén Darío
Plaza Juan Barón
Details s. S. 26
Cityplan Altstadt

SANTO DOMINGO
Mar Caribe
(Karibisches Meer)
Palma Real
Ciudad Real
La Meseta
Cuesta Hermosa
Parque Mirador Norte
Parque Zoológico
Arroyo Hondo
El Ducado
El Pino
Carmen Amelia
Fundación García-Arevalo
Ensanche La Fé
Los Pinos
Los Jardines
Naco
Estadio Olímpico
Miraflores
Don Bosco
Paraíso
Los Praditos
Piantini
Palacio Presidencial
Ciudad Universitaria
La Primavera
Ensanche Quisqueya
Mirador Sur
Maripili
Costa Brava
Los Cacicazgos
El Coral
Villa Diana
Gacela
Enriquillo
Barrio Duarte
Urbanización Miosotis
La Zurza
24 de Abril
Villas Agrícolas
Cementerio Nacional
Villa Consuelo
Guachupita
Ramón Matias Mella
Barrio Ambar
Molinuevo
Fortaleza Ozama
Casa Consistorial
Santa María la Menor
El Macho
Altos de Cancino
Cancino
Urbanización Mi Hogar
Villa Faro
Alma Rosa
Ralma
Urbanización Italia
Parque Mirador del Este
Residencial Sans Souci
La Isabelita
Acuario Nacional
Av. Las Americas Oeste
Av. Estados Unidos
Av. España
Av. San Vicente de Paul
Av. V Centenario
Av. Máximo Gómez
Av. John F. Kennedy
Av. de los Próceres
Av. Churchill
Av. Núñez de Cáceres
Av. 27 de Febrero
Av. Luperón
Av. Mirador
Av. George Washington
Av. Bolívar
Autopista Duarte
Autopista 30 de Mayo
Río Ozama
siehe Detailkarte
0 2 4 km

machen wollte. Die von ihm beauftragten Bauten lassen sich an dem faschistoid grandiosen Stil erkennen. Trujillos Nachfolger Balaguer konzentrierte sich hingegen stärker auf den sozialen Wohnungsbau, der v. a. seinen Anhängern zugute kam.

Malecón

Die Küstenstraßen in den Städten des spanischsprachigen Amerikas heißen stets **Malecón.** Während etwa der Malecón von Havanna weltberühmt ist für seine Architektur, seine Aussichten und seine Lebhaftigkeit, wurde der Malecón von Santo Domingo jahrelang links liegen gelassen und erst in den letzten Jahren punktuell neu gestaltet. Deswegen stehen ihm die Einheimischen noch etwas zwiespältig gegenüber. Er ist einerseits eine wichtige Aus- und Einfallstraße, andererseits hat er sich an einigen Stellen zur Bummelpromenade gewandelt.

Die Geschichte des Malecón ist eng mit Diktator Trujillo verbunden. Als er 1930 an die Macht kam, war Santo Domingo kaum über seine koloniale Stadtmauer hinausgewachsen. Um seine Großartigkeit zu demonstrieren, ließ der eitle Generalísimo u. a. den Malecón anlegen. Ironie der Geschichte: Auf genau dieser Uferstraße wurde Trujillo 1961 ermordet (s. S. 251).

Ein Denkmal namens Weibchen

Keine Stimmgabel, sondern eine gespaltene Säule stellt der **Obelisco Hembra** 44 dar, der an eine der ›Großtaten‹ von Diktator Trujillo erinnert: die Rückzahlung aller Auslandsschulden im Jahr 1947 dank der kriegsbedingten Konjunkturlage. Die Dominikanische Republik konnte danach die Kontrolle über ihre Zolleinnahmen wiedergewinnen, die sie 1916 an die USA hatte abtreten müssen.

Auf der Seeseite der **Plaza Rubén Darío** steht auf ausgewaschenen Felsen das kleine **Fuerte San Gil** mit zwei Kanonen. Die Höhlen darunter boten zuletzt Obdachlosen Unterkunft.

Ein Denkmal namens Männchen

Etwa 500 m weiter dann das Gegenstück zum ›Weib‹, das von den Dominikanern konsequenterweise **Obelisco Macho** 45 genannt wird. Auch ihn ließ Trujillo errichten, und zwar 1937. Er sollte an die Umbenennung Santo Domingos in Ciudad Trujillo erinnern, die der Größenwahnsinnige angeordnet hatte. Die Geschichte hat sich an ihm gerächt. Auf dem inzwischen bemalten Macho sind heute drei Nationalheldinnen abgebildet, die Schwestern Mirabal, die gegen Trujillo opponierten und auf seinen Befehl hin 1960 ermordet wurden (s. S. 146). Diese Episode markierte den Anfang vom Ende seiner Herrschaft, weil nun auch den USA langsam dämmerte, dass dieser Mann nicht länger haltbar war.

Einst galt der Abschnitt des Malecón zwischen La Hembra und El Macho als Goldene Meile, weil es hier Hotels, Casinos und Nachtclubs gab. Davon ist nichts mehr zu sehen. Wiederbelebt wurde allein die **Plaza Juan Barón** vor El Macho. Insbesondere abends kommen viele Dominikaner hierher, um zu schwatzen und an den Fastfood-Buden etwas zu essen. Samstags und Sonntags finden oft Konzerte statt.

Rebellen im Wald

Der weitere Weg auf dem Malecón nach Westen lohnt nun eigentlich nicht mehr. Große Hotels, ein Casino und Großrestaurants säumen die Straße. Allerdings findet sich dort das Gelände der Weltausstellung, die Trujillo 1955 unter dem bombastischen Namen ›Ausstellung des Friedens und der Brüderlichkeit der Freien Welt‹ ausrichten ließ. Heute heißt das Gelände **Centro de los**

Belebt ist was anderes. Santo Domingos Malecón hat es schwer, wohl auch, weil gleich daneben eine mehrspurige Ausfallstraße verläuft. Viele Einheimische flanieren daher lieber woanders.

Héroes de Constanza, Maimón y Estero Hondo 46. Die drei Ortschaften im Zentralgebirge waren 1959 Schauplatz eines Invasionsversuchs von 56 Oppositionellen. Doch ihre Landung wurde verraten, und Trujillos Truppen warteten auf die Rebellen. Einige schafften es in die Wälder, aber keiner überlebte. Bei der Verfolgung der Oppositionellen gingen große Waldgebiete in Flammen auf.

Tod eines Tyrannen

Einige Kilometer weiter westlich, gegen Ende des Malecón und auf Höhe der kleinen Querstraße Calle Leoncio Ruiz, wurde der Diktator am 30. Mai 1961 von Verschwörern umgebracht – auf dem Weg zu einem Stelldichein. Sie stoppten seinen Wagen und erschossen ihn. An der Stelle steht heute das **Monumento Héroes del 30 de Mayo** 47.

Gascue

Einst war **Gascue** ein feineres Villenviertel. Man sieht das noch an den vielen eindrucksvollen Häusern aus den 1930er- bis 1950er-Jahren. Die richtig Wohlhabenden sind abgewandert, doch gilt Gascue noch immer als beliebte Wohngegend, in der man auch einige gute Hotels und Restaurants findet. Streunen Sie doch einfach mal durch die ruhigen Straßen – es lohnt sich!

Viel über die Insel lernen

Während die Altstadt als solche ein riesiges Freilichtmuseum ist, gibt es in Gascue die **Plaza de la Cultura** mit zwei Museen. Im **Museo del Hombre Dominicano** 57 (s. S. 44) geht es um die Kultur und im **Museo del Arte Moderno** 58 (s. S. 44) um die zeitgenössische Kunst des Landes.

Lieblingsort

Über die Stadt schweben

Das bolivianische La Paz hat eine, das kolumbianische Medellín und seit 2018 auch Santo Domingo: eine Seilbahn. Sie ist keine Touristenattraktion, sondern in erster Linie ein Verkehrsmittel – vielleicht lohnt sich die Fahrt mit dem **Teleférico de Santo Domingo** 50 (Karte 3, C/D 2) gerade deswegen! Auf einer Strecke von 5 km schweben Sie über die nördliche Peripherie, die damit direkt ans Metronetz angeschlossen ist. 195 Kabinen können täglich bis zu 54 000 Menschen befördern, was den Straßenverkehr entzerrt und vielen die tägliche Pendelei ins Zentrum erleichtert. Dementsprechend voll wird es zur Rush Hour. Ansonsten hat man kein Problem, ein Plätzchen in einer der Gondeln in Landesfarben zu finden. Es bieten sich tolle Ausblicke von hier oben: am Horizont die Ausläufer der Zentralkordilleren, im Süden die Skyline Santo Domingos, unten die dominikanische Realität in Form einfacher Stadtviertel. Auch den Río Ozama ›überfliegen‹ Sie. Vom Ziel im Vorort Libertad geht es auf dem gleichen Weg wieder zurück (Infos s. S. 51).

Großes Theater

Ein Gebäude, das in seiner neoklassizistischen Monumentalität nicht hierherzugehören scheint, ist der **Palacio de Bellas Artes 48**. Hier finden Musik-, Tanz- und Theateraufführungen statt. Rundherum liegen Universitätseinrichtungen, dementsprechend viele junge Menschen sind hier unterwegs.

Av. Máximo Gómez, Metrostation Joaquín Balaguer

Jardín Botánico

Gezähmte Tropen

Sie sind in einem tropisch üppigen Land mit unzähligen exotischen Pflanzen. Und dennoch lohnt sich ein Abstecher zum **Jardín Botánico 49**, dem botanischen Garten. Warum? Ganz einfach: Er ist der größte und schönste der Karibik. Auf dem 2 km² großen Areal finden Sie nicht nur eine reiche Sammlung verschiedenster Palmenarten, Orchideen, Bromelien und anderer typischer Vertreter der Region, sondern auch Teiche und Bäche mit seltenen Wasserpflanzen und Fischen. Wenn's zu heiß für einen Spaziergang ist, können Sie auf den kleinen Zug aufspringen, der das Gelände durchfährt.

Av. República de Colombia, Ecke Calle Los Próceres, www.jbn.gob.do, tgl. 9–17 Uhr, 200 RD-$, Taxi ab Altstadt ca. 300 RD-$

Der Osten der Stadt

Karte 3, D3

Santo Domingo wurde ja eigentlich 1498 am Ostufer des Río Ozama gegründet. Dann kam einer der berüchtigten Karibikhurrikane (sowie angeblich eine Ameisenplage) und fegte alles hinweg. Den zweiten Versuch startete man am Westufer, diesmal unter dem Namen Santo Domingo de Guzmán. Am Ostufer gibt es heute zwei Sehenswürdigkeiten, die einen Besuch lohnen.

Los Tres Ojos

In die Unterwelt

Was für eine bizarre Landschaft! **Los Tres Ojos 51** (›Die drei Augen‹) sind vier unter der Erdoberfläche gelegene, aber nach oben hin offene Seen. Zwischen Schlingpflanzen, Stalaktiten und Fledermäusen kann man hier völlig vergessen, dass man sich in einer Großstadt aufhält. Kommen Sie sehr früh oder erst am späten Nachmittag, dann ist weniger los.

›Die drei Augen‹ entstanden einst durch den Zusammenbruch verschiedener Höhlensysteme. Dem Namen zum Trotz handelt es sich um vier Seen. Sie dienten schon den Taíno-Ureinwohnern als Kultstätte. 1916 wurden sie von spielenden Kindern wiederentdeckt, 1972 machte man die Höhlenlandschaft der Öffentlichkeit zugänglich.

Parque Mirador del Este, Av. Las Américas, tgl. 8.30–17.30 Uhr, 250 RD-$ plus 25 RD-$ für das Floß. Sie müssen keinen Führer anheuern, obwohl das suggeriert wird. Er wird Sie nach der Führung auf jeden Fall um ein üppiges Trinkgeld bitten.

Kühlschränke, Krokos, Damen

Der erste ist der **Lago de Azufre,** der ›Schwefelsee‹. Er hat einen hohen Kalziumkarbonatanteil und funkelt blaugrün. Der zweite See heißt **Lago la Nevera** (›Kühlschranksee‹). Weil sein Wasser nie von Sonnenstrahlen getroffen wird, hat es ›nur‹ eine Temperatur von 20 °C.

Eine kleine Fähre, vom Fährmann scherzhaft dominikanische Titanic genannt, setzt dann von La Nevera zum eigentlich vierten See über, dem größten und schönsten. Einer Entenart verdankt er seinen Namen **Lago los Zaramaguyones.** An seinen steil abfallenden Ufern wächst eine üppige tropische Vegetation. Hier sollen einst Kaimane gelebt haben.

Der eigentlich dritte See, versteckt gelegen, ist dann wenig spektakulär. Er heißt **Lago de las Damas** (›Damensee‹), weil sich hier die Frauen getrennt von den Männern wuschen, als die Tres Ojos als Badeanstalt dienten.

Beim Verlassen der Tres Ojos werden Ihnen exotische Pflanzen auffallen, etwa der Sandbüchsenbaum, der an seinem mit Dornen gespickten Stamm zu erkennen ist. Seine Früchte explodieren, wobei die Samen bis zu 40 m weit geschleudert werden.

Wie im Dschungel und doch mitten in der Stadt: Los Tres Ojos heißt dieser verwunschene Ort.

Faro a Colón

Groß, größer, am größten

Die im wörtlichen Sinne größte Sehenswürdigkeit Santo Domingos ist der 1992 eingeweihte **Faro a Colón** 52 (›Kolumbus-Leuchtturm‹), das megalomanische Zeugnis der 500-Jahr-Feier zur Entdeckung Amerikas. Es hat die Form eines liegenden Kreuzes, ist 240 m lang, 40 m breit und 50 m hoch. Im Inneren werden die vermeintlichen Gebeine von Kolumbus aufbewahrt, eine Ausstellung informiert über die Kolonialisierung Amerikas.

Av. Mirador del Este, Di–So 9–17 Uhr, 100 RD-$

Licht an, Licht aus

Die Dominikaner sind stolz auf den Faro a Colón, auch wenn sich der Besucherandrang mittlerweile in Grenzen hält. Schon vor dem Baubeginn 1986 wurde heftig darüber gestritten, ob die Dominikanische Republik in einer Zeit des wirtschaftlichen Niedergangs keine wichtigeren Probleme habe als die Errichtung eines 40 Mio. US-$ teuren Denkmals. Doch die Frage geht am Sinn des Bauwerks vorbei. Der Faro a Colón sollte ein Symbol werden für die Wiedergewinnung einer beschädigten Identität. Er sollte unterstreichen, dass Kolumbus ein ›Amerikaner‹ war und nicht ein zufälliger Entdecker, der danach wieder abzog. Der Faro war auch der Versuch, Santo Domingo seine einstige Größe zurückzugeben. Auf dem Dach des Monuments sind Scheinwerfer angebracht, die ein Kreuz in den Himmel werfen können, das noch in Puerto Rico zu sehen sein soll. Die Ironie dabei: Als sie erstmals eingeschaltet wurden, fiel in Santo Domingo der Strom aus … Heute sind sie nur noch äußerst selten in Betrieb.

Um noch ein bisschen Wasser in den Wein zu schütten: Liegen die Knochen von Kolumbus wirklich hier? Maliziöse Zungen behaupten, dass die Beweislage dünn ist. Und dass sie auch in der Kathedrale von Sevilla ruhen könnten, in der sich ein ähnlich pompöses Kolumbusgrab befindet. Prompt entbrannte zwischen den beiden Städten ein Streit darüber, wo die Überreste des Admirals nun eigentlich sind.

Gebeine auf Rundreise

Erwiesen ist jedenfalls, dass Kolumbus 1506 in Spanien starb. 1539 wurde der Leichnam in die Kathedrale von Santo Domingo gebracht. Hier machte man das Grab jedoch unkenntlich, um angesichts der ständigen Bedrohung der Kolonie seine Entweihung zu verhindern. Als die Insel 1795 dann an Frankreich abgetreten wurde, brachte man die Urne mit Kolumbus' Überresten ins spanische Kuba. Von hier aus kamen die Gebeine des Entdeckers wieder zurück nach Sevilla. Diese verwickelte Reise der Urne ist aktenkundig, doch enthielt das Gefäß wirklich die Überreste des Kolumbus?

Jagd auf die Kolumbusknochen

1877 stieß man bei der Restaurierung der Kathedrale von Santo Domingo auf eine verborgene Krypta, in der man eine Kiste mit Knochenresten fand. Darauf der Name Cristóbal Colón. War einst die falsche Urne verschickt worden? Gab es zwei Urnen? War Kolumbus in Santo Domingo geblieben? Angesichts des Jubels, der nun in Lateinamerika einsetzte, verblassten die Gegenargumente Sevillas. Eine spätere DNS-Analyse der Knochenreste in Sevilla brachte zwar eine positive, aber keine eindeutige Antwort. Die dortigen Skelettteile deuteten tatsächlich auf den Entdecker hin. Zugleich stellte sich heraus, dass das Grabmal in Sevilla nur 15 % aller Skelettteile enthielt. Liegt der Rest also heute im Faro a Colón, ein 75%iger Kolumbus sozusagen?

Sieger der Geschichte

Aber warum ist den Dominikanern das so wichtig? Kolumbus war immer ein Reisender, der im Dienste vieler Staaten stand. Vielleicht wäre er auch gerne Dominikaner geworden, wenn es die Nation schon gegeben hätte. Die Flüchtigkeit seiner Existenz, das Traumhafte seiner Reisen, die betrügerische Beliebigkeit seiner Berichte – all dies kann nicht durch ein tonnenschweres Gebäude fassbar gemacht werden. Klar ist aber auch: Kolumbus zum Vater der Nation zu erklären, erlaubt es den Dominikanern, sich auf die Seite der Sieger der Geschichte zu schlagen. Interessant ist der Faro de Colón deswegen v. a. als Symbol für das dominikanische Selbstverständnis.

Museen

Wie die Reichen einst lebten

53 Museo de la Familia Dominicana: In der Casa de Tostado, einem trutzigen Kolonialhaus, kann man die Wohnung einer wohlhabenden Familie aus dem späten 19. Jh. begehen und sich in ihr Leben hineinversetzen. Zu bestaunen gibt es u. a. Möbel aus Ebenholz, ein Musikzimmer mit Lüstern aus Muranoglas, geschnitzte Betten, ein Lesezimmer sowie einen Garten mit einem Brunnen aus dem 16. Jh.

Calle Arzobispo Meriño, Di–So 9–17 Uhr, 100 RD-$

Naturwissenschaft leicht gemacht

54 Museo Infantil Trampolín: Dieses interaktive Museum richtet sich an Kinder, die hier auf spielerische Weise etwas über naturwissenschaftliche Themen wie Universum, Energiegewinnung oder Nahrungskette lernen. Spanischkenntnisse sind dabei durchaus von Vorteil!

Calle Las Damas, in der Casa de Bastidas (s. S. 29), www.trampolin.org.do, Di–Fr 8.30–17, Sa, So 10–18 Uhr, 100 RD-$

Wider die Unterdrückung

55 Museo Memorial de la Resistencia Dominicana: Dieses engagierte und noch recht neue Museum widmet sich der Dikatur von Rafael Leonidas Trujillo und dem Widerstand dagegen. Auch der Kampf gegen verschiedene US-Invasionen wird thematisiert. Das Museum versammelt auf kleinem Raum sehr viele Texte (auf Spanisch), zeigt Fotos und zeitgenössische Filmaufnahmen. Didaktisch überfordern die Macher die Besucher zwar, aber es ist wichtig, dass die Erinnerung an die Diktatur und den Widerstand am Leben gehalten wird. Die Dominikaner sind das einzige Volk Lateinamerikas, das seinen Diktator selbst um die Ecke brachte.

Calle Arzobispo Nouel 210, www.museodelaresistencia.com, Di–So 9.30–18 Uhr, 150 RD-$

Die Zeit zurückgedreht

56 Museo de las Casas Reales: Es ist das interessanteste Museum der Altstadt, weil es hier gelingt, das Leben der Kolonialzeit zu veranschaulichen. Die Casas Reales beherbergten zur Kolonialzeit die königliche Audiencia, die Verwaltung, die Gerichtsbarkeit, den Rechnungshof, aber auch Wohnräume für die Gouverneure und hohe Besucher. In den verschiedenen Gebäuden sind heute Sammlungen aus den Jahrhunderten vor der Unabhängigkeit untergebracht. Es geht um Schiffsbau, Seefahrt, Eroberung, Landwirtschaft und Bergbau. Ausgestellt ist auch eine Apotheke und schließlich Ausrüstungen von Soldaten und Piraten.

Calle Las Damas, Di–Sa 9–17, So 10–16 Uhr, 100 RD-$

Das Leben vor den Spaniern

57 Museo del Hombre Dominicano: Im archäologisch-ethnologischen ›Museum des dominikanischen Menschen‹ gibt es bemerkenswerte Funde aus präkolumbischer Zeit zu sehen: Steinplastiken, Grabstätten, Holzschnitzereien, rituelle Instrumente, Pfeifen. Ergänzt werden sie durch Rekonstruktionen des täglichen Lebens der Ureinwohner. Das Museum ist enorm und wegen seines Reichtums an Ausstellungsstücken sehenswert.

Plaza de la Cultura, wegen Sanierung auf unbekannte Zeit geschlossen

Reise durch die Kunstgeschichte

58 Museo del Arte Moderno: Das monumentale und meist menschenleere Museum der Modernen Kunst präsentiert in wechselnden Schauen bedeutende dominikanische Künstler. Die Dauerausstellung bietet einen interessanten Querschnitt durch die dominikanische Moderne von 1942 bis heute, an der man die Veränderungen in der Kunst nachvollziehen kann.

Plaza de la Cultura, zwischen Av. Máximo Gómez und Av. Pedro Henríquez Ureña, wegen Sanierung auf unbekannte Zeit geschlossen

Schlafen

Entspannt & preiswert

1 La Choza Guesthouse: Das kleine, von einer Italienerin und einem Engländer geführte Hostel befindet sich in einem Kolonialhaus mit kleinem Patio und winzigem Pool. Es gibt eine Gemeinschaftsküche, daher gut geeignet für Selbstversorger und um andere Reisende kennenzulernen. Die Lage in der Altstadt ist super, in wenigen Minuten kommt man überall zu Fuß hin. Sechs Einzelzimmer, zwei Mehrbettzimmer.

Calle Sánchez 165, T 849 257 77 04, www.lachozaguesthouse.book.direct, Dorm 885 RD-$/Pers., EZ 1750 RD-$

Angenehm einfach

2 La Puerta Roja: Das noch recht junge Hostel in einem historischen Haus mit schönen Kachelböden liegt etwas außerhalb der historischen Stadtmauern. Vier Doppelzimmer (alle mit Bad, teils mit kleiner Terrasse) zu fairen Preisen. Gut ausgestattete Küche. Toll für Backpacker, die etwas Komfort suchen.

Calle Estrelleta 157, T 809 881 29 49, DZ ab ca. 1650 RD-$

Viel Privatsphäre

3 Go Zona Colonial: Immer häufiger werden in der Altstadt auch Apartments vermietet, die oft günstiger und komfortabler als ein Hotelzimmer sind. Eine der besten Optionen ist das deutsch gemanagte Go Zona Colonial mit gut eingerichteten Apartments und Parkplatz.

Calle Restauración, Ecke Calle Isabel La Católica, T 829 860 06 65, www.gozonacolonial.com, Apartment ab 49 US-$

Hier wohnt man mittendrin

4 **Hostal La Colonia:** Ein einfaches, sehr ordentliches Hotel unter dominikanischer Führung mitten in der Altstadt, nur wenige Laufminuten vom Parque Colón und der Kathedrale entfernt. 19 Zimmer auf vier Stockwerken.

Calle Isabel La Católica 110 A, T 809 221 00 84, www.hostal.com.do, DZ ab 50 US-$ inkl. Frühstück

Alter Charme

5 **Antiguo Hotel Europa:** Der Name sagt es – dieses Hotel gibt es schon länger. Es stammt aus den 1930er-Jahren, wurde zuletzt gründlich überholt, konnte seinen Charme jedoch bewahren, etwa durch die schönen alten Kachelböden in einigen Zimmern, das weite hohe Foyer und die Dachterrasse mit den Säulen.

Calle Arzobispo Meriño, Ecke Calle Emiliano Tejera, T 809 285 00 05, www.antiguohotel europa.com.do, ab 51 US-$

Zentral, aber abgeschirmt

6 **Boutique Hotel Palacio:** Ein Klassiker in der Altstadt. Geräumige Zimmer und Suiten, die sich auf drei Stockwerken um einen kolonialen Patio gruppieren, in dem man ruhig sitzen kann. Es gibt eine Dachterrasse mit Pool, eine Sauna und allerlei andere Annehmlichkeiten, die man eigentlich nicht braucht, aber schätzt.

Calle Duarte 106, T 809 682 47 30, www.hotel-palacio.com, ab 60 US-$

Uriges Ambiente

7 **Casa Naemie:** Sehr schön im südlichen Teil der Altstadt gelegen ist das charmante Casa Naemie. In dem Kolo-

Die Designerstühle verraten es: In diesem Kolonialbau befindet sich eines der vielen Boutiquehotels von Santo Domingo. In den vergangenen Jahren haben immer mehr dieser schicken Unterkünfte aufgemacht.

nialhaus werden Ihnen sofort die urigen dunklen Holzmöbel und der blitzblanke alte Kachelboden auffallen. Einige der sechs Zimmer haben einen Balkon oder eine Terrasse, die Deluxe-Suite Meerblick.
Calle Isabel La Católica 11, T 809 689 22 15, ab 75 US-$

Historischer Luxus

8 **Hotel Billini:** Am oberen Ende der Preisskala bewegt sich das recht junge Hotel Billini mit seinen 24 modernen Suiten in einem aufwendig renovierten Altstadtgebäude. Highlights sind der Patio sowie die Dachterrasse mit Pool, Restaurant, Bar und Blick über die Altstadt.
Calle Padre Billini 256–258, T 809 338 40 40, www.billinihotel.com, DZ ab 129 US-$

Klare Linien

9 **Hostal San Francisco de Asís:** Ein modernes, funktionales, sauberes und angenehmes Hotel im Herzen von Gascue.
Av. Pasteur 102, T 809 685 01 01, www.hostalsanfranciscodeasis.com, DZ ab 40 US-$

Moderner Bombast

10 **Sheraton Santo Domingo:** Eines der Riesenhotels am Malecón – 245 Zimmer und Suiten, mehrere Pools und Restaurants, Lounge, Fitnessstudio und nebenan ein Casino.
Av. George Washington 365, T 809 221 66 66, www.sheratonsantodomingo.com, DZ ab 116 US-$

Essen

Kommt Ihnen das spanisch vor?

1 **Navarricos:** Das kleine und zwanglose Tapas-Restaurant liegt an einer ruhigen Ecke der Altstadt. Abends wird es zum Künstlertreff, denn der Wein ist günstig. Man sitzt palavernd bis zu später Stunde im Freien. Hier ist immer etwas los.
Calle Isabel La Católica 2, T 809 793 58 01, Mi–Mo 9–24 Uhr, Tagesgerichte ab 250 RD-$

Eklektisch

2 **Mercado Colón:** Dieser Laden ist der Versuch, eine etwas experimentierfreudigere Küche mit lokalen Zutaten in Santo Domingo zu etablieren. Es gibt viele ungewöhnlich zubereitete Snacks (Sandwiches, Pizzen, Sushi, mexikanisch) zu zivilen Preisen in einem freundlichen Patio.
Calle Arzobispo Nouel 105, T 809 689 11 03, Di–Fr 18–1, So 13–1 Uhr

Kein Blut in der Küche

3 **Kalenda:** Nachts funktioniert hier der alternative Club La Espiral 313 (s. S. 50), tagsüber kann man in dem schönen Kolonialbau vegetarisch, sehr günstig und innovativ essen. Wahlspruch: Meine Küche bleibt blutfrei.
Calle Las Mercedes 313, So–Fr 10–16 Uhr

Mit Palastblick

4 **Pat'e Palo:** Leicht oberhalb der Plaza de España sitzend, genießt man die stimmungsvolle Umgebung mit Blick auf den Alcázar de Colón und die dahinterliegende Ostseite der Stadt. Gutes Essen, aufmerksame Bedienung, große Weinkarte, immer etwas los, etwas schicker und daher mittel- bis hochpreisig.
Calle Atarazana 25, Plaza de España, T 809 687 80 89, www.patepalo.com, tgl. 12–24 Uhr

Laden mit Lokal

3 **Diseño Local Store:** An eine Boutique angeschlossenes Patio-Restaurant, in dem Illy-Kaffee, Corona-Biere, gut gemachtes Sushi und erstklassige knusprige Pizzen aus dem Holzofen serviert werden.
Im gleichnamigen Laden (s. S. 49), T 809 379 20 09, Di–So 10.30–24 Uhr

Fast wie in Italien

5 **Pizza Colonial:** Die wahrscheinlich größten Holzofenpizzen der Altstadt gibt es in diesem geräumigen Lokal mit italienischem Anstrich zu angemessenen Preisen. Montags bekommt man zwei Pizzen

G

(NOCH) EIN ABSOLUTER GEHEIMTIPP!

Gleich hinter der Klosterruine San Francisco kann man bei der Schweizerin **Susanna Knapp** 8 speisen, allerdings nur nach Vorbestellung. Die Zutaten sind immer frisch vom Markt, es gibt Fisch und Fleisch, aber auch Vegetarisches. Susanna, die seit vielen Jahren im Land lebt und lange das Küstenhotel Casablanca bei Barahona gemanagt hat, lässt sich von der traditionellen Inselküche inspirieren, verleiht ihren Gerichten dabei aber einen besonderen Touch. In ihrem Garten sitzt man herrlich zwischen tropischen Pflanzen (Calle Restauración 17, T und WhatsApp 829 740 12 30, knappsusanna@gmail.com, max. 6–10 Pers.).

zum Preis von einer. Beachten Sie die Gemälde an der Decke – etwas kitschig, aber mit Willen zur Originalität.

Calle Padre Billini 209, T 809 689 36 04, Mo–Fr 18–24, Sa, So 10–24 Uhr

Familiäre Atmosphäre

6 **Mesón de Bari:** In diesem gut geführten Lokal, in dem man Wert auf Tradition legt (es existiert seit 1979), verkehrt ein gemischtes kunstsinniges Publikum. Man isst dominikanische Küche treu nach Großmutters Rezepten zu mittleren bis hohen Preisen und sitzt inmitten Dutzender Gemälde an den alten Backsteinwänden. Tipp: die Teigtaschen *(catibias)* mit Lambi, Krebs oder Stockfisch.

Calle Hostos 302, T 809 687 40 91, Mo–So 12–24 Uhr

Burger, Cocktails, Bier & Schuhe

6 **La Alpargatería:** Es ist eine innovative Mischung, die Sie hier erwartet – ein Schuhladen gepaart mit Café, Bar und Restaurant. Serviert werden hausgemachte Burger, Cocktails und Craft Beer in sehr netter, zwangloser Atmosphäre. Eingerichtet ist der Laden im Retrolook mit bequemen Sofas und Sesseln. Aber auch der urige Garten lohnt einen Blick. Mittelpreisig.

Im gleichnamigen Laden (s. S. 49), T 809 221 31 58, Di–So 10–24 Uhr

Studentencafé

7 **Mamey Librería Café:** Das Mamey ist ein noch recht neues Café mit Buchladen, Kunstgalerie und Off-Kino in einem sehr schön restaurierten Kolonialhaus, das der junge Kunstunternehmer Rafael Perez von seiner Familie geerbt hat. Man sitzt im lauschigen Patio. Studentisches, alternatives Publikum. Toll gemacht ist der blau gekachelte Eingangsbereich mit einem maurisch anmutenden Brunnen. Abends mutiert die Location zur Bar.

Calle Las Mercedes 315, T 809 688 91 11, www.mamey.co, Mi–Fr 16–24, Sa, So 10–24 Uhr

Die Karibik im Auge

9 **D'Luis Parrillada:** Wer es vorzieht, bei einem frischen Lüftchen am karibischen Meer zu sitzen, ist hier richtig. Das große und bei Dominikanern sehr beliebte Lokal mit Terrasse über dem Wasser bietet landestypische Spezialitäten in Hülle und Fülle. Große Portionen, faire Preise.

Paseo Presidente Billini, zw. Calle Sánchez und Calle 19 de Marzo, T 809 686 29 40, tgl. 9–1 Uhr

Bohnen & Bands

10 **Casa del Mojito:** Etwas versteckt in der Altstadt findet sich die Casa del Mojito. Hört sich kubanisch an, ist auch kubanisch. Die leicht schummrige Bar und Galerie mit Gemälden an den hohen Wänden hat schon ab dem späten Vormittag geöffnet und serviert im Innenhof ein günstiges

E

ESSEN WIE EIN DOMINIKANISCHER ARBEITER

... das geht im von mehreren Frauen geführten **D Comer Colonial** 11. Hier gibt es einen Mittagstisch mit viel Reis, Bohnen, Püree, Salaten sowie je nach Wahl Fleisch oder Fisch. Der Preis pro Teller beginnt bei ca. 200 RD-$ und ist unschlagbar. Man sitzt in schlichter Umgebung, isst lecker und deftig und wird auf jeden Fall satt. Kommen Sie unbedingt vor 14 Uhr, denn hier wird zugeschlagen, und wer zu spät kommt, den bestraft der Hunger (Calle Arzobispo Portes, Ecke Isabel La Católica, www.dcomercolonial.negocio.site, Mo–Sa 9–15 Uhr).

Mittagsmahl. Fisch oder Fleisch, Reis, Bohnen und Salat schon ab 150 RD-$. Aber erwarten Sie kein Luxusambiente! Abends finden hier gelegentlich kleine Konzerte statt.

Calle José Reyes, Ecke Calle Salome Ureña, Facebook: La Casa del Mojito Santo Domingo, tgl. 11 Uhr bis spät

Vegetarisch & bio

12 **C-Organico:** Dieses recht neue Restaurant im hübschen Stadtteil Gascue liegt in Laufnähe zum historischen Zentrum und bietet einen perfekten Mittagstisch an: drei Gänge vegetarisches Bio-Essen mit frischen Fruchtsäften zu extrem guten Preisen. Man sitzt im Freien unter einem Baum.

Calle Lea de Castro 3, T 809 610 42 50, Mo–Fr 10–15 Uhr

Dominikanische Hausmannskost

13 **El Conuco:** Hier geht es übertrieben folkloristisch und sehr bunt zu, aber warum auch nicht? Es wird das Ambiente eines ›typischen‹ dominikanischen Dorfes geschaffen, aber echt ist hier natürlich nichts – außer dem Essen. Viel Fleisch, Fisch, Wurzeln, Bohnen, Reis und Gemüse. Auch vegetarische Optionen gibt es. Häufig spielt eine Merengue-Truppe und es wird getanzt. Gehen Sie nicht rein, wenn größere Touristengruppen da sind. Dann wird's richtig hektisch. Mittelpreisig.

Calle Casimiro de Moya 152, T 809 686 01 29, www.elconuco.com.do, tgl. 11.30–24 Uhr

Reise nach Nordspanien

14 **Centro Asturiano de Santo Domingo:** Ein Kleinod ist dieses leicht versteckt gelegene Restaurant mit nordspanischen und in Anbetracht der Transportdistanz sogar günstigen Spezialitäten wie Käse, Wurst, Schinken, Meeresfrüchte, Weine etc. Man sitzt ganz verschwörerisch in einem fensterlosen, vom dominikanischen Trubel weit entfernen Raum.

Av. Bolívar 58, T 809 682 21 56, Di–So 12–23.30 Uhr

Legendär unterirdisch

15 **Mesón de la Cava:** In einer natürlichen, 20 m tiefen Grotte, die fantastisch erleuchtet ist, genießt man typisch kreolische und internationale Küche. Mittel- bis hochpreisig, Reservierung empfohlen.

Av. Mirador Sur 1, T 809 533 28 18, www.elmesondelacava.com, tgl. 12–24 Uhr

Einkaufen

Magische Kunst

1 **Galería Bolós:** Der Besitzer Manuel Bolós macht sich selbst auf die Suche nach den hier ausgestellten erstklassigen Werken dominikanischer und haitianischer Künstler, darunter Gemälde, Holzskulpturen, Blecharbeiten und Möbel. Seine Galerie ist zweifellos eine der besten der Dominikanischen Republik.

Calle Isabel la Católica 15, T 809 686 50 73, Mo–Sa 9–18 Uhr

Karibisches Markttreiben

2 **Mercado Modelo:** Der Markt ist ein Potpourri dominikanischen Kunsthandwerks – Gemälde und Schmuck, Holzschnitzereien und Keramik stapeln sich in endlosen Reihen an bunten Verkaufsständen, allerdings auch viel kitschige Massenware, die zum Teil sogar in Indonesien hergestellt wurde.

Av. Mella 505, Mo–Sa 9–18 Uhr

Hip shoppen & essen

3 **Diseño Local Store:** Ein neuer Laden unter junger, sympathischer Führung, der, wie das heute so üblich ist, Mode und Einrichtungsgegenstände mit frisch zubereitetem Essen und Drinks kombiniert (s. S. 46). Hier können Sie originelle Accessoires für Ihre Küche kaufen, aber auch Kunst, individuelle Blumentöpfe, hippe T-Shirts, bunte Kleider oder Basttaschen.

Calle Arzobispo Meriño 107, www.instagram.com/disenolocalstore, Di–So 10.30–24 Uhr

Tabakwaren

4 **La Leyenda del Cigarro:** Sehr aufgeräumter Zigarrenhandel mit kubanischer wie bester einheimischer Ware. Im Laden selbst kann man einem Zigarrendreher bei der Arbeit zuschauen und sich vom angenehmen Geruch nach Tabakblättern einlullen lassen.

Calle El Conde 161, Ecke Calle Hostos, Mo–Sa 9–21, So 10–21 Uhr

Bernstein & Schmuck

5 **Museo Mundo del Ámbar:** In diesem schönen alten Kolonialhaus finden sich ein Bernsteinmuseum und ein Schmuckladen, in dem handgefertigte Stücke verkauft werden. Wohl der beste und seriöseste der vielen Souvenirläden in Santo Domingo, die mit Bernsteinausstellungen locken.

Calle Arzobispo Meriño 452, www.amberworldmuseum.com, Mo–Sa 8–18, So 9–14 Uhr, Museum 50 RD-$

Schuhe & Cocktails

6 **La Alpargatería:** Hier geht es um Espadrilles. Sie erinnern sich an diese leichten Stoffschuhe mit Sohlen aus geknüpften Pflanzenfasern, die in den 90er-Jahren mal sehr in waren und auf Spanisch *alpargatas* heißen? Ein Spanier (natürlich) hat diese Mode nach Santo Domingo gebracht. Er lässt die Schuhe hier produzieren und ist damit sehr erfolgreich. In seinem Parallelleben fungiert der Laden als Café, Bar und Restaurant (s. S. 47).

Calle Salomé Ureña 59, www.laalpargateria.com.do, tgl. 10–18.30 Uhr

Karibisches fürs Heim

7 **Desireé Cepeda – Artesanía | Interiorismo:** Ein hübscher bunter, mit viel Liebe zum Detail eingerichteter kleiner Laden für Innenaustattung. Hier kann man sich mit individuell gestalteten Möbeln, Haushaltsgegenständen und Wandschmuck eindecken, alles sehr ka-

Souvenirs für Kenner. In der Galería Bolós werden die Werke anerkannter Künstler der Insel verkauft. Der Besitzer reist eigens nach Haiti, um sie aufzuspüren.

ribisch verspielt und liebevoll gemacht. Im kleinen, grünen Patio lässt es sich schön sitzen, Kaffee trinken und hausgemachten Kuchen essen.
Calle Las Mercedes 206, Di–So 10–20 Uhr

Bewegen

Auf zwei Rädern durch die Stadt

1 **Zona Bici:** Mit diesem Radverleih kommt auch Santo Domingo langsam im 21. Jh. an. Zwar ist er hoffnungslos überteuert, dafür sind die Drahtesel hübsch türkisblau. Auch geführte Touren.
Calle Arzobispo Meriño 217, T 809 793 99 39, Di–Fr 10–13, 15–19, Sa, So 9–21 Uhr, 1 Std./300 RD-$, geführt 750 RD-$ pro Pers.

Auf drei Rädern durch die Stadt

2 **Trikke RD:** Auf elektrischen Dreirädern (Trikkes) durch die Stadt düsen.
Calle Billini 54, T 809 221 80 97, www.trikke.do, 1 Std./35 US-$ inkl. Guide

Ausgehen

Informationen über aktuelle Veranstaltungen (Konzerte, Theater etc.) listet u. a. die Website www.godominicanrepublic.com/events.

Kommunikativ

1 **Casa de Yura:** Lebhaft, zwanglos, tolle Musik, günstig, zuvorkommend geführt, mit Kunst eingerichtet – das sind die Zutaten für eine der nettesten Bars der Altstadt. Neben Rum und Bier gibt es auch Snacks, die Spezialität sind Frühlingsrollen.
Parque Duarte, Di–So 17–24 Uhr

Im Retro-Stil

6 **La Alpargatería:** Hier genießen Sie Ihre Drinks in einem Schuhgeschäft der etwas anderen Art – oder im Garten.
Im gleichnamigen Laden (s. S. 49), Di–So 10–24 Uhr

Livemusik

3 **La Espiral 313:** Das seit Jahren angesagte Espiral logiert in einem Kolonialhaus mit großem Patio und ist bekannt für seine Livekonzerte und DJs. Es zieht ein alternatives Publikum an, die Eintrittspreise sind immer fair und es gibt Craft-Bier.
Calle Mercedes 313, www.instagram.com/laespiral313, tgl. 18–2 Uhr

Rum & Rock'n'Roll

2 **Caciba:** Der Besitzer ist Fan von Rockmusik und legt Wert auf einen exzellenten Sound. In der Bar selbst ist es immer etwas düster, aber es gibt einen schönen Patio zum Draußensitzen.
Calle Mercedes 319, Di–So 20–2 Uhr

Merengue tanzen

3 **Onno's:** Getanzt wird hier fast jeden Abend. Die leicht ›geleckte‹ Bar hat häufig Musiker zu Gast (Salsa, Merengue) oder

IN DEN ABEND TREIBEN

A

Beginnen Sie mit einem Spaziergang durch die nun ruhiger gewordene Altstadt. Die ersten Dominosteine klackern und in den Eckläden, den Colmados, werden die ersten Feierabendbiere geöffnet. Am **Parque Colón** ist die Stimmung jetzt besonders schön. Auf dem Platz versammeln sich Liebespaare, Schachspieler und Feierabendbummler. Zum Abendessen sitzt man schön und eher schick an der **Plaza de España** sowie am **Parque Billini.** Hier kann man bis spät bleiben, um noch einen Drink zu nehmen. Oder man zieht weiter zum alternativen **Parque Duarte,** wo die Bohemiens zusammenkommen. Nett und belebt ist es meist auch rund um den **Parque Julia de Burgos** am südlichen Ende der Calle Isabel la Católica.

DJs legen internationale Discomusik auf. In der Altstadt ein sicherer Tipp.

Calle Hostos 157, www.onnosbar.com, Mi–So 17–3 Uhr

Eine Institution

4 **Casa de Teatro:** Tolle Kombination aus einem Galeriebetrieb mit Livekonzerten bekannter karibischer Musiker – von Jazz über Merengue bis Pop.

Calle Arzobispo Meriño 110, Programm unter www.instagram.com/casadeteatrord

Konspirativ

5 **La Resistencia:** Der Name dieser Underground-Bar ist Programm. Sie hat nämlich weit über die Sperrstunde (2 Uhr) hinaus geöffnet (bis 6 Uhr) und genießt somit den einträglichen Ruf der Konspirativität. Hier herrscht Rotlicht, hier treffen sich die Menschen der Nacht, hier kann man bis zum Morgengrauen feiern.

Calle José Gabriel García 203, tgl. ab 21 Uhr

Feiern

- **Carnaval:** Feb. Der Karneval hat in Santo Domingo eine lange Tradition. Hauptattraktion ist die Abschlussparade am Malecón.
- **Semana Santa:** März/April. In der Karwoche finden in der Altstadt abendliche Prozessionen statt. Um Ostern und auch an Himmelfahrt ziehen Trommelgruppen, Gagá genannt, durch die Vororte.
- **Festival del Merengue:** Juli/Aug. Der wichtigste Ort des Festivals ist der Malecón, der zur Open-Air-Bühne für Tänzer und Livebands wird.

Infos

- **Touristeninformation:** s. S. 16.
- **Flüge:** Der Aeropuerto Las Américas liegt ca. 25 km östlich der Stadt. Taxifahrer nehmen für die Strecke ins Zentrum 1500 RD-$. Für die Fahrt zum Flughafen zahlt man 1000 RD-$ oder bestellt per App ein günstigeres Uber-Taxi. Vom 2. Stock des Flughafens fahren Kleinbusse *(guaguas)* für 70 RD-$ bis zur Ecke Av. Mella und Calle Duarte am Nordrand der Altstadt.
- **Busse:** Die einzelnen Busgesellschaften haben ihre eigenen Terminals. Caribe Tours: Av. 27 de Febrero, Ecke Calle Leopoldo Navarro, www.caribetours.com.do (Verbindungen in die meisten Städte und größeren Orte); Metro Autobuses: Calle Francisco Prats Ramírez, Ecke Av. Winston Churchill, www.metroserviciosturisticos.com (nach Santiago, Puerto Plata und Sosúa); Expreso Bavaro: Calle Juan Sánchez Ramírez, Ecke Av. Máximo Gómez, Metrostation Joaquín Balaguer, www.expresobavaro.com (6 x tgl. über Boca Chica und San Pedro de Macorís nach Bávaro und Punta Cana, 400 RD-$, 3 Std.).
- **Mietwagen:** Die Verleiher im Zentrum sind meist günstiger als die am Flughafen, z. B. Nelly, Av. Independencia 654, www.nellyrac.com; Alamo, Av. Independencia, Ecke Av. Máximo Gómez, www.alamo.com.
- **Minibusse und Sammeltaxis:** Minibusse *(guaguas)* und Sammeltaxis *(colectivos, carros públicos)* fahren auf festen Routen durch die Stadt. Wer mitwill, hält sie auf der Strecke an (Spanischkenntnisse sind hilfreich). Fahrpreis ab 25 RD-$.
- **Taxis:** Hier muss der Preis vorher vereinbart werden (Untergrenze 170 RD-$/Fahrt). Wenn möglich, sollte man ein Funktaxi ordern, z. B. von Apolo Taxi, T 809 537 00 00. Wesentlich günstiger und sehr zuverlässig ist Uber (s. S. 235).
- **Metro:** Die Stadt hat zwei Metrolinien (www.metrosantodomingo.com), die die touristisch interessanten Zonen jedoch nur am Rande berühren. Eine Fahrt kostet 20 RD-$ plus Magnetkarte 15 RD-$.
- **Teleférico:** Santo Domingos Seilbahn (s. S. 40) ist an die Metrostation Eduardo Brito der roten Linie 2 angeschlossen und kann mit demselben Ticket benutzt werden (Mo–Fr 6–22.30, Sa 6–21, So 8–21 Uhr).

Zugabe

Trommeln aus Afrika

Die Congos von Villa Mella

Villa Mella (Karte 3, C2) liegt im Norden von Santo Domingo und ist ein Zentrum der immer stärker werdenden afrodominikanischen Kultur. Von hier stammen die Congos de Villa Mella, eine Bruderschaft von Musikern, die mit ihren Schlaginstrumenten und Gesängen zu wichtigen Festen aufspielen. Ihre Wurzeln sind bis in den Kongo und nach Angola zurückzuverfolgen. In der Dominikanischen Republik entstand sie im 16. Jh. unter den Sklaven. Die Cofradía de los Congos del Espíritu Santo de Villa Mella wird seit 2001 von der UNESCO zu den Meisterwerken des immateriellen Menschheitserbes gezählt. Erleben kann man sie jeden 7. Oktober bei der Fiesta de la Virgen del Rosario (›Rosenkranzfest‹). ■

Der Osten

Den Besucherzahlen nach ist der Osten die beliebteste Landesregion — Auf dem Flughafen von Punta Cana werden jährlich 4 Mio. Passagiere abgefertigt. Verlässt man die Touri-Enklave, eröffnet sich eine andere Welt.

Seite 60

Juan Dolio und Guayacanes

In diesen (einigermaßen) sanft erschlossenen Badeorten gibt es schöne Strände mit Restaurants, in denen man entspannt sitzen, die Füße im Sand vergraben und den Blick auf die Karibik genießen kann.

Seite 63

Cueva de las Maravillas ✪

Der Name ist keine Übertreibung: ›Höhle der Wunder‹. Im Inneren finden sich märchenhaft geformte Felssäulen, spiegelnde Wasserbecken und Hunderte Höhlenzeichnungen der Ureinwohner.

Dominikanische Nationalblume ist die Bayahibe-Rose.

Eintauchen

Seite 70

Bayahibe

Bayahibe hat zwei Gesichter: tagsüber Massentourismus, abends dann ein entspanntes karibisches Örtchen.

Seite 74

Parque Nacional Cotubanamá ✪

Im türkisen Wasser der Isla Saona entspannen und auf den Spuren der Taíno wandern gehen.

Seite 76

Boca de Yuma

Das Dorf liegt am Ende einer Landstraße auf einer Felsküste, gegen die wild das Meer brandet – auch das ist die Karibik!

Seite 76

Casa de Ponce de León

Das Haus bei Boca de Yuma wurde erbaut, als diese Region noch Taíno-Land war. Hinter dicken Mauern sind Möbel und Waffen aus dem 16. Jh. ausgestellt.

Seite 77

Basílica Nuestra Señora de la Altagracia

Sie ist architektonisch eigenwillig und macht Higüey zu einem der wichtigsten Wallfahrtsorte Lateinamerikas.

Seite 82

Laguna del Limón & Playa Limón

Die im Dickicht verborgene Lagune gehört zu einem Wissenschaftsreservat und ist Heimat vieler Wasservögel. Gleich davor erstreckt sich ein noch richtig wilder Strand, an dem Sie lange Wanderungen unternehmen können.

&

Seite 83

Montaña Redonda

Wenige Kilometer vor dem Ort Miches erhebt sich die Montaña Redonda: ein Berg, von dessen kahler Kuppe man einen majestätischen Blick über das weite hügelige Land, die Lagunen und das Meer hat.

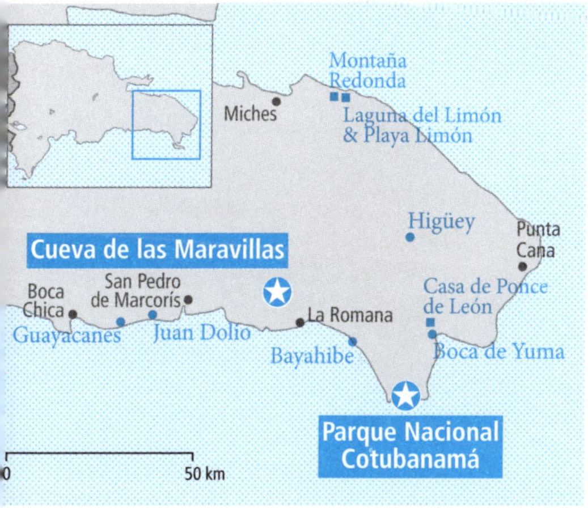

Baseballspieler seien eines der größten Exportprodukte ihres Landes, scherzen die Dominikaner – da ist was dran!

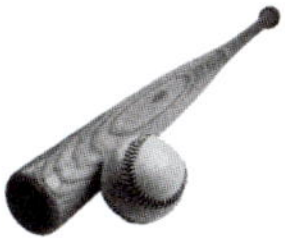

Früher einmal lebte die Dominikanische Republik vom Zucker. Diese Vergangenheit bekommt man gerade im Osten des Landes eindrücklich vor Augen geführt.

erleben

Region der Widersprüche

D

Der Osten der Dominikanischen Republik ist nicht einfach zu begreifen. Hier treffen die Widersprüche dieser Insel (und unserer Welt) aufeinander. Reichtum, Luxus und Pauschaltourismus auf der einen Seite. Auf der anderen: Zuckerrohrplantagen, in denen haitianische Arbeiter ausgebeutet werden. Zwischen diesen beiden Polen gibt es kleine Badestädtchen, herrlich klares Wasser, einige Traumstrände, den größten Wallfahrtsort des Landes, den höchsten Wasserfall der Karibik und schließlich in der Region zwischen Miches und Sabana de la Mar eine noch ursprüngliche Bauern- und Fischerregion.

Die meisten All-inclusive-Touristen reisen in die Region von Punta Cana/ Bávaro. Wer einen schönen Badeurlaub mit viel Abwechslung machen möchte, der ist in Bayahibe richtig. Der ehemalige Fischerort wird zwar jeden Morgen von Reisebussen heimgesucht, die Tausende Urlauber herbringen, aber sie steigen sogleich in die Boote zur Isla Saona. Die ›Trauminsel‹ liegt im Parque Nacional Cotubanamá, um sie herum ist das Wasser herrlich klar. Eine Tour dorthin lohnt sich allerdings nur außerhalb der Stoßzeiten. Fast menschenleer hingegen ist der Festlandteil des Nationalparks, in dem es viele Höhlen gibt. Vor der Küste von Bayahibe liegen zudem gute Tauchgründe.

Ich reise immer wieder gerne in die Gegend um Miches an der Bucht von Samaná. Obwohl an der Küste ein großes Öko-Luxus-Resort begonnen wurde, ist das Leben noch vergleichsweise ursprünglich, etwa wenn Fischer ihre Boote voller Sardinen in der Flussmündung entladen. In der Region liegen auch die Montaña Redonda und der höchste Wasserfall der Karibik. Vom nahen Sabana de la Mar kann man den Nationalpark Los Haitises per Kajak erkunden und mit der Fähre auf die Halbinsel Samaná übersetzen.

ORIENTIERUNG

O

Anreise und Weiterkommen: Der Flughafen von Punta Cana wird von vielen Charterlinien aus Europa direkt angeflogen. Mit Santo Domingo ist der Osten inzwischen über eine mautpflichtige Autobahn verbunden. Die Straße zwischen Punta Cana und Sabana de la Mar ist durchgängig asphaltiert. Busse von Expreso Bavaro (www.expresobavaro.com) verbinden 6 x tgl. Santo Domingo mit Boca Chica, San Pedro de Macorís, Bávaro und Punta Cana (400 RD-$).

Boca Chica

H5

Hier liegt die Badewanne von Santo Domingo. Der Küstenabschnitt wird so genannt, weil am Wochenende die Hauptstädter hierher strömen. Mittendrin **Boca Chica,** schon lange kein Fischernest mehr, sondern eine veritable Kleinstadt mit Akzent auf Pauschaltourismus, Strandleben und Vergnügungen. Das Meer ist türkis und glasklar und aufgrund vorgelagerter Riffe sehr ruhig. Das ist ideal für Kinder. Und für Hauptstädter, die gerne mit einem Becher Rum im warmen Wasser stehen.

Das sind ja reizende Aussichten

Während die Pauschalurlauber in den Resorts am westlichen und östlichen Stadtrand unterkommen, gibt es im Zentrum kleinere Unterkünfte. Dabei muss erwähnt werden, dass Boca Chica von einer Szene internationaler Herrschaften (aka Sextouristen) besucht wird. Dementsprechend aufreizende Damen sind unterwegs. Die Szene verleiht dem Ort (ähnlich wie Sosúa an der Nordküste) ein Ambiente, das man nicht mögen muss. Nichtsdestotrotz bietet auch Boca Chica aktiven Urlaubern etwas an. Es gibt Tauchschulen, die Sie zu interessanten Revieren vor der Küste bringen.

Diesen Trubel muss man mögen

Der schmale Sandstreifen direkt unterhalb von Boca Chicas Partymeile, die **Calle Duarte,** ist stets gut besucht. Man trinkt ein Bier in einer der vielen Strandkneipen, brät in der Sonne, lässt sich massieren oder schaut aufs Meer. Läuft man am Wasser entlang in Richtung Westen, wird der Strand breiter, doch auch hier herrscht Trubel: Handtücher und Liegen reihen sich aneinander. Schließlich folgt

Wenn man Boca Chica ansteuert, sollte man keine Furcht vor Menschenmassen haben. Dafür werden hier Rum und Bier bis ans Wasser serviert, und es lassen sich leicht Beziehungen jedweder Art knüpfen.

Boca Chica

Schlafen
1 Agua Dulce
2 Neptuno's Refugio
3 Mango
4 Casa Coco
5 Zapata

Essen
1 Pelicano Beach Club
2 Neptuno's Club Restaurant
3 Boca Marina
4 Pequeña Suiza
5 El Puerco Rosado

Bewegen
1 Caribbean Divers
2 Treasure Divers
3 Don Juan Beach Resort

ein besonders bei Dominikanern beliebter Abschnitt, der sich an Wochenenden in ein Tohuwabohu verwandelt. Merengue-Musik, Kindergeschrei, die Rufe der Verkäuferinnen aus den Grillküchen und die brütende Hitze ergeben dann eine aufgekratzte Mischung. Im Osten des Ortes gibt es mehrere etwas feinere Lokale, in denen man schön sitzt.

Schlafen

Türkis wie das Meer

1 **Agua Dulce:** Ein recht neues, familiär geführtes Hotel unter netter deutscher Leitung in einem türkis gestrichenen Haus. Zehn ordentliche Zimmer zu Vorzugspreisen, üppiges Frühstücksbuffet. Wegen der Lage etwa 1 km vom Zentrum und Strand entfernt ist es hier angenehm ruhig. Calle Rogelio Álvarez 20, T 809 804 54 59, https://hotel-agua-dulce.negocio.site, DZ ab 30 US-$

Weiß wie die Wolken

2 **Neptuno's Refugio:** Hier mag man es weiß. Möbel, Sofas, Gardinen – alles ist in hellen Tönen und penibel sauber gehalten. Das Hotel bietet sechs Zimmer und zehn Apartments, teilweise mit schönen Balkonen und Sicht über die Bucht

von Boca Chica. Ruhig gelegen, Garten mit Bar und Pool.

Calle Duarte 17, hinter dem Hotel Oasis Hamaca, T 809 523 99 34, www.refugioneptunos.com, DZ ab 55 US-$, Apartments 70–115 US-$

Verlässlicher Klassiker

3 **Mango:** 32 Zimmer in einem netten und sicheren Hotel unter italienischer Leitung. Mit Pool.

Calle A. Valenzuela 2, T 809 523 64 77, ab 40 US-$ für 2 Pers.

C'est joli!

4 **Casa Coco:** Sympathisches kleines Hotel unter französischer Leitung. Mit Pool und gutem Frühstück.

Calle Domínguez 8, T 809 523 44 09, DZ ab 30 US-$

Direkt am Strand

5 **Zapata:** Etwas ruhiger gelegenes Hotel, 22 Zimmer mit Balkon in zwei Gebäuden. Der Strand befindet sich direkt vor der Tür, weswegen das Zapata beliebt und gut besucht ist.

Calle Abraham Núñez 27, T 809 523 47 77, www.hotelzapata.com, DZ ab 77 US-$

Essen

Auf Stelzen im Wasser

Hinter dem Hotel Oasis Hamaca in der Calle Duarte gibt es drei Restaurants auf Stelzen über dem Meer. Alle kommen nobel daher, richten sich eher an die Oberschicht aus Santo Domingo sowie an Touristen, die es sich leisten wollen. Serviert werden hochwertige und hochpreisige Gerichte mit Zutaten überwiegend aus dem Meer, aber man kann auch nur einen Drink nehmen. Meist läuft Loungemusik, auch mal Merengue. Insgesamt sitzt man hier nett und entspannt. Der schicke **Pelicano Beach Club** 1 (www.instagram.com/pelicanobeachclub, tgl. 9–23 Uhr) hat ein Sonnendeck mit Liegen, gelegentlich gibt es Livemusik. Bekannter und populärer ist **Neptuno's Club Restaurant** 2 (www.facebook.com/neptunosrd, tgl. 10–23 Uhr). Im **Boca Marina** 3 (www.bocamarina.com.do, So–Do 10–24, Fr, Sa 10–1 Uhr) werden abends Kerzen aufgestellt, es geht romantisch zu.

Bewährt und gemütlich

4 **Pequeña Suiza:** Das wohl beliebteste Feinschmeckerrestaurant in Boca Chica. Man sitzt in einem behaglichen Innenhof mitten im Ort und genießt den ausgezeichneten Fisch oder die Langusten.

Calle Duarte 56, T 809 523 46 19, Gerichte ab ca. 12 US-$

Mit den Füßen im Sand

5 **El Puerco Rosado:** Das ›Rosa Schweinchen‹ ist ein betriebsames Strandrestaurant mit italienischer und Cajun-Küche. Mittelpreisig und empfehlenswert.

Calle Pedro Mella 1, westl. vom Zentrum am Strand, T 809 523 43 07, Hauptgerichte 9–18 US-$

Ausgehen

Wo geht's hier zur Party?

Das Herzstück Boca Chicas, die **Calle Duarte,** wird abends mit ihren vielen Bars und Discos zur Flaniermeile. ›Gewöhnliche‹ Touristen betrachten das Spektakel leicht ungläubig, doch die vielen Prostituierten finden hier ihre Freier. Wer ein ruhigeres Ambiente vorzieht, sollte die teureren Restaurants, Bars und Lounges in der östlichen Calle Duarte (auf der anderen Seite des Hotels Oasis Hamaca) aufsuchen.

Bewegen

Tauchen

Die Tauchgründe vor Boca Chica sind ideal, etwa im nahen **Parque Nacional**

Submarino La Caleta, in dem man Wracktauchen kann, oder bei der geschützten Isla Catalina vor La Romana. Aber auch weiter entfernte Reviere werden von hier aus angesteuert, z. B. vor Bayahibe. Es gibt mehrere sehr erfahrene und deutschsprachige Tauchschulen, darunter **Caribbean Divers** 1 (Calle Duarte 44, T und WhatsApp 809 854 34 83, www.caribbeandivers.de) oder **Treasure Divers** 2 (Plaza Isla Bonita, Calle Duarte 48, T 809 523 53 20, www.treasure-divers.net).

Surfen

Auch für Windsurfer bieten sich in Boca Chica gute Bedingungen, besonders für Anfänger. Equipment wird in den großen Hotels verliehen, z. B. im **Don Juan Beach Resort** 3.

Infos

- **Touristeninformation:** Calle Duarte 32.
- **Im Internet:** www.bocachicabeach.net, www.bocachicaservice.com.
- **Transport vor Ort:** Bis in die Nacht verkehren auf der Avenida 20 de Diciembre Minibusse nach Santo Domingo sowie (seltener) nach La Romana.

Juan Dolio und Guayacanes

J6

Nicht ganz so umtriebig

Die zwei Strandörtchen **Juan Dolio** und **Guayacanes** sind nicht mit dem aufgekratzten Boca Chica zu vergleichen. Auch sie waren einmal Fischerdörfer, die mit dem internationalen Tourismusboom ›entdeckt‹ wurden, aber die Entwicklung verlief hier weit weniger rasant. Touristischer Schwerpunkt sind einige All-inclusive-Anlagen in Juan Dolio.

Beide Orte ziehen sich an einer Straße parallel zum Meer entlang. Logischerweise gibt es also Strandrestaurants, in denen man entspannt sitzen, die Füße im Sand vergraben und mit einem Cocktail in der Hand den Blick aufs Meer genießen kann. In Juan Dolio existieren auch einige kleine Hotels und Pensionen. Aber viel zu tun gibt es hier nicht. Der Strand bestimmt den Rhythmus und so bestimmen Schwimmen, Faulenzen, Lesen und Sonnetanken den Tag. Oder Sie machen Yoga mit Mara vom Fior di Loto (s. unten).

Schlafen

Indisches Flair

Fior di Loto: Seit 1991 begrüßt die Italienerin Mara ihre Gäste mit verspielter Exotik in der ›Lotusblume‹: Indisches Mobiliar, Wandteppiche und bunte Malereien finden sich überall in diesem hellen Gebäude voller Gänge und Terrassen sowie einem großen Yoga-Raum in der obersten Etage. Die superfreundliche Gastgeberin leitet mehrere Hilfsprojekte in Indien und versprüht hier gute Vibrations. Sie bietet verschiedene Yoga-Kurse an. 25 eher kleine Zimmer sowie größere Apartments zu Hostelpreisen. Eines der ausgefalleneren Hotels der Insel.

Calle Central 517, Juan Dolio, T 809 526 11, 46, WhatsApp 809 847 54 06, www.fiordilotohotel.com, DZ 15–30 US-$, Apartments 40–60 US-$

Dominikanisches Flair

Don Pedro: Der Pionier des Tourismus in dieser Gegend, der sich immer noch wacker hält. Ein einfaches Haus, einfache Zimmer, eine kleine Bar am Meer und ein Restaurant. Was will man mehr?!

Calle Marina 40, Juan Dolio, T 809 526 21 47, www.habitaciones-donpedro.com, DZ ab 1200 RD-$

… und nur 20 km östlich der Sardinenbüchse Boca Chica in Juan Dolio sieht es so aus: ein karibischer Bilderbuchstrand, überschaubar gefüllt, davor das ›schwimmende‹ Restaurant El Embarcadero.

Essen

Typisch dominikanisch

La Playa del Pescador: In diesem unkomplizierten, gemütlichen Strandrestaurant mit Fischgerichten und eiskaltem Presidente kann man schön am Strand sitzen, den man unter der Woche fast für sich alleine hat.

Am Strand von Guayacanes, T 809 526 26 13, tgl. 8–23 Uhr, gegrillter Fisch ab 350 RD-$

Gediegene Atmosphäre

El Mesón Español: Das Restaurant ist bekannt für seine Meeresfrüchte, die in großen Portionen serviert werden. Gäste loben den Laden mit fairen Preisen immer wieder in den höchsten Tönen.

Crta. Nueva, Juan Dolio, gegenüber dem Club Hemingway, T 809 526 26 66, tgl. 11–23 Uhr, Hauptgerichte 350–600 RD-$

Musik und Girlanden

El Sueño: Beliebtes italienisches Restaurant (nicht ganz mit Meerblick). Manchmal gibt es Beschallung durch einen Schlagersänger mit Elektroorgel. Man sitzt gegenüber dem Meer und genießt mittelpreisige Spaghetti und Pizzen.

Calle Principal, Juan Dolio, T 809 526 39 03, Di–So 12–15.30, 19–22 Uhr

Ein Hauch von Österreich

El Rincón del Cacique: Schräg gegenüber dem Restaurant El Sueño befindet sich die bewährte Bar des Österreichers Wolfgang Karl, auch Kazike genannt. Hier kann man ordentlich und zu guten Prei-

sen essen. Es gibt Dominikanisches, aber auch paniertes Schnitzel mit Kartoffeln. Zu später Stunde kann man dann mit dem Kaziken an der Bar über das Leben in der Dominikanischen Republik fachsimpeln.
Calle Principal, Juan Dolio, T 809-526 22 46, tgl. 9–1 Uhr

Bewegen

Tauchen

In einigen der größeren Hotels gibt es Tauchzentren, z. B. **Ocean Diving** (im Emotions by Hotelpa, Boulevar de Juan Dolio, T 829 603 47 77, www.oceandivingsd.com). Das deutschsprachige **Neptuno Dive Center** sitzt in Boca Chica, startet mit Ihnen aber auch problemlos von Juan Dolio aus (T 829 342 30 08, WhatsApp 829 578 46 71, www.neptunodive.com).

Golfen & Reiten

Es gibt zwei edle Golfplätze in Juan Dolio. Der besser gemanagte und ruhiger gelegene ist der Guavaberry Golf & Country Club nördlich des Ortes mit einer 18-Loch-Anlage. Auch Reiten ist in dem Villenresort möglich.
Autovía del Este Km 55, T 829 659 86 61, www.guavaberrygolf.com.do

Surfen

Zwischen Guayacanes und Juan Dolio findet sich der kleine **Caribe Beach,** der bekannt ist für seine reitbaren Wellen. Auch Bodyboarder dürften sich hier nicht langweilen.

Infos

- **Busse:** Entlang der Hauptstraße von Guayacanes und Juan Dolio fahren zu unregelmäßigen Zeiten Minibusse, v. a. nach Santo Domingo, aber auch nach La Romana. Fragen Sie in Ihrer Unterkunft nach den Abfahrtszeiten und dem -ort.

San Pedro de Macorís

J5/6

San Pedro de Macorís ist die mit rund 200 000 Einwohnern drittgrößte Stadt des Landes, hat touristisch aber nicht viel zu bieten. Außer ihrem verrückten Karneval! Und ihrer Geschichte. Die hängt mit dem Zucker zusammen. Er ist bis heute ein wichtiger Wirtschaftszweig der Region und prägt das Umland.

Der Tanz der Millionen

Die Industrie kam zwischen 1870 und 1920 dank reicher Einwanderer aus Kuba in Gang. Bei der Entwicklung halfen die guten Böden und der Hafen am Río Higuamo. San Pedro entwickelte sich zum größten und wichtigsten Ort der dominikanischen Zuckerproduktion. Die hohen Zuckerpreise während des Ersten Weltkrieges führten zu so viel Wohlstand, dass vom Tanz der Millionen gesprochen wurde. Den Mangel an Arbeitskräften behob man durch Zuwanderung von den britischen Jungferninseln. Die *cocolos* genannten Immigranten brachten

STERNE DES OSTENS S

So heißt die Baseballmannschaft aus der Baseballhochburg San Pedro de Macorís. Eines der berühmtesten Mitglieder der **Estrellas Orientales** ist Samuel ›Sammy‹ Sosa Peralta, der in den USA große Erfolge feierte. Es gibt also kaum einen besseren Ort als das hiesige **Estadio Tetelo Vargas,** um sich mal ein Spiel anzusehen. Die Saison dauert von November bis Februar (Av. Caamaño, Ecke Calle Laureano Cano, www.estrellasorientales.com.do).

Tänze und Musik mit, die San Pedro bis heute prägen, besonders beim Karneval.

Wichtige Wirtschaftsmotoren

Die wichtigsten Attribute des geschäftigen San Pedro sind heute der Flusshafen und eine Freihandelszone. Von Westen kommend fällt rechter Hand zunächst die monumentale Zuckerfabrik auf, die **Ingenio Porvenir.** Der Weg in den Ort führt dann über die **Puente Higuamo,** mit 650 m die längste des Landes. San Pedro lässt sich aber auch nördlich auf der Autovía del Este (RD-3) umfahren, dort überquert eine der modernsten Brücken der Karibik den Fluss.

Essen

Am Fluss

Río Mar: Zu den wenigen Möglichkeiten, gut in San Pedro zu essen, zählt das Río Mar mit seinen Spießen und Fischoptionen. Es liegt etwas ruhiger am Ufer des Río Higuamo und in Laufnähe der sehenswerten Kathedrale San Pedro. Rund um das Río Mar gibt es weitere Lokale zum Fischessen, etwa das Remo oder das Nei Marisco.
Calle Domínguez Charro 35, T 809 246 44 50, www.facebook.com/barrestaurantriomar, tgl. 9–1 Uhr

Feiern

- **Carnaval:** Feb./März. Zu den Feierlichkeiten tanzen, wie auch beim Patronatsfest am 29. Juni, die sogenannten Guyolas in wirklich fantastischen und farbenfrohen Kostümen durch die Stadt. Sehenswert.

Infos

- **Minibusse:** Guaguas nach Santo Domingo ab Av. Caamaño, Ecke General Cabral, und nach Osten ab Parque Duarte.

In der Höhle der Wunder geht es über Treppen in die Unterwelt – dort erwarten Sie fantastische Überraschungen!

Cueva de las Maravillas ✪ J/K5

Der Name ist keine Übertreibung: ›Höhle der Wunder‹. In der **Cueva de las Maravillas** finden sich märchenhaft geformte Felssäulen, spiegelnde Wasserbecken und Hunderte Höhlenzeichnungen der Taíno-Ureinwohner. Das alles ist erstaunlich perfekt erschlossen – mit Treppen, Gängen und einer überaus effektvollen Beleuchtung. Für mich ist dies einer der außergewöhnlichsten Orte der Insel.
RD-3, gut 20 km östl. von San Pedro de Macorís, Di–So 9–17 Uhr, 45-minütige obligatorische Führung (auch auf Deutsch) 300 RD-$, Kinder 100 RD-$

Ein Rendevouz in 1500 Jahren

Zu Beginn des Rundgangs betritt man eine kathedralenartige Halle, die **Castillo** (›Schloss‹) heißt und an der höchsten

U

AUSGEZEICHNETE UNTERWELT!

An der Ausformung der Cueva de las Maravillas war das Meer beteiligt – tauchte dieser Teil der Insel doch erst vor 100 000 Jahren aus dem Ozean auf. Nach ihrer Entdeckung entschied man sich, sie zugänglich zu machen, und begann ein 300 m langes Gangsystem anzulegen, das durch seine Beleuchtung wie ein Straßennetz wirkt. Die einzelnen Höhlenabschnitte wiederum sind mit Bewegungsmeldern ausgestattet, sodass wie auf einer Bühne immer nur bestimmte Stellen erhellt werden. Für das spektakuläre Ergebnis gewannen die Höhlenarchitekten auf der Biennale in Miami die Goldmedaille für Landschaftsarchitektur.

Stelle 25 m misst. Es tropft allerorten und Wurzeln brechen auf der Suche nach Feuchtigkeit durch die Höhlendecke. Dadurch verändern sich die Felsen ständig. Gleich am Eingang fallen Ihnen bestimmt der Stalagmit und der Stalaktit auf, die aufeinanderzuwachsen – in 150 Jahren schaffen sie 2,5 cm, brauchen also wohl nur noch läppische 1500 Jahre, bis sie sich treffen.

Ohne dass man viel Fantasie braucht, erinnern viele der Felssäulen an Figuren aus den fantastischen Gemälden des Malers Hieronymus Bosch: Zwerge mit Hauben, enorme Pilze, gruselige Zwitterwesen. Das vielleicht beeindruckendste Gebilde ist eine Säule, die sehr passend **Cabeza del Dragón** (›Drachenkopf‹) getauft wurde.

Lachten die Taíno viel?

Eine weitere Besonderheit sind die 472 Höhlenmalereien und 19 Petroglyphen, die die Taíno hier hinterlassen haben. Die auffallend großen Zeichnungen repräsentieren Götter und Tiere, darunter Eulen und Fledermäuse. Ihr Alter wird auf 500 bis 800 Jahre geschätzt. Beim Betrachten könnte man meinen, dass die Taíno sehr fröhliche Menschen waren, scheinen doch viele der abgebildeten Figuren zu lachen oder zu grinsen. Einige der Darstellungen sind allerdings Fälschungen aus der Zeit, als die Höhle ungeschützt offen lag. Archäologen glauben, dass die Taíno hier ihre Totenkulte abhielten.

La Romana

K5/6

Durch Zucker groß geworden

Dynamisch, aber touristisch uninteressant. Wer sich für Geschichte interessiert und dominikanischen Alltag schätzt, ist hier richtig. Auch **La Romana** verdankt ihren Aufschwung einer Zuckermühle, die 1876 errichtetet wurde und bis heute prägend ist: der **Central de la Romana.** Obwohl die Fabrik immer wieder um ihre Existenz ringen musste, wuchs La Romana um sie herum zu einer der größten Städte der Insel heran. Bis heute ist die Zuckermühle neben einer Freihandelszone einer der wichtigsten Arbeitgeber. Der wegen seiner ausbeuterischen Praktiken umstrittene Besitzerclan Franjul hat sich ein zusätzliches Standbein im Tourismus aufgebaut und ist maßgeblich am Casa de Campo (s. unten) beteiligt.

Casa de Campo

Luxus für Verwöhnte

Casa de Campo, das am östlichen Rand von La Romana gelegene ›Landhaus‹, ist mit 7000 ha und 1700 Villen eine der größten und exklusivsten Ferienanlagen der Karibik. Sie können hier luxuriöse Hotelzimmer oder auch eine Villa mieten (oder sogar kaufen). Es gibt einen Flughafen, eine Marina, Golf-, Polo- und Tennisplätze, Schießstände, Spas, Strände. Den Reichen dieser Welt gefällt's. Der schöne Schein sollte aber nicht darüber hinwegtäuschen, dass in Casa de Campo offenbar auch internationale Drogengelder gewaschen werden.

Crta. La Romana–Higüey, T 855 580 48 14, www.casadecampo.com.do

Altos de Chavón

Das Gelände des Casa de Campo ist gewaltig. Und so leistet sich der Betreiber sogar ein eigenes Künstlerdorf im mediterranen Stil: **Altos de Chavón.** Deswegen kommen so viele Touristen hierher. Altos de Chavón ist der Stein gewordene Traum von Charles Bluhdorn, einst Chef des Konzerns Gulf+Western, der die Central de la Romana betrieb.

www.casadecampo.com.do/altos-de-chavon, 25 US-$ (inkl. Shuttlebus vom Eingang nach Altos de Chavón)

›Toskana‹ in der Karibik

Gassen mit Kopfsteinpflaster, Plätze mit Brunnen. Im 5000 Zuschauer fassenden **Amphitheater** treten internationale Stars auf, das Eröffnungskonzert 1982 bestritt Frank Sinatra. Zur Einweihung der **Iglesia de San Estanislao** schickte Papst Johannes Paul II. Asche des hl. Stanislaus.

Das **Museo de Arte Prehispánico** zeigt eine gute Sammlung präkolumbischer Objekte (tgl. 10–17 Uhr, Eintritt frei). Schön ist die Aussicht auf den Río Chavón, auf dem Szenen des Films »Apocalypse Now« (1979) gedreht wurden. Neben Boutiquen, Restaurants und Bars beherbergt das Dorf auch eine bedeutende Kunstschule, die begehrte Stipendien vergibt und mit der New Yorker Parsons New School of Design assoziiert ist. Sie heißt **Chavón Escuela di Diseño** (www.altosdechavon.edu.do). Ihre Galerie zeigt ausländische und dominikanische Künstler. Ansonsten schlendert man durch die auf alt gemachten Gemäuer und tut so, als ob man in der Toskana sei.

Auf dem Rücken der Armen

Die Geschichte von Altos de Chavón ist widersprüchlich. Das Dorf und Casa de Campo gehören der Central Romana Ltd., die heute die gleichnamige Zuckermühle betreibt. Gegründet aber wurde Casa de Campo vom US-amerikanischen Konzern Gulf+Western. Er errichtete das Resort mit Profiten aus dem Zuckerhandel. Man kann daher ohne Übertreibung sagen, dass das exklusive Ambiente von Altos de Chavón auch durch die Ausbeutung der haitianischen Zuckerrohrsklaven

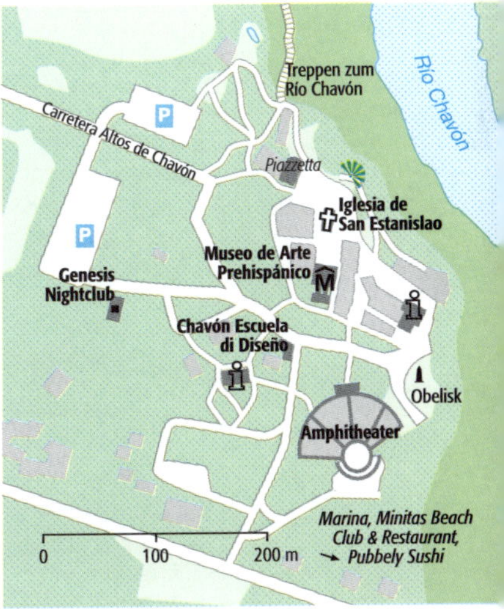

Altos de Chavón

TOUR
Blick hinters Paradies

Fahrt durch die Zuckerrohrfelder im Hinterland von La Romana und San Pedro de Macorís

Schon Kolumbus brachte 1493 mehrere Zuckerrohrpflanzen nach Hispaniola. Die ersten Plantagen wurden später zur Keimzelle des Zuckerrohranbaus in der Karibik und markierten den Beginn des ersten globalen Handelssystems: Die Sklaven kamen aus Afrika, Zucker verkaufte man nach Europa. Noch heute dominiert das Zuckerrohr die weiten Ebenen des dominikanischen Ostens. Eine Fahrt dorthin ist eine Reise in eine schwierige Gegenwart.

Die Orientierung ist nicht ganz einfach, weswegen Spanisch- oder Französischkenntnisse hilfreich sein können.

1912 wurde die Central Romana Ltd. gegründet, die in der gleichnamigen Stadt die größte Zuckermühle der

Infos

J/K 4–6

Start: Casa de Campo

Ziel: San Pedro de Macóris

Länge: 150 km

Dauer: mind. ein halber Tag

Planung: Für diese Tour benötigt man einen eigenen Wagen – und etwas Unternehmergeist.

Welt baute. Dieses Unternehmen ist heute eins von drei, die den Zuckerrohranbau im Land kontrollieren. Der Mischkonzern befindet sich in der Hand des kubanisch-amerikanischen Fanjul-Clans, der auch das Luxusresort Casa de Campo (s. S. 168) besitzt. Mit 97 000 ha Land ist er auch der größte Grundbesitzer der Dominikanischen Republik. Ihm gehören die Felder, durch die diese Tour führt. Und für ihn sind die Arbeiter auf den Feldern tätig, die in firmeneigenen Siedlungen leben, den *bateyes.*

Wie so oft liegen Reichtum und Armut nah beieinander. Die Tour beginnt vor dem Eingang zum Resort **Casa de Campo** an der Carretera La Romana–Higüey. Sie wenden sich nach Norden, überqueren die Autovía del Este (RD-3) und fahren geradeaus auf die Staubpiste. Das nahe **Batey Cacata** ist ausgeschildert, folgen Sie einfach der Piste. Schon sind Sie mittendrin im Zuckerrohrland: *caña*, wie die Pflanze auf Spanisch heißt, soweit das Auge reicht. Und zwischen den wogenden Stauden: Arbeiter. In Siedlungen wie Batey Cacata leben die Zuckerrohrschneider aus Haiti. Sie verdienen rund 2 € pro geschnittener Tonne.

Verlassen Sie Batey Cacata in östlicher Richtung. Der Weg beschreibt eine Linkskurve nach Norden (in Richtung der Berge, die als Fixpunkt dienen können). Überqueren Sie nicht die Bahngleise. Sie kommen kurz darauf zu einer kleinen Tankstelle mit zwei schiefen Zapfsäulen, die zum **Batey Santoni** gehört.

Fahren Sie nun geradeaus in das Waldstück hinunter. Rechts von Ihnen verläuft eine Bahnstrecke. Nach dem Waldstück halten Sie sich links und fahren immer parallel zu den Bahnschienen. Sie durchqueren die winzigen Siedlungen **Batey Culebra** und **Batey Higo Claro.** Kurz darauf treffen Sie auf eine der Bahnrampen, die gleichmäßig über die Ebene verteilt sind.

Bleiben Sie auf der Piste, die an der Verladestation vorbei und bald nach links führt. Sie kommen nun ins **Batey Milagrosa.** Vielleicht sind Ihnen Geländewagen aufgefallen, die patrouillieren. Oft werden die Bateyes von Sicherheitsdiensten kontrolliert, die gegen Gewerkschafter vorgehen. Man vermutet, dass sich Hunderttau-

Eine Nichtregierungsorganisation, die sich in den Bateyes engagiert, ist www.bateyrelief.org. Sie kümmert sich um Kinder und Gesundheitsvorsorge in den ärmsten Gegenden der Karibik.

sende Haitianer ohne Papiere in der Dominikanischen Republik aufhalten. Selbst wenn sie hier geboren sein sollten, bekommen sie keine Geburtsurkunde. Tausende staatenlose Kinder leben im Land – ein Skandal.

Am Ortsausgang des Batey Milagrosa fahren Sie nach rechts und folgen nun immer der Piste. Sie passieren **Batey Santa Rosa,** biegen an der Abzweigung danach rechts ab und gelangen hinter **Batey Ochenta** wieder auf eine Teerstraße. Vor Ihnen liegt das Örtchen **Guayamate.** Sie aber fahren auf der Teerstraße gleich rechts in Richtung Norden. Die Landschaft wird nun hügeliger und Sie gelangen zur Carretera 4. Fahren Sie links bis **El Seíbo** und weiter nach **Hato Mayor,** wo Sie der Straße nach **San Pedro de Macorís** folgen. Letztere war Anfang des 20. Jh. ein Zentrum des Zuckerbooms. Damals sprach man in Anspielung an die astronomischen Gewinne der Zuckerbarone vom Tanz der Millionen.

Auf den Zuckerrohrfeldern haben sich die Zeiten nur wenig geändert: Ein Vorarbeiter wacht darüber, dass die haitianischen Arbeiter ja richtig schuften.

möglich gemacht wird. Die Schönheit dieses Ortes sollte nicht darüber hinwegtäuschen, dass die Arbeiter aus Haiti in den wenige Kilometern entfernten Zuckerrohrpflanzungen bis heute unter unmenschlichen Bedingungen arbeiten. Sie leben in Elendssiedlungen, den *bateyes*, leiden unter Krankheiten und Mangelernährung. Eine Tour durch die Felder (s. S. 66) sollte als Ergänzung obligatorisch für Besucher von Altos de Chavón sein.

Schlafen

Hier wird für alles gesorgt

Chambres d'hôtes La Romana: Ein freundliches, von den Besitzern Cathrine und Steve familiär geführtes Gästehaus in ruhiger Lage. Es gibt einen Swimmingpool und einen tropischen Garten, die Zimmer sind komfortabel und sauber, das Frühstück wird auf einer Terrasse mit Hafenblick serviert. Wenn Sie etwas unternehmen wollen, sprechen Sie Cathrine an. Sie kümmert sich auch um Transfers.

Calle Larimar 28, La Romana, DZ ab 35 US-$

Essen

Arabische Träume

Shish Kabab: Unweit des Parque Duarte liegt dieses ungewöhnliche Restaurant mit arabischen Spezialitäten von einer Qualität, die man hier nicht vermutet hätte. Wegen des Shish Kabab machen jetzt auch vormals nur Durchreisende in La Romana Halt. Das mittel- bis hochpreisige Lokal gilt als bester Araber der Dominikanischen Republik.

Calle Castillo Marquez 32, La Romana, T 809 556 27 37, Di–So 10.30–23.30 Uhr

Süße Träume

Panadería y Repostería Francesa Trigo de Oro: Seit Jahren eines der beliebtesten Lokale in La Romana. Das mag an den Leckereien liegen, die hier serviert werden, oder am guten Kaffee samt knuspriger Croissants. Es handelt sich denn auch weniger um ein Restaurant als vielmehr um ein Bistro mit französischer Konditorei. Man sitzt im Garten. Für den salzigen Hunger gibt es Sandwiches.

Calle Eugenio Miranda 9, La Romana, T 809 550 56 50, Mo–Sa 7–21, So 7–13 Uhr

Von Pizza bis Sushi

Sowohl in Casa de Campo wie auch in Altos de Chavón fehlt es nicht an Restaurants. Sie sind alle in den oberen Preisrängen angesiedelt. Herausstechen tun das **Minitas Beach Club & Restaurant** wegen seiner tollen Lage am Wasser, das **La Piazzeta,** weil man romantisch bei Kerzenlicht in Altos de Chavón sitzt, und das **Pubbely Sushi** mit wirklich gutem Sushi.

Casa de Campo, www.casadecampo.com.do/dining/restaurants

Einkaufen

Shoppen (fast) wie in Italien

In Altos de Chavón gibt es diverse kleine Läden mit Kunsthandwerk sowie Galerien und Boutiquen.

Altos de Chavón, www.casadecampo.com.do/shopping

Bewegen

Nichts ist unmöglich

In exklusivem Ambiente Sport treiben, auch das geht selbstverständlich in Casa de Campo, u. a. Schießen, Golfen, Reiten, Tennisspielen und Kajakfahren. Für Kinder gibt es sogar die Real Madrid Soccer School.

Casa de Campo, www.casadecampo.com.do/things-to-do/sports

Ausgehen

Bitte in Schale werfen

Es gibt verschiedene Ausgehläden in Casa de Campo. Für jeden zugänglich sind die Bars und Nachtclubs in Altos de Chavón, z. B. der **Genesis Nightclub** (Do–So ab 22 Uhr, www.genesisnight club.com). Achtung: Zumeist besteht ein Dresscode, d. h. es dürfen keine Shorts oder ärmellose Hemden getragen werden.

Casa de Campo, www.casadecampo.com.do/ dining/bars-lounges

Feiern

- **Carnaval:** Feb./März. Auch in La Romana gibt es eine fünfte Jahreszeit. Der Karneval hier ist einer der größten des Landes mit einer Vielzahl von Figuren, darunter Brujas (Hexen), Maricutanas (Männer in Frauenkleidern), Monos (Affen) und Indios (Indigene).

Infos

- **Im Internet:** www.explorelaromana.com, www.casadecampo.com.do.
- **Flüge:** Der Aeropuerto Internacional La Romana 10 km östl. der Stadt richtet sich v. a. an die Gäste von Casa de Campo. Er wird ab und zu auch von Chartermaschinen angesteuert.
- **Busse:** Regelmäßige Minibusse nach Higüey, Juan Dolio, Santo Domingo ab der Sitraihr-Station in der Calle Trinitaria 65 beim Parque Duarte (auch Parque Central genannt). Von hier fuhren zuletzt auch 6 x tgl. Busse nach Punta Cana/ Bávaro. Nach Bayahibe ab der Ecke Av. Libertad und Calle Restauración. Nach Santo Domingo starten größere Busse vom Terminal Sichoem an der Av. Prof. Juan Bosch.

Bayahibe

L6

Eher individuell als pauschal

Obwohl **Bayahibe** von einigen Hotelresorts eingegrenzt wird, hat es sich einen dörflichen Charme bewahrt. Es gibt hier viele Unterkünfte und Restaurants für Individualreisende, man kann eine Menge unternehmen. Der Massentourismus macht sich v. a. dadurch bemerkbar, dass jeden Morgen Dutzende Busse eintreffen. Sie bringen Tagesausflügler, die per Boot zur nahen ›Trauminsel‹ Saona gefahren werden.

Perfekt für die Instagram-Story

Touristischer Anziehungspunkt ist der Sandstrand östlich des Ortes. Auch er dient teilweise als Ablegestelle für die Saona-Tagesausflügler. Außerdem monopolisieren ein paar Hotelanlagen diverse Strandabschnitte für sich, was eigentlich illegal ist. Dennoch sollte man problemlos ein schönes Plätzchen finden können, laufen Sie einfach den Strand immer weiter Richtung Westen auf das Hilton Adult Resort zu.

Und dann gibt es ja noch die kleine Bucht im Ort mit ihren bunten Fischerbooten, Motiv unzähliger Fotos. Gegen Abend wird es ruhiger in Bayahibe und man sitzt in den netten Restaurants am Wasser. Oder vor dem *colmado* (Gemischtwarenladen) im Ort, der Musik spielt und Touristen wie Einheimische mit reichlich Bier versorgt.

Schlafen

Familiär und öko-freundlich

Villa Iguana: Ein schöne Anlage mit Schwimmbecken und Dachterrasse sowie zehn Zimmern in verschiedenen Größen. Das Haus, das von dem engagierten italienisch-holländischen Paar Alessandro

In Bayahibe kennt ihn jeder: den Tante-Emma-Laden, der nach Sonnenuntergang zum lauten Partyort wird, der alle Durstigen anzieht.

und Kirsten gemanagt wird, versteht sich ausdrücklich als Alternative zum All-inclusive-Tourismus. Alessandro ist Tauchlehrer.
Calle Los Manantiales 2, T 829 546 04 00, www.hotelvillaiguanabayahibe.com, DZ ab 60 US-$

Familiär und individuell

Villa Luna B&B: Auch Villa Luna ist ein sympathisches, familiengeführtes Hotel. Wer hierherkommt, das machen die Besitzer klar, soll sich wie ein Teil der Familie fühlen. Es gibt ein gemeinsames Wohnzimmer und einen schönen Patio. Und wenn man die Nase vom Salzwasser voll hat, trifft man sich am blau schimmernden Pool. Sieben individuell gestaltete Zimmer mit Namen wie Schnecke, Mond oder Krebs. Allerdings liegt das Haus außerhalb von Bayahibe und zählt zum knapp 4 km östlich gelegenen privaten Dominicus-Komplex.
Av. La Caoba 43, T 829 932 73 74, www.bbvillaluna.com, DZ ab 45 US-$

Traditionshaus

Bayahibe: Das größte Hotel im Ort selbst, einige Zimmer haben schöne Aussichten und Balkone mit Meerblick. Allerdings fehlt es dem Bayahibe etwas an Seele.
Crta. Bayahibe, T 809 833 01 59, www.hotelbayahibe.net, DZ ab 70 US-$

Einfache Bungalows

Cabañas Trip Town: Etwas verwohnte Bungalows mit kleinen Terrassen, die eine rege Teilnahme am Dorfleben erlauben. Weil die Anlage mitten im Ort liegt, kann es auch mal lauter werden.
Neben dem Hotel Bayahibe, T 809 833 00 82, DZ ab 25 US-$

Essen

Al dentissimo

Mama Mia: Auf den Meerblick muss man hier zwar verzichten, dafür gibt es in diesem kleinen und stets gut besuchten Restaurant perfekt gemachte (es stehen Italiener in der Küche) Spaghetti ab 230 RD-$.
Auf der Landzunge hinter dem Touristenparkplatz, T 829 664 16 94, Di–So 12.30–22 Uhr

Pizza-Tempel

Frontoni Pizzas: Sie merken es, in Bayahibe ist die italienische Gemeinde stark. Und so gibt es neben perfekten Spaghetti auch die sehr guten Pizzen von Roberto and Sarubi. Man sitzt hier prächtig an der kleinen Bucht und die Pizzen kommen in drei Minuten aus dem Holzofen.
Direkt an der kleinen Bucht, von der die Boote nach Saona ablegen, T 829 788-07 89, Mi–So 17–23 Uhr

Muschelleuchten

El Barcobar: Das vielleicht schönstgelegene Restaurant im ältesten Haus von Bayahibe (1872), auch dieses italienisch geführt. Hier kann man schon morgens mit Meerblick sitzen und einen guten Kaffee trinken, ein Buch lesen, Fruchtsäfte probie-

TOUR
Über Stock, Stein und uralte Korallen

Wanderung zur Cueva del Puente

Infos

L 6

Start/Ziel: am Nationalparkeingang ca. 5 km südöstl. von Bayahibe

Länge: 6 km hin und zurück

Dauer: 3–4 Std.

Schwierigkeit: leicht

Die Tour beginnt südöstlich von Bayahibe am Eingang in den **Parque Nacional Cotubanamá.** Er liegt am Ende der Straße, die am Dominicus-Resort vorbeiführt. Normalerweise müsste man die Wanderung mit einem Führer unternehmen, doch häufig tut am Eingang nur ein einsamer Wächter Dienst, der sich mit seinem Transistorradio unterhält (die aktuelle Regierung vernachlässigt den Schutz der dominikanischen Nationalparks kriminell, hat Mittel gestrichen). Sollte also nur ein Parkwächter da sein, geht man eben ohne Führer, der Weg ist nicht zu verfehlen. Es könnte allerdings schwierig werden, die Malereien und Petroglyphen in der Höhle zu finden.

Der Pfad führt zunächst parallel zur Küste. Im Sand finden sich Muscheln und Fossilien, ein erster Hinweis darauf, dass man hier auf einstigem Meeresboden geht. Der Untergrund verändert sich schon bald, wird schroffer und härter. Sie schreiten nun über Korallen, wie sich an der Struktur des Bodens leicht erkennen lässt. Die Vegetation ist dicht, sie wird von Büschen und Bäumen geprägt, die sich auf dem harten, trockenen Boden halten können. Viele Kakteen und Farne stehen hier, Baumwurzeln ziehen sich wie Schlangen über den Pfad.

Nach rund 1 Std. erreichen Sie die **Cueva del Puente**

ihrem großen, einem Tor ähnelnden Eingang. Dahinter weitet sich die Höhle zu einer riesigen schlauchförmigen Halle, die sich im hinteren Teil immer weiter verzweigt. Sofort wird man von Dunkelheit und Kühle umfangen. Wenn Sie mithilfe Ihrer Taschenlampe zur Decke blicken, werden Sie bald die Fledermäuse sehen, die die Höhle zu Tausenden bevölkern. Ebenso entdecken Sie die riesigen Stalaktiten und Stalagmiten. An einigen Stellen ist die Höhlendecke aufgebrochen, das Licht fällt scheinwerfergleich ins Innere und erhellt es wie eine Bühne. Wurzeln reichen durch die meterhohen Deckenöffnungen bis zum erleuchteten Boden und man kann leicht verstehen, warum die Höhle für die Taíno ein magischer Ort war, den sie für ihre religiösen Rituale aufsuchten.

Am Ende dieses Pfades liegt die Cueva del Puente mit Felsmalereien. der Taíno. Auch hier gilt: Die Wanderung ist das Ziel.

Schwerer zu finden sind die mit schwarzer Farbe aufgetragenen rund 60 **Felsmalereien,** die die Taíno an verschiedenen Stellen hinterlassen haben. Abgebildet sind Menschen, Tiere, Himmelserscheinungen oder abstrakte Gegenstände, die größtenteils per Hand mit Kohlenpaste aufgebracht wurden – eine Technik, die man nur in diesem Teil der Insel findet. Leider nagt an vielen der Bilder der Zahn der Jahrhunderte, sie werden trockener und undeutlicher. Auch einige – ohne Anleitung ebenfalls nur schwer auszumachende – Petroglyphen, also Felsgravuren, gibt es zu bestaunen, etwa an einem der weiter hinten gelegenen Höhlenzugänge. Historiker nehmen an, dass die Taíno in dieser Gegend Zuflucht vor den Spaniern suchten.

Nehmen Sie sich Zeit, die eigenartige Atmosphäre und Stille in der Höhle auf sich wirken zu lassen. Der Rückweg zum Parkeingang führt dann über den gleichen Pfad wie der Hinweg.

Diese Tour sollte man nur mit festen Schuhen machen. Ins Gepäck gehören ausreichend Wasser, Sonnenschutz und natürlich eine Taschenlampe.

ren, der Loungemusik lauschen und dann irgendwann gemächlich zum Mittagessen übergehen. Abends entspannte Bar.
Calle La Bahia, letztes Haus rechts vor dem Baseballfeld, www.playabarcobar.com, T 809 264 47 84, Do–Di 8.30–23.30 Uhr

Ausgehen

Tante Emmas Bar

Super Colmado Bayahibe: Tante-Emma-Laden im Zentrum, wo man sich zum Trinken und Flirten trifft (geöffnet bis 21 Uhr). Danach zieht man in die Bars am Touristenparkplatz weiter.

Bewegen

Ausflüge

Seavis: Die Agentur bietet individuell gestrickte Ausflüge zu den Inseln Catalina und Saona sowie ins Hinterland an, etwa über den Río Chavón oder in den Parque Nacional Cotubanamá.
Calle Eladia 4, Dominicus, 4 km östl. von Bayahibe, T 829 714 49 47, www.seavisbayahibe.com

Tauchen

Unter Schweizer Leitung und daher auch deutschsprachig ist die Tauchschule **Casa Daniel** (Calle Principal 1, T 809 833 00 83, www.casa-daniel.com), die neben diversen Tauchgründen in der Karibik auch Exkursionen in die Cueva del Padre Nuestro (s. S. 75) anbietet. **Scubafun** (Calle Principal 28, hinter dem Super Colmado, T 809 833 00 03, www.scubafun.info), die zweite traditionelle PADI-Tauchschule im Ort, steht unter amerikanischer Leitung.

Infos

- **Büro des Parque Nacional Cotubanamá:** am großen Parkplatz.
- **Busse:** tgl. mehrere Minibusse nach La Romana und nach Higüey.

Parque Nacional Cotubanamá

★ L6/7

Seine Bilanz kann sich sehen lassen: 540 Pflanzen-, 112 Vogel-, 250 Insekten- und 120 Fischarten leben im **Parque Nacional Cotubanamá** (ehemals Parque Nacional del Este). Mit 420 km² – verteilt auf Land und Meer – zählt er zu den größten Schutzgebieten des Landes.
Parkeingänge bei Bayahibe (s. S. 70) und Boca de Yuma (s. S. 76), Nationalparkbüro in Bayahibe, 100 RD-$

Isla Saona

Trauminsel mit viel Tamtam

Die größte und bei Weitem meistbesuchte touristische Attraktion des Nationalparks ist die **Isla Saona,** die man am besten individuell mit Bootsleuten aus Bayahibe besucht. Die Schönheit der Meereslandschaft ist einzigartig. Vom Startpunkt Bayahibe führt die Tour zu einer Sandbank, auf der man mitten im Meer stehen kann. Den Touristen werden hier in der Regel die ersten hochprozentigen Cocktails gereicht. Dann geht es weiter zu den unvergleichlich schönen Stränden der Insel. Versuchen Sie eine Tour außerhalb der Besuchszeiten der Tourigruppen zu machen. Sie haben mehr davon.

Auf Saona gibt es zwei Dörfer, deren Bewohner sich bemerkenswerterweise der längsten Lebenserwartung im Land erfreuen. Übrigens war Kolumbus der erste Europäer, der die Insel 1494 betrat.

Gegensätze: Die ›Trauminsel‹ Saona ist einer der meistbesuchten Orte des Landes, tausende Touristen werden in der Hauptsaison hergebracht. Das einstige Fischerdorf Mano Juan hat sich mit seinen bunten Häuschen dennoch einen gewissen Charme bewahrt.

Die Halbinsel

Spaziergang auf dem Riff

Auch eine große, fast unbewohnte und kaum besuchte **Halbinsel** gehört zum Nationalpark. Sie lag einst unter Wasser und war ein Riff. Hier findet man eine urige Landschaft mit rund 400 Höhlen, von denen eine Handvoll besucht werden kann. Die Vegetation auf der Halbinsel zeigt Übergänge vom Feucht- zum Trockenwald. Er ist Heimat vieler seltener Tiere, darunter der Schlitzrüssler *(soledón)* und die Waldratte *(hutía)*. Auch Eulen, Tölpel, Fregattvögel und Pelikane leben hier.

Ab durchs Dickicht

Den westlichen, von Bayahibe aus zugänglichen Teil des Nationalparks kann man auf drei Wanderungen erkunden. Da ist einmal die kurze Tour zur **Cueva del Padre Nuestro** und zur **Cueva de Chicho I** (ca. 2 bzw. 3 km einfach ab Bayahibe). Erstere steht allerdings nur Tauchern offen, denn sie liegt unter Wasser. Der Weg zu beiden ist von Bayahibe ausgeschildert. Am Parkeingang weisen Wächter den Pfad durchs Dickicht.

Eine zweite Tour führt zur **Cueva del Puente** (s. S. 72). Für die daran anschließende Wanderung zur **Cueva José Maria** benötigt man einen Führer, den man im Nationalparkbüro in Bayahibe anheuern kann. Es lohnt sich, denn in der Höhle gibt es an die 1200 Felsmalereien zu bestaunen. Wer richtig abenteuerlustig ist, kann auch in zwei Tagen bis Boca de Yuma marschieren.

Stilles Landschaftserkunden

Kaum touristisch erschlossen ist der östliche Parkteil. Beim Eingang nahe Boca de Yuma öffnet sich die **Cueva de Berna,** in

S

SCHATZSUCHER

Eine gerne über den Park erzählte Anekdote handelt von einem Kleinflugzeug, das irgendwo über dem größtenteils unzugänglichen Park abgestürzt sein soll. Es hatte Kokain geladen, munkeln die Einheimischen. Seitdem machen sich immer wieder Glücksritter auf und durchstreifen den Park auf der Suche nach dem Wrack bzw. dem bolivianischen Marschierpulver.

der einige Taíno-Felsgravuren zu bestaunen sind. Diese befinden sich etwas erhöht links von der Höhlenöffnung und zeigen die typischen Fratzen und Figuren, die die Taíno so gerne abbildeten. Ansonsten gibt es verschiedene **Aussichtspunkte.**

Boca de Yuma L6

Relaxen über den Klippen

Wenn Sie mal Strand und Touristenrummel hinter sich lassen wollen, dann kommen Sie nach **Boca de Yuma,** dem südöstlichsten Dorf des Landes. Es liegt am Ende einer Landstraße auf einer Felsküste, gegen die das Meer anbrandet. Da es hier weder einen nennenswerten Strand noch größere Hotels gibt, hat sich der Ort eine gewisse Ursprünglichkeit bewahrt. Eine Einkommensquelle ist die Fischerei, eine andere die Gastronomie mit vielen Fischgerichten. Rund ein halbes Dutzend kleine Restaurants reiht sich entlang der Hauptstraße direkt über den Klippen. Man sucht sich eines der fangfrischen Exemplare aus und entscheidet, ob es gebraten, gegrillt oder gedünstet werden soll. Die Besitzer sind freundlich, die Aussicht ist weit. Und: Endlich einmal fehlt der nervige Motorverkehr, der andere dominikanische Orte zu ersticken droht. Boca de Yuma ist kein Durchgangsort, sondern Endstation.

Auf dem Wasser und im Wasser

Wer etwas Action braucht, der kann eine Bootsfahrt auf dem träge dahinfließenden **Río Yuma** machen, der hier ins Meer mündet und dem Ort seinen Namen verlieh: *boca* heißt ›Mund‹ bzw. Boca de Yuma ›Mündung des Yuma‹. Die Tour führt flussaufwärts durch dichten Wald und eine bukolische Weidelandschaft. Leider ist der Río Yuma an manchen Stellen stark von Plastikmüll verschmutzt, der aus Higüey kommt. Die Boote starten am kleinen Flusshafen des Ortes und man verhandelt einen Preis mit den Eigentümern. Hier funktioniert auch ein bescheidener Fährservice: Per Ruderboot werden Sie ans andere Flussufer übergesetzt. Von dort führt ein Pfad zu einem einsamen Sandstrand, der **Playa Blanca.**

So lebten Konquistadoren!

Eine geschichtliche Schatztruhe steht ca. 12 km nordwestlich von Boca de Yuma. Bei dem kleinen Ort **San Rafael de Yuma** errichteten die ersten Spanier, die in die Region kamen, die **Casa de Ponce de León.** Damals war der Osten noch Taíno-Land. Der Eroberer Juan Ponce de León, der sich später einen Namen bei der ›Entdeckung‹ Puerto Ricos und Floridas machte, ließ das Haus bauen. Hinter seinen wehrhaften, dicken Mauern und schmalen, Schießscharten gleichenden Fenstern sind heute Mobiliar, Alltagsgegenstände und Waffen aus dem 16. Jh. zu sehen. Es wird sehr anschaulich, wie das karge Leben in diesem stets gefährdeten Vorposten der Eroberung einst ausgesehen haben mag.

Di–So 8–17 Uhr, 50 RD-$. Weil das Haus kaum besucht wird, musste ich beim letzten Besuch einen Führer anrufen, dessen Nummer am Tor stand. Er kam dann und schloss auf.

Schlafen

Im Ort gibt es auch mehrere Pensionen.

Der Alte Pirat

El Viejo Pirata: An der Uferstraße Richtung Osten, fast schon am Ortsende, steht ein einbeiniger Pirat. Er schaut mit seinem Fernglas aufs Meer hinaus und bewacht das Viejo Pirata. Zugegeben, das Hotel hat schon bessere Zeiten gesehen. Das Mobiliar wurde seit vielen Jahren nicht erneuert und der Service ist mal sehr entspannt (aka nachlässig) oder plötzlich sehr engagiert. Aber erstens ist das Viejo Pirata das Traditionshaus im Ort. Und zweitens hat es sich einen gewissen Charme bewahren können. Es gibt zwölf einfache Zimmer und eine Gartenanlage mit einem Salzwasserpool, Der einzige Lärm, den man hier hört, kommt von Wind und Wellen.
Calle Duarte (Malecón) 33, T 809 979 59 87, DZ ab 1900 RD-$

Schlafen so lala, Essen super

Don Bienve: Das Hotel ist weniger bekannt für seine Zimmer als für seine Küche mit gegrilltem Fisch und Meeresfrüchten. Hier können Sie sich auch nach Exkursionen auf dem Río Yuma erkundigen.
Calle Duarte (Malecón) 79, T 809 909 50 03, DZ 1800 RD-$

Essen

Frisch aus dem Meer

An der Uferstraße, dem **Malecón,** findet man familiengeführte Restaurants, in denen es frischen Fisch und Meeresfrüchte gibt. Preise und Ambiente gleichen sich.

Infos

- **Busse:** Es fahren vereinzelt Minibusse nach Higüey und La Romana.

Higüey

L5

Stopp auf dem Weg nach Osten

Higüey ist so etwas wie das dominikanische Lourdes. Der Ort ist in der gesamten katholischen Karibik bekannt, weil hier ein Bildnis der Virgen de la Altagracia (›Jungfrau der Hohen Gnade‹) steht, der Schutzpatronin der Dominikanischen Republik. Nebenbei ist Higüey – in der Sprache der Taíno bezeichnet es den Ort des Sonnenaufgangs – auch das wirtschaftliche Zentrum in dieser von Viehzucht und Zuckerrohranbau dominierten Region. Für die meisten Reisenden spielt Higüey nur als Verkehrsknotenpunkt eine Rolle. Hier treffen die Straßen aus Westen (La Romana, Hato Mayor), Osten (Punta Cana) und Norden (Costa de Coco) zusammen.

Weibliche Formen

Die einzige Sehenswürdigkeit ist die **Basílica Nuestra Señora de la Altagracia** von 1971. Laut den Architekten soll

Die Basilika von Higüey besticht durch eigenwillige feminine Formen. Die meisten Besucher kommen aber wegen eines kleinen Marienbildes im Inneren.

der Bau zwei zum Beten aneinandergelegte Hände symbolisieren. Man kann in der ovalen Form aber durchaus auch ein weibliches Geschlechtsorgan erkennen. Es wäre ein schöner Schelmenstreich und irgendwie auch passend, wird hier doch einer Frau gedacht. Im Inneren der Kirche nämlich kann man ein kleines Gnadenbild der Jungfrau bewundern, das zur Pilgerzeit Tausende Menschen herlockt (s. S. 273). Höhepunkt der Marienverehrung ist der 21. Januar. Es gehört sicher zu den kuriosesten Erfahrungen in der Dominikanischen Republik, diesem Schauspiel beizuwohnen. Das Gebäude selbst ist heute das Wahrzeichen Higüeys und gilt als Markstein der Architekturgeschichte Lateinamerikas.
www.basilicahiguey.com

Schlafen

Für die Durchreise

K & C Gran Hotel: Wenn man in Higüey strandet, ist dies ein gutes Refugium. Das Haus ist recht neu, komfortabel und sauber, auch wenn es an Charme mangelt.
An der Crta. 4 am Ortsausgang, T 809 554 17 80 www.kycgranhotel.com, DZ 40 US-$

Groß & praktisch

Don Carlos: Ein Hotel der sachlichen dominikanischen Mittelklasse mit 62 Zimmern – fragen Sie nach einem im moderneren Anbau. Die Basilika liegt nicht weit entfernt.
Calle Juan Ponce de León, Ecke Calle Sánchez, T 809 554 23 44, DZ 1720 RD-$

Essen

Dominikanisch experimentell

D'Yira: Wenige Blocks südlich der Kathedrale an der Ausfallstraße Richtung Boca de Yuma gelegen ist dies wohl das schönste und beste Restaurant von Higüey. Spezialität des Hauses: das berühmte dominikanische *mofongo* (Bananenpüree). Es wird in ausgefallenen Kombinationen serviert, z. B. mit Steak und Shrimps. Mittelpreisig.
Av. Hermanos Trejo 61, T 809 554 19 62, www.dyirarestaurant.com, tgl. 9–23 Uhr

Feiern

- **Día de la Altagracia:** 21. Jan. Am ›Tag der Hohen Gnade‹, einem der wichtigsten Feste in der Dominikanischen Republik, sowie am 15. August ziehen Pilger in freudiger Stimmung zur Basilika. Die Messen werden in verschiedenen Sprachen zelebriert, für die vielen Haitianer auch in Kreolisch. Kranke und Versehrte werden in den Wallfahrtsort gebracht, auch weil sie aufgereiht an den Rändern der Wege erfolgreich Almosen erbitten können.

Infos

- **Busse:** Mit APTPRA (Av. Hermanos Trejo, Ecke Antonio Valdez, T 809 554 25 74, www.aptpra.com.do) alle 30 Min. nach San Pedro de Macorís und Santo Domingo, seltener nach Punta Cana und Bávaro.

Punta Cana und Bávaro

Karte 1, M5 sowie Karte 5

All-inclusive ins Paradies

Eine 50 km lange Küste mit feinem Sandstrand. Kristallklares Wasser. Kokospalmen. Lagunen. Ein schützendes Riff. Warmes trockenes Klima mit leichter Atlantikbrise. Das ist das Kapital, das die Natur zur Entstehung der Ferienlandschaften von Punta Cana und

Bávaro bereitstellte. Der Mensch hat es dankbar aufgegriffen und diesen Inselzipfel zu einem der meistbesuchten Touristenorte der Welt gemacht. Das mag nicht jedermanns Sache sein, hat aber durchaus auch seine Annehmlichkeiten.

Der Flughafen von Punta Cana fertigt heute mehr als 4 Mio. Passagiere pro Jahr ab – mehr als der von Santo Domingo. Die Gäste werden per Shuttle in ihre All-inclusive-Resorts gebracht, wo sie eine Rundumversorgung genießen. Es ist eine Welt, die man nicht mehr verlassen muss, was viele Urlauber auch gar nicht vorhaben. Nur von der Schönheit der Dominikanischen Republik kriegen sie dann kaum etwas mit. Es sei denn, sie buchen eine der überteuerten Touren. Fälschlicherweise wird den Urlaubern in manchen Hotels erzählt, dass es viel zu gefährlich sei, die Anlage auf eigene Faust zu verlassen.

Die Region boomt, hier wird investiert und Geld verdient. Und so zieht sie immer mehr Menschen an, die im Tourismus und dem angeschlossenen Dienstleistungssektor arbeiten. Darunter sind sehr viele Einwanderer aus Haiti, aber auch immer mehr Venezolaner.

Punta Cana

Karte 5, C/D 5/6

Einst Wildnis, heute all-inklusive

In den 1970er-Jahren war **Punta Cana** nur der Name eines Dorfes am Ende einer schlechten Straße. Der Osten der Dominikanischen Republik galt als wild, trocken, unterentwickelt. Die nur dünne Besiedlung ermöglichte es den Investoren, das Land ab 1975 ohne Widerstände zu parzellieren und mit großen Hotelanlagen zu bestücken. Das führte zu einem Umland ohne wirkliche Strukturen. Die Orientierung kann verwirrend sein. Insgesamt ist Punta Cana exklusiver und weniger dicht besiedelt als Bávaro, was sich in den Preisen widerspiegelt.

Bávaro

Karte 5, A–D 1–3

Sonne und Strand für die Massen

Bávaro liegt nördlich von Punta Cana und ist für das Gros der Touristen der wichtigste Abschnitt der Region. Hier reihen sich die meisten Ferienresorts

S

DIESES BEISPIEL SOLLTE SCHULE MACHEN

Sie ist die wohl größte Umweltschutzstiftung des Landes und wird u. a. von der deutschen Gesellschaft für internationale Zusammenarbeit (GiZ) unterstützt: die **Puntacana Ecological Foundation,** die von den Besitzern des Puntacana Resort & Club (s. S. 80) ins Leben gerufen wurde. Zu den Projekten, um die man sich kümmert, gehören der Schutz von Korallen und Schildkröten, die Aufforstung einheimischer Vegetation, Recycling und das Kompostieren von Abfällen sowie Solarenergieprojekte. Dies alles findet unter Einbeziehung der lokalen Bevölkerung statt, die man für den Umweltschutz sensibilisieren möchte. So gibt es auch zahlreiche Weiterbildungsangebote. Der Stiftung gehört ein großes Waldstück mit zwölf wunderschönen blaugrünen Lagunen. Wer hier auf eigene Faust wandern und baden möchte, zahlt 50 US-$. Aber es gibt auch mehrsprachige, geführte Touren, etwa die **Indigenous Eyes Ecological Reserve Tour** (Di, Do 11.30 Uhr) oder die **Bird Watching Tour** (Do, Fr 7 Uhr). Außerdem kann man das **Sustainability Center** besuchen (Sa 10 Uhr). Weitere Infos auf www.puntacana.org sowie S. 286.

T

DER LETZTE TRAUM-STRAND VON BAVÁRO

Die wirklich schöne, sichelförmige und noch unbebaute **Playa El Macao** (Karte 1 L/M 4) liegt knapp 20 km nördlich von Bávaro und ist nur per Taxi oder Mietwagen zu erreichen. Allerdings bringen viele Tourveranstalter Busladungen voller Touristen her, die dann mit Buggys an einem Strandabschnitt entlangdröhnen oder zum Reiten animiert werden. Kommen Sie frühmorgens oder spätnachmittags, dann ist es ruhiger!

entlang des Strandes, auf den alles ausgerichtet ist. Man findet hier aber auch Supermärkte, Einkaufszentren, Kinokomplexe, Restaurants und Bars sowie zahlreiche Dienstleistungsunternehmen.

Zu Bávaro zählt der Ort **El Cortecito,** der in Teilen noch so etwas wie eine kleinstädtische Struktur mit eigentümergeführten Hotels und Restaurants aufweist. Der Legende nach weigerten sich die Bewohner von El Cortecito einst, ihr Land zu verkaufen, und überlebten wie Asterix und seine Gallier, umzingelt von mächtigen kommerziellen Interessenten. Das Ergebnis ist jedoch nur noch in Maßen subversiv. Auch El Cortecito wird heute dominiert vom Touristenrummel. Die Atmosphäre der einstigen Fischersiedlung ist verschwunden.

Cap Cana

Karte 5, C 6

Eine Welt für sich

Das südlich von Punta Cana gelegene **Cap Cana** ist so etwas wie der reiche Onkel von Bávaro. Hier wurden (und werden) großflächige Luxusanlagen mit Golfplätzen, Privatstränden, eigenen Zufahrtsstraßen und Jachthäfen errichtet, u. a. mit dem Ziel, den dominikanischen Tourismus vom Stigma des Massentourismus zu befreien. Kommt man in diese Region, merkt man sofort, wie sauber und aufgeräumt es auch entlang der Straßen ist – weil sich private Investoren und nicht der dominikanische Staat darum kümmern. Einige der Resorts richten sich an die Superreichen. Prominente wie Júlio Iglesias oder Shakira verbringen ihre Ferien hier.

Schlafen

Öko und sehr ruhig

Natura Park Beach Eco Resort & Spa: Ein empfehlenswertes Hotel, weil es Wert auf Nachhaltigkeit legt. Die Anlage hat 400 Zimmer sowie einige Villen und ist gar nicht so teuer, wie man meinen sollte.

Cabeza de Toro, zw. Punta Cana und Bávaro, T 809 221 26 26, www.blaunaturapark.com, DZ ab 90 US-$ all inclusive

Direkt am Meer

Villas Los Corales: Direkt am Strand liegt dieses kleinere Hotel in Privatbesitz. Es wurde erst 2016 renoviert, was sich positiv bemerkbar macht. Rund 50 Apartments mit Balkon.

Calle Residencial Los Corales, El Cortecito, T 809 915 65 84, www.los-corales-villas.com, DZ ab 105 US-$ inkl. Frühstück

Sozial engagiert

Puntacana Resort & Club: Luxuriöse Suiten und Villen innerhalb einer weiten Anlage mit Golfplätzen, Spa, Jacuzzi und Privatstrand. Das Hotel engagiert sich über seine eigene Stiftung für den Umweltschutz und die soziale Entwicklung der Region (s. S. 79, 286).

Tortuga Bay, Punta Cana, T 809 959 82 29, www.tortugabayhotel.com, Apartments ab 500 US-$

Säulen wie im alten Rom

Seranta Hotel: Opulent von einem Italiener gestaltetes Hotel mit 30 Zimmern. Es liegt nicht am Strand, dafür aber zentral an einer kleinen Einkaufsplaza.

Plaza Prisas de Bávaro 506, Bávaro, T 809 552 09 41, www.serantahotels.com, DZ ab 30 US-$

Unterkunft für den Backpacker

Macao Beach Hostel: Eine günstige, sehr alternative und recht rustikale Unterkunft im Grünen, ca. 10 Laufmin. vom Strand entfernt im Hinterland gelegen. Man kann hier auch zelten.

Calle El Macao, El Macao, www.macaobeachhostel.com, T 829 913 62 67, DZ 33 US-$, Bett im Dorm 18 US-$, Zelten 15 US-$

Essen

Grillmeister

Captain Cook: Hier können Sie zusehen, wie die behänden Köche auf offenem Grill Fische und Meeresfrüchte zubereiten. Es ist das bekannteste und urigste Restaurant in Cortecito, hier ist immer etwas los und man sitzt direkt am Strand mit Meerblick. Die Preise sind mittel bis hoch. Das benachbarte Langosta del Caribe stellt nur eine Scheinalternative dar – beide Restaurants gehören mittlerweile demselben Besitzer und werden aus derselben Küche versorgt.

Calle Pedro Mir, El Cortecito, T 809 552 06 45, www.captaincook.restaurantsnapshot.com, tgl. 12–24 Uhr

Badehose vergessen? Strandtuch davongeweht? Kein Problem: Nach Ersatz muss man in Bávaro nie lange suchen.

Bewegen

Ausflüge zu Wasser und zu Land

Es gibt in Bávaro/Punta Cana eine Vielzahl von Touranbietern. Meist wird in den Hotels für die oftmals sehr teuren und manchmal qualitativ zweifelhaften Aktivitäten geworben (gewarnt sei etwa vor dem Manatí-Park). Aber es gibt auch Alternativen, die nicht über die Hotels gebucht werden können, sodass keine hohen Vermittlungsgebühren im Preis enthalten sind:

Hispaniola Acquatic Adventures: Zu den empfehlenswerten Ausflügen mit diesem Anbieter gehören die Katamaran-Trips zu den Inseln und Stränden der Region.

T 829 305 28 04, 0800 282 57 84 www.catamarantourpuntacana.com, ab 65 US-$/Pers. inkl. Getränke und Essen

El Tour Caribe: Der preislich etwas gehobene Anbieter hat Ausflüge zu natürlichen und kulturellen Sehenswürdigkeiten in der weiteren Umgebung im Programm, z. B. Tauchtrips bei der Isla Saona, Reitausflüge, Boots- und Schnorcheltouren.

Av. Alemania, Bávaro, T 809 251 65 43, www.eltourcaribe.com

Bavaro Adventure Park: In dem überteuerten Freizeitpark kann man Ziplining machen, sich in einem Klettergarten bewegen, Dinosauriermodelle anschauen, Bungeespringen und Mountainbiken.

Bv. Turístico del Este Km 8,5, T 849 626 99 67, www.bavaroadventurepark.com, tgl. 9–18 Uhr, Aktivitäten ab 89 US-$, Kinder zahlen die Hälfte

Infos

- **Im Internet:** www.playa-bavaro.de.
- **Flüge:** Der Aeropuerto Internacional de Punta Cana (www.puntacanainternational airport.com) wird von verschiedenen Airlines direkt von Europa aus angeflogen.
- **Busse:** Expreso Bávaro fährt 6 x tgl. nach Santo Domingo mit Stopps in San Pedro de Macorís, Boca Chica und am internationalen Flughafen von Santo Domingo (T 809 682 96 70, www.exprésobavaro.com, 400 RD-$). Es gibt zwei Busstationen: Av. Estados Unidos (im Stadtteil Friusa, Bávaro) und Av. Barceló 1 (Stadtteil Verón, Punta Cana).

Von Bávaro nach Miches

M5–K4

Lagunen, Strände, Panoramen

Der Blick reicht weit: über bukolisch wirkende Weiden, kleine Höfe und Berge, die sanft bis an die Küste abfallen. Die Bauern züchten Vieh oder betreiben Subsistenzwirtschaft. Diese Region zwischen Bávaro und Miches ist eine meiner Lieblingsgegenden in der Dominikanischen Republik. Denn sie hat sich trotz der Nähe zu Punta Cana und Bávaro eine gewisse Ursprünglichkeit bewahrt – selbst wenn die Tourismusentwickler in den vergangenen Jahren ihr Augenmerk verstärkt hierher gerichtet haben. Dafür ist auch die neue, teilweise sogar zweispurige Straße verantwortlich, die mittlerweile von Bávaro über Miches bis nach Sabana de la Mar führt.

Gut versteckte Lagunen

Bevor man das rund 70 km entfernte Miches erreicht, kommt man an einem Natur- und Wissenschaftsreservat mit zwei Lagunen vorbei: **Laguna Redonda** und **Laguna del Limón.** Vom Meer durch Dämme aus Sedimenten getrennt, bieten sie in ihrem nährstoffreichen Brackwasser Krabben und zahlreichen Wasservögeln eine Heimat. Es sind Naturparadiese, aber sie liegen etwas im Dickicht versteckt.

Am Zitronenstrand

Fast schon interessanter ist die kilometerlange wilde **Playa Limón** direkt davor, an der man lange Spaziergänge unternehmen kann. Sie ist ein Geheimtipp für Reisende auf der Suche nach Abwechslung von den vollen Stränden in Bávaro. Man erreicht sie wie auch die Laguna del Limón über eine ausgeschilderte Abfahrt kurz vor dem Ort **El Cedro.** Der Weg endet an der Playa Limón, wo der Zugang zur Lagune liegt. In Strandnähe gibt es das heruntergekommene **Hotel La Cueva.** Touristengruppen aus Bávaro machen hier Halt, um zu reiten und zu essen.

Guter Ausgangspunkt

Miches ist ein verschlafenes, vor sich hin brütendes Städtchen mit vielen typisch karibischen Holzhäusern. Es lebt vom Fischfang (Sardinen) – und auch vom Drogen- und Menschenschmuggel nach Puerto Rico, aber davon bekommt man normalerweise nichts mit. Dies ist ein guter Ausgangspunkt für Ausflüge zur Playa Limón, der Montaña Redonda und zum Salto de La Jalda (s. S. 84).

Schlafen

Einen Versuch wert

Rancho Ecológico Tío Pepe: Eine rustikale, aber komfortable neue Unterkunft, die bei meinem Besuch noch im Bau befindlich war, aber bereits einen

Lieblingsort

Kahler Gipfel, weiter Blick

Er ist ein Kuriosum: gut 300 m hoch und oben kahl. Dementsprechend weit ist der Panoramablick von der **Montaña Redonda** (›Runder Berg‹, K4) über die Landschaft der Region. Nach Norden hin schaut man auf zwei Lagunen, die palmengesäumte Küstenlinie sowie den Atlantik. Allerdings will die Aussicht entweder bezahlt (ein Truck fährt Besucher für happige Preise auf den Gipfel) oder eben erwandert werden (ca. 30 Min. bergan). Oben gibt es Getränke und Snacks. Man kann auf großen Schaukeln über dem Abgrund schwingen oder das obligatorische Foto vom Ritt auf dem Besen machen (ca. 16 km vor Miches, Parkgebühr 100 RD-$, Eintritt 100 RD-$).

TOUR
Der höchste Wasserfall der Karibik

Wanderung zum Salto de La Jalda

Der **Salto de La Jalda** ist mit etwa 120 m der höchste Wasserfall der Karibik – und dennoch kaum bekannt und nur wenig besucht. Eine zweistündige Dschungelwanderung führt Sie dorthin.

Während der Regenzeit von Mai bis August führt der Fluss natürlich mehr Wasser. Dementsprechend wuchtiger und beeindruckender ist der Salto de La Jaida.

Das Abenteuer beginnt westlich von **Miches.** Man verlässt das Städtchen auf der Straße Richtung Sabana de la Mar und erreicht nach 20 km das Dorf **Magua** – es ist benannt nach einem Fluss. Hier biegt man nach einer Brücke an einem *colmado*, also einem Gemischtwarenladen, in Richtung der Berge ab. Folgen Sie dem Weg und fragen Sie nach einem Führer, der Sie zum Wasserfall bringt. Als Bezahlung sind 500 RD-$ pro Person angemessen.

Die Wanderung führt zunächst durch Kakaoplantagen. Man kann das weiße Fruchtfleisch und auch die bitteren Kakaobohnen essen, denen gesundheitsfördernde Qualitäten zugeschrieben werden. Eventuell sind die Wege verschlammt, weswegen feste Schuhe empfehlenswert sind. Schon bald durchquert man zum ersten Mal den **Río Magua.** Der Weg führt nun immer parallel zum Fluss. Man kommt vorbei an kleinen Bambushainen, passiert mächtige Kapokbäume (sp. *ceiba*) mit ihren pyramidalen Stacheln, wandert durch die Ausläufer der östlichen Kordilleren und das größte Regenwaldgebiet der Region. Es gehört zum **Parque Nacio-**

nal La Jalda, der mit 36 km² vergleichsweise klein ist. Verantwortlich für seine Ausweisung war 2009 der damalige Umweltminister Jaime Mirabal, ein Nachkomme der berühmten Schwestern Mirabal (s. S. 146), gilt als einer der besten Umweltminister der jüngeren Geschichte – wirklich am Umweltschutz interessiert und weniger an der Selbstbereicherung.

Nach längerer Wanderung durch die tropische Pflanzenwelt gelangt man zu einer Lichtung mit einem Holzhaus im charakteristischen Minzgrün der Parkschutzbehörde. Von hier bietet sich ein erster Blick auf den **Salto de La Jalda,** der in rund 1 km Entfernung schlank in die Tiefe fällt. Es könnte ein Bild aus einem Abenteuerfilm sein. Ab nun geht es über schmaler werdende Pfade einen Hang entlang. Der Führer warnt vor dem Berühren von Pflanzen, die Hautausschläge verursachen können.

Feste Schuhe anziehen, es kann rutschig werden!

Nach einem Abstieg in Serpentinen stürzt vor Ihnen der größte Wasserfall der Karibik hinab – mit 120 m haben die Vermesser der Umweltschutzbehörde seine Höhe angegeben. Die Entdeckung war umso überraschender, galt doch bis dato der rund 80 m hohe Salto de Aguas Blancas bei Constanza als höchster Wassersturz des Landes. Die kleine Betonplattform am Ufer wurde von dem venezolanischen Multimillionär Gustavo Cisneros in Auftrag gegeben, der Touristen per Helikopter hierherbringt. Cisneros plant an der Küste östlich von Miches eine Mega-Investition: Mehrere Luxusresorts sollen entstehen. Genießen Sie also die Abgeschiedenheit, die gewaltige Kraft des Wasserfalls. Sie stehen vor einem auch unter Dominikanern bisher wenig bekannten Naturwunder.

Infos

J4

Start/Ziel: Magua

Länge: 14 km hin und zurück

Dauer: 4 Std.

Schwierigkeit: leicht bis mittel

Mitnehmen: Wasser, Verpflegung, Sonnenschutz

Auch in Miches warten Motorradtaxifahrer auf Kundschaft. Aber Obacht: Die Piloten brettern oft mit einem Affenzahn durch die Gegend. Natürlich meistens ohne Helm.

tollen Eindruck machte und bestimmt einen Blick wert ist.

El Cedro, T 809 481 67 27, www.ecofincatio-pepe.blogspot.com, DZ ab 35 US-$

Bei Künstlern wohnen

Cayuco: In einem toll gestalteten Haus am Fluss vermietet das umtriebige Künstlerpaar Cayuco und Abril ein großes Zimmer. Mit den beiden lernt man Miches und die Dominikanische Republik aus anderer Perspektive kennen, sozusagen ›von unten‹ (s. auch S. 88).

Miches, von Osten kommend vor der Brücke links ab, dann erste Straße rechts, T 809 713 11 00, auf www.airbnb.de unter ›Miches‹ nach ›Museo Cayuco – El Arte de Miches‹ suchen, DZ 1200 RD-$

Meeresrauschen in den Ohren

Cocoloco Beachclub: Die Anlage mit einfach eingerichteten Bungalows liegt etwas abgeschieden in einem weitläufigen Gartenareal direkt am Strand. Es gibt eine Terrasse mit Restaurant und Bar, die in erster Linie von Einheimischen frequentiert werden.

Playa Esmeralda, Miches, von Osten kommend vor der Brücke rechts ab, T 809 886 82 78, www.abatrex.com/cocoloco, Bungalow 40 US-$

Mit Küstenblick

La Loma: Das von Schweizern gemanagte Hotel liegt wie eine kleine Burg auf einem Hügel über Miches und besticht dementsprechend mit seiner tollen Aussicht. Zur Verfügung stehen acht Zimmer, zwei Suiten, ein Swimmingpool und ein gutes Restaurant.

Miches, auf dem Hügel am Ortsausgang linker Hand der Straße nach Sabana de la Mar, T 809 553 55 62, www.hotellalomamiches.com, DZ 1800 RD-$

Infos

• **Busse:** Zwischen Miches und Bávaro sowie Higüey verkehren Minibusse.

Sabana de la Mar

J3

Morbider Charme

Hier sind Sie wirklich am Ende angelangt. **Sabana de la Mar** liegt am Treffpunkt der Überlandstraßen aus Osten und Süden, nach Westen und Norden geht es nur noch übers Meer weiter. Eine kleine Personenfähre schippert über die Bucht nach Santa Bárbara de Samaná.

Sabana de la Mar besitzt eine bescheidene touristische Infrastruktur, weil es Ausgangspunkt für Besuche im **Parque Nacional Los Haitises** ist, einem der schönsten und beliebtesten Naturschutzgebiete der Republik. Ansonsten gibt es in Sabana de la Mar nicht viel zu tun, außer beim Warten auf die Fähre durch den verschlafenen Ort mit seinen vielen alten, leider teils verfallenen Häusern zu schlendern.

Schlafen, Essen

Am Fluss

Paraíso Caño Hondo: Nicht nur wegen ihrer Lage am Rand des Nationalparks ist dies eine der ungewöhnlichsten Hotelanlagen der Insel. Die Zimmer und Apartments, die teils aus Natursteinen und Holz erbaut sind, liegen in einer Dschungellandschaft mit Bergfluss. Mit seinem Wasser werden die Pools und Kanäle gespeist, in denen Sie baden können. Das Hotel bietet Touren in den Nationalpark an und hat eine Kletterwand. Mit Restaurant. Von Sabana de la Mar gelangt man auch mit einem Motorradtaxi hierher.

Ctra. Los Haitises, ca. 9 km westl. von Sabana de la Mar, T 829 259 85 49, 829 259 87 43, www.paraisocanohondo.com, DZ/ÜF 45 US-$

Bewegen

Touren zu Land und zu Wasser

Ausflüge in den Nationalpark Los Haitises organisiert man am besten über das Hotel Paraíso Caño Hondo (s. links). Hier werden Führer für Wanderungen und Ausritte vermittelt. Außerdem kann man Kajaks mieten und zu einer Fahrt durch diese eigentümliche Wasserlandschaft aufbrechen. Sie paddeln durch Mangrovenwälder voller Vögel, Fische und Krebse. Die Stille ist paradiesisch.

Infos

• **Fähren:** Die Personenfähre nach Santa Bárbara de Samaná fährt 4 x tgl. (8, 11, 15, 17 Uhr, 1–1,5 Std., 200–250 RD-$).

F

SPASS IM FUN FUN

Sie ist eines der größten Höhlensysteme der Karibik: die 28 km lange **Cueva Fun Fun** bei **Hato Mayor** (J 4). Ihr Name soll aus der Taíno-Sprache stammen und eben nicht vom englischen *fun,* aber ein großer Spaß ist der Besuch allemal. Reiten, Wandern und Abseilen gehören zu jeder der organisierten Touren dazu. Höhepunkt ist die nasse und schlammige Erkundung der Höhle auf 2 km in Neoprenanzügen (Rancho Capote, Barrio Puerto Rico, Hato Mayor, T 809 299 04 57, www.cuevafunfun.com, überteuerte 155 US-$, Kinder 110 US-$).

Zugabe
Bunte Schiffe

Der Volkskünstler Cayuco

Sein Atelier liegt an einem Flüsschen in der Kleinstadt Miches. Hier lebt er mit seiner Freundin Abril, auch sie Künstlerin. Cayuco macht Volkskunst im besten Sinne. Bekannt sind seine bunten Skulpturen aus Holz, beispielsweise die Boote mit Menschenfiguren darin oder seine Fruchtkörbe. Besuchen Sie ihn, wenn Sie in Miches vorbeikommen. Es lohnt sich! ■

Der Südwesten

Region für Abenteurer— Im wenig bereisten Südwesten gibt es noch etwas zu entdecken: Dünen, Flussbäder, Kaffeeplantagen, Wüstenlandschaften, Salzseen, einsame Strände sowie die Grenze zu Haiti.

Seite 99

Dunas de las Calderas

Ein faszinierender Ort, den man in diesem Land so nicht vermutet hätte – auf einer schmalen Halbinsel bei Las Salinas liegen die höchsten und größten Dünen ihrer Art in der Karibik.

Seite 103

Lago Enriquillo ✪

Er ist das größte Binnengewässer der Dominikanischen Republik und markiert den tiefsten Punkt in der Karibik. Im und um den Salzsee herum leben Krokodile, Riesenleguane, rosa Flamingos und Ibisse.

Lust auf afrikanisches Markttreiben? Dann auf nach Pedernales!

Eintauchen

Seite 106

Polo

Das Bergdorf ist bekannt für seine Kaffeeplantagen und seine guten Wandermöglichkeiten. Es empfiehlt sich aber nur für Abenteuerlustige, denn die touristische Infrastruktur ist kaum entwickelt.

Seite 110

Küstenstraße nach Pedernales ✪

Die Carretera 44 ist die schönste Straße des Landes. Sie führt um die Península de Pedernales – zunächst parallel zur spektakulären Küste, dann durch eine einsame Wüstenlandschaft.

&

Seite 110

Balneario de San Rafael

Eine der schönsten Badeanstalten des Landes: Sie liegt direkt am Meer und wird gespeist von einem Bergfluss. Rundherum kann man sitzen und Fisch essen.

Seite 111

Laguna de Oviedo

Das Gewässer beherbergt eine der landesweit größten Kolonien rosa Flamingos und kann per Boot erkundet werden.

Seite 113

Hoyo de Pelempito

Der rätselhafte Krater von mehreren Quadratkilometern Ausdehnung tut sich in den Bergen bei Pedernales auf. In dieser fast menschenleeren, sagenumwobenen Landschaft gibt es viele seltene Pflanzenarten.

Seite 115

Bahía de las Águilas

Es ist der abgelegenste Strand der Insel. Und mit seinem kristallklaren, ruhigen Wasser auch einer der schönsten. Die ›Adlerbucht‹ erreicht man per Boot oder zu Fuß durch eine einzigartige Kakteenlandschaft.

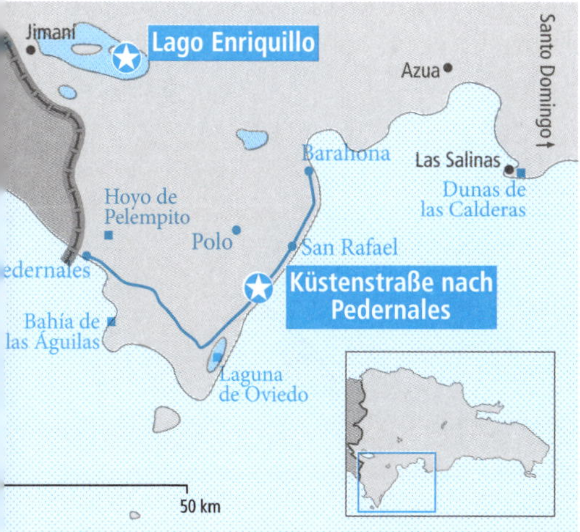

»Manchmal muss man sich vom Herzen tragen lassen«, singt Bachata-Star Anthony Santos in »Mal Educado«, einem seiner jüngsten Hits.

Aus Barahona stammt die Schauspielerin María Montez. Ihr Film »Die Schlangenpriesterin« von 1944 erzielte Kultstatus und prägte in Anspielung an ihre oft knappe Verhüllung den Begriff ›Tits-and-sand‹-Filme.

erleben

Wilder (Süd-)Westen

D

Dies ist für mich die interessanteste Region des Landes. Sie ist dünn besiedelt und landschaftlich vielfältig, hier gibt es von allem etwas: Berge und Strand, Dschungel und Wüste, türkises Karibikwasser und Lagunen. Es ist eine Vielfalt, die ihresgleichen in der Karibik sucht. Der Südwesten wird relativ wenig bereist, hier gibt es keine großen Hotels oder Resorts. Er ist eine tolle Ecke für Entdecker.

Verlässt man Santo Domingo in Richtung Westen, sind die Orte zunächst noch industriell geprägt, aber je weiter man vordringt, umso mehr dominieren Natur und Landwirtschaft. Um die Städte San Cristóbal und Barahona herum breiten sich große Zuckerrohrplantagen aus, in denen die bitterarmen Bateyes der haitianischen Zuckerrohrarbeiter liegen. Bei Barahona wird Ihnen sicherlich der uralte klapprige Zug auffallen, der die geschnittenen Zuckerrohrstauden transportiert.

An der Grenze zu Haiti ist die trockenste Region des Landes. Man sieht meterhohe Kakteen, große Leguane und Trockenbäume, die nur Blätter tragen, wenn es geregnet hat. Es kommt vor, dass ganze Rinderherden verdursten. Hier ›unten‹ liegt auch einer der schönsten Strände des Landes: die Playa Bahía de las Águilas.

O

ORIENTIERUNG

Anreise und Weiterkommen: Es verkehren hier zwar (Mini-)Busse, aber ein Mietwagen ist am besten zur Erkundung des Südwestens geeignet. So erreichen Sie die abgelegenen, oft recht einsamen Ecken sehr viel leichter. Wer in die Berge möchte, sollte einen Geländewagen mieten, da hier viele Wege Geröll- und Staubpisten sind.
Planung: Um den Südwesten auf eigene Faust zu bereisen, ist es hilfreich, etwas Spanisch zu sprechen.

In Grenznähe befindet sich das gewaltige, nahezu unbewohnte Baoruco-Gebirge, in dem sich einst der letzte Taíno-Führer Enriquillo vor den Spaniern versteckte. Später wählten Piraten und Sklaven die Region als Rückzugsgebiet.

Faszinierend finde ich immer wieder den Markt in Pedernales, wenn Hunderte Händler aus Haiti über die Grenze kommen und ein chaotisch buntes Treiben veranstalten, das ich so nur in Afrika (und natürlich Haiti selbst) kennengelernt habe. Hier kann man alle möglichen Früchte und Gemüse kaufen, Kleidung, Plastikramsch und Souvenirs. Und man kann die kulturellen und sozialen Unterschiede der beiden kleinen Nationen begreifen.

San Cristóbal

F/G6

Es ist nicht weit von Santo Domingo nach **San Cristóbal,** nur rund 20 km. Dennoch beginnt hier eine andere, schon sehr provinzielle Welt. Wie so viele dominikanische Städte hat auch San Cristóbal nicht viel zu bieten. Der Ort wird erstickt vom Verkehr, insbesondere den vielen Motorrädern chinesischer Fabrikation. An der Stelle der heutigen Stadt stand einst eine Festung, die von Bartolomeo Kolumbus, dem Bruder des ›Entdeckers‹, gegründet wurde. Sie sollte die Goldsucher schützen, die in den Flüssen Haina, Nigua und Nizao versuchten, das Edelmetall aus dem Wasser zu sieben. Heute ist San Cristóbal stark mit dem Namen Trujillo verbunden. Sie war die Heimatstadt des Diktators.

Die Stadt des Diktators

Trujillo ließ in San Cristóbal diverse Bauten errichten, darunter das unverwechselbare, auf einem Hügel gelegene **Castillo de Cerro,** einen dreistöckigen modernistischen Bau, in dem der Diktator angeblich nie, seine Tochter Angelíta und sein Sohn Ramfis hingegen oft wohnten. Sie sollen, so die Legende, Orgien und grausige Zeremonien veranstaltet haben, bei denen auch Menschen getötet wurden. Jahrelang verfiel das Haus, heute ist in den unteren Etagen eine Schule für Gefängnispersonal und in den oberen ein **Museum** mit Originalausstattung untergebracht.

Mo–Fr 9–16 Uhr, Eintritt frei, kein Einlass mit Shorts, Sandalen oder ärmellosen Hemden, Führung obligatorisch (nur Spanisch)

Die Villa des Diktators

Trujillo hielt sich lieber im außerhalb von San Cristóbal gelegenen **La Toma** auf. Dort hatte er eine Villa auf einem Hügel: die **Casa Caoba** (›Mahagonihaus‹). Es war

Diktatorenwahn. Es ist nicht schön, aber das architektonisch interessanteste Gebäude San Cristóbals. Das Castillo del Cerro wurde 1947 auf Geheiß von Trujillo gebaut, aber er mochte es nicht und lebte nie hier.

TOUR
Immer dem Zucker nach

Erkundung der ersten Zuckermühlen

Infos

G 5/6

Start: Westrand von Santo Domingo

Ziel: San Gregorio de Nigua

Länge: 15 km

Dauer: 2–3 Std.

Planung: eigener Wagen

Um ein bisschen Geschichte kommt man in der Dominikanischen Republik kaum herum. Nicht nur, um dieses Land ein wenig besser zu verstehen, sondern auch, weil vieles, was hier geschah, die Entwicklung ganz Lateinamerikas beeinflusste. Der Küstenabschnitt westlich von Santo Domingo spielte für den gesamten Karibikraum eine wichtige Rolle: Zunächst vermutete man hier – wie könnte es anders sein – Gold, das offenbar auch gefunden wurde. Die Spuren der legendären Goldgräberstadt Buenaventura sind aber verschollen. Damals führte allein das Gerücht vom Gold zum Bau neuer Verkehrswege und letztlich auch zum Anbau einer Pflanze, mit der die Spanier schon auf den Kanarischen Inseln eine Zeit lang experimentiert hatten: dem Zuckerrohr. Es machte in den folgenden Jahrhunderten einige Menschen unglaublich reich und stieß unzählige andere ins Elend der Sklaverei. Es prägt die Karibik bis heute.

Eine der ersten Zuckermühlen aus dieser Zeit ist die aus dem frühen 16. Jh. stammende **Ingenio de Engombe.** Die Anlage liegt etwas versteckt in der Nähe des Río Haina am äußersten Westrand von Santo Domingo. Man erreicht sie, indem man der Avenida 6 de Noviembre (Autopista del Sur) Richtung San Cristóbal folgt, bis vor der Brücke über den Fluss rechts der Camino de Engombe zum **Parque Mirador del Oeste** abzweigt. Umgeben von saftigem Grün stehen hier die Gemäuer des zweistöckigen Herrenhauses. Daneben gibt es eine Kapelle und ein weiteres, von Pflanzen überwuchertes Gebäude, das wahrscheinlich ein Magazin war. Zusammen mit den Resten einer wassergetriebenen Mühle ergibt sich ein Ensemble,

das oft als Kulisse für historische Filme dient. Aber es ist den Dominikanern, die häufig wegen mangelnder Bildung mit der Geschichte ihres eigenen Landes nichts anfangen können, kaum bekannt.

Die Fahrt geht weiter ins knapp 20 km entfernte **San Gregorio de Nigua** (kurz Nigua) südöstlich von San Cristóbal. Hier gibt es zwei weitere historisch bedeutsame Zuckermühlen. Beide sind nicht einfach zu finden, liegen aber reizvoll und erzählen von den industriellen Anfängen der Neuen Welt. Fahren Sie in San Gregorio de Nigua nach Westen, dann an der ersten Kreuzung hinter der Flussbrücke links auf einen Feldweg. Erkundigen Sie sich! Die Mühlen sind nicht ausgeschildert, befinden sich zwischen Straße und Küste.

Die Zuckermühle Boca de Nigua soll die besterhaltene in der gesamten Karibik sein. Mit etwas Fantasie kann man sich hier vorstellen, wie Zucker produziert wurde.

Die ersten Ruinen, die wir hier besuchen, gehören zur **Ingenio Diego Caballero**. Ihre Überreste lassen sich bis 1518 zurückdatieren. Das im Wesentlichen aus den Grundmauern und einem Wasserkanal bestehende Areal liegt in der Flussmündung des Río Nigua, eine bukolische Landschaft oberhalb des Meeres.

Das Zuckerrohr war Anfang des 16. Jh. über die Kanarischen Inseln auf die Insel gekommen und breitete sich schnell aus. Damals beruhte die Zuckerproduktion auf neuartigen Technologien, die später wieder vergessen wurden. Die Mühle des Diego Caballero gehört zu dem Typ, bei dem die Walzen zur Pressung des Zuckerrohrs mit Wasserkraft angetrieben wurden. Die rund 250 Jahre später gebaute Anlage von Boca de Nigua, die wir danach besuchen, präsentiert sich als *trapiche,* d.h. als von Ochsen bewegte Presse. Paradoxerweise ist sie damit technisch gesehen der ältere Typus. Dass die Mühle von Diego Caballero auch aus logistischer Perspektive komplexer war, zeigt sich an der raumgreifenden Anlage, in der Höhenunterschiede des Terrains ausgenutzt wurden, um das Wasser dienstbar zu machen. Es ist heute noch möglich, die einzelnen Teile der Anlage zu identifizieren: ein langer Bewässerungskanal, der zu einer Zisterne führt, das Sudhaus mit Kesseln in verschiedenen Größen und ein Brunnen. Unbestritten ist die Bedeutung der Mühle als Denkmal einer frühen spanischen Moderne in Form einer Industrie, die maßgeblich auf dem Rücken von indigenen Sklaven funktionierte.

Die zweite Mühle liegt quasi um die Ecke. Fahren Sie die Straße ein wenig zurück und biegen Sie dann rechts ab. Hier findet sich die besser erhaltene **Ingenio Boca de Nigua.** Sie wurde in der zweiten Hälfte des 18. Jh. gebaut und funktionierte so: Die Mahlsteine zur Entsaftung des Zuckerrohrs wurden von Tieren bewegt, eine Technik, die man bis heute in Lateinamerika bei der Schnapsherstellung findet. Die Anlage ist wohldurchdacht. Das geschnittene und geschälte Rohr kam mit Ochsenkarren an den oberen Teil der Mühle und wurde dort in die Presse geschoben, die Pferde drehten. Der Saft floss aus dem Mühlstein über Rinnen in die befeuerten Kessel, in denen er verkocht wurde. Nach stundenlangem Rühren und Abschöpfen des Schaums setzte sich der kristallisierte Zucker am Kesselrand ab. Der klebrige Rest – die Melasse – wurde in Formen getrocknet oder zu Rum verarbeitet. In dieser Mühle wie auf den Feldern arbeiteten damals fast nur aus Afrika stammende Sklaven. Diese galten als robust genug, um die harte Arbeit auszuhalten.

Das Ende der Sklaverei bedeutete auch das Ende von Boca de Nigua, der zu ihrer Zeit profitabelsten Zuckerfabrik von Santo Domingo. Erst zwischen 1974 und 1978 wurde eines der beiden Sudhäuser wieder aufgebaut und restauriert. Man hatte erkannt, dass die Anlage wohl die besterhaltene Zuckermühle der gesamten Karibik darstellt, in der man die Abfolge der einzelnen Arbeitsgänge gut nachvollziehen kann. In der Folgezeit dienten ihre Gemäuer auch als Kulissen für historische Filme.

zugleich Ferienhaus und Liebesnest. Trujillo brachte hier auch Widersacher um. In einigen Romanen über die Zeit spielt das Anwesen eine Rolle, etwa in »Die Zeit der Schmetterlinge« von Julia Alvarez. Heute verrottet der Bau. Wer sich die Ruine mit ihrem einst üppigen Tanzsaal und Marmorbädern dennoch anschauen möchte, fährt nach La Toma und fragt sich durch. Zuletzt war das Haus von einem Zaun umgeben, und man bekam Einlass von einer Familie, die sich im unteren Teil des Gebäudes eingerichtet hatte. Der Umgang mit dieser Hinterlassenschaft Trujillos zeigt, wie schwer man sich mit der Aufarbeitung der Vergangenheit tut. Aber vielleicht ist es auch besser, dass man das Erbe des grausamen und fürchterlich eitlen Diktators einfach vermodern lässt.

Erfrischung im Bergfluss

Mit einem anderen Bau aus der Trujillo Zeit gehen die Dominikaner ganz unbefangen um, dem **Balneario La Toma** 5 km nordwestlich von San Cristóbal. Von üppiger Vegetation umwuchert und im Schatten alter Bäume ist es ein schönes Beispiel für die Naturbäder, die sich überall in der Republik finden lassen. Wie die meisten *balnearios* ist La Toma ein Süßwasserbecken, das durch die Aufstauung eines Flusses entstanden ist. Mit seinen Imbissbuden, Spielwiesen und einem Campingplatz wird es gerne von Dominikanern, v.a. Jugendlichen, besucht, kaum aber von ausländischen Touristen.

Immer geöffnet, Eintritt frei

Schlafen

In San Cristóbal selbst gibt es keine empfehlenswerten Übernachtungsmöglichkeiten, dafür aber außerhalb der Stadt.

Öko und fast am Meer

Rancho Ecológico El Campeche: Sehr abgeschieden und idyllisch liegt diese 20 ha große, aus Naturmaterialien gebaute Anlage mit Cabañas, Gemeinschaftshütten, Pool und einem Zeltplatz. Sie wird von einer Stiftung betrieben, die sich der Nachhaltigkeit verschrieben hat. Man läuft 5 Min. zum Meer und kann geführte Wanderungen durch die Umgebung unternehmen. Oft kommen Gruppen hierher, um Yoga zu machen oder zu musizieren.

Calle Leonor de Ovando 17, Gazcue, ca. 22 km südwestl. von San Cristóbal, Richtung Baní hinter dem Abzweig nach Yaguate die Straße nach Deveaux nehmen, dann Richtung El Limón, T 809 221 31 52, www.ranchocampeche.com, ab 800 RD-$/Pers. inkl. Essen und Zeltverleih

Unter Mangobäumen

Playa Palenque: Der Schweizer Peter Wegmüller betreibt mit seiner dominikanischen Familie dieses einfache Hotel 100 m hinter dem Strand. Acht Zimmer mit Balkonen, Garten, Pool, Küche. Auf dem Dach hat er eine Solaranlage installiert. Im Garten regnet es manchmal Mangos von den Bäumen. Hier kann man auch gegrillten Fisch essen.

Puerto de Palenque, gut 30 km südwestl. von San Cristóbal, T 809 243 25 25, DZ ab 30 €

Infos

- **Busse:** Minibusse nach Santo Domingo, Überlandbusse nach Azua und Santo Domingo mehrmals stdl. vom Parque Central.

Baní

F6

Im Mangoparadies

In der Sprache der Taíno bedeutet **Baní** ›Wasserreichtum‹. Es mag daran liegen, dass die Stadt am Rand der tropisch-feuchten Zone liegt. Baní ist berühmt für seine Mangos, die hier das ganze Jahr über reifen. Reich wurde der

Ort durch den Kaffeeanbau. Leider erstickt auch Baní am Durchgangsverkehr.

Die Stadt hat einen berühmten Sohn: Máximo Gómez wurde 1836 hier geboren. Er war im kubanischen Befreiungskrieg (1868–98) der oberste Befehlshaber der Revolutionsarmee, die die spanischen Truppen gegen Ende des Konflikts in die Defensive drängte. In Baní tragen Straßen und Plätze seinen Namen, Zeugnisse aus dem Leben des Revolutionärs werden in seinem Geburtshaus, der **Casa Museo Máximo Gómez,** aufbewahrt.

Calle Máximo Gómez, Ecke Calle Nuestra Señora de la Regla, Mo–Sa 9–12 Uhr, Eintritt frei

Salz auf unserer Haut

Während man Baní links liegen lassen kann, ist das 30 km südlich gelegene **Las Salinas** (E 6) unbedingt einen Abstecher wert. Das liebenswerte Nest liegt auf der Spitze einer Halbinsel am Ende der Landstraße. Die Menschen leben hier vom Fischfang in einer malerischen Bucht und von der zweitgrößten **Salzgewinnungsanlage** des Landes. Letztere verlieh dem Ort ihren Namen und wird heute noch betrieben wie anno dazumal. Sie können sie besichtigen. Das Highlight von Las Salinas sind aber die **Dunas de las Calderas** (s. S. 99).

Schlafen

In Las Salinas werden Privatzimmer zu kleinen Preisen vermietet. Erkundigen Sie sich, etwa im Restaurant Randy & Rocio.

Buchtblick

Las Salinas: Auf schick macht dieses Hotel, es hat aber bessere Tage gesehen und ist definitiv überteuert. Aussicht und Lage sind nach wie vor okay.

Am Ortseingang von Las Salinas, T 809 866 81 41, www.facebook.com/Hotelsalinas, DZ 4500 RD-$/Pers. inkl. VP

Luxus bei den Dünen

Sava: Hier werden sechs geräumige, geschmackvoll ausgestattete Luxusapartments mit Jacuzzi, Terrasse und besten Aussichten vermietet.

Geg. dem Eingang zur Dünenlandschaft, T 809 323 19 65, www.sava.do, Apartment ab 125 US-$ inkl. Frühstück

Essen

Frischer Fisch

Paradita D'Randy & Rocio: In dem familiengeführten Traditionshaus kommen die Fänge des Tages auf den Tisch. Man kann sich seinen Fisch aus der Kühltruhe selbst aussuchen, er wird abgewogen und wie üblich mit Reis, Bohnen, Tostones und Salat serviert. Günstig, authentisch und lecker.

Am Ortseingang von Las Salinas, T 809 854 01 85, tgl. von mittags bis abends

Infos

- **Busse:** Durch Baní verläuft die viel befahrene Ost-West-Straße, auf der zahlreiche Minibusse verkehren; Haltepunkt am westlichen Ortsausgang. Minibusse fahren von Baní auch nach Las Salinas.

Azua

E5

Ins Fenster gereicht

Auf dem weiteren Weg nach Westen bemerkt man deutlich die klimatischen und landschaftlichen Veränderungen. Es wird trockener und wüstenartiger. Die Straße verläuft nun zwischen der Küste und den Abhängen der Zentralkordilleren, die näher rücken. Immer häufiger trifft man an den Kreuzungen auf fliegende Händler. Sie bieten Cashewnüsse, Süßigkeiten, Krebse und sogar lebende Leguane (was verboten

Lieblingsort

Die Wüste lebt

Auf einer schmalen Halbinsel 30 km südlich von Baní ist eine einzigartige Landschaft entstanden. Die **Dunas de las Calderas** (📍 E 6) sind die größten Dünen der Karibik. Bis zu 35 m hoch liegt der feine Sand aufgeworfen, und von oben hat man grandiose Aussichten übers Meer und eine nahe Bucht. Wenn man in der geschützten Landschaft herumspaziert, könnte man glatt meinen, man sei in der Sahara. Kommen Sie wegen der Hitze und der unerbittlichen Sonne am besten morgens oder am Nachmittag. Es gibt hier keinen Schatten (2 km vor Las Salinas, s. S. 98, Mo–Fr 8–17, Sa, So 8–18 Uhr, 100 RD-$).

ist) an. Auch handgeschnitzte Holzmörser in allen Größen werden Sie sehen. Eine besonders belebte Kreuzung ist der Abzweig Richtung San José de Ocoa.

Stadt der Entscheidung

Auch in **Azua (de Compostela)** wurde ein berühmter Mann geboren: Hernán Cortés, der spätere Eroberer Mexikos. Er war hier zwischen 1505 und 1511 Stadtschreiber, bevor er von Kuba aus zu neuen Küsten aufbrach. Sie merken: Azua ist uralt, wurde bereits 1504 gegründet, lag damals aber noch am Meer. Später verlegte man es ins Landesinnere.

Dadurch hatte es einen Nachteil: Es lag auf dem Weg zwischen Haiti und Santo Domingo. Dreimal marschierte die haitianische Armee hier durch und brannte den Ort nieder. Das Blatt wendete sich am 19. März 1844, als die Dominikaner bei Azua die Entscheidungsschlacht um die Unabhängigkeit gewannen. Diese Erinnerung bestimmt bis heute das Selbstverständnis Azuas. Für einen längeren Aufenthalt ist der Ort nicht zu empfehlen.

Infos

- **Busse:** Terra Bus und Caribe Tours (www.caribetours.com.do) sowie Minibusse fahren vom Parque Central nach Barahona (alle 30–60 Min.), San Juan de la Maguana (stdl.) und über Baní nach Santo Domingo (alle 30–60 Min).

Valle de San Juan

B–D4/5

Das **Valle de San Juan** liegt in der Mitte der Insel, aber es ist ein isoliertes und auch mysteriöses Tal. Es erstreckt sich über 80 km bis zur haitianischen Grenze. Den Mittelpunkt bildet die Stadt San Juan de la Maguana.

Land der herzlichen Menschen

Geschichte wurde im Valle de San Juan schon vor der Ankunft der Spanier geschrieben. Hier war das Kazikat von Maguana, das möglicherweise den politischen Mittelpunkt des Taíno-Reiches bildete. Zumindest spielt es in den Berichten des spanischen Chronisten Bartolomé de las Casas über die Vernichtung der Taíno immer wieder eine große Rolle. Darin ist nachzulesen, wie herzlich die Ureinwohner die Spanier empfingen – bis die Konquistadoren ihren ersten Verrat begingen: die Ermordung des gesamten indigenen Adels. Obwohl vieles in den Schriften von Las Casas nicht den Fakten entspricht, so stammt doch ein Großteil unseres Wissens über die Taíno aus den Berichten über das Kazikat von Maguana.

Im Zonenrandgebiet

Dass diese Region bis heute so isoliert ist, hat auch mit der Grenzziehung zu Haiti zu tun. Man kann von einer Art Zonenrandgebiet sprechen. Über Jahrhunderte lebten nur Jäger und Viehzüchter hier. Zusätzlich wurde die Gegend zum Fluchtpunkt für entlaufene Sklaven, die *cimarrones*. Sie fühlten sich weder der Dominikanischen Republik noch Haiti zugehörig und entwickelten eine eigene Kultur und Mentalität, die bis heute lebendig ist.

Ein Charakteristikum der Region war immer die enge Beziehung zu Haiti, wirtschaftlich wie menschlich. Dies passte dem rassistischen Diktator Trujillo nicht, der das Land mit Gewalt ›dominikanisieren‹ wollte. Heute spielen die wirtschaftlichen Beziehungen zwischen beiden Ländern eine immer größere Rolle. Wenn Sie den chaotischen Grenzverkehr einmal beobachten wollen, besuchen Sie das staubige Grenzstädtchen Comendador del Rey (s. S. 102).

F

LAND UND FREIHEIT!

Die Armut, Abgeschiedenheit und Kargheit begünstigte auch die Entstehung fundamentalistisch-religiöser Bewegungen. Eine bis heute aktive Gruppe nennt sich **Liboristas.** Don Liborio war ein okkultistischer Heiler und Revolutionär, der ab 1910 einen Kampf gegen die Großgrundbesitzer und den Staat führte. 1962 verübte die Armee in Palma Solar ein Massaker unter seinen Anhängern. Mehrere Hundert Menschen wurden getötet. Dennoch existieren bis heute Liboristas, die für eine gerechte Landverteilung kämpfen.

Wegen ihrer Isolation zählt die gesamte Region zu den ärmsten des Landes. Ein Grund dafür ist eine geschichtliche Ungerechtigkeit: Diktator Trujillo ließ einst 80 % des hiesigen Bodens enteignen und verteilte das Land an seine Entourage. So wurden viele Bauern zu Landarbeitern und Pächtern degradiert.

San Juan de la Maguana C4

Wo die Spiritisten leben

San Juan de la Maguana wirkt auf den ersten Blick wenig interessant, aber der größte Ort der Region ist ein Zentrum von spiritistischen Magiern und Voodoo-Priestern. Glauben Sie jetzt nicht, das sei Quatsch! Der Volksglaube auf der Insel ist stark ausgeprägt (s. S. 289), und die okkultistischen Priester werden häufig aufgesucht, um Heilungen zu vollziehen oder Ratschläge zu erteilen.

Auch Maguana, wie es kurz heißt, ist uralt. Es wurde schon 1503 gegründet. Aber darauf weist nichts mehr hin.

Corral de los Indios C4

Ein magischer Steinkreis

Einen auf den Antillen einzigartigen Fund machte man ca. 5 km nördlich von San Juan de la Maguana. Hier befindet sich der **Corral de los Indios,** ein Zeremonienplatz der Taíno. Behauene Steine bilden einen Kreis, in dessen Mitte ein kleiner Findling liegt, der wohl mal aufrecht stand. Er trägt die Gravur einer der typischen Taíno-Fratzen. Als der Begründer dieses Reiseführers, der renommierte Karibikforscher und Lateinamerikanist Ulrich Fleischmann, den Platz 1965 das erste Mal besuchte, war das Ensemble noch intakt. Seitdem sind leider viele der Steine gestohlen worden.

Zwar wird die genaue Bedeutung dieses Ortes wohl für immer im Dunkeln bleiben, aber man vermutet, dass es sich hierbei um den wichtigsten religiösen Platz der Insel zu Zeiten der Taíno handelt. Das würde auch die frühe Gründung von San Juan de la Maguana erklären. Denn die Spanier besetzten häufig wichtige Orte der indigenen Bevölkerung, um diese ihrer ›heidnischen‹ Bedeutung zu berauben und christlich aufzuladen.

Der Mittelstein des Zeremonienplatzes befindet sich mehr oder weniger am geografischen Mittelpunkt der Insel Hispaniola. Es könnte ein Zufall sein, würde aber im gegenteiligen Fall heißen, dass die Taíno schon über ein erstaunliches geografisches Wissen verfügten.

Sabaneta C4

Ab aufs Land

Ebenso faszinierend kann es sein, die abgelegenen Dörfer dieser Region aufzusuchen. Hier leben viele Menschen von der kleinbäuerlichen Viehzucht, der Imkerei oder auch dem Anbau von

Tabak. Als Tourist ist man für diese Leute noch eine Art Attraktion.

Ein mögliches Ausflugsziel ist **Sabaneta** am gleichnamigen Stausee. Das Dorf liegt 22 km nördlich von Maguana und wird von Sammeltaxis angefahren. Um die **Presa de Sabaneta** ist eine reiche Pflanzen- und Tierwelt entstanden. Oberhalb des Sees befindet sich der Zugang zum **Parque Nacional José Carmen de Ramírez** mit dem höchsten Berg der Insel, dem Pico Duarte (s. S. 140). Man kann den Aufstieg auch von hier aus organisieren, am besten spontan vor Ort – Vielwanderer halten diese für die schönere der beiden Hauptrouten zum Gipfel.

Comendador del Rey (Elías Piña) B4

Richtung Grenze

Vor der grandiosen Kulisse der Zentralkordilleren führt die Straße von San Juan de la Maguana weiter bis **Comendador del Rey,** das auch **Elías Piña** genannt wird. Der Ort an der haitianischen Grenze wurde im Zuge der ›Dominikanisierung‹ der Gegend mit breiten Straßen, Parks und modernen Gebäuden ausgebaut. Charme hat das Städtchen jedoch nicht. Einzig von Interesse ist der bunte haitianische **Markt,** der montags und freitags für viel Bewegung sorgt. Gehandelt werden Kleidung, Lebensmittel, auch Rum.

Lange Zeit war es möglich, die Grenze ohne Formalitäten und Einreisegebühren für ein paar Stunden zu überqueren. Das hat sich wegen der verschärften Immigrationspolitik der Dominikaner geändert, ist aber ständigem Wandel unterworfen. Probieren Sie es aus, wenn Sie neugierig sind.

Schlafen

Akzeptabel

El Libano: Man muss nehmen, was da ist, und das El Libano ist eins der wenigen Hotels in der Stadt. Es ist sauber, liegt

In den Bergen zwischen Haiti und der Dominikanischen Republik sind Maultiere oft das einzige (erschwingliche) Transportmittel.

zentral, hat ein Restaurant auf der Dachterrasse und kostet auch kein Vermögen.
Calle Trinitaria 33, San Juan de la Maguana, T 809 557 25 28, DZ 1800 RD-$

Funktional

Maguana: Alles, was für das Libano gilt, kann man auch über das Maguana sagen, nur dass die Dachterrasse fehlt. Es sind Hotels für anspruchslose Durchreisende.
Av. Independencia 72, beim Triumphbogen, San Juan de la Maguana, T 809 557 22 44, DZ ab 1500 RD-$

Essen

Dominikanisch

La Galería del Espía: Die ›Galerie des Spions‹ rühmt sich damit, die kulinarischen Maßstäbe in der Stadt zu setzen. Also kann man es ruhig einmal ausprobieren. Es gibt hier ein üppiges dominikanisches Tagesmenü zu zivilen Preisen.
Av. Independencia 5, San Juan de la Maguana, tgl. 11–16, 18.30–1 Uhr

Mexikanisch

Rincón Mexicano: Ausgestochen wird die Galería del Espía allerdings von einem mexikanischen Laden, den man hier nicht vermutet hätte. Tortillas, Tacos und Quesadillas in einem geräumigen Speisesaal zu angemessenem Kleingeld. Bestes Restaurant der Stadt.
Calle 27 de Febrero, Ecke Calle Capotillo, San Juan de la Maguana, tgl. 18–24 Uhr

Bewegen

Wandern & Reiten

Wer abenteuerlustig ist und einigermaßen Spanisch spricht, erkundet die **Sierra de Mato Grillo** auf eigene Faust zu Fuß oder per Pferd. Dies geht von **El Hatico** (C 4) und **Yabonico** (B/C 4) aus. In den Dörfern kann man bei den Bewohnern Pferde leihen und sich nach Wandermöglichkeiten erkundigen, etwa zu einigen warmen, schwefelhaltigen Quellen. Für die Anfahrt dorthin benötigt man einen eigenen Wagen.

Lago Enriquillo

A/B 5/6

Eine für die Karibik völlig ungewöhnliche Landschaft mit einer ganz eigenen Stimmung ist die **Hoya de Enriquillo** (›Enriquillo-Senke‹). Sie breitet sich zwischen den mächtigen Gebirgen **Sierra de Neiba** und **Sierra de Baoruco** aus. Man kann sie sich als Wanne vorstellen, deren tiefster Punkt 40 m unter dem Meeresspiegel liegt. Dort befindet sich mit dem **Lago Enriquillo** der tiefste Punkt der Karibik. Einst schwappte hier das Meer. Dann kam es zu tektonischen Bewegungen, durch die der See vom Meer abgeschnitten wurde.

Der größte See der Karibik

Mit 375 km^2 ist der Lago Enriquillo das größte salzhaltige Binnengewässer der Karibik. Eine Kuriosität: Er vergrößert sich. Maß er 1984 nur 175 km^2, so führten schwere, wohl dem Klimawandel zuzuschreibende Stürme und Zyklone ab 2008 zur Verdoppelung der Wasserfläche. Die weiter südöstlich gelegene kleinere **Laguna del Rincón** gehört übrigens zum gleichen Wassersystem, ebenso wie der auf haitianischer Seite gelegene Lâtre Saumâtre. Durch den **Parque Nacional Lago Enriquillo e Isla Cabritos** wird die einzigartige Landschaft geschützt. Sie ist Teil des viel größeren Biosphärenreservats von Jaragua-Bahoruco-Enriquillo.

Man kann den Lago Enriquillo vollständig umrunden. Allerdings gilt die Strecke entlang des Nordufers als interessanter, da sie näher am Wasser verläuft und durch mehrere Ortschaften führt.

TOUR
In die Prähistorie schippern

Bootsausflug zur Isla Cabritos im Lago Enriquillo

Infos

B5

Start/Ziel:
Nationalparkeingang ca. 4,5 km östl. von La Descubierta

Kosten:
3500 RD-$ pro Boot mit Führer. Der Preis wird durch die Anzahl der Passagiere geteilt.

Mitnehmen:
Trinkwasser, Mückenschutz und feste Schuhe

Schon am **Nationalparkeingang** wird man auf das Naturphänomen Isla Cabritos (›Geißlein-Insel‹) eingestimmt: Es riecht nach Schwefel, der aus einer nahen Quelle austritt. Je nach Höhe des Wasserspiegels kommt ein Becken zum Vorschein, in dem man ein Bad nehmen kann. Rundherum lagern die Riesenleguane, deren forsches Betteln zeigt, dass sie sich nicht mehr fürchten müssen, im Kochtopf zu landen. Sie sind mit Menschen vertraut.

Auf der Fahrt zur Insel macht man die erste Bekanntschaft mit dem salzigen See, der in Urzeiten ein Meeresarm war. Muscheln und Korallenstücke, aus denen der weiße Sand an Festland- und Inselufer besteht, verweisen auf die maritime Vergangenheit.

Die Insel selbst, früher eine Ziegenweide und Zufluchtsort der Taíno, ist von Menschen verlassen und mit Trockenwald und stacheligem Gestrüpp bewachsen. Der Führer leitet über Pfade durch die trockene, brütende Hitze zu einem Informationshäuschen, in dem die Tier- und Pflanzenwelt sowie die geologische Entstehungsgeschichte des Sees und der Insel erklärt werden.

Auf der **Isla Cabritos** bekommt man mit viel Glück die letzten amerikanischen Spitzkrokodile der Karibik *(Crocodylus acutus)* zu Gesicht. Man trifft auch andere Reptilien. Am häufigsten sind zwei Arten von Riesenleguanen: der Rhinozeros-Leguan *(Cyclura cornuta)*, den wir schon vom ›Festland‹ kennen, und der seltenere endemische Ricord-Leguan *(Cyclura ricordi)*, der etwas kleiner ist und unverkennbare rote Augen besitzt. Beide Arten sind geschützt. Auch 62 verschiedene Vögel nisten auf der Insel, darunter, neben den rosa Flamingos, mehrere Reiherarten und Ibisse.

Das Nordufer
A–C5

Landstrich der Elenden

Von Osten kommend, durchfährt man zunächst eine weite, heiße und baumlose Ebene mit unendlich erscheinenden Zuckerrohrfeldern, auf denen man zur Erntezeit die Arbeiter die dicken Halme schlagen sieht. Häufig ist ihre Armut schon an der Kleidung ablesbar. Sie hausen in isolierten *bateyes,* Barackensiedlungen ohne Infrastruktur. Manche sieht man entlang der Straße, andere liegen versteckt in den Feldern.

Viele dieser Arbeiter haben, obwohl im Land geboren, keinen rechtlichen Status, weil die Behörden ihnen die Papiere verweigern. Begründung: Ihre Eltern seien illegale Haitianer gewesen. Das Argument ist ziemlich perfide, denn die vorangehenden Generationen wurden zumeist von den Zuckerkonzernen über die Grenze gebracht, um für Hungerlöhne zu schuften. Man verbot ihnen, die *bateyes* zu verlassen, und zwang sie, überteuerte Lebensmittel in firmeneigenen Läden zu kaufen.

So leben verelendete Menschen ohne Staatsangehörigkeit und Rechte in den *bateyes.* Es sind moderne Sklaven. Obwohl auch die UN diesen Zustand anmahnen, sind die Versuche des dominikanischen Staates, das Problem zu lösen, im besten Falle halbherzig, im schlimmsten diskriminierend.

Lächeln aus Stein

Ein erster Blick auf den Lago Enriquillo bietet sich hinter **Neiba.** Die Provinzstadt ist umgeben von tropischer Vegetation, was in der ansonsten trockenen Region gleich ins Auge fällt. Tatsächlich herrscht auf dem schmalen Streifen zwischen dem See und den Hängen des Neiba-Gebirges ein feuchtes Mikroklima.

Hinter **Postrer Río** finden sich Felsgravierungen der Taíno. Dargestellt sind scheinbar lächelnde Gesichter, die entsprechend **Las Caritas** (›die Gesichtchen‹) genannt werden. Der interessante Ort ist ausgeschildert und kann über eine Treppe erreicht werden. Von oben überblickt man die Seelandschaft.

Kurz darauf erreicht man die Stelle, von der die Boote zur **Isla Cabritos** (s. S. 104) übersetzen. Der letzte Ort am Nordufer heißt **La Descubierta** (›die Entdeckung‹). Es ist ein hübsches und heißes Nest, in dem die Hauptattraktion das **Balneario Las Barias** ist, eine Badeanstalt, deren Becken aus einem Fluss gespeist werden (Camino a la Toma, tgl. 8–18 Uhr, Eintritt frei). Hier kann man auch essen und übernachten.

Jimaní
A5

Zwischen den Welten

Wenn Sie sich für organisiertes Chaos interessieren, dann kommen Sie nach **Jimaní.** Der Ort liegt westlich des Lago Enriquillo und nur wenige Kilometer entfernt von der gleichnamigen Grenzstation, die einen Blick verdient. Denn es herrscht ein grandioses Tohuwabohu. Das rührt einmal daher, dass hier die Hauptpassierstelle für den Gütertransport zwischen Haiti und der Dominikanischen Republik ist. Es hat aber v. a. mit dem ansteigenden Wasserpegel des Lâtre Saumâtre zu tun, der die Grenzstation regelmäßig überschwemmt (ein höher gelegener Übergang ist in Planung). Zur Unübersichtlichkeit kommt der hektische Markt auf der haitianischen Seite dazu.

Wer keine Berührungsängste hat, kann versuchen, das Grenztor ins Niemandsland ohne Formalitäten zu passieren und sich das Treiben zwischen beiden Ländern anzuschauen, das von einem großen Armutsgefälle geprägt ist. Die Not auf haitianischer Seite ist förmlich mit Händen zu greifen.

Das Südufer

A/B5/6

Der gefräßige See

Es wirkt teilweise wie eine Fahrt entlang einer Todeszone. Denn hier, auf der Südseite des Sees, kann man deutlich erkennen, dass der Lago Enriquillo kontinuierlich ansteigt. Aus dem Wasser ragen die kahlen Wipfel toter Bäume. Felder und Gebäude wurden vom salzigen Wasser überschwemmt. Interessante Orte gibt es entlang dieser Strecke keine mehr.

Für Freunde schlechter Straßen

Wenn Sie über einen Geländewagen verfügen, können Sie in der Nähe des Ortes **Duvergé** in die Sierra de Baoruco abzweigen und erreichen nach schwieriger Fahrt das 40 km entfernte, 2368 m hoch gelegene Grenzdorf **El Aguacate** (B6). Hier oben findet sich eine ursprüngliche, vom Tourismus gänzlich freie Berg- und Grenzwelt mit tollen Aussichten, üppiger tropischer Natur und einer ganz eigenen, vom vielfältigen Austausch zwischen beiden Ländern geprägten Kultur.

Neues Terrain

Polo (C7) ist ein touristischer Geheimtipp. Der Ort liegt in der kaum bewohnten **Sierra de Baoruco** und ist berühmt für seinen Kaffeeanbau. In den vergangenen Jahren hat sich hier ein bescheidener naturnaher Tourismus entwickelt. Es gibt mehrere Mountainbikerouten rund um Polo sowie Wasserfälle, die besuchenswert sind. Sie können auch Wanderungen durch die umliegenden Kaffeeplantagen machen und etwas über den Anbau der Bohnen lernen, die hier optimale Bedingungen haben. Polo Eco Aventuras (s. S. 108) organisiert solche Touren.

Der Ort ist von einer wachsenden Gemeinde von Haitianern geprägt, die in der Landwirtschaft arbeiten. Das wird besonders beim sonntäglichen **Markt** auf dem Dorfplatz deutlich.

K

WAS FÜR KOFFEINPILGER

Jedes Jahr findet in Polo das **Festival del Café Orgánico** (auch FestiCafé genannt) statt, also das Festival des Ökokaffees. Die Daten variieren, das letzte war im Oktober 2018. Es bringt Kaffeeliebhaber und Kaffeeproduzenten zu Proben, Konferenzen, Konzerten und anderen Veranstaltungen in den Ort.

Schlafen

Zur Übernachtung in dieser touristisch unterentwickelten Region bieten sich die Orte La Descubierta und Polo an. In Polo kann Polo Eco Aventuras (s. S. 108) Übernachtungsmöglichkeiten in Privathäusern organisieren (ca. 500 RD-$/Pers. inkl. Mahlzeiten).

Traum in Rosa

Mi Pequeño Hotel: Eine kleine Pension, die mit einer Bougainvillea vor dem Eingang besticht.

Calle Padre Billini 26, La Descubierta, T 809 876 50 32, DZ ab 500 RD-$

Heimelig

Hotel del Lago: Familiäre und freundliche Pension in einem typisch dominikanischen Haus. Hier nimmt man am Alltag der Familie teil.

Calle Matías Ramon Mella, La Descubierta, T 809 222 35 52, DZ ab 500 RD-$

Gruppenresidenz

Rancho Lembert: Das komfortable, sehr gepflegte Haus wird komplett vermietet und lohnt sich nur, wenn man in einer größeren Gruppe unterwegs ist – bis zu 18 Personen finden hier Platz.

2,5 km außerhalb von Polo an der Straße nach Cabral, T 829 919 50 02, 160 US-$/Nacht

TOUR
Die Welt des Kaffees

Wanderung zum ältesten Kaffeestrauch der Insel bei Polo

Infos

C7

Start/Ziel: Las Auyamas bei Polo

Länge: 15 km hin und zurück

Dauer: 4–6 Std.

Schwierigkeit: einfach

Organisation und Kosten: Polo Eco Aventuras (s. S. 108), 800 RD-$/Führer

Die Wanderung beginnt 2,5 km nördlich von **Polo** in der Ortschaft **Las Auyamas.** Sie brauchen einen Führer, den Sie über Polo Eco Aventuras finden.

Der Weg führt sofort bergan, man kommt an Obstbäumen vorbei: Pampelmuse, Orange, Limone. Nach 15 Min. erreicht man die erste **Kaffeeplantage** und eine der ärmlichen Siedlungen der Arbeiter, die zumeist aus Haiti kommen. Sie leben in lang gezogenen Gebäuden, die in kleine Wohneinheiten unterteilt sind. Gekocht wird mit Holzkohle. Die bunt gestrichenen Behausungen können über die Armut der Arbeiter nicht hinwegtäuschen. Ihre kleinen, über die Berge verteilten Siedlungen aus Wellblech werden uns nun immer wieder begegnen. Dort messen die Arbeiter manchmal mit Vorarbeitern den geernteten Kaffee in Holzkisten ab. Wenn Sie fotografieren wollen, müssen Sie fragen und in der Regel auch ein bisschen bezahlen. Die Haitianer sind in diesem Punkt reservierter und stolzer als die Dominikaner.

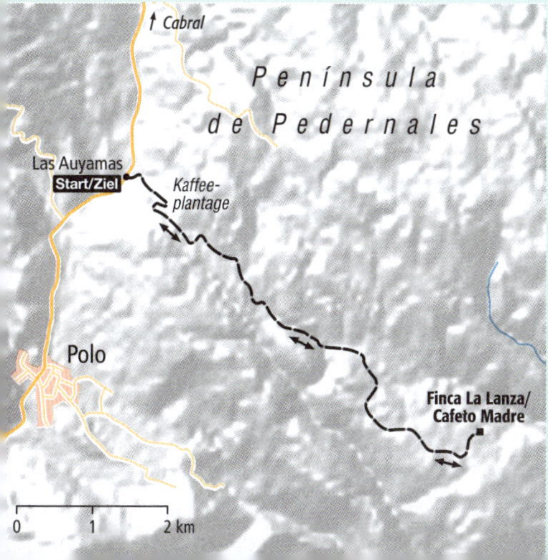

Man kommt nun immer wieder durch Kaffeeplantagen und an Sammel- und Verladestellen vorbei, an denen Arbeiter die roten Bohnen zum Trocknen auslegen. In der Region wird mit verschiedenen Sorten experimentiert. Nach 7 km erreicht man die **Finca La Lanza.** Dort, etwas versteckt, steht der **Cafeto Madre,** der ›Mutterbaum‹. Mit mehr als 100 Jahren gilt er als ältester Kaffeestrauch der Insel. Seine Ausmaße sind beeindruckend: 4,5 m hoch, 4 m Durchmesser.

Fremde in Sicht! Polo hat fast keine touristische Infrastruktur. Umso mehr freut man sich hier über Besucher, die sogleich begrüßt werden.

Spartanisch

Hostal Rural Backpackers Polo: Einfache, von einem Spanier geführte Unterkunft mit Doppelzimmern und Dorms.

Calle Juan Bosh, Polo, T 829 852 61 64, www.vicsempere.wixsite.com/hostalpolo, DZ ab 20 US-$, Schlafsaalbett ab 8 US-$

Essen

Wirkliche Restaurants sind in dieser Gegend nicht vorhanden. Dafür gibt es einfache *comedores,* die typisch dominikanisches Essen auftischen.

Bewegen

Wandern

Polo Eco Aventuras: Der Anbieter ist aus der Plataforma Juvenil de Polo hervorgegangen, einer Organisation, die sich um die Zukunft der Jugendlichen in Polo bemüht. Organisiert werden Wanderungen unterschiedlicher Länge und Schwierigkeit. Manche Touren, etwa zu einer nahen Kaffee-Finca oder den natürlichen Wasserbecken von Mata de Maíz, sind nur wenige Kilometer lang. Andere, etwa der 23 km lange Treck bis nach Paraíso an der Karibikküste, eignen sich eher für furchtlose Wanderer. Die Gruppe bietet auch Touren zu verschiedenen Gipfeln der Umgebung an, die zu Fuß oder per Geländewagen absolviert werden können (s. Tour S. 107).

Polo, T 829 295 20 54, +1 573 301 46 02 (Matt Clausen, spricht Englisch), www.plataformajuvenilp8.wixsite.com/poloaventuras

Infos

- **Busse:** Die Orte auf der Nordseite des Sees sind bis zum Grenzort Jimaní mit Kleinbussen verbunden. Von Jimaní aus kann man entlang des Südufers nach

Barahona fahren. Um nach Polo zu gelangen, nimmt man am Cruce de Cabral vor Barahona (hier trifft die Carretera 44 auf die 46) einen Minibus (7–16 Uhr, alle 30 Min., 100 RD-$, 1,5 Std.).

Barahona

C/D6

Sie mögen es laut, heiß und chaotisch. Dann sind Sie in **Barahona** richtig. Die Stadt mit ihrem ständig brummenden Durchgangsverkehr hat Reisenden außer einigen schönen karibischen Holzhäusern und dem Blick aufs Meer allerdings nicht viel anzubieten.

Zucker und wohl auch Drogen

Die Wirtschaft Barahonas wird bis heute vom Zuckerrohr bestimmt, es gibt eine Zuckerfabrik und einen alten klapprigen Zug, der über schiefe Schienen die Zuckerrohrstauden von den Feldern zur Verarbeitung bringt. Böse Zungen behaupten, dass nicht das Zuckerrohr, sondern der Drogenschmuggel der wichtigste Wirtschaftszweig Barahonas sei. Das lässt sich schwer prüfen. Tatsache ist, dass die gesamte Dominikanische Republik zu einem wichtigen Transitland für den Drogenschmuggel aus Südamerika geworden ist.

Zufluchtsort für Randständige

Es sei auch erwähnt, dass die Region rund um das heutige Barahona schon immer den Ruf hatte, ein Ort für Randständige zu sein. Bereits zu Zeiten der spanischen Kolonie fanden immer wieder verfolgte Gruppen hier Zuflucht. Es kamen Piraten und ihre Helfer auf dem Land, die *bucaneros*. Schließlich zog es in großer Zahl auch die *cimarrones* hierher, flüchtige Sklaven aus allen Inselteilen.

Barahona selbst wurde 1802 vom haitianischen Freiheitshelden Toussaint Louverture gegründet. Er zog mit einem Heer in die heutige Dominikanische Republik, um den Osten der Insel in Besitz zu nehmen. Danach blieb Barahaona jahrhundertelang tiefste Provinz. Selbst dann noch, als in den 1930er-Jahren die Zucker- und Kaffeebarone die Region entdeckten und eine befestigte Straße gebaut wurde. Später träumte man immer wieder von einer Zukunft im Tourismus. So ließ Diktator Trujillo hier ein Hotel bauen, das Guarucosur. Sein Nachfolger Balaguer wies später den Bau eines Flughafens an.

Schlafen

Barahona eignet sich als Zwischenstopp oder Ausgangspunkt für Touren durch die landschaftlich spektakuläre und kulturell interessante Region. Allerdings liegen die schöneren Unterkünfte südwestlich von Barahona entlang der Carretera 44 (s. S. 110), die bis Pedernales führt.

Piratenklause

Loro Tuerto: Der ›Einäugige Papagei‹ ist die freundlichste Unterkunft in Barahona selbst. Mit rot gestrichener Holzveranda, Café und Bar, von der sich das Treiben auf der Durchgangsstraße gut beobachten lässt. In einem Gärtchen kann man sich von der Hektik der Stadt ausruhen.

Calle Luis Delmonte 33, T 809 524 66 00, www.lorotuerto.com, DZ 42 US-$

Essen

Wo Piloten saßen und aßen

Brisas del Caribe: In Barahona direkt am Malecón gibt es Krabben zu zivilen Preisen. An der Uferstraße befand sich einst der Sitz der 1927 gegründeten West Indian Aerial Express, der ersten Fluggesellschaft der Karibik.

Crta. del Batey Central, T 809 524 27 94, tgl. 9–24 Uhr

Ausgehen

Das Nachtleben von Barahona spielt sich am **Malecón** ab und ist etwas für Liebhaber von Lärm. Jugendliche knattern auf Motorrädern die Uferstraße hoch und runter, aus den Bars dröhnen die Bässe. Wenn man es aushält, kann man ein paar Runden Billard spielen und sich von einem Tanzschuppen zum nächsten treiben lassen.

Infos

- **Busse:** Überlandbusse von Caribe Tours (www.caribetours.com.do) verbinden 4 x tgl. Barahona mit Santo Domingo (Calle José Francisco Peña Gómez, T 809 524 49 52, 350 RD-$). Häufiger fahren Minibusse von der Sinchomiba-Station in der Calle José D. Matos nach Santo Domingo. Diese sind billiger, allerdings auf der langen Strecke (ca. 4 Std.) auch unbequemer. Richtung Pedernales fahren Guaguas von Calle Peña Gómez, Ecke Calle Padre Billini (alle 30 Min., 2,5 Std.).

Küstenstraße nach Pedernales

★ A–D6–8

Willkommen im Wilden Westen. Herrliche Küsten, zwei Nationalparks und eine vielfältige Natur machen die **Península de Pedernales** zur einer urwüchsigen Region. Auf einer der schönsten Straßen des Landes, der **Carretera 44,** kann man die Halbinsel erkunden. Es ist eine Fahrt, die ich mit jedem unternehmen würde, dem ich ›meine‹ Dominikanische Republik zeigen wollte. Denn die Straße ist so etwas wie die dominikanische Version der Route 66 in den USA. Sie führt von Barahona bis ins 125 km entfernte Pedernales an der Grenze zu Haiti und bietet eine faszinierende Fülle an spektakulären Aussichten, gegensätzlichen Landschaften und kulturellen Einblicken. Das erste Stück der Strecke ist tropisch, feucht und bergig, zuletzt fährt man durch einsame Trockensavanne. Die Tour führt immer parallel zur Küstenlinie der Halbinsel.

Natürliches Baden

Das erste nennenswerte Dorf hinter Barahona, **La Ciénaga,** folgt rund 12,5 km nach der Ortsausfahrt. Ein Abzweig führt in die Berge zur einzigen Larimar-Mine des Landes (s. S. 291).

In **San Rafael,** 6 km weiter, liegt eine herrliche, von einem kühlen Bergfluss gespeiste Badeanstalt, die schlicht **Balneario de San Rafael** heißt. Etwas die Straße hinauf befindet sich in einer Kurve der Eingang zur **Villa Miriam** (100 RD-$). In diesem Waldgarten mit Badebecken ist es gepflegter als im Balneario unten am

Z

ZWEIMALIG AUF DER WELT

Der türkisblaue Larimar, ein Halbedelstein, kommt weltweit nur an zwei Orten vor: Eine winzige Mine liegt in Italien, die andere bei **La Ciénaga** (C 7) – der Ort lebt von der Verarbeitung des Steins. Wenn Sie einen Geländewagen haben, können Sie die Mine besuchen (s. auch S. 291). Seit 2014 existiert in La Ciénaga eine Handwerksschule, in der Jugendliche die Verarbeitung des Larimars erlernen. Zu ihr gehört ein kleines **Museum** (Di–Sa 9–17, Do 8–15 Uhr). Touren zur Mine organisiert der empfehlenswerte französische Anbieter EcoTour Barahona (www.ecotourbarahona.com, 99 US-$/Pers.).

Meer, wo es voll werden kann. Hinter San Rafael hat man sensationelle Aussichten über die Küste: im Vordergrund pinke Bougainvillea, links saftig grüne Berge, als Kulisse die türkisfarbene Karibik.

Der nächste Stopp ist das 12 km entfernte Dorf **Los Patos,** in dem es eine Flussmündung gibt, die als Badeanstalt funktioniert. Das Meer ist hier geradezu surreal türkis. Die Farbe stammt von Mineralien. Der Strand wird von großen warmen Kieseln gebildet.

Windige Aussichten

Nach dem 10 km entfernten Ort **Enriquillo** werden Ihnen rechter Hand mehrere Dutzend riesige Windräder auffallen. Sie gehören zum ersten und größten Windpark des Landes, dem **Parque Eólico Los Cocos.** Er expandiert weiter.

12 km darauf folgt links das Besucherzentrum der **Laguna de Oviedo,** die zum **Parque Nacional Jaragua** gehört. Die stark salzhaltige und hellgrün schimmernde Lagune lässt sich per Boot vom Besucherzentrum aus erkunden. Sie ist umgeben von Mangrovensümpfen, die auch einer Kolonie rosa Flamingos Schutz bieten (www.grupojaragua.org.do/lagunadeoviedo, tgl. 6–18 Uhr, Touren 1500–3500 RD-$/Boot, 30 Min.–2,5 Std.). Unterwegs können Sie eine Schlammpackung auftragen, sie reinigt die Haut.

Menschenleeres Land

Hinter der Lagune beginnt der tiefe Süden, 55 km sind es noch bis Pedernales, und die kurvige Straße führt nun immer entlang des wüstenartigen Parque Nacional Jaragua. Er ist so gut wie unbewohnt. Die Berge am Horizont sind Teil des **Parque Nacional Sierra de Baoruco.** Beide Schutzgebiete zusammen bilden ein UNESCO-Biosphärenreservat.

13 km vor Pedernales kommt man über eine Brücke, unter der eine Straße kreuzt. Links geht es zur **Playa La Cueva** (s. S. 117) und zur **Bahía de las Águilas** (s. S. 115), zwei der schönsten Strände des Landes, und rechts in die Berge zum **Hoyo de Pelempito** (s. S. 113). Fahren Sie geradeaus weiter und Sie erreichen Pedernales.

Schlafen

Euro-Flair

El Quemaito: Ein nicht zu großes, komfortables Hotel über den Klippen mit Swimmingpool, Meerblick, Strandzugang und sehr empfehlenswertem Restaurant. Das professionelle europäische Management macht sich bemerkbar.

Crta. Barahona–Paraíso Km 10, Juan Estebán, T 809 514 88 88, www.hotelelquemaito.com, DZ ab 70 US-$

Der Luxus des Einfachen

Casa al Mare: Das ›Haus am Meer‹ ist ein einfaches, aber gut gelegenes und für die Region unschlagbar günstiges Hotel mit Strandzugang (Kieselstrand). Große Zimmer ohne viel Komfort, aber der Luxus liegt ja direkt vor der Tür. Nach Absprache gibt es Frühstück.

Crta. Barahona–Paraíso Km 12, La Ciénaga, T 809 510 22 40, DZ ab 1400 RD-$

Herrlich gelegen

Casa del Mar Lodge: Eine luftige Apartmentanlage mit Meerblick, schönem Pool, Jacuzzi, tropischem Garten und empfehlenswertem Restaurant. Sehr schön, wenn auch nicht gerade supergünstig.

Crta. Barahona–Paraíso Km 16, El Arroyo, T 829 330 33 95, www.casadelmarlodge.com, DZ ab 90 US-$

Ausblicke über Küste und Berge

Casa Bonita Tropical Lodge: Das exklusivste und mit Abstand teuerste Hotel des Küstenabschnitts bietet 12 luxuriöse Zimmer und Apartments, ein Spa und einen Infinity Pool. Im schicken Restaurant und in der Bar sind auch Nichtgäste willkommen.

Auf der einen Seite das Meer, auf der anderen die steil aufragende Sierra de Baoruco, so geht es auf der Carretera 44 hinter Barahona Kilometer um Kilometer dahin – eine der schönsten Küstenstraßen der Welt.

Crta. Barahona–Paraíso Km 17, ausgeschildert, T 809 540 59 08, www.casabonitadr.com, DZ ab 220 US-$

Im Dschungel

Rancho Platón: Die abgelegene ökologisch ausgerichtete Anlage ist eine der ungewöhnlichsten Unterkünfte der Insel. Sie liegt exklusiv im Wald, ist aber auch exklusiv kostspielig. Es gibt luxuriöse Hütten und Baumhäuser, der Service stimmt und es werden viele Aktivitäten angeboten, auch für Gruppen.

Abfahrt bei Paraíso, T 809 383 18 36, www.ranchoplaton.com, DZ ab 195 US-$

Im Paradies

Piratas del Caribe: Das Boutiquehotel liegt nicht nur in dem interessanten Örtchen Paraíso, es hat auch einiges davon, z. B. fünf gepflegte Suiten, Meerblick und einen Garten mit Swimmingpool. Der Inhaber ist ein gesprächiger und belesener Spanier.

Calle Arzobispo Nouel 1, Paraíso, T 809 243 11 40, www.hotelpiratasdelcaribe.com, DZ ab 67 US-$

Die beste Wahl im Dorf

Hotelito Oasi Italiano: Los Patos ist die ›Italienische Oase‹. Sie liegt erhöht und man hat von hier eine schöne Aussicht Richtung Karibik. Das Ambiente ist familiär, es gibt einen Pool, die Zimmer sind einfach, aber sauber und angenehm.

Calle Hacia la Culebra 6, Los Patos, T 829 926 97 96, www.lospatos.it, DZ ab 45 US-$ inkl. Frühstück

Essen

Unter Einheimischen

Viele Hotels entlang der Straße unterhalten gute Restaurants, etwa das **Playa Azul** (Crta. Barahona–Paraíso Km 6, T 809 204 80 10) oder das **Quemaito** (s. S. 111). Ebenso gut, wenn nicht besser, isst man in den kleinen Comedores. Empfohlen sei **Don Manuel** (Crta. Barahona–Paraíso Km 13) oder das Restaurante **Mirador Delicias de mi Siembra** im Ort La Ciénaga. In beiden sitzt man auf einer Terrasse, es gibt günstigen Fisch und Meeresfrüchte mit Reis, Bohnen und Tostones – wie gehabt.

Infos

- **Transport:** Es verkehren auf dieser Strecke zwar Guaguas (s. S. 110), aber besser ist ein Mietwagen. Tankstellen gibt es in Barahona, Enriquillo und Pedernales.

Pedernales und Umgebung A/B7

Ende gut, alles gut

Sie ist wirklich das Allerletzte. Die Kleinstadt **Pedernales** liegt am südwestlichsten Zipfel des Landes – und am Ende der Carretera 44, die zuletzt durch eine fast menschenleere Landschaft führt. Pedernales' Hauptattraktion ist denn auch seine End-of-the-Road-Stimmung. Es liegt an der Grenze zu Haiti. Wie Pedernales ist auch sein haitianischer Nachbarort, Anse-à-Pitres, ziemlich abgeschnitten vom Zentrum des Landes. Beide teilen das Schicksal der Abgeschiedenheit und bilden allen Vorurteilen zum Trotz eine wirtschaftliche Einheit. Man ist gezwungen, sich zu arrangieren.

Die Grenze A7

Stippvisite in Haiti

Die Unterschiede, aber auch die Gemeinsamkeiten der beiden Nationen kann man an der Grenze erleben, die von einem ausgetrockneten Flüsschen gebildet wird. Den intensivsten Anschauungsunterricht erhält man an den Markttagen (s. S. 114).

Es ist durchaus möglich, die Grenze für ein paar Stunden ohne Formalitäten und Einreisegebühren zu überqueren und sich das ungleich ärmere Anse-à-Pitres anzuschauen. Dort kann man eins der guten Prestige-Biere trinken oder ein Fläschchen Barbancourt-Rum erstehen. Sie müssen dazu mit den Grenzern auf beiden Seiten freundlich sprechen und klarmachen, dass Sie sich auf haitianischer Seite nur ein wenig umsehen wollen. Dann sollte es klappen.

Hoyo de Pelempito B6

Letzte Zuflucht Krater

Es ist bis heute ein Rätsel: Wie kommt dieses Riesenloch in die Berglandschaft? Das **Hoyo de Pelempito** (›Grube von Pelempito‹) ist ein Krater von mehreren Quadratkilometern Ausdehnung auf einer Höhe von rund 700 m. Für gewöhnlich besucht man das auf etwa 1200 m gelegene **Besucherzentrum** mit seinem fantastischen Ausblick.

Im Hoyo de Pelempito sollen die letzten Taíno Zuflucht gefunden und einen verzweifelten Versuch gewagt haben, sich noch einmal zu erheben. Vergeblich. Heute ist es ein Refugium für seltene Vögel und Pflanzen – in dem Krater herrscht ein eigenes Mikroklima.

Besucherzentrum tgl. 9–17 Uhr, Eintritt frei, Anfahrt von Pedernales mit einem Gelände-

Lieblingsort

Markt der Frauen

Glückwunsch, Sie sind in Pedernales, dem südwestlichsten Ort des Landes. Auf der anderen Seite des Zauns liegt Haiti, eine andere Welt. Es fasziniert mich immer wieder, den Grenzverkehr zwischen den beiden ungleichen Nachbarn zu beobachten. Besonders viel los ist montags und freitags, wenn der **Mercado Fronterizo** stattfindet, ein großes Marktspektakel, das mich an Afrika erinnert. Es gibt Früchte, Gemüse, Wurzeln, Bohnen und Reis. Viel Kleidung und Plastikramsch aus China. Es geht hektisch zu, es ist laut, es wird gehandelt. Vor allem die Frauen geben den Ton an. Eine starke Erfahrung.

wagen oder mit einer organisierten Tour, z. B. über das Hostal Doña Chava (s. unten)

Natur unter Attacke

Das Hoyo de Pelempito liegt innerhalb des **Parque Nacional Sierra de Baoruco,** einem der artenreichsten Schutzgebiete der Dominikanischen Republik. Mit fast 2400 m erreicht es eine beachtliche Höhe. Bemerkenswert ist seine Vielfalt an Orchideen, die zu einem Drittel endemischen, d. h. nur hier vorkommenden Gattungen angehören. Dasselbe Phänomen ist bei den Vögeln zu beobachten: Hier leben 19 endemische Arten, z. B. Raben, die aus anderen Landesteilen verschwunden sind. Leider wird der Nationalpark schlecht geschützt. Auch Korruption dürfte eine Rolle spielen. Dominikanische Landwirte dringen in abgelegene Zonen ein, brennen den Wald nieder und legen Felder an, auf denen sie Haitianer zu Hungerlöhnen schuften lassen. Von haitianischer Seite kommen verarmte Bauern, um Holzkohle zu produzieren, der Fluch Haitis.

Bahía de las Águilas B7

Strand ohne Schatten

Die fast 5 km lange **Bahía de las Águilas** (›Adlerbucht‹) ist legendär. Hier erstreckt sich einer der einsamsten und schönsten Strände der Dominikanischen Republik. Das warme Wasser ist glasklar und still, das Meer glitzert in blauen, grünen und türkisfarbenen Tönen. Wer hier nicht schwimmen oder schnorcheln geht, mit dem stimmt etwas nicht. Der schmale Sandstrand ist von blendendem Weiß, das einzige Problem für Bleichgesichter: Es gibt keine Palmen oder andere Bäume. Somit ist auch kein schützender Schatten da, und die Sonne brennt unerbittlich. Ihnen sei also hiermit ein Hut, Sonnenbrille, Sonnencreme und viel Wasser verordnet. Da der Strand im **Parque Nacional Jaragua** liegt, gibt es auch keine touristische Infrastruktur. Bringen Sie also auch etwas zu essen mit. In den letzten Jahren kommen an Wochenenden immer mehr Dominikaner hierher. Die Einsamkeit und Ruhe ist dann nicht ganz so perfekt. Versuchen Sie es am besten unter der Woche.

Ca. 30 km südöstl. von Pedernales, Nationalparkeintritt 100 RD-$

Mein kleiner grüner Kaktus

Es gibt verschiedene Möglichkeiten, um in die Adlerbucht zu gelangen. Sie können eine Tour buchen, am besten über das Hostal Doña Chava (s. unten). Mit dem Auto wird man bis zum Nationalparkeingang in **Cueva de las Águilas** gefahren, wo Sie auf ein Boot zum Strand umsteigen. Wer ein eigenes Fahrzeug hat, kann die abenteuerliche Piste durch Buschland bis an den Strand auch selbst fahren. Oder man lässt den Wagen am Nationalparkeingang stehen und läuft in 30 bis 45 Minuten durch eine faszinierende Kakteenlandschaft zum Strand. In Cueva de las Águilas besteht auch die Möglichkeit, ein Boot mit Führer zu mieten, der Sie in die Bucht bringt und später wieder abholt (ca. 2000 RD-$/Boot).

Schlafen

Die erste Wahl im Ort

Hostal Doña Chava: Seit Jahren der Klassiker in Pedernales, und das zu Recht, denn es ist das freundlichste Hotel im Ort und wird familiär geführt. 18 simple, eher kleine Zimmer liegen um einen begrünten Patio. An der Rezeption erhalten Sie Tipps zu Touren in die Umgebung.

Calle Segunda, Pedernales, T 809 524 03 32, www.donachava.com, DZ ab 1500 RD-$

Die zweite Wahl im Ort

Pedernales Italia: Eine Alternative zum Hostal Doña Chava ist dieses Hotel, das größere Zimmer hat und luftiger wirkt. Außerdem wird hier ein gutes Frühstück serviert. Ein empfehlenswertes Restaurant ist angeschlossen.

Calle 1 de Abril 2, Pedernales, T 809 214 79 33, www.hotelpedernalesitalia.com, DZ ab 1350 RD-$

Glamour & Campen 1

Eco del Mar: Der Glam-Camping-Platz (Glamour und Camping) liegt an einem der romantischsten Strände der Insel. Man schläft direkt an der Playa La Cueva in kleinen, einfachen Zelten, die mit Matratzen ausgestattet sind. Nachts hört man das Meer und den Wind. Dazu gehört eine sehr hübsche Bar, wie man sie sich in der Karibik vorstellt, und ein nicht gerade billiges Restaurant. Allerdings hat der Besitzer in den letzten Jahren immer mehr Zelte aufgestellt und auch Häuser errichtet, sodass die einstige Atmosphäre der Abgeschiedenheit verloren gegangen ist. Auch soll das Management stark nachgelassen haben, sowohl bei der Gästebetreuung wie der Pflege der Anlage. Einen Besuch ist der Platz dennoch wert, allein der Bar wegen.

Playa La Cueva, ca. 25 km südöstl. von Pedernales, nach 13 km von der Brücke auf die Staubpiste Richtung Cabo Rojo/Bahía de las Águilas fahren, T 829 576 77 40, www.ecodelmar.com.do, Zelt 2100 RD-$

Glamour & Campen 2

Glamping Cueva de las Águilas: Als bessere Alternative erscheint mittlerweile der Nachbar des Eco del Mar, die Rancho Típico Cueva de las Águilas. Sie betreibt ein empfehlenswertes Restaurant (s. rechts) und hat das Campingkonzept übernommen.

Playa La Cueva, T 829 539 28 07, www.facebook.com/rtcuevadelasaguilas, Zelt 45 US-$, mit Meerblick 65 US-$

Essen

Eine sichere Wahl

Terraza Comedor Perla Negra: Hier isst man viel und günstig und sitzt nett in einem familiären Ambiente.

Südl. Calle Central, Pedernales, T 809 750 02 41, tgl. 8–22.30 Uhr

Eine zweitsichere Wahl

Comedor Madre: Ganz ähnlich wie die Terraza Comedor Perla Negra und ebenfalls sehr empfehlenswert.

Av. Duarte, Ecke Calle General Pepillo Salcedo, Pedernales, T 809-524 02 66, tgl. 8–23 Uhr

Eine Institution

King Crab: Traditionsrestaurant, das gute Küche zu gehobenen Preisen anbietet.

Calle Dominguez 2, Pedernales, T 809 256 96, tgl. 8.30–23 Uhr

Fisch mit Meeresrauschen

Rancho Típico Cueva de las Águilas: Hier sitzen Sie fabelhaft am Meer und essen frischen Fisch und Meeresfrüchte zu mittleren bis hohen Preisen. Santiago Rodríguez und seine Familie bewirten Sie. Gleich daneben liegt das ebenfalls empfehlenswerte **Restaurante De Bahía Dona Charo.**

Gehört zum Glamping Cueva de las Águilas (s. links)

Infos

- **Busse:** Guaguas fahren stdl. von der Sinchomipe-Station nach Santo Domingo (500 RD-$, 7 Std.). Nach Barahona alle 30 Min. (250 RD-$, 2 Std.) von der Calle Santo Domingo, Ecke Calle 27 de Febrero. Zur Playa La Cueva nur mit Mietwagen oder Taxi, in die Bahía de las Águilas s. S. 115.

Lieblingsort

Strand der Sehnsucht

Der Weg führt über eine ruckelige Staubpiste. Aber dann die Offenbarung: Ein Strand wie von Gottes Hand geschaffen – samtweicher Sand, ruhiges und klares Wasser, himmlische Ruhe, ein weit gespannter Himmel. Und erst die Sonnenuntergänge … An der **Playa La Cueva** spürt man die Großartigkeit der Natur (ca. 25 km südöstlich von Pedernales, B 7, Übernachtung s. S. 116).

Zugabe

Manche mögen's heiß

Aguas Termales de Canoa

Die Thermalquellen von Canoa sind ein heißer Tipp. Sie liegen versteckt in einer trockenen Strauchlandschaft, sind bislang nur den Einheimischen bekannt. Rund um die Quellen gibt es Heilerde, die Sie auf Ihre Haut auftragen können. Danach fühlt man sich zwei Tage lang samtweich an. Das angenehm temperierte Wasser in den verschiedenen Becken ist stark schwefelhaltig. Es gibt einen Pool, der befestigt wurde und etwas besser gepflegt ist als die natürlichen Becken, die voller Algen sind. Keine der Quellen ist ausgeschildert, Sie müssen sich von Einheimischen führen lassen. Die Thermalquellen sprudeln rund 1 km außerhalb des Örtchens Canoa (C 6), das südlich von Vicente Noble an der Carretera 44 liegt. ■

Das Landesinnere

Region der Kontraste — Zwei Landschaften prägen das grüne Inselzentrum: das fruchtbare Cibao-Tal mit seinen Feldern und das mächtige Zentralgebirge mit den höchsten Gipfeln der Karibik.

Seite 125

Centro Cultural Eduardo León Jimenes

Eine reiche Familie von Tabakhändlern sponserte dieses moderne Kunstzentrum und Museum in Santiago de los Caballeros, das einen neuen Blick auf die dominikanische Kultur eröffnet.

Seite 132

La Vega Vieja

1562 zerstörte ein Erdbeben die zweite dauerhafte Siedlung der Spanier auf der Insel, La Vega. An ihrer Stelle steht jetzt ein Dorf, Pueblo Viejo, wo Sie die mysteriösen Ruinen des verschütteten Ortes finden.

Den Palmschwätzer gibt es nur hier – er ist der Nationalvogel.

Eintauchen

Seite 136

Salto de Jimenoa I

Die Szenerie dieses Wasserfalls bei Jarabacoa ist gewaltig und könnte als Kulisse für »Jurassic Park« gedient haben.

Seite 137

Jarabacoa Mountain Hostel

Gemütlichkeit, Komfort und Stilsicherheit prägen die wohl beste Budgetoption der Insel.

Seite 138

El Mogote

Muss es immer der Pico Duarte sein? Auch der Blick von diesem Berg bei Jarabacoa ist toll!

Seite 144

Von Constanza nach San José de Ocoa

Diese ›Straße‹ ist nur etwas für Abenteuerlustige – und für gute Autofahrer.

Seite 146

Museo de las Hermanas Mirabal

Auf Spurensuche im Geburtshaus der drei Nationalheldinnen bei Salcedo.

Seite 148

Loma Quita Espuela

Der Berg bei San Francisco de Macorís ist ein Phänomen. Man durchsteigt in kürzester Zeit mehrere Mikroklimazonen, von Kakaoplantagen über Nebel- bis zu Regenwald. Oben belohnt der Blick über das Cibao-Tal.

&

Seite 152

Durchs Niemandsland

Mal geht es nach Haiti, dann wieder zurück in die Dominikanische Republik. Die Carretera Internacional zwischen Restauración und Pedro Santana pendelt zwischen zwei ›Welten‹.

Die meisten kommen der Strände wegen auf die Insel. Das ist des Wandervogels Glück, der Bergpfade und Wege fast für sich allein hat.

»Was ist wichtiger, die Liebe oder die Revolution? Beide, beide, ich will beide.« – Minerva Mirabal, eine der drei Schwestern, die von Diktator Trujillo umgebracht wurden.

erleben

Fruchtbare Erde, hohe Berge

D

Das riesige Hinterland der Dominikanischen Republik ist eine Region der schönen Kontraste. Hier eine fruchtbare Ebene mit tiefschwarzer Erde, Reisfeldern, Bananen-, Kakao- und Tabakplantagen. Dort tiefgrüne und wasserreiche Berge, die mit dem Pico Duarte mehr als 3000 m hoch sind. Hier landwirtschaftlich geprägte Orte und Handelsstädte. Dort isolierte Bergdörfer und touristisch erschlossene Städtchen, die Reisenden zahlreiche Möglichkeiten für Outdoor-Aktivitäten bieten.

Zwei landschaftlich völlig unterschiedliche Regionen charakterisieren das Inselinnere. Da ist zum einen das 235 km lange und etwa 40 km breite Valle de Cibao, das die Dominikanische Republik von West nach Ost durchzieht, von der haitianischen Grenze bis zur Bucht von Samaná. Das Tal ist reiches, vergleichsweise dicht besiedeltes Bauernland mit einem klaren städtischen Zentrum: Santiago de los Caballeros. Viel ›zerrissener‹ dagegen die Cordillera Central, ein Gebirge, das in weiten Teilen völlig unzugänglich ist.

Beides sind aber nicht nur Landschaften. Sie beschreiben auch einen Kulturraum, der anders ist als die Küste.

ORIENTIERUNG

Anreise und Weiterkommen: Santiago de los Caballeros ist die wichtigste Stadt im Landesinneren und mit Santo Domingo über die Autopista Duarte (DR 1) verbunden, eine weitgehend vierspurige Straße. Erwarten Sie jedoch keine Autobahn in unserem Sinn, die Dominikaner haben ihre sonstigen Verkehrsgepflogenheiten (s. S. 294) einfach auf sie übertragen. Zur Sicherheit aller sollte man hier nur tagsüber unterwegs sein. Von Santiago de los Caballeros aus können alle größeren Orte der Insel per Bus erreicht werden. Für eine intensive Erkundung der Cordillera Central empfiehlt sich ein Mietwagen.

Im Inselinneren gibt man sich reservierter, reitet zu Pferd, trägt Jeans und Cowboyhut und tanzt zu anderer Musik. Es existiert ein regionaler Stolz, der sich auch darin zeigt, dass man sich nicht an Santo Domingo orientiert, sondern an Santiago de los Caballeros, das gilt auch für die Menschen aus den Bergen. Die Santiagueros verstehen sich als fleißiger, ordentlicher und ›europäischer‹ als der Rest des Landes.

Santiago de los Caballeros

E2

In **Santiago de los Caballeros** gibt es kein Meer und keinen Strand. Auch architektonisch interessante Gebäude sucht man vergeblich. Der Reiz der Stadt geht von ihrer Normalität aus.

Mit 1,4 Mio. Einwohnern ist Santiago die zweitgrößte und zweitwichtigste Stadt der Dominikanischen Republik. Ihr Verhältnis zur Kapitale Santo Domingo prägt eine latente Rivalität. Santiago gilt als wesentlich geordneter und vergleichsweise reich. Ihr Trumpf ist die beherrschende Stellung im Cibao-Tal sowie das legendäre Geschick ihrer Bewohner in Handwerk und Handel. Als Schönheit kann man Santiago nicht bezeichnen, und Touristen bleiben kaum einmal länger, nehmen die Stadt allenfalls auf der Durchreise mit. Leider leidet auch Santiago unter dem zunehmenden Auto- und Motorradverkehr. Glücklicherweise existiert mittlerweile eine Umgehungsstraße.

Ein Blick zurück

Von der Geschichte gestraft

Santiago wurde einst von Christoph Kolumbus sowie einigen spanischen Edelleuten gegründet, den *caballeros*, die heute noch im Stadtnamen auftauchen. Aber die erste Stadtanlage zerstörte 1563 dasselbe Erdbeben, das auch La Vega vernichtete (s. S. 130). Das ›neue‹ Santiago litt dann unter dem wenig vornehmen Benehmen von

Manche mögen's voll. Der öffentliche Nahverkehr wird auch in Santiago vernachlässigt. Und so quetscht man sich eben in einen einzigen Bus, wo zwei benötigt würden.

R

RAUCHZEICHEN

Liebhaber von *puros*, die etwas tiefer in die Materie einsteigen wollen, können an einer Führung durch eine Zigarrenfabrik teilnehmen. Im **Instituto del Tabaco** (Autopista Joaquin Balaguer, Villa González, T 809 580 00 38, www.intabaco.gob.do, Mo–Fr 8–15 Uhr) erfahren Sie, welche Hersteller ihre Türen öffnen und dabei einige Kistchen zu verkaufen hoffen. Eine Fabrik, die regelmäßig Touren anbietet, ist **La Aurora** (Crta. Santiago–Tamboril Km 5, T 809 734 25 63, www.laauroracigarworld.com). Sie gehört der Familie León Jimenes, dem ältesten Zigarrenhersteller des Landes.

Freibeutern und den durchziehenden haitianischen Truppen sowie der Zerstörungswut von Bränden. Außerdem drangsalierte die spanische Krone die Stadt mit Handelskontrollen, um so die Monopole der Zigarrenfabriken in Sevilla zu verteidigen. Diese sahen sich durch die aufsteigende Tabakwirtschaft in Santiago bedroht.

Welthauptstadt der Zigarre

Zwar begannen die Santiagueros daraufhin Tabak zu schmuggeln, aber erst nach der Unabhängigkeit von Spanien fand Santiago zu seiner vollen Stärke in der Verarbeitung von Tabak. Zigarren wurden zum Markenzeichen der Region, und sie hätten wohl schon lange den gleichen legendären Ruf wie die kubanischen Stumpen – wenn sich nicht Diktator Trujillo in den 1930er-Jahren des Gewerbes bemächtigt hätte. Das tat der Qualität nicht gut. Heute produzieren die hiesigen Zigarrenmanufakturen mindestens ebenso gute Ware wie die Kollegen auf Kuba, dominikanische Zigarren zählen zweifellos zur Weltspitze. Weil die Vielfalt des verarbeiteten Tabaks nirgendwo größer ist, nennt Santiago sich auch stolz Welthauptstadt der Zigarre.

Das Stadtzentrum

Die meisten Sehenswürdigkeiten befinden sich im Stadtzentrum in Laufnähe voneinander. Den Mittelpunkt bildet der **Parque Duarte** mit seinen großen alten Bäumen. Hier sitzen die Santiagueros, palavern, essen Eis, lassen sich von Schuhputzern bedienen.

Renoviertes Gotteshaus

An der Südseite des Parque Duarte steht die **Catedral de Santiago Apóstol** ❶ aus der zweiten Hälfte des 19. Jh. mit klassizistischen und neogotischen Details sowie Glasfenstern von Rincón Mora. Im Inneren hat Ulises Heureaux, ein Diktator aus dem 19. Jh., seine Ruhestätte gefunden. Die Kathedrale wurde lange renoviert und kann nun wieder besucht werden.

Schräg gegenüber fällt ein Gebäude in einem demonstrativen (falschen) Mudéjar-Stil auf. Daran anschließend steht der reich dekorierte **Palacio Consistorial** ❷, das ehemalige Rathaus, das nun der Sitz des regionalen Kulturamtes ist.

Für Kulturinteressierte

Kunstausstellungen, aber auch Konzerte und Theater gibt es im **Centro de la Cultura** ❸ (Calle del Sol, Ecke Av. Presidente Antonio Guzmán, Mo–Fr 9–16, Sa 9–12 Uhr). Die **Casa del Arte** ❹ (Calle Benito Monción 46, Mo–Sa 9–19 Uhr) zeigt Ausstellungen dominikanischer Gegenwartskunst. Wenn Sie Kunsthandwerk erwerben möchten, können Sie dies im nahen **Mercado Modelo** 1 (s. S. 129) tun.

Fortaleza San Luís

Fort mit Kunstinhalt

Über dem Río Yaque del Norte thront die **Fortaleza San Luís** ❺. Das ehemalige Militärquartier beherbergt militärische und polizeiliche Einrichtungen sowie eine etwas ungeordnete und zusammenhanglose Ansammlung von Sehenswürdigkeiten, z. B. ein kleines **Museum** mit archäologischen Fundstücken der Taíno-Kultur und zeitgenössischer Kunst. In der Mitte des Innenhofs befand sich zuletzt das verfallene Gebäude eines ehemaligen Gefängnistrakts, in dem Künstler ihre Ateliers eingerichtet haben.

Calle Vicente Estrella, Ecke Calle San Luís, www.fortalezasanluis.org, Mo–Sa 10–17 Uhr, Eintritt frei

Parque Monumento

Monument der Egomanie

Nach diesem Abstecher lohnt sich ein Bummel durch die traditionelle Einkaufsstraße der Stadt, die **Calle del Sol.** Läuft man gen Osten, gelangt man zum **Parque Monumento.** Dort steht das Wahrzeichen der Stadt, das **Monumento a los Héroes de la Restauración de la República** ❻, das heute an die Helden erinnert, die sich nach der spanischen Besatzung für die Wiederherstellung der Republik einsetzten. Das Denkmal wurde allerdings einst von Diktator Trujillo zu einem anderen Zweck aufgestellt. Er nannte den 67 m hohen Monumentalbau aus Marmor mit einer Säule und einem Engel auf der Spitze Monumento a la Paz de Trujillo – ›Denkmal des Trujillo-Friedens‹. Es war ein weiterer Ausdruck der pathologischen Egomanie des Tyrannen. Ein Besuch der Anlage lohnt sich wegen des Ausblicks.

Centro Cultural Eduardo León Jimenes

Das beste Museum der Insel

Das **Centro Cultural Eduardo León Jimenes** ❼ ist der Grund, warum viele Besucher überhaupt nach Santiago kommen. Gegründet wurde es 2003 von der Familie León Jimenes, die ihren Reichtum im Tabakhandel gemacht hatte. Im besten Bürgersinne spürte sie, dass in der Stadt ein modernes Museum fehlte. Zu sehen sind wechselnde Schauen nationaler und internationaler Künstler sowie drei ständige Ausstellungen. Eine zeigt preisgekrönte dominikanische Kunstwerke, die beiden anderen präsentieren auf gelungene Weise die Geschichte und die Volkskultur des Landes.

Av. 27 de Febrero 146, T 809 582 23 15, www.centroleon.org.do, Di–So 10–19 Uhr, 150 RD-$, Kinder 100 RD-$, Di Eintritt frei, Führungen auf Deutsch oder Englisch nach Anmeldung 300 RD-$/Pers.

Heldenpathos im Parque Monumento

Von Baseball bis Besen

Das Centro León ist heute die einzige zeitgemäße Kultureinrichtung des Lande. Um diese Pionierarbeit zu würdigen, muss man verstehen, dass viele Museen Lateinamerikas eine Idealisierung und Archivierung der eigenen Kulturen betreiben und dabei ein Selbstbild entwerfen, das mit der Realität kaum Ähnlichkeit hat. Dort werden dann Nachbauten strohgedeckter Häuser oder handgemachte Gegenstände präsentiert, während in Wirklichkeit längst Wellblechdächer, Handys und Plastikramsch den Alltag beherrschen. Das Centro León setzt dem die Wiedererkennung gegenüber. So kann in einer Ausstellung der Kult um das Baseballspiel thematisiert werden. In einer anderen geht es um die Vielfalt des dominikanischen Hausbesens.

Momente des Austauschs

Von den festen Ausstellungen spielt »Signos de Identitad« (›Zeichen der Identität‹) im Erdgeschoss eine besondere Rolle. Sie durchbricht die starre Vorstellung von den drei Rassen der Insel, die üblicherweise

Ansehen

1. Catedral de Santiago Apóstol
2. Palacio Consistorial
3. Centro de la Cultura

Santiago de los Caballeros

4. Casa del Arte
5. Fortaleza San Luís
6. Monumento a los Héroes de la Restauración de la República
7. Centro Cultural Eduardo León Jimenes

Schlafen

1. Camp David
2. Hodelpa Centro Plaza
3. Los Jardines
4. Platino

Essen

1. Il Pasticcio
2. El Tablón
3. Brixx
4. Naturalis Té

Einkaufen

1. Mercado Modelo

Ausgehen

1. F Dance & Drink

---

so aussieht: Idealisierung der Indios. Ehrfürchtige Bewunderung der Spanier. Ignorierung der Afrikaner. Stattdessen wird die dominikanische Kultur als Vermischung dieser drei Gruppen präsentiert. Was zählt, ist der Moment des Austauschs, ein fließender Zustand, der mit multimedialen Mitteln festgehalten wird.

Die Dauerausstellung im 1. Stock, »Génesis y trayectoría« (›Entstehung und Werdegang‹), hat zwei Schwerpunkte: die dominikanische Malerei zu Beginn des 20. Jh. einerseits sowie die Gegenwartskunst des Landes andererseits. Hier gibt es eine interessante Sammlung mit jährlich preisgekrönten Gemälden ab 1964.

Schlafen

Empfehlenswert und günstig sind einige über die Buchungsportale angebotene Apartments.

Ganz oben

1 **Camp David:** Die Lage auf einem Hügel nordöstlich der Stadt macht den Umstand wett, dass das renovierte Hotel von Trujillo-Bewunderern geführt zu werden scheint. Die Zimmer Nr. 5, 6 und 7 mit Blick übers Tal sind ihr Geld wert. Kopien der Karossen Trujillos stehen im empfehlenswerten Restaurant.

Crta. Luperón Km 7,5, T 809 276 64 00, www.campdavidranch.com, DZ 95 US-$

Modernes Businesshotel

2 **Hodelpa Centro Plaza:** Das Prestigehotel in der Hauptgeschäftsstraße bietet jeden Komfort und aus den oberen Stockwerken schöne Ausblicke. Mit Restaurant und Casino.

Calle Mella 54, T 809 581 70 00, www.hodelpa.com, DZ ab 80 US-$ inkl. Frühstück

Gut gelegen

3 **Los Jardines:** Das Hotel liegt im ruhigen und angenehmen gleichnamigen Viertel, außerdem günstig in der Nähe der beiden Busterminals von Caribe Tours und Metro Autobuses.

Av. Texas, Ecke Calle Sebastián F. Valverde, T 809 276 82 22, www.hotellosjardines.com.do, DZ ab 2500 RD-$

Günstige Alternative

4 **Platino:** Annehmbares, relativ günstiges Hotel mit 91 Zimmern, leider an einer viel befahrenen Straße gelegen. Es gibt ein barock eingerichtetes Restaurant und auch hier ein Casino, in dem Sie Ihr Glück versuchen können.

Av. Estrella Sadhala, geg. der katholischen Universität PUCMM, T 809 724 75 76, www.hotelplatinord.com, DZ ab 2100 RD-$

Essen

Molto bene

1 **Il Pasticcio:** Ein hervorragendes kleines italienisches Restaurant, etwas versteckt gelegen, aber die Suche allemal wert. Frische Pasta, Meeresfrüchte, Lachscarpaccio zu sehr annehmbaren Preisen in netter Atmosphäre.

Calle El Llano, Ecke Calle 3, Cerros de Gurabo, T 809 806 12 77, www.ilpasticciord.com, Di–So 12–15.30, 19–23 Uhr, Hauptgerichte um 400 RD-$

Am Rondell

2 **El Tablón:** Grill und Imbiss – es gibt Sandwiches, Mexikanisches, Crêpes, Pizzen, Hamburger etc., auch bis spät in die Nacht. Man sitzt auf einer Terrasse mit Blick auf den Parque Monumento.

Calle del Sol 12, T 809 581 38 13, So–Do 11–24.30, Fr, Sa 11–2 Uhr

Informelles Ambiente

3 **Brixx:** Das Lokal besticht durch die wohl besten Pizzen (Holzofen!) der Stadt und Gerichte mit einem Mix aus kubanischen, amerikanischen und mexikanischen Einflüssen. Moderate Preise.

Calle Benito Juárez 60, geg. Parque de Villa Olga, T 809 583 81 11, Mi–So 17–23 Uhr, Hauptgerichte ab 295 RD-$

Vegetarisch

4 **Naturalis Té:** Vegetarisches Restaurant mit leckerer, original taiwanesischer Küche und unschlagbaren Preisen.

Calle Estado de Israel, Ecke Calle Mario Grullón, T 809 241 08 09, Di–So 11–19.30 Uhr, Mittagstisch 210 RD-$

Einkaufen

In der Hauptgeschäftsstraße **Calle del Sol** reiht sich ein Laden an den anderen, auch Einkaufszentren gibt es hier.

Der Mercado Modelo im Zentrum von Santiago ist der aufgeräumteste Souvenirmarkt des Landes. Ein angenehmes Licht, Ventilatoren für die Kühlung, übersichtliche Läden auf zwei Etagen – so macht das Stöbern nach Mitbringseln Spaß.

Kunsthandwerk & mehr

1 **Mercado Modelo:** Hier findet man die größte Auswahl an Souvenirs.
Calle del Sol 94, Mo–Sa 9–18, So bis 12 Uhr

Ausgehen

Das Nachtleben spielt sich größtenteils rund um den **Parque Monumento** ab. Besonders an der Südseite des Parks in der Calle del Sol versammeln sich Restaurants, Bars mit Livemusik und Diskotheken.

Lounge

1 **F Dance & Drink:** Es gilt als eines der schickeren Lokale der Stadt, ist in einem alten Haus im Zentrum untergebracht und hat eine belebte Tanzfläche. Das F steht für Francifol, einen Schuhputzer, der sich oft an dieser Straßenecke aufhielt und gerne auch ein Gläschen trank.
Calle del Sol, geg. Centro de la Cultura, tgl. ab 20 Uhr

Infos

- **Im Internet:** www.santiagodominicana.com (hilfreiche Infos, auch auf Englisch).
- **Busse:** Caribe Tours (Av. 27 de Febrero, Ecke Calle Maimón, www.caribetours.com.do) fährt nach Santo Domingo, Monte Cristi, Puerto Plata, Sosúa sowie San Francisco de Macorís, Metro Autobuses (Calle Maimón, Ecke Av. Duarte, www.metroserviciosturisticos.com) vorwiegend nach Santo Domingo, aber auch nach Puerto Plata und Sosúa. Außerdem häufige Verbindungen mit den günstigen Guaguas nach Puerto Plata, Monte Cristi und in kleinere Orte der Umgebung von der Haltestelle an der Ecke Calle 30 de Marzo, Calle Cucurullo.

La Vega und Umgebung

E3

Der Karneval von **La Vega** ist berühmt, sonst hat die 500 000-Einwohner-Stadt ca. 40 km südlich von Santiago touristisch nichts zu bieten. Sie liegt allerdings interessant, ist einerseits das Zugangstor ins Valle del Cibao (s. S. 131) und andererseits in die Cordillera Central (s. S. 143).

La Vega

Gracias a Dios …

Kolonialgeschichtlich spielte La Vega eine wichtige Rolle, weil es der Ausgangspunkt der spanischen Eroberung und der Erschließung der Region war. Dabei lag die Stadt ursprünglich 10 km nördlich von ihrem jetzigen Standpunkt in der Nähe des Santo Cerro (›Heiliger Berg‹). Hier besiegte Kolumbus 1495 »mit Gottes Hilfe« die Taíno. Danach ließ er unterhalb des Hügels die Festung La Concepción errichten, um die herum rasch eine blühende Stadt entstand. Aber 1562 wurde sie wahrscheinlich durch ein schweres Erdbeben zerstört. Heute sind nur noch Ruinen übrig (s. S. 132). Die Überlebenden bauten damals ihre Siedlung an der Stelle des heutigen La Vega neu auf.

Hässlichste Kathedrale der Welt

Was hat La Vega für Besonderheiten? Als die Stadt zu Beginn des 20. Jh. an das Eisenbahnnetz angeschlossen wurde und die Wirtschaft prosperierte, entstanden einige sehenswerte viktorianische Bauten:

Im dominikanischen Karneval ist fast alles erlaubt. Man bekommt die verrücktesten Verkleidungen zu sehen. Und natürlich ausgelassene Tänze, deren Wurzeln wie so vieles im Karneval nach Afrika reichen.

der **Palacio de Justicia** (Justizpalast, Av. García Godoy), das Gebäude der **Feuerwehr** (*bomberos,* Calle de los Bomberos) und das **Teatro Dosa** (Calle Monseñol Panal). Ein kurioses Gegenstück hierzu ist die **Catedral de la Inmaculada Concepción** von 1992 am **Parque Duarte,** dem Hauptplatz der Stadt. Auf die einen wirkt sie mit ihren klobigen grauen Mauern wie ein Bunker, für andere ist sie ein beeindruckendes Beispiel für den Gebrauch neuer Konzepte im traditionsbehafteten Kirchenbau. Ich meine, dass die Kirche sich um den Titel ›Hässlichste Kathedrale der Welt‹ bewerben sollte. Sie hätte gut Chancen. Vielleicht ist sie ja gerade deswegen einen Besuch wert.

Die fünfte Jahreszeit

Bekannt ist La Vega v. a. für seinen **Karneval.** Dann wird in der Innenstadt die Calle Independencia abgesperrt und Teufel erscheinen in bunten Kostümen und lackierten Masken. Es sind die Mitglieder der Karnevalsverbände, die nun das Recht haben, unliebsame Personen zu ›strafen‹. Sie versetzen ihnen Schläge mit einem Ballon. Früher verwendete man Rinds- oder Schweinsblasen. Dieser Karnevalsbrauch leidet allerdings durch seine Kommerzialisierung. Heute lassen Unternehmen ›ihre‹ Teufel werbewirksam ausstatten und in Gruppen auftreten. Dazwischen finden sich aber auch immer wieder ›Individualteufel‹, die sich mit Zeit und Mühe selbst ihr Gewand schneidern und kleben.

Noch aufwendiger ist der mehrstündige Karnevalsumzug, an dem Gruppen aus anderen Städten und sogar aus dem Ausland teilnehmen. Er zieht viele Schaulustige an und findet stets am letzten Samstag des Karnevals statt, meist Ende Februar. Eine Hochburg der Karnevalskunst ist die **Casa de la Cultura** (Calle Profesor Juan Bosch 32) direkt am Parque Duarte. Interessierte Besucher sind willkommen. Zu sehen gibt es wechselnde Ausstellungen, ab und zu finden Konzerte statt.

R

REICHE REGION

Eine besondere Bedeutung für die Dominikanische Republik hat das **Valle del Cibao.** Es zählt zu den schönsten Kulturlandschaften der Antillen und gilt wegen seiner fruchtbaren Böden als Kornkammer des Landes. Nicht umsonst ist die Bevölkerungsdichte im Dreieck zwischen La Vega, dem nördlichen Santiago de los Caballeros und dem östlichen San Francisco de Macorís besonders hoch.

Santo Cerro

E3

Schlacht und Mythos

Ca. 10 km nördlich von La Vega liegt der Ort einer der Gründungslegenden der Dominikanischen Republik. Der **Santo Cerro** (›Heiliger Hügel‹) war Zeuge einer bedeutenden Schlacht und eines vermeintlichen Wunders.

Wenn Sie ein Auto haben, erreichen Sie den Santo Cerro am besten über die Autopista Duarte. Aber Vorsicht, der Abzweig kommt sehr abrupt. Auf dem Heiligen Hügel angelangt, werden Sie feststellen, dass die heutige **Iglesia de Nuestra Señora de las Mercedes** (1886) nicht besonders sehenswert ist. Was beeindruckt, ist die weite Aussicht über eine fruchtbare Ebene. Sie wird leicht verstellt von einem monumentalen Kreuz. Es weist auf die national-mythische Aufladung des Ortes hin. Denn vor mehr als 500 Jahren war zu Füßen des Hügels ein Schlachtfeld: Am 16. März 1495 tobte hier der Entscheidungskampf der Spanier gegen die Ureinwohner. Der Taíno-Kazike Guarionex focht mit seinen Leuten gegen die Eindringlinge aus Europa. Da erschien mit einem Mal die Jungfrau Maria auf einem Holzkreuz, das die Spanier auf dem Hügel errichtet hatten, dem heutigen Santo Cerro. So will es die Legende, die weiter behauptet, dass Guarionex sofort die Waffen gestrichen habe und sich taufen ließ. In der Kirche können Sie das ›Heilige Loch‹ bestaunen, in dem das Kreuz gestanden haben soll, und vor der Kirche wächst ein Mispelbaum, angeblich ein Ableger jenes Exemplars, aus dem das Kreuz geschnitzt wurde.

La Vega Vieja E3

Der Ort ist heute so gut wie vergessen. Aber er muss für damalige Verhältnisse grandios gewesen sein. **La Vega (Vieja),** das erste La Vega. Die Stadt existierte einst wenige Kilometer vom Santo Cerro entfernt und ist heute nur noch eine Ruinenstätte. Man erreicht sie über eine Landstraße. Das Dorf, das heute hier steht, heißt **Pueblo Viejo.**

Keine festen Öffnungszeiten, 150 RD-$ (wenn gerade jemand da ist, um zu kassieren)

Frühes Freudenhaus

Als La Vega 1495 gegründet wurde, war es die zweite dauerhafte Siedlung der Spanier auf der Insel nach La Isabela an der Nordküste (s. S. 170). La Vega hatte wohl mehr als 100 Steinhäuser, eine Festung, ein Kloster und eine Kathedrale, in der angeblich erstmals ein Taíno getauft wurde. In der Stadt mit einer Fläche von 300 Fußballfeldern soll auch, so vermerken es die Chronisten, das erste Bordell der Neuen Welt geöffnet haben. Der Boom wird mit Goldfunden in der Umgebung erklärt.

Nachdem man im 20. Jh. auf die Ruinen gestoßen war, erklärte der Staat den Ort 1976 zu einem Parque Histórico. Leider entwickelte sich in den 1970er- und 1980er-Jahren ein illegaler Antiquitätenhandel, bei dem viele Fundstücke aus der legendären Stadt verschwanden. Gleichzeitig gingen die offiziellen Ausgrabungen nur langsam voran.

La Vega Vieja

Ahnen und Ahnung

Die besterhaltenen Ruinen liegen im **Parque Nacional Arqueológico y Histórico La Vega Vieja.** Trotz des imposanten Namens ist es nur ein kleines Areal, das man durch Fragen im Ort leicht findet. Hier gibt es die Überreste des alten **Regierungspalastes (1),** einer **Festung (2),** einer **Zisterne (3)** sowie der dazugehörigen Wasserleitungen. Ein kleines Museum musste leider wegen fehlender Gelder und Dieben schließen. Dort waren einmal Küchengeräte, Mahlsteine und Gebrauchsgegenstände zu sehen, die die Spanier von den Taíno übernommen hatten. Den einstigen Glanz der frühen Siedlung kann man heute allenfalls erahnen.

Mönche, Knochen und Räuber

Etwas entfernt von hier liegen die Ruinen eines **Franziskanerklosters (4)** und eines Friedhofs. Die Gräber ließ man einst zur Besichtigung offen. So konnte man das Skelett eines spanischen Mannes sehen, der auf dem Rücken lag, und das eines Taíno, der in Embryonalstellung begraben worden war. Aber heute sind die Gräber geplündert und die Ruinen des einstmals großen Klosters überwuchern und ver-

Ein grün überwucherter Säulenrest ist alles, was von der einst prächtigen Kathedrale in La Vega Vieja übrig geblieben ist – nur Fans von Historie haben in dem archäologischen Park ihre Freude.

fallen. Auch eine in Stein gehauene Sonnenuhr, die ich bei meinem ersten Besuch 2010 hier fand, ist verschwunden.

Auch um hierher zu gelangen, müssen Sie im Ort fragen, es gibt keine Hinweisschilder. Die Ruinen des Klosters liegen oberhalb der Durchgangsstraße und üben gemeinsam mit den leeren Gräbern einen gewissen Indiana-Jones-Reiz aus.

Von der einst mächtigen **Kathedrale (5)** existiert heute noch eine Säule. Sie steht überwuchert und pittoresk auf einem Privatgrundstück unweit des Parkgeländes. Ihr Standort muss ebenfalls erfragt werden, aber der Anblick der großen Säule im Vorgarten eines dominikanischen Bauern lohnt sich.

Vergessene Geschichten

Um Enttäuschungen vorzubeugen, muss ich noch mal betonen, dass die Ruinen von den Dominikanern extrem vernachlässigt werden und man einiges an Vorstellungskraft braucht, um die alte Welt vor dem geistigen Auge entstehen zu lassen. Der Verfall spricht leider Bände über den Umgang des Landes mit seiner Geschichte, die nur dann etwas zu zählen scheint, wenn man patriotische Gefühle mit ihr wecken oder einen schnellen Dollar aus ihr schlagen kann. Oder aber, wenn internationale Organisationen für die Restauration zahlen.

Schlafen

Sauberes, modernes Stadthotel

El Rey: Was für ein Glück für La Vega, das bisher keine akzeptable Unterkunft aufzuweisen hatte, dass es nun El Rey gibt. Das Hotel ist v. a. für Durchreisende geeignet und verfügt über Doppelzimmer sowie vier Apartments. Hier gibt es auch ein vernünftiges Restaurant und einen Nachtclub.

Calle Don Antonio Guzmán 3, La Vega, T 809 573 97 97, DZ ab 2000 RD-$, Apartment ab 32 US-$

Essen

Pizza & mehr

Macao Grill: La Vega ist nicht gerade mit Gourmettempeln gesegnet. Annehmbar ist dieses Lokal gegenüber der Kathedrale. Hier gibt es günstige Pizzen, Hamburger und Burritos. Die Betreiber sind Chinesen.

Calle Don Antonio Guzmán 82, La Vega, tgl. 9–1 Uhr

Feiern

- **Carnaval:** Feb./März: Berühmter Straßenkarneval in La Vega mit maskierten Figuren in farbenfrohen Kostümen.

E

UNTERWEGS EINKAUFEN

In vielen Teilen des Landes bieten Händler entlang der Straßen die unterschiedlichsten Waren feil. Das Angebot reicht von Früchten über Schokolade bis hin zu Kunsthandwerk. Meist handelt es sich um regionale Produkte: Zwischen Puerto Plata und Santiago werden in rauen Mengen Mangos angeboten, bei Bonao bunte Teppiche, zwischen Villa Altagracia und Santo Domingo Cashewkerne und eingelegte Früchte, auf der Strecke zwischen Santiago und San José de las Matas Casabebrot (s. S. 154). Richtung Jarabacoa gibt es die Kokosmilchfladen *arepa* und zwischen Baní und Barahona lassen sich Mörser und andere Holzschnitzereien bestaunen.

Infos

- **Busse:** Caribe Tours fährt nach Santo Domingo und über Puerto Plata nach Sosúa (Av. Rivas, Ecke Autopista Duarte, www.caribetours.com.do). Guaguas fahren vom Zentrum in der Nähe der Kathedrale sowohl in größere wie kleinere Orte der Region.

Jarabacoa und Umgebung

E3

Die Stadt des ewigen Frühlings

Sie sind gern aktiv, wollen sich in der Natur bewegen, die lokale Kultur kennenlernen? Dann liegen Sie mit **Jarabacoa** richtig. Eigentlich wäre das 530 m hoch gelegene Städtchen nur eins von vielen, ohne besondere Attraktionen, wenn es nicht in dieser schönen Berglandschaft liegen würde. So ist Jarabacoa mit seinen 70 000 Einwohnern zu einem Zentrum des alpinen Aktivtourismus geworden. Wandern, Reiten, Mountainbiken, Rafting, Canyoning, Klettern – hier ist (fast) alles möglich. Im Ort selbst lohnt der **Mercado Central** ❶ in der Calle Mario Nelson Galán einen Besuch, wo es die landwirtschaftlichen Erträge der Region in konzentrierter Fülle zu bestaunen gibt.

Jarabacoa lockt auch viele Dominikaner an – die niedrigen Temperaturen (sie können sogar bis zum Gefrierpunkt absinken) haben für sie etwas Exotisches. Wer es noch frischer mag, wagt sich an die Besteigung des 3087 m hohen Pico Duarte (s. S. 140).

Wasser marsch!

Drei große Wasserfälle gibt es in der unmittelbaren Umgebung von Jarabacoa. Der **Salto de Baiguate** ❷ ist der kleinste

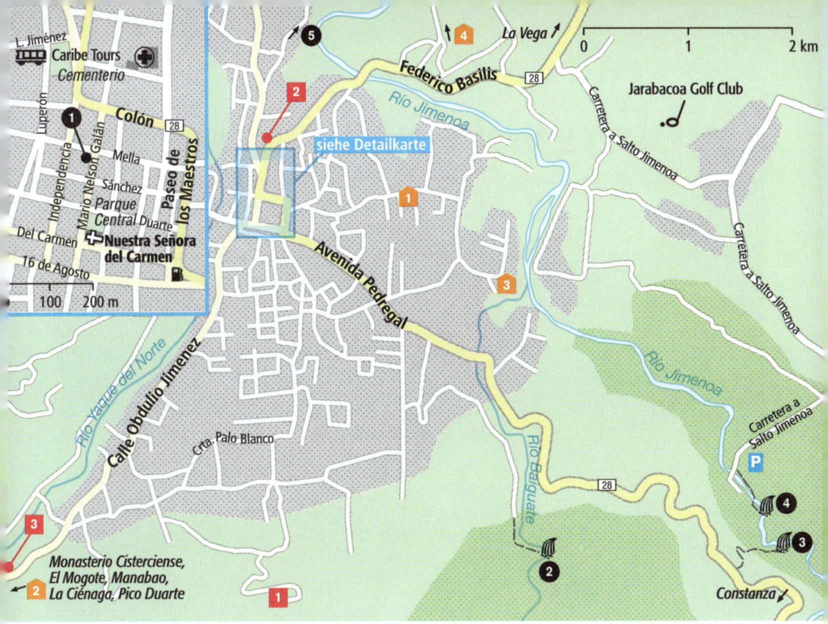

Jarabacoa

Ansehen

1. Mercado Central
2. Salto de Baiguate
3. Salto de Jimenoa I
4. Salto de Jimenoa II
5. Balneario

Schlafen

1. Jarabacoa Mountain Hostel
2. Sonido del Yaque
3. Rancho Baiguate
4. Mi Vista Mountain Resort

Essen

1. Aroma de las Montañas
2. De Parrillada
3. Jarabacoa River Club

---

von ihnen und vom Ort aus bequem zu Fuß erreichbar. Verlassen Sie Jarabacoa in Richtung Constanza. Nach rund 3 km (vor der Brücke über den Río Baiguate) sehen Sie rechter Hand ein Schild, das zum Wasserfall weist. Nun sind es noch einmal ca. 3 km auf einer Piste, bevor Sie an einen Parkplatz gelangen, von wo ein ca. 500 m langer Pfad zum Fluss führt. Der 25 m hohe *salto* hat ein Wasserbecken gebildet, in dem man je nach Wasserstand schwimmen kann. Manchmal seilen sich hier Kletterer ab.

Immer geöffnet, Eintritt frei

Kleiner Bruder

Im Gegensatz zu seinem großen Bruder, dem Salto de Jimenoa I (s. S. 136), ist der rund 40 m hohe **Salto de Jimenoa II** (4) etwas weniger beeindruckend, dafür aber auch weniger besucht. Man erreicht ihn über die Straße in Richtung La Vega. Der Abzweig ist ca. 2 km hinter Jarabacoa rechter Hand ausgeschildert. Vom Parkplatz läuft man, vorbei an einem kleinen Hydrokraftwerk, über Brücken und durch einen Canyon zum ca. 500 m entfernten Wasserfall.

Immer geöffnet, Eintritt frei

Lieblingsort

Ein Fall für Legenden

Schon wenn Sie den Wasserfall das erste Mal durchs Blattwerk erspähen, werden Sie verstehen, warum behauptet wird, dass die Startsequenz von Spielbergs »Jurassic Park« hier gedreht wurde. Das stimmt zwar nicht, tut der Schönheit des **Salto de Jimenoa I** ❸ (📍 E3) jedoch keinen Abbruch. Nach 20-minütigem Abstieg über Serpentinen erreichen Sie ein Felsenmeer: hinter Ihnen das Grün, vor Ihnen der 60 m hohe Wasserfall, der nach Regen seine ganze Wucht zeigt. Ein mächtiger Ort, an dem man sich ganz klein vorkommt (7 km südöstl. von Jarabacoa an der Carretera 28 Richtung Constanza, Eingang bei der Reserva Científica Ébano Verde, tgl. 8–18 Uhr, 100 RD-$, Baden im Pool des Wasserfalls ist möglich).

W

UNTER WEIBLICHER OBHUT

Auf etwa einem Drittel des Weges zwischen Jarabacoa und La Ciénaga, dem Ausgangspunkt für Besteigungen des Pico Duarte, liegt das wunderbare Gemeindeprojekt **Sonido del Yaque** 2. Direkt über dem Ufer des rauschenden Río Yaque del Norte und inmitten eines tropischen Gartens stehen zwölf einfache Holzhütten mit Veranden, in denen die Gäste untergebracht werden. Frühstück, Mittag- und Abendessen gibt es bei einer der 20 Familien der kleinen Siedlung. Das Projekt, das mit Unterstützung der Hilfsorganisation USAid gegründet wurde und ein eigenes Wasserkraftwerk besitzt, wird von den Frauen der Gemeinde, insbesondere Doña Esperanza, gemanagt. Man findet Sonido del Yaque, wenn man in dem Örtchen Los Calabazos, ca. 10 km hinter Jarabacoa, an einem unscheinbaren Abzweig in Richtung Tal hält und dann zunächst einen steilen Weg und dann eine lange Treppe hinabsteigt. Ein leicht zu übersehendes Schild an der Straße weist darauf hin (T 829 727 74 13, 829 846 72 75 (WhatsApp), Hütte 1200 RD-$/Pers. inkl. VP).

Ein zweifarbiger Fluss

Auch ein Ausflug zum Zusammenfluss *(confluencia)* der Flüsse Jimenoa und Yaque del Norte lohnt sich, v. a. wegen des bei Dominikanern populären **Balneario** 5, einem netten Naturschwimmbad. Interessant ist, dass sich das Wasser der beiden Flüsse farblich unterscheidet, was auf die mitgeführten Sedimente zurückgeht.

Immer geöffnet, Eintritt frei

Schlafen

Good Vibes

1 **Jarabacoa Mountain Hostel:** Das Hostel ist die wahrscheinlich beste Budget-Unterkunft der Insel. Es hat teils sehr luxuriöse Doppelzimmer, sogar mit Whirlpool, aber auch einen Schlafsaal. Alles ist hell, freundlich, stilsicher und gut bis edel ausgestattet. Supergemütliche Betten! Es gibt eine große, immer saubere Gemeinschaftsküche und einen Kamin mit Sofas davor. Zur Begrüßung steht ein Gläschen Rum bereit. Das Hostel wird toll von der Amerikanerin Molly und ihren Angestellten geführt. Molly hat eine Menge Tipps parat und hilft beim Organisieren von Ausflügen. Unschlagbar günstig.

Calle de los Pintores 2, Jarabacoa, T 809 674 31 49, www.facebook.com/Jarabacoa MountainHostel, Dormbett ab 12 US-$, DZ 32–55 US-$

Für Sportler

3 **Rancho Baiguate:** Große, gepflegte Anlage mit Garten und 27 Zimmern. Es gibt einen Pool, Ping-Pong-Tische, ein Basketball- und ein Volleyballfeld, eine Bar und ein Restaurant. Der Betreiber ist der bekannteste Touranbieter in Jarabacoa. Oft werden Unterkunft und Ausflüge im Paket angeboten.

Am Ende der Calle Trinchera (Hinweisschilder beachten), T 809 574 68 90, www.rancho baiguate.com, DZ ab 115 US-$ inkl. VP

Weiter Blick ins Land

4 **Mi Vista Mountain Resort:** Sie hält, was sie verspricht – die kleine Anlage mit fünf Häuschen und einem Pool bietet eine fantastische Sicht in die Umgebung. Manche Reisende sollen hier wegen der schönen Atmosphäre schon Tage gesessen haben, obwohl sie eigentlich Ausflüge machen wollten. Gemanagt wird die Un-

TOUR
Was für ein Ausblick!

Wanderung auf El Mogote

Infos

E3

Start/Ziel: Monasterio Cisterciense ca. 5 km südwestl. von Jarabacoa

Länge: 6,5 km hin und zurück

Dauer: 4–5 Std.

Schwierigkeit: anspruchsvoll, u. U. rutschig, 900 Höhenmeter im Anstieg

Die Wanderung beginnt am Eingang zum **Monasterio Cisterciense** (Zisterzienserkloster) rund 5 km außerhalb von Jarabacoa auf 670 m. Hier können Sie Ihr Auto abstellen oder sich von einem Motoconcho herbringen lassen. Der Weg ist zunächst einfach, führt durch dichten Wald. Die Anstiege sind mäßig und der Pfad gut ausgetreten. Das ändert sich nach rund 1,5 km, Sie sind nun auf fast 1000 m angekommen. Der Weg wird steiler und nach Regen auch rutschiger. Entschädigt werden Sie durch die Aussichten, die sich ins Tal öffnen. Der Aufstieg kann zur Kletterei werden, man steigt über Wurzeln, sichert sich an Baumstämmen. Ab und zu muss man sich ärgern über den Kunststoffmüll, der im Gebüsch liegt.

Ein Höhepunkt der Wanderung ist erreicht, wenn Sie längs eines Hanges durch hohes Gras laufen, rechter Hand sehen Sie nun erstmals den 1520 m hohen **El Mogote.** Das Wort bedeutet so viel wie ›runder Hügel‹ oder ›einsame Erhebung‹. Es folgt die letzte Etappe, die noch einmal anstrengend wird.

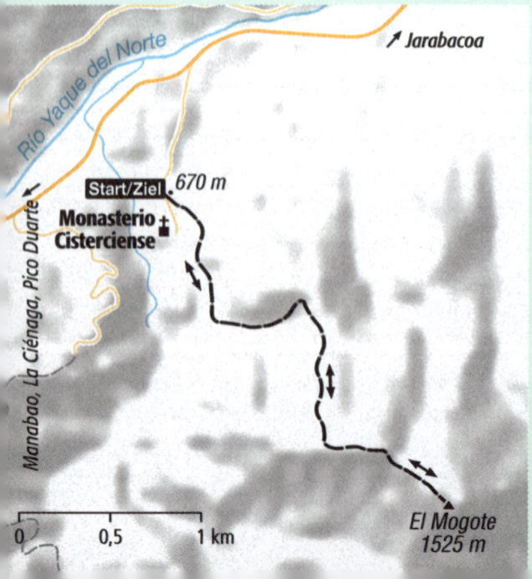

Oben wird man dann mit einem Panoramablick belohnt – und der Bekanntschaft mit einem einsamen Wächter, dessen einzige Gesellschaft ein Hund, ein paar Hühner, ein Esel und ein Radio sind. Es gibt hier einen klapprigen **Aussichtsturm,** dessen Besteigung aber nicht sicher ist. Macht nichts. Auch von der Bergkuppe aus können Sie den 3087 m hohen Pico Duarte sehen, der am Horizont aufragt.

Man sollte die Wanderung nicht zu spät beginnen, um beim Abstieg nicht in die Dunkelheit zu kommen.

terkunft von einem herzlichen Ehepaar. Reservierung empfohlen.
Aus La Vega kommend ca. 5 km vor Jarabacoa in Richtung Hato Viejo abbiegen, T 809 344 48 09, DZ ab 75 US-$

Essen

Starke Aussicht

1 **Aroma de las Montañas:** Das Aroma de las Montañas (auch Jamaca de Dios genannt) ist ein oberhalb von Jarabacoa in einem Villenviertel gelegenes, sehr angesagtes, feineres und teureres Restaurant mit Panoramablick über die Stadt. Highlight ist eine Drehplattform.
Crta. Palo Blanco, T 829 452 68 79, www.aromadelamontana.com, tgl. 8–24 Uhr

Gepflegt

2 **De Parrillada:** Ein kleines, aber sehr feines Restaurant in einer ruhigen Straße. Serviert werden regionale (Grill-)Spezialitäten, etwa Ziege à la Criolla, und dazu Wein. Mittelpreisig.
Calle Dombori Conneticot, T 809 574 76 56, Di–So 12–23.30 Uhr

Auf einen Drink

3 **Jarabacoa River Club:** Diese Freizeitanlage mit Bars und Restaurants liegt am Steilufer des Río Yaque del Norte und ist ein schönes Ziel für einen Drink.
Calle Obdulio Jiménez in Richtung Manabao, www.riverclubjarabacoa.com, tgl. geöffnet

Bewegen

Sie können sich in Jarabacoa austoben, viele Sportarten sind im Angebot. Für manche ist eine Ausrüstung und professionelle Führung nötig. Darauf haben sich verschiedene Anbieter spezialisiert. Der größte Veranstalter nennt sich **Rancho Baiguate** 3 (s. S. 137). Kleinere Firmen verschwinden leider oft schnell wieder vom Markt.

S

SO KANN'S GEHEN!

Sie stammt aus Jarabacoa und hat schon als Mädchen hinter dem Herd gestanden. Heute ist **María Marte** Küchenchefin von El Club Allard, dem einzigen Restaurant in Madrid mit zwei Michelin-Sternen. Dort hatte sie einst als Tellerwäscherin angefangen ...

Wandern

Zu der schwierigen Wanderung auf den Pico Duarte (s. S. 140) gibt es eine Alternative: Leute mit weniger Zeit oder Kraft können den 1500 m hohen El Mogote besteigen (s. S. 138).

Rafting

Schlauchboottouren auf dem Río Yaque del Norte werden von verschiedenen Anbietern organisiert und kosten um die 50 US-$/Pers.

Canyoning

Für das Canyoning, also den gesicherten Abstieg durch Schluchten und entlang von Wasserfällen, braucht man einigen Wagemut (ca. 50 US-$).

Mountainbiking

In der Umgebung gibt es Strecken verschiedener Länge und Schwierigkeit (ab 25 US-$).

Infos

- **Im Internet:** www.jarabacoard.com (gute Seite, auch auf Englisch).
- **Busse:** Mehrfach tgl. Verbindungen mit Caribe Tours (www.caribetours.com.do) nach La Vega und Santo Domingo. Die Busstation von Caribe Tours liegt an der Ecke der Calle Luperón mit der Calle Leopoldo Jiménez.

TOUR
Auf den Gipfel, fertig, los!

Aufstieg zum Pico Duarte

Wer kommt schon in die Dominikanische Republik, um durch wolkenverhangene Nadelwälder zu wandern und bei Temperaturen um 0 °C in Schutzhütten zu übernachten? Aber als Kontrast zum Strand ist die Tour unbedingt zu empfehlen, auch wenn man für den Aufstieg zum höchsten Gipfel der Karibik, dem 3087 m aufragenden **Pico Duarte,** eine gute Kondition mitbringen und einige Vorbereitungen treffen muss.

Für die Tour wird folgende Ausrüstung benötigt: feste Schuhe, Jacke, Pulli, leichte, evtl. lange Hosen, Taschenlampe, Schlafsack, Isomatte. Den Proviant (Wasser, Bananen, belegte Brote, Müsliriegel) und die Zutaten für das Abendessen und das Frühstück muss man vorab besorgen.

Der Pico Duarte liegt im **Parque Nacional José Armando Bermúdez,** Start der Tour ist an der Nationalparkstation in **La Ciénaga** auf 1110 m. Nach dem Aufbruch um 6.30 Uhr wandert man zunächst 5 km entlang des **Río Los Guanos.** Der Weg ist eben, die Natur üppig tropisch, auf der anderen Seite des Flusses stehen Bauernhäuschen. Nach 1 Std. sind die Schutzhütten von **Los Tablones** erreicht, wo Gruppen übernachten, die erst am Nachmittag in La Ciénaga gestartet sind. Kurz dahinter beginnt der steile Anstieg und schnell ist klar: Dies wird kein Spaziergang. Schwach Konditionierte können ab Los Tablones auf einem Maultier reiten, was fast bis zum Gipfel möglich ist.

Nun geht es über sandige Wege, die Vegetation wandelt sich, immer mehr Nadelgehölze tauchen auf. Häufig öffnen sich jetzt auch Aussichten auf die umliegenden Berge und in die grünen Täler. Nach 6,6 km gibt es eine erste Rast in **La Laguna** auf 1980 m. Hier kann man seine Wasservorräte auffüllen.

Was danach folgt, ist der beschwerlichste Teil: Auf 3,5 km müssen fast 700 Höhenmeter überwunden werden, entsprechend steil ist

Infos

D 3/4

Start/Ziel: La Ciénaga

Länge: 42 km hin und zurück

Dauer: 2–3 Tage

Schwierigkeit: hoch

Organisation und Kosten: Der Eintritt in den Nationalpark kostet 150 RD-$/Pers. Obligatorisch sind Führer (700 RD-$/Tag) und Maultiere (450 RD-$/Tag). Ab 3 Pers. müssen 2 Führer engagiert werden. Mind. 2 Maultiere sind pro Wandergruppe üblich – eins für Gepäck und Verpflegung, das andere für Transport und Notfälle. Berechnet werden mind. 3 Tage pro Maultier und Führer.

der Weg. Erschwerend kommt hinzu, dass der erste Abschnitt des Weges stark vermatscht sein kann. Weiter oben geht es über Geröll, was Ansprüche an Füße und Knie stellt. Die Landschaft wird nun vollends alpin. Sträucher, Gräser und Pinienwälder bestimmen das Bild. Am Himmel kreisen die pechschwarzen Rabengeier.

Es dürfte inzwischen Mittag geworden sein. Häufig ziehen in dieser Region nun Wolken auf, die Wanderer und Szenerie schnell einhüllen und für eine märchenhafte Atmosphäre sorgen. Bei **Agüita Fría** ist auf 2650 m der vorläufig höchste Punkt der Wanderung erreicht. Hier liegt eine Hochebene. Auf 2580 m passiert man die eingezäunte **Quelle des Río Yaque del Norte** – ein Rinnsal nur, doch wird hier der längste Fluss der Dominikanischen Republik geboren. 296 km weiter westlich mündet er bei Monte Cristi in den Atlantik.

Nun geht es in Serpentinen bergab. Die Landschaft mag etwas trostlos erscheinen, immer wieder kommt es hier zu Waldbränden. Doch es ist nicht mehr weit zur Schutzhütte von **La Compartición,** wo ein alter Wächter seinen Dienst verrichtet. Die Unterkünfte bestehen aus einfachen Baracken, geschlafen wird auf dem Boden, Strom gibt es nicht. Treffpunkt ist die Küche mit ihren Feuerstellen, auf denen die Führer das Abendessen zubereiten.

Nach kurzem Schlaf wird man gegen 4 Uhr geweckt und läuft durch die kühle Nacht. 1,5 bis 2 Std. später erreicht man nach kurzer Kraxelei rechtzeitig zum Sonnenaufgang den Gipfel des **Pico Duarte**: 3087 m. Es ist zwar nur eine schmale Felsspitze, aber der Ausblick von hier kann sich sehen lassen: Haiti im Westen, San Juan de la Maguana in der südlichen Ebene und Santiago de los Caballeros im Nordosten.

Schon bald beginnt die Sonne ihr Licht über die Insel zu werfen – Zeit für den Abstieg. Nach Kaffee- und Packpause in der Schutzhütte folgt man dem gleichen Weg zurück nach **La Ciénaga,** wo man am Abend, wenn man staubig und verschwitzt angekommen ist, ein Bad im kalten **Río Yaque del Norte** nehmen kann.

Constanza

E4

Ein Hauch von Knoblauch

Über **Constanza** heißt es: »Gott ist überall, aber in Constanza ist er zu Hause.« Der Ort liegt in einem fruchtbaren Hochtal auf rund 1200 m und ist die höchstgelegene dauerhafte Siedlung der Republik. Ein Großteil seiner ca. 60 000 Einwohner lebt von der Landwirtschaft. Es gibt nichts, was hier nicht wächst, insbesondere für seinen Knoblauch ist Constanza bekannt. So kann es Ihnen passieren, dass Sie bei Ihrer Ankunft von einem intensiven Knoblauchduft empfangen werden. Die kostbaren Knollen werden kurz vor der Erntezeit sogar von bewaffneten Aufsehern bewacht.

Außerdem wachsen hier oben Produkte, die anderswo im Land nicht so einfach gedeihen: Kartoffeln, Karotten, Kohl, Gurken, Erdbeeren, Salat, Äpfel, bestimmte Blumenarten und Kaffee. So ist Constanza relativ reich geworden. Mehr als einmal werden sie einen vollbeladenen Lkw sehen, der schnaufend gen Tal fährt.

Es duftet sehr eigen in Constanza, besonders zur Zeit der Knoblauchernte!

Moshimoshi und Helló

Auch Constanzas Geschichte hat ihre Besonderheiten. Während der Trujillo-Diktatur wurden hier ausländische Kolonisten angesiedelt, darunter viele Ungarn, Spanier und Japaner. Ihre Nachkommen leben bis heute teils in eigenen Vierteln, den *colonias*. Den Einwanderern folgten Dominikaner, die die Kühle nicht scheuten. Die Durchschnittstemperatur liegt mit 12 bis 15 °C weit unter dem Mittel der Insel. Nachts kann das Thermometer sogar auf den Gefrierpunkt sinken.

Hitzefrei

Die hohen Berge rund um Constanza sind von Nadelwäldern bestanden. Dies ist der einzige Ort in der Karibik mit alpiner und andiner Vegetation. Viele Pflanzen sind endemisch, d. h. sie kommen nur hier vor. Es gibt klare Bäche, frische Luft und Ruhe. Das lockt natürlich Urlauber hierher, die etwas anderes suchen als Strand und Meer. Vor allem Dominikaner auf der Flucht vor Hitze und Hektik zieht es an. Ausländische Touristen sieht man hingegen im Vergleich zu Jarabacoa selten.

Der Zweithöchste

Mit 83 m, verteilt auf drei Stufen, ist der **Salto de Aguas Blancas** der zweithöchste Wasserfall der Insel. Der ›Fall der Weißen Wasser‹ liegt 17 km außerhalb von Constanza auf 1700 m. Sie erreichen ihn nur mit einem eigenen Fahrzeug oder per Taxi. Zunächst folgt man der Carretera 41 Richtung San José de Ocoa. Nach etwa 14 km biegt man links ein, der Abzweig ist ausgeschildert. Das letzte Stück vom Parkplatz zum Wasserfall läuft man wenige Meter durch den Wald. Eine Aussichtsplattform gibt den Blick frei auf die Kaskaden, im Pool zu ihren Füßen kann man baden. Einen schönen Platz zum

H

WO HEXEN UND ZAUBERER HAUSEN

Sie erheben sich rund um Constanza wie Wände: die Berge der **Cordillera Central.** Es ist eine der faszinierendsten Insellandschaften, einzigartig in der Karibik. Was die Zentralkordilleren zusätzlich ausmacht: Sie sind in ihrem zentralen Teil bis zur haitianischen Grenze praktisch unbewohnt. Somit bieten sie Raum für zahlreiche Legenden von Zauberwesen (s. S. 289). Auch ihr ökologischer Wert ist gar nicht hoch genug einzuschätzen. Die Region hat die höchsten Niederschläge der ganzen Insel und ist Quellgebiet von fast allen größeren Flüssen, die die Ebenen des Landes mit Wasser versorgen. Touristisch sind die Zentralkordilleren so gut wie nicht erschlossen. Die beste Form, sich ihnen zu nähern, ist der Aufstieg auf den Pico Duarte (s. S. 140) oder die Fahrt von Constanza nach San José de Ocoa (s. S. 144).

Schlafen bietet nahebei die Villa Pajón Eco Lodge (s. S. 145).

Immer geöffnet, Eintritt frei

Malen in Stein

Ein weiteres lohnendes Ziel ist die **Piedra Letrada** rund 20 km nördlich von Constanza. Hier können Sie interessante Petroglyphen der Taíno bewundern, die die Ureinwohner in einen Findling gravierten. Wie immer sind es Gesichter und menschliche Figuren. Fragen Sie in Ihrer Unterkunft, wie Sie am besten dorthin gelangen. Der Ort liegt ziemlich versteckt in den Bergen.

Schlafen

Gut geführt

Rancho Constanza und Cabañas de la Montaña: Zwei Unterkünfte in einer – ein eher klassisches Hotel, auf amerikanische Ranch gemacht, mit elf Zimmern sowie einigen Häuschen im europäischen Stil. Sie haben Balkone mit Blick über das Tal von Constanza. Die Anlage liegt auf einer Höhenkette leicht außerhalb des Ortes. Es gibt einen großen Garten und ein beliebtes Restaurant.

Colonia Kennedy, gegenüber der Flughafenstartbahn (keine Sorge, hier starten so gut wie keine Flieger), T 809 682 24 10, http://ranchoconstanza.tripod.com, DZ ab 60 US-$

Mit Blick ins Tal

Alto Cerro Villas: Dies ist eine auf Wellness ausgerichtete Ferienanlage mit acht Zimmern, sechs Suiten und 34 Villen. Zum Hotel gehören ein Spa sowie ein beliebtes Restaurant mit Aussichtsterrasse. Es besteht auch die Möglichkeit zu campen.

Calle Guarocuya 461, Colonia Kennedy (ausgeschildert), T 809 539 15 53, www.altocerro.com, DZ und Suiten ab 90 US-$, Villen ab 120 US-$

Günstigst

Bohio: Einfach, sauber, zentral gelegen und günstig – viel mehr lässt sich über dieses kleine Hotel mit 20 Zimmern für Reisende mit kleinem Budget nicht sagen. Ach so, es gibt einen Kamin in der Lobby.

Calle Rufino Espinosa 15, T 809 539 16 45, carivasmatos@hotmail.com, DZ ab 1000 RD-$

Essen

Einige der genannten Hotels haben Restaurants. Sehr zu empfehlen ist dasjenige in den **Alto Cerro Villas** (mittelpreisig, s. oben).

Traditionsrestaurant im Ort

Lorenzo's Restaurant/Pizzeria: Seit Jahren macht Lorenzo das, was er am besten kann – traditionell dominikanisch kochen. Einen Michelin-Stern verdient er damit nicht, aber Geschmack, Preis, Portionen und Ambiente stimmen.

Calle Luperón 83, T 809 539 15 61, tgl. 8–23 Uhr, um 160 RD-$

Bewegen

Organisierte Touren

Über einige Unterkünfte, etwa **Alto Cerro Villas** (s. S. 143), lassen sich Ausflüge zu den Sehenswürdigkeiten der Region organisieren. Touren zu fairen Preisen bietet **Ecoturismo Constanza** (Av. Mella, T 829 801 71 99, www.ecoturismoconstanza.net), allerdings nur auf Spanisch.

Infos

- **Busse:** Transporte Cobra (Calle 27 de Febrero, Ecke Calle Sánchez, T 809 539 20 04) bringt Sie mit Guaguas zuverlässig nach Santo Domingo.

Von Constanza nach San José de Ocoa

E4/5

Fahren Sie gerne und gut Auto? In den Bergen? Durch dichte Wälder und tiefhängende Wolken? Über löchrige Erdpisten? Über rutschigen Untergrund? Sind Sie schwindelfrei? Haben Sie einen Geländewagen und Lust auf ein Abenteuer? Dann machen Sie sich auf über die Carretera 41 von Constanza nach San José de Ocoa. Besonders vor dem letzten Stück sei etwas gewarnt. Regen und Nässe können die Abfahrt nach San José de Ocoa zu einer Schlitterpartie machen. Die Strecke ist 80 km lang und sollte nur bei Tageslicht befahren werden, allein schon wegen der tollen Aussichten. Planen Sie etwa fünf Stunden ein.

Waren die Ägypter hier?

Zunächst geht es über eine noch gepflegte Piste bergan, vorbei an rustikalen Unterkünften. Nach rund 1 Std. gelangt man in den **Parque Nacional Valle Nuevo** (Eintritt frei) mit dem größten Kiefernwald der Karibik. Leider wurde er in der Vergangenheit von Feuern dezimiert, wohl auch durch Brandstiftung. Deswegen wird der Zugang zum Nationalpark kontrolliert.

Ca. 40 km hinter Constanza ist auf 2300 m der höchste Punkt der Strecke erreicht. Auf einer Hochebene steht **La Pirámide Ciclópea,** ein pyramidenförmiges Steinmonument zu Ehren von Diktator Trujillo, der den Bau der Straße nach Ocoa veranlasst hatte.

Durch den Märchenwald

Man fährt nun durch eine faszinierende, kühle und feuchte Berglandschaft, von Einheimischen La Nevera genannt: ›Kühlschrank‹. Die alpine Vegetation wird immer dichter und bildet einen tropfenden Märchenwald mit riesigen Farnen. Manchmal hängen die Wolken so tief, dass man kaum weiter als 10 m schauen kann. Sobald es aus dem Wald herausgeht, trifft man auf den Parkausgang. Dann folgt die gewagte Abfahrt über **Sabana Larga** nach **San José de Ocoa,** fast schon wieder im heißen Süden gelegen. 45 Minuten dauert die Fahrt zum **Cruce de Ocoa** an der Carretera 2 zwischen Baní und Azua.

Schlafen

Bei der Pirámide Ciclópea darf man sein Zelt aufstellen.

In den Bergen

Villa Pajón Eco Lodge: Hier können Sie sich wie in den Alpen fühlen. Sieben Holzhäuser für jeweils zwei bis neun Personen stehen in einem Hortensiengarten. Die Anlage ist ökologisch ausgerichtet. Wenn es nachts kalt wird, werden Holzscheite im Kamin nachgelegt – nach Karibik fühlt sich das nicht mehr an. Gute Basis für den Besuch des Salto de Aguas Blancas (s. S. 142).

Ca. 17 km südöstl. von Constanza, im Parque Nacional Valle Nuevo, T 809 334 69 35, www.villapajon.do, DZ ab 69 US-$

Was Simples

San Francisco: Einfaches, funktionales und sauberes Hotel in dem kleinen Bergort San José de Ocoa.

Av. Pimentel, Ecke Av. Imbert, San José de Ocoa, T 829 875 73 65, DZ ab 1500 RD-$

JWD

Conrado's Guesthouse: Wer noch nicht genug vom Fahren hat, kann in Sabana Larga auf die abenteuerlich schlechte Carretera 201 in Richtung Piedra Blanca abbiegen, um zum schönen Conrado's Guesthouse zu gelangen. Die kleine, hübsche Ferienanlage vermittelt Ihnen das Gefühl, ganz weit weg von allem zu sein.

15 km nördl. von Sabana Larga (s. S. 144), T 829 392 07 65, DZ ab 1350 RD-$

Essen

Wie bei Mutti

Cocina de Mabel: Der beste Ort in San José de Ocoa, um günstig und dominikanisch zu essen. Tipp: das Churrasco.

Calle Imbert, San José de Ocoa, T 849 360 36 49, Di–So 8–22 Uhr

Manchmal herrscht auf den Landstraßen ein tierischer Verkehr. Problem: Die Viecher blinken nicht und wechseln die Spur, wie es ihnen gerade passt. Dann hilft nur geduldig warten …

Salcedo

F2

Geschichte und Geschichten

Der Ort war Schauplatz eines politischen Familiendramas. Gute Romane wurden darüber geschrieben (s. Kasten) und nicht so gute Filme gedreht. Man erreicht das knapp 40 km östlich von Santiago de los Caballeros gelegene **Salcedo** über eine viel befahrene Landstraße durch schönes Agrarland. Die einzige hiesige Sehenswürdigkeit ist das Elternhaus der Schwestern Mirabal, in dem heute ein Museum zu ihrem Andenken untergebracht ist.

Museo de las Hermanas Mirabal

Schmetterlinge im Untergrund

Die Schwestern Mirabal waren die bekanntesten Opfer des Diktators Rafael Trujillo. Heute sind sie Nationalheldinnen. Ihre Geschichte: Patria, Minerva und María Teresa Mirabal waren wie ihre Ehemänner im Widerstand gegen die Diktatur. Sie stammten aus einer Bürgerfamilie, ihr Vater war mit der Landwirtschaft reich geworden. Die Schwestern widersetzten sich außerdem den sexuellen Avancen des Diktators, der damals Frauen zu sich bestellte. Wer sich weigerte, musste mit dem Tod rechnen.

1960 ließ Trujillo die drei Schwestern in einem inszenierten Unfall ermorden. Die Stelle liegt an der alten Bergstraße zwischen Santiago und Puerto Plata und kann noch besichtigt werden. Der Mord an den Bürgerstöchtern war damals ein Schock für die dominikanische Öffentlichkeit und leitete das baldige Ende des Gewaltherrschers ein. Heute sind die Schwestern ein Symbol des Widerstands gegen Trujillo. Straßen und Plätze im ganzen Land wurden nach ihnen benannt.

Heldinnen der Nation

Nach ihrem Tod wurde das Geburtshaus von der vierten Schwester Dedé zum **Museo de las Hermanas Mirabal** ausgebaut. Die von ihr zusammengetragenen Erinnerungsstücke, zum Teil recht persönliche Exponate, sind anrührend. Inzwischen ist das Museum von einer Stiftung, der Fundación Hermanas Mirabal, übernommen worden. Im Jahr 2000 wurden die Knochen der drei Frauen im Garten bestattet und dieser zu einer Außenstelle des Nationalpantheons in Santo Domingo erklärt. Dedé starb 2014.

Ojo de Agua, 3 km östl. von Salcedo, T 809 587 70 75, Mai–Aug. tgl. 9–19, Sept.–April tgl. 9–17 Uhr, 100 RD-$, Führungen auch auf Englisch

H

HINTERGRÜNDE ANLESEN

»Zeit der Schmetterlinge« heißt der großartige und lehrreiche Roman der US-dominikanischen Autorin Julia Alvarez, die darin das Leben der vier Schwestern Mirabal beschreibt. Sie werden bis heute im Volksmund ›die Schmetterlinge‹ genannt, *las mariposas.* Der Roman, der in den anrührenden Kapiteln die Schwestern abwechselnd zu Wort kommen lässt, macht auch indirekt deutlich, was hinter dem politischen Mord steckte: Es war nicht nur der gekränkte Machismo eines Wüterichs, sondern auch der soziale Gegensatz zweier dominikanischer Welten – die grausame Rache des von Minderwertigkeitskomplexen geplagten Trujillo gegenüber der bürgerlichen Gesellschaft, wie sie v. a. im Cibao-Tal heimisch war und ist.

San Francisco de Macorís F3

Die Stadt mit rund 200 000 Einwohnern hat selbst wenig zu bieten. Nach **San Francisco de Macorís** kommt man, um eine Wanderung auf den Berg **Loma Quita Espuela** zu machen (s. S. 148) oder aber um an einer Kakaotour teilzunehmen. Die Ausflüge sind beliebt. Aus einem offensichtlichen Grund: Es geht um Schokolade bzw. ihr Ausgangsprodukt, den Kakao.

Schokotour

Kakaotouren offeriert beispielsweise die stadtnahe **Hacienda La Esmeralda.** Bei einer Führung durch die Biofarm wird Ihnen der Anbau des Kakaos sowie die Weiterverarbeitung zur Schokolade nahegebracht.

Ca. 3 km nordwestl. von San Francisco de Macorís an der Straße nach Santiago, www.cacaotour.com, T 809 547 21 66, 50 US-$, Kinder 35 US-$

Schlafen

Ferienranch im Bananenhain

Rancho Don Lulú: Nicht nur, wenn Sie den Aufstieg zu Loma Quita Espuela machen, empfiehlt sich eine Übernachtung in dieser Unterkunft am Fuß des Berges. Es gibt Zimmer mit Aussicht auf Bananenplantagen in einem großen Haus komplett aus Holz. Die Anlage hat einen Swimmingpool und in der Nähe liegt ein natürliches Badebecken in einem Fluss. Auch Wanderführer werden vermittelt.

Ca. 13 km nordöstl. von San Francisco de Macorís am Eingang zur Reserva Científica Loma Quita Espuela, T 809 863 89 29, www.ppsdom.org/centro-ecoturistico-rancho-don-lulu, 1000 RD-$/Pers. inkl. VP

Kakaofrüchte können die unterschiedlichsten Farben haben, von gelb über grün bis weinrot. Aber ihr Fruchtfleisch ist immer weiß und ihre Samen sind (vor der Röstung) lila.

Westlich von Santiago B–D 2/3

Von Santiago de los Caballeros ist es ein kleiner Sprung nach Westen in eine wenig bereiste und gerade deswegen reizvolle Region. Die schönste Art, sich ihr zu nähern, führt über die Carretera 16. Es ist eine reizvolle Strecke durch die Ausläufer der Zentralkordilleren. Die Natur ist hier die Hauptattraktion.

Von Santiago nach Dajabón

Zeremonien und Blutvergießen

Durch eine hügelige und bukolische Agrarlandschaft geht es nach **San José de las Matas.** Hier hat der Volksmaler Maestro Toribio sein Heim (s. S. 248). Entlang der Straßen um die Stadt werden Casabebrote aus Maniok zubereitet (s. S. 154).

TOUR
Durch den Nebelwald

Aufstieg zur Loma Quita Espuela

Infos

F 2/3

Start/Ziel: Rancho Don Lulú (s. S. 147)

Länge: 3 km

Dauer: 2,5 Std. hin und zurück

Schwierigkeit: mittel

Kosten: Eintritt Nationalpark 100 RD-$, Führer 500 RD-$

Dem Mikroklima sei Dank: Binnen weniger Minuten durchwandern Sie Kakaoplantagen, einen Regenwald und dann einen geheimnisvollen Nebelwald mit 612 verschiedenen Pflanzenarten und 58 unterschiedlichen Vogelarten. Am Ende stehen Sie auf dem höchsten Gipfel der Region und überblicken das Cibao-Tal.

Der 908 m hohe Berg trägt den sonderbaren Namen Loma Quita Espuela – *loma* heißt ›Hügel‹ und *quitar espuela* bedeutet so viel wie ›Sporen klauen‹. Vermutlich bezieht sich das auf die dichte Vegetation, in der sich die Reitsporen der Viehhirten verfingen. Rund um einen Berg erstreckt sich die **Reserva Científica Loma Quita Espuela,** ein Wissenschaftsreservat abseits aller Touristenrouten. Es wird von einer Stiftung in San Francisco de Macorís verwaltet, die 1990 mit Unterstützung des Deutschen Entwicklungsdienstes (DED) gegründet wurde. Ziel der Fundación Reserva Científica Loma Quita Espuela (www.fundacionlqe.com) ist der nachhaltige Schutz der Natur rund um den Berg, auf dem es dank feuchter Nordostwinde sehr viel häufiger regnet als im restlichen Land. Rund 3500 mm Wasser pro Jahr gehen hier nieder, was eine überaus üppige Flora gedeihen lässt, die v. a. Vögeln Schutz bietet. Rund um den Berg entspringen außerdem 46 Flüsse und Bäche.

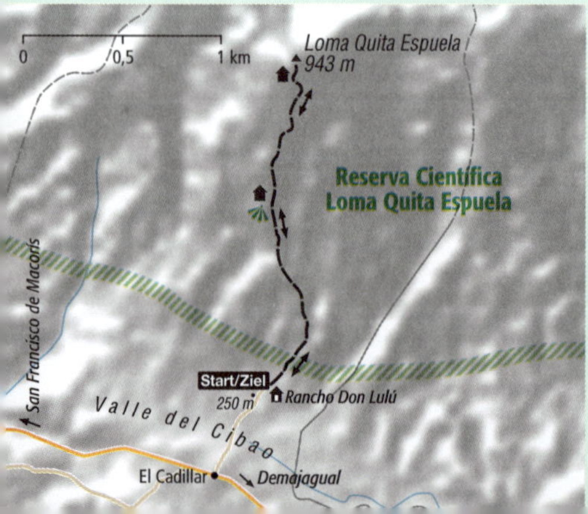

Doch das Schutzgebiet ist durch die Viehzüchter der Gegend bedroht. Die Stiftung versucht zwar, das

Land der Großgrundbesitzer aufzukaufen, allerdings werden die Angebote häufig abgelehnt. Außerdem fördert die Stiftung den Ökotourismus. Dazu hat man verschiedene Wanderungen entwickelt, etwa durch die Kakaoplantagen der Gegend. Zu den Initiativen gehört auch der Rancho Don Lulú (s. S. 147), der sich gut zum Übernachten und/oder Essen anbietet und weitere Touren im Angebot hat. Hier gibt es auch einen Pool zur Erfrischung.

Es gibt zwar nur einen nicht zu verfehlenden Pfad zum Gipfel. Dennoch ist für den Aufstieg auf die Loma Quita Espuela ein Führer obligatorisch. So unterstützt man die lokale Bevölkerung.

Sie starten die Wanderung am besten auch am **Rancho Don Lulú.** Hier engagieren Sie einen Führer. Der erste Teil des Weges führt entlang von Rinderweiden, und Sie sehen vielleicht in der Ferne Rauch aufsteigen. Dort wird die Vegetation zur Ausweitung der Weiden abgebrannt. Schon bald erreichen Sie den offiziellen Eingang zum Naturreservat, direkt vor Ihnen erhebt sich der Berg. Kontinuierlich wird nun die Vegetation dichter, bis der Regenwald beginnt. Nur wenige Sonnenstrahlen dringen noch durch das Blattwerk. Es erheben sich riesige Lorbeerbäume, Johannisbrotbäume und Kolabäume – einige sollen 500 Jahre alt sein. Zwischen den Pflanzen flitzen Kolibris umher, in den Bäumen sitzen Spechte. Der Pfad führt über moosüberzogene Wurzeln und umgestürzte Stämme, am Boden wachsen Orchideen und Farne.

Da die Region regenreich ist, kann der Aufstieg zu einer kleinen Schlammschlacht werden. Ab 700 m wandelt sich der Regenwald zu Nebelwald, und Wolkenschwaden verhüllen die Vegetation. Kurz darauf erreichen Sie den kreisrunden Gipfel der **Loma Quita Espuela** mit einem Aussichtsturm. Wenn Sie Glück haben, ist er wolkenfrei und Sie überblicken das Cibao-Tal und können vielleicht sogar bis zur Bucht von Samaná im Osten schauen.

In **Los Quemados** trifft man auf die Carretera 18 in Richtung Dajabón. Kurz bevor Sie die Grenzstadt erreichen, kommen Sie durch das Nest **Piedra Blanca.** In vorkolonialer Zeit gab es hier einen Zeremonienplatz der Taíno-Ureinwohner. Allerdings ist er nur mit Führer zu finden. In Piedra Blanca befindet sich auch der **Kolibripark.** Die gepflegte Anlage im Grünen gehört dem Deutschen Marco Stannat. Man kann hier günstig übernachten (s. unten) und sich nach dem Zeremonienplatz erkundigen.

Interessant an der Region ist auch, dass sie im 19. Jh. das Einfallstor für die haitianischen Heere war. Trotz viel vergossenen Blutes blieb sie Haiti wirtschaftlich und menschlich verbunden. Dieser Symbiose setzte das Petersilienmassaker an Zehntausenden Haitianern im Grenzgebiet 1937 vorläufig ein Ende (s. S. 261).

Dajabón B2

Nichts für Zartbesaitete

Die hektische Stadt **Dajabón** ist Grenzort und zugleich Marktplatz. Dies ist den beiden Brücken über den Río Dajabón zu verdanken, eine davon endet direkt bei einem **Markt** (Mo, Fr ab 9 Uhr) auf dominikanischer Seite. Er hat etwas ziemlich Verrücktes. Man findet hier ein Meer aus Verkaufsständen und ambulanten Händlern. Die Ware ist abgesehen vom haitianischen Rum und einigem Kunsthandwerk aber wenig verlockend. Hauptsächlich gebrauchte Kleidung und Schuhe werden angeboten. Außerdem Hühner, Lebensmittel und Ramsch aus China. Es ist ein Schauspiel, das für zartbesaitete Gemüter nichts taugt, denn das Wohlstandsgefälle zwischen den beiden Ländern ist drastisch. Die Armut vieler Haitianer und die üble Behandlung durch dominikanische Soldaten und Polizisten kann traurig und wütend machen.

Abstecher nach Haiti

Das achte Weltwunder

Auch einen Ausflug in die haitianische Grenzstadt **Ouanaminthe** können Sie unternehmen, sollten sich aber vorher erkundigen, ob Sie ohne Formalitäten ein- und ausreisen dürfen. Die Eindrücke von der Geschäftigkeit auf der anderen Seite werden unvergesslich bleiben.

Ebenfalls in Dajabón überquert man die Grenze, wenn man die 60 km entfernte haitianische Kolonialstadt **Cap-Haïtien** oder das Örtchen **Milot** besuchen möchte. Bei Milot thront auf einer Bergspitze die **Citadelle La Ferrière,** die größte Festung Amerikas, auch bekannt als achtes Weltwunder. Außerdem steht in Milot die famose Schlossruine von **Sans-Souci.**

Schlafen

Dajabón ist kein Urlaubsort, die Hotels sind schlicht und entsprechend günstig.

Deutscher im Paradies

Kolibripark: Eine der idyllischsten und gepflegtesten Hotelanlagen in der Region, gemanagt von dem Deutschen Marco Stannat. Wenn Feste veranstaltet werden, herrscht einiger Trubel.

Piedra Blanca, T 809 610 89 70, www.kolibripark.com, Apartment 1000 RD-$

Akzeptabel und funktional

Brisol: Ein ordentliches Hotel mit vier Stockwerken und kleinen Zimmern. Am besten sind die ganz oben mit Fenster.

Calle Padre Santa Anna 18, Dajabón, T 809 579 87 03, DZ ab 750 RD-$

Nett und hilfsbereit

Masacre: Lassen Sie sich vom Namen nicht abschrecken. Es ist nicht das Hotel aus dem Film »Shining«, sondern nur eine nach dem Grenzfluss benannte Pension

in ruhiger Lage. Im Restaurant mit dem ebenfalls gewagten Namen Delicias de Masacre gibt es günstige Tagesgerichte. Auch hier können Sie ohne Furcht speisen.
Calle Sánchez 89, Dajabón, T 809 579 87 27, www.hotelmasacredr.com, DZ ab 36 US-$

Essen

Traditionell

Deli López: Schnörkellose dominikanische Küche – Reis, Bohnen, Tostones, Salat und dazu Fleisch – zu kleinen Preisen.
Calle M. Carrasco, Ecke Calle Valerio, Dajabón

Infos

- **Busse & Guaguas:** Mit Caribe Tours (www.caribetours.com.do) oder Kleinbussen gelangt man von Dajabón nach Monte Christi und Santiago. Die Strecke über Mao wird von Kleinbussen befahren, Abfahrt: Cruce de Pepillo Salcedo.

Entlang der Grenze zu Haiti

B2/3

Von Dajabón führt eine schnurgerade Straße ins 35 km nördlich gelegene **Monte Cristi** (s. S. 175). Richtung Süden geht es auf der Carretera Internacional nach Restauración in den Kordilleren. Dies ist eine der schönsten Regionen der dominikanischen Republik. Am Wegrand Bauernhäuser, vor denen Verkaufsstände mit Nüssen, Früchten und Kokosplätzchen aufgebaut sind. Dann wird es bergig: Nadelwälder und dazwischen Blicke auf Weiden und Bergdörfer zu beiden Seiten der Grenze. Die wunderbare Landschaft darf jedoch nicht darüber hinwegtäuschen, dass dies eine der ärmsten Ecken der Dominikanischen Republik ist. Die Wirtschaft beruht auf kleinbäuerlicher Landwirtschaft und dem Grenzverkehr mit Haiti. In **Restauración** beginnt eine der abenteuerlichsten Straßen der Insel (s. S. 152).

Die haitianischstämmige Juliana Deguis zog 2014 vor Gericht, um die dominikanische Staatsbürgerschaft einzuklagen. Der Fall löste politische Diskussionen aus.

TOUR
Durchs Niemandsland

Fahrt auf der Carretera Internacional entlang der Grenze zu Haiti

Die Tour kann man auch mit einem Mountainbike machen, das jedoch mitgebracht werden muss. Sowohl in Restauración als auch in Bánica (ca. 5 km südl. von Pedro Santana) gibt es einfache Unterkünfte.

Sie ist ein geopolitisches Kuriosum: die 172 km lange Carretera 45 zwischen Monte Cristi und dem Valle de San Juan. In ihrem südlichen Abschnitt kurvt die Straße mal einige Meter durch Haiti, dann wieder durch die Dominikanische Republik, weswegen sie hier auch **Carretera Internacional** heißt.

Startpunkt für diese abenteuerliche Etappe ist **Restauración.** Bevor Sie aufbrechen, müssen Sie sich in der Militärkaserne in Restauración einen **Passierschein** besorgen. Den gibt es umsonst. Man will sichergehen, dass Sie in Pedro Santana ankommen und keine Panne haben. Und seien Sie gewarnt: Sie werden viel Armut sehen. Hungrige Kinder, sogar Menschen, die Plätzchen aus Lehm essen, um satt zu werden.

Hinter Restauración endet der Asphalt und es geht über eine zerlöcherte, kaum befahrene Geröllpiste. Kurz darauf kommt **Tilory,** das erste Dorf auf der haitianischen Seite der Straße: Bretterverschläge, aus Zweigen zusammengeschusterte Hütten, löchrige Lehmhäuschen. Davor sitzen Menschen. Kinder kommen gerannt, barfuß. Sie strecken ihre Handflächen aus. Einige scheinen unterernährt zu sein, haben große Augen in knochigen Schädeln. Die Älteren laufen neben dem Wagen her und rufen »*Dame algo*« (›Gib mir etwas‹). Wir sind am Rand der Dominikanischen Republik, dem ›Paradies für einen unbeschwerten Pauschalurlaub‹.

Die Szene wird sich bei fast jeder Siedlung wiederholen, an der man vorbeikommt. In **Calbassier, Vélot, La Baria, El Corte**

Dort der Pauschaltourismus mit viel Chichi, hier eine Straße durchs verarmte und sonnenverbrannte Grenzland zu Haiti – auch das ist die Dominikanische Republik.

und wie sie alle heißen. Mit jedem Kilometer, den man weiter nach Süden vordringt, wird die Piste durchfurchter, schlängelt sich in unzähligen Kurven durch durstige, harte Erde, auf der hohes gelbes Gras wächst. Auch die Besiedlung wird spärlicher. Tiere oder Felder sieht man keine, Bäume sowieso nicht. Die Natur ist hier wie der Mensch: am Limit.

Auf dominikanischer Seite stehen grüne Grenzforts. In den Miniaturburgen sind einsame Soldaten stationiert. Die Carretera Internacional und die Forts wurden gebaut, nachdem sich Haiti und die Dominikanische Republik 1929 unter Aufsicht der Besatzungsmacht USA auf einen Grenzverlauf geeinigt hatten. Die Grenzziehung sorgte dafür, dass sich plötzlich Zehntausende haitianische Bauern auf dominikanischer Seite wiederfanden. Im Herbst 1937 ordnete Diktator Trujillo ihre Beseitigung an. Seine Soldaten brachten in einer einzigen Woche Zehntausende Männer, Frauen und Kinder um.

Nach 1,5 Std. Fahrt führt der ›Highway‹ aus den Bergen hinab in eine grasbewachsene Hügellandschaft. Hinter einer Brücke über den **Río Artibonito** ist eine Kette gespannt. Dort liefert man den Passierschein ab. Sie sind in der Kleinstadt **Pedro Santana,** benannt nach dem ersten dominikanischen Präsidenten nach der Unabhängigkeit von Haiti im Jahr 1844. Santana sorgte dafür, dass die Dominikanische Republik sich 1861 von Spanien annektieren ließ – was den Restaurationskrieg auslöste. Ab Pedro Santana ist die Straße wieder asphaltiert und Sie können bis ins Valle de San Juan (s. S. 100) weiterfahren.

Infos

B3

Start: Restauración

Ziel: Pedro Santana

Länge: 61 km

Dauer: 2–3 Std.

Hinweis: Für die Tour werden ein Passierschein (s. links) und unbedingt auch ein Geländewagen benötigt.

Zugabe

Knusperfladen mit Geschichte

Das Casabebrot

Seine Geschichte lässt sich bis zu den Taíno zurückverfolgen. Casabe, ein knuspriges (und krümeliges!) Trockenbrot aus Maniok. Es kommt in drei Geschmacksvarianten vor: pur, mit Knoblauch oder mit Erdnüssen. Die Grundlage ist Maniokstärke, die man in einem komplexen Prozess gewinnt, bei dem Blausäure herausgefiltert wird. Diese wurde einst von den Taíno zum Selbstmord verwendet, um der Zwangsarbeit unter den Spaniern zu entgehen. Die Knollen werden zunächst gerieben, die weiße Masse lässt man in einem Tuch abtropfen. Nach dem Trocknen breitet man sie auf einer heißen Platte aus und fertig ist der Knusperfladen. Offene Bäckereien findet man entlang der Straßen um San José de las Matas. ■

Puerto Plata und die Nordwestküste

Pauschaltourist oder Hippie? — Hier findet jeder sein Plätzchen. Je weiter Richtung Haiti, desto beschaulicher.

Eintauchen

Seite 160

Altstadt von Puerto Plata ✪

Das bunte historische Zentrum von Puerto Plata lebt auf. Nach langer Vernachlässigung wird es erneut interessant. Cafés, Restaurants und Geschäfte eröffnen in Erwartung von Kreuzfahrtpassagieren, die wieder hierherkommen.

Seite 164

Pico Isabel de Torres

Die Seilbahn bringt Sie von Puerto Plata auf den 800 m hohen Pico Isabel de Torres. Von oben haben Sie einen fantastischen Blick über die Stadt und den tiefblauen Atlantik.

Die Hurrikansaison dauert etwa von Juni bis November.

Seite 164

El Palacio

Werfen Sie einen Blick in diesen herrlich kitschigen Antiquitätenladen der Holländer Mariann und Stan.

Seite 166

Eis & Süßes aus Österreich

Das Mariposa in Puerto Plata ist eine Institution!

Seite 168

27 Charcos de Damajagua

Es ist ein feuchtes Abenteuer. Sie klettern hinauf und springen und rutschen dann die 27 Wasserfälle bei Imbert wieder hinunter.

Seite 170

Ruinas La Isabela

Erleben Sie die eigentümliche Atmosphäre der Überreste der ersten dauerhaften Siedlung der Spanier auf der Insel.

Seite 172

Punta Rucia

Im verschlafenen Punta Rucia tut sich nicht viel. Hier finden Individualreisende Ruhe, schöne Strände, eine verträumte ländliche Umgebung und vor der Küste tauchbare Korallenriffe.

Seite 174

Parque Nacional Estero Hondo

Manatís heißen Rundschwanzseekühe auf Spanisch. Eine gute Chance, diese seltenen und imposanten Tiere zu Gesicht zu bekommen, bietet dieser winzige Nationalpark bei Punta Rucia. Vielleicht haben Sie Glück und sehen sie.

&

Seite 176

El Morro

Er markiert den nordwestlichsten Punkt des Landes, der 239 m hohe El Morro, der sich aus der einzigartigen Salinenlandschaft bei Monte Cristi erhebt. Sie können ihn erkraxeln, die Aussicht reicht bis Haiti.

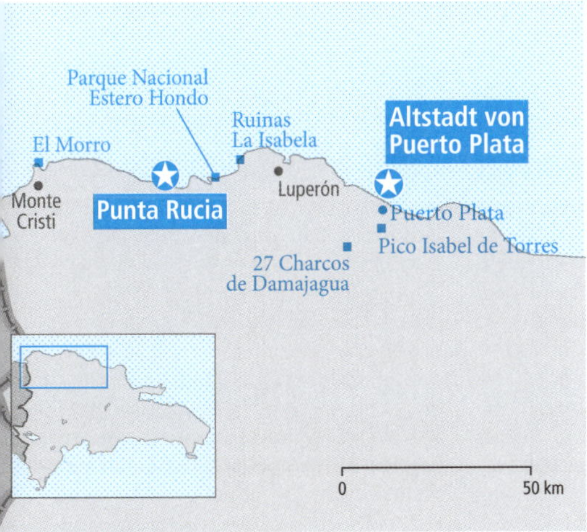

Kolumbus segelte zur Jahreswende 1492/93 an der Nordküste vorüber und befand: »Wir haben das Paradies gefunden.« Könnte stimmen.

In Puerto Plata gibt es ein Bernsteinmuseum mit einem besonderen Exponat: ein Stein mit eingeschlosser Mücke. Aus ihrem Blut wurden in dem Film »Jurassic Park« die Dinos kreiert.

erleben

Viel Wasser, viel Land, viel Himmel

H

Hier findet sich alles, was dieses Land so reizvoll macht. Vom touristisch geprägten Puerto Plata bis zum historischen La Isabela. Von den Stränden und Tauchgründen des kleinen Badeorts Punta Rucia bis zu den landwirtschaftlich geprägten Ebenen des Nordwestens. Und ganz am Ende ein letzter einsamer Ausläufer der nördlichen Kordilleren mit einem weiten Ausblick über Meer und Landschaft: El Morro.

Touristisch gesehen ist Puerto Plata nach Punta Cana die zweitwichtigste Region der Dominikanischen Republik. Hier gibt es einen internationalen Flughafen, Hotels und Resortanlagen. Die Stadt selbst wurde jahrelang nicht gepflegt, war langweilig und teils heruntergekommen. Das änderte sich, seit im 20 km entfernten Maimón Kreuzfahrtschiffe anlegen und im Hafen von Puerto Plata ein weiterer Kai gebaut wird. In Erwartung Tausender Gäste wurde investiert, es ist Neues entstanden und das historische Zentrum putzt sich heraus. Spannende Zeiten für Puerto Plata.

Wer keine Lust auf Touritrubel hat, der ist westlich von Puerto Plata gut aufgehoben. Hier gibt es keine Großstädte mehr. Die Region ist von der Landwirtschaft und der Viehhaltung geprägt. Es existiert ein bescheidener Tourismus, der immer mehr abnimmt, je weiter Sie nach Westen kommen. Wieder einmal ist es faszinierend zu beobachten, wie sich Landschaft und Kultur wandeln. Es gibt dicht bewaldete Berge, weiße Strände und Lagunen, in denen Rundschwanzseekühe (auch Manatís genannt) leben. Im Verlauf der Fahrt wird es zunehmend trockener, Karstland mit dornigen Sträuchern macht sich breit. Und dennoch erstrecken sich hier große Reisfelder, auf denen vorwiegend Haitianer arbeiten. Ganz im Westen stoßen Sie dann wieder auf die Grenze zum armen Nachbarland.

ORIENTIERUNG

O

Infos: www.popreport.com (gut gemachtes Internetportal in englischer Sprache mit zahlreichen interessanten Neuigkeiten zu Puerto Plata und Umgebung).
Anreise und Weiterkommen: Wie auf der restlichen Insel sind auch im Nordwesten alle größeren Orte gut mit öffentlichen Verkehrsmitteln zu erreichen. Wer jedoch unabhängig sein möchte und abgelegene Strände besuchen will, ist auf ein eigenes Fahrzeug angewiesen.

Puerto Plata

Karte 1, E1 sowie Karte 2, B/C2

Puerto Plata hat zwei Gesichter. Da ist einmal eine laute, chaotische Großstadt mit viel nervigem Verkehr, Armut und Lärm. Und dann ist da eine hübsche Altstadt mit bunten Häuschen im viktorianischen Stil. In den vergangenen Jahren wurde hier einiges an Geld investiert. Dennoch konnte das historische Zentrum bislang seine Authentizität bewahren und ist kein Disneyland geworden.

Was bisher geschah

Hier lässt es sich ankern

Am 11. Januar 1493 segelte Christoph Kolumbus am heutigen Puerto Plata vorbei. Den großen Berg, den er erblickte, nannte er Monte de Plata (›Silberberg‹) und notierte in sein Bordbuch: »Zu Füßen des Berges öffnet sich ein guter Ankerplatz. Die ganze Umgegend ist reich besiedelt und muss meiner Ansicht nach sehr fluss- und goldreich sein.« Der Berg, den Kolumbus sah, ist der heutige Pico Isabel de Torres.

1504 ließ Inselgouverneur Nicolás de Ovando in der Bucht eine Stadt gründen, die den Namen Puerto Plata (›Silberhafen‹) bekam. Allerdings verlor sie bald an Bedeutung, weil Santo Domingo an der Südküste wichtiger wurde. Dann ordnete die spanische Krone 1604 die Zerstörungen der nördlichen Städte an, um den Schmuggel zu bekämpfen. Puerto Plata entvölkerte sich. Schiffe legten kaum noch an, der Handel lief über Santo Domingo.

Auf und Ab der Geschichte

Anfang des 18. Jh. gründeten die Spanier Puerto Plata ein zweites Mal und es kamen kanarische Siedler. Aber erst im 19. Jh. konnte Puerto Plata seine

Viel zu lange verödete die historische Altstadt von Puerto Plata. Nun sind die Farben (und die Kreuzfahrttouristen) zurück.

Rolle als Hafenstadt zurückgewinnen. Hier wurden die wertvollen Produkte des Cibao-Tals umgeschlagen: Rum, Tabak, Kaffee. Es war die ›goldene‹ Epoche der Stadt. Ein erneutes Ende fand sie unter Diktator Trujillo, der Santo Domingo zum Dreh- und Angelpunkt des Landes machte. So blieb Puerto Plata ein verschlafenes Nest, bis es in den 1980er-Jahren von der Tourismusindustrie entdeckt wurde. Anfang dieses Jahrhunderts ging es wegen fehlender Investitionen zwar bergab, doch mit dem Boom der Kreuzfahrtschiffe und den eigens für sie gebauten neuen Anlegestellen versucht man nun den Trend umzukehren.

Altstadt

Der historische Kern mit Hunderten von Häusern im viktorianischen Stil ist unbedingt eine Erkundung wert. Das einzigartige Ensemble entstand zur Blütezeit Puerto Platas im 19. Jh. und erstreckt sich über rund 80 Häuserblocks im

Puerto Plata

Schlafen

1. El Palacio
2. Kevin
3. Mountain View
4. Puerto Plata Apartments

Essen

1. Mares
2. El Bergantin
3. Le Papillon
4. Solo.Y
5. Mariposa

Einkaufen

1. María Rodríguez Gift Shop
2. Espigón Cigar Factory

Bewegen

1. Rancho Lorilar
2. Diwa Dominicana Dive Center
3. Jasmine Spa & Wellness Centre

Ausgehen

1. Big Lee's Beach Bar
2. Vivonté Cigar Lounge
3. Kviar Show Disco & Casino

Ansehen

1. Iglesia San Felipe
2. Fortaleza de San Felipe
3. Logia Masónica
4. Puesto de Bomberos
5. Museo del Ámbar
6. Fábrica Ron Brugal
7. Pico Isabel de Torres

Dreieck zwischen Hafen und Malecón. Obwohl das Schachbrettmuster eine gute Orientierung erlaubt, kann ein Stadtplan hilfreich sein. Tagsüber ist Puerto Plata sicher, nachts sollten Sie dunkle Ecken und die Hafengegend meiden.

Verabredung im Park

Der palmengesäumte **Parque Central** gehört nach seiner Sanierung zu den aufgeräumtesten Plätzen des Landes. Man hat ihm ein neues Pflaster, neue Laternen und Sitzbänke verpasst. Besonders gelungen ist der zweistöckige weiße Pavillon in der Mitte. Am frühen Abend sitzen hier Familien, Jugendliche und Dominospieler. Es wird geschwatzt und Eis gegessen. Am nördlichen Platzende gibt es das Traditionscafé **Mariposa** 5 (s. S. 166) und das stilvolle Restaurant **El Bergantin** 2 (s. S. 165). An der oberen Seite steht die **Iglesia San Felipe** ❶, ein Art-déco-Bau von 1934. Sie wurde saniert, nachdem Hurrikan George sie 1998 verwüstet hatte.

Freiheitsheld und Freimaurer

Auch der **Malecón** wurde vor einigen Jahren neu gestaltet. Die 3,5 km lange Uferpromenade hat nun einen weinrot gepflasterten Gehsteig sowie Fahrradwege, die jedoch überwiegend von Joggern genutzt werden. Am westlichen Ende des Malecón steht die **Fortaleza de San Felipe** ❷ (Di–So, 9–17 Uhr, 100 RD-$), die einzige Sehenswürdigkeit aus der Zeit der ersten Stadtgründung im 16. Jh. (Di–So, 9–17 Uhr, 100 RD-$). Im Inneren ist ein kleines **Museum** untergebracht, das Bajonette, Geschützkugeln und andere Militaria zeigt. Der ›Vater der Nation‹, Juan Pablo Duarte, wurde 1844 zur Zeit der Trinitaria-Bewegung (s. S. 268) in der Festung gefangen gehalten.

Etwas unterhalb davon hat man ein **Amphitheater** *(anfiteatro)* angelegt, in dem gelegentlich Konzerte stattfinden. Es wird Ihnen sicherlich das Wummern auffallen, das rund um die Festung die Luft erfüllt. Es stammt vom nahen Elektrizitätskraftwerk, das – besonders umweltschädlich – mit Schweröl betrieben wird. Am Kreisel vor der Festung steht ein Gedenkstein für die 189 Passagiere, die 1996 beim Absturz einer Birgenair-Maschine im Meer vor Puerto Plata starben.

Kunst wird in der Dominikanischen Republik häufig auf der Straße oder wie hier in offenen Ateliers produziert. Die Künstler sind vor allem Haitianer, die das Land regelrecht mit ihren bunten Werken überschwemmen.

Entlang des Malecón Richtung Osten finden Sie die **Logia Masónica** ❸, einen Freimaurertempel, und die Feuerwache, den **Puesto de Bomberos** ❹. Letztere stammt aus dem Jahr 1930, und ein Blick in den Fuhrpark des Art-déco-Baus lohnt sich. Dort stehen teils jahrzehntealte Feuerwehrautos. Am östlichen Ende des Malecón hat man kleine identische **Bars und Snackrestaurants** eingerichtet. In einigen sitzt man recht schön mit Blick aufs Meer.

Viktorianisches und Haitianisches

Parallel zum Malecón, allerdings einige Straßen weiter in Richtung Zentrum, verläuft mit der **Calle Prof. Juan Bosch** eine der viktorianischsten Straßen der Stadt. Hier findet man mehrere farbig gestrichene Häuser aus der Zeit um die Jahrhundertwende mit schönen Veranden und Dachgauben. Der reiche Schmuck über den Türen und Fenstern macht den sogenannten Gingerbread-Stil aus. Flanieren Sie abends hier entlang und Sie werden aus den Häusern sicher das Klackern der Dominosteine hören – ein typisches karibisches Geräusch.

Zwischen der Calle San Felipe und der Calle 30 de Marzo steht einer der wenigen Gründerzeitbauten der Stadt. Er hat eine beeindruckend ornamentierte Fassade. In dem Gebäude befindet sich das **Hotel El Palacio** 1 mit einem großen und opulenten Antiquitätenladen im Erdgeschoss, den man einfach gesehen haben muss. Das Gebäude gehört dem holländischen Paar Mariann und Stan – ihnen ist der Erhalt dieser architektonischen Perle zu verdanken.

Wenn man nun von hier aus die Calle 30 de Marzo nach Süden läuft, kommt man ins **Viertel der haitianischen Kunsthandwerker,** die in offenen Ateliers arbeiten. In einigen der Häuser stapeln sich die Gemälde bis unter die Decke. Es ist auch eine ärmere Gegend.

E

DAS ERSTE UND DAS BESTE

Das ramponierte Holzhaus in der **Calle José del Carmen Ariza** (Ecke Calle Prof. Juan Bosch) beherbergte einst das Castilla, Puerto Platas erstes Hotel, das 1896 eröffnete. Zwei Jahre später machte dann das Ranieri in der **Calle Beller 28** seine Pforten auf. Es galt als bestes Hotel von Puerto Plata. US-Marineoffiziere stiegen hier oft ab, sie schätzten den Sektkeller.

Jahrtausendealte Insekten

Das **Museo del Ámbar** ❺ (›Bernsteinmuseum‹) zeigt Stücke, in die Insekten eingeschlossen sind. Einige von ihnen haben eine Zeitreise von 20 bis 45 Mio. Jahren hinter sich. Die Insekten sind gut zu erkennen, denn der hiesige Bernstein ist besonders klar. Schautafeln erklären die Entstehung der uralten Schätze, die dieser Küste den Beinamen Costa de Ámbar gegeben haben. Der Bernstein entstand hier aus dem Harz einer Urform des Laubbaumes Algarrobo.

Das Museum ist in der Villa Bentz von 1919 untergebracht. Sie wurde von zwei deutschen Brüdern erbaut, die ihr Geld mit Zuckerrohr erwirtschaftet haben. Im Erdgeschoss des Hauses befindet sich – unvermeidlich – ein Souvenirladen.

Calle Duarte 61, Ecke Calle Emilio Prud' Homme, T 809 586 28 48, www.ambermuseum.com. Mo–Sa 9–18 Uhr, 100 RD-$

Fábrica de Ron Brugal

Flaschen auf Fließbändern

Wer etwas mehr Zeit in Puerto Plata hat, kann der **Fábrica Ron Brugal** ❻ einen Besuch abstatten. Die kurze Führung

R

RUMSAUFEN

Das Angebot bei Rum reicht vom Fusel bis zum edlen Tropfen. Die Häuser Brugal und Barceló dominieren das Geschäft, aber kleine Qualitätsmarken drängen aus ihren Nischen. Generell gilt: Weißer Rum ist schärfer und wird vorwiegend für das Mixen von Drinks verwendet (Ausnahme: Cuba Libre). Die gealterten dunklen Sorten genießt man pur.

gewährt einen oberflächlichen Einblick in die industrielle Rumproduktion. Der Anblick der auf den langen Fließbändern wandernden Flaschen ist aber nur von mäßigem Interesse. Anschließend kann man verschiedene Sorten Rum probieren, die man im Verkaufsraum natürlich auch erwerben soll.

Av. Luís Ginebra (Straße nach Playa Dorada), www.brugal-rum.com, Mo–Fr 8–16, Sa 8–12 Uhr, Führung 5 US-$ (auch auf Deutsch)

Pico Isabel de Torres

In den Abgrund starren

Er wird von einer Christusstatue geziert: der **Pico Isabel de Torres** 7 (Karte 2, B3). Auf Puerto Platas Hausberg kann man einen kleinen **Botanischen Garten** besuchen oder eine Wanderung durch die **Reserva Científica Isabel de Torres** unternehmen, ein Beispiel für den hiesigen Vegetationstypus des regenfeuchten Bergwalds. Das eigentlich Lohnende ist jedoch der Ausblick von hier oben – es empfiehlt sich, den Ausflug bei gutem Wetter zu unternehmen.

Am einfachsten ist das Hochkommen mit der Seilbahn. Die Fahrt führt über tiefe Abgründe und man mag erstaunt sein, dass die italienische Konstruktion der fast 3 km langen *teleférico* nur mit einem einzigen Stützpfeiler auskommt. Die Talstation befindet sich im Südwesten von Puerto Plata an der Durchgangsstraße nach Santo Domingo. Man erreicht den Gipfel auch über eine ca. 10 km lange Straße, die kurz hinter der Talstation von der Avenida Circunvalación abzweigt.

Seilbahn: Av. Circunvalación Sur, tgl. 8.30–17 Uhr, 350 RD-$ hin und zurück, Kinder 200 RD-$

Die Strände

Vamos a la playa!

Die Hauptattraktion von Puerto Plata bzw. der Grund, warum so viele Urlauber in diese Region kommen, sind natürlich die Strände. Sie erstrecken sich westlich und östlich der Stadt. In Laufnähe zum Zentrum liegt der **Long Beach** (Karte 2, C2). Schöner sind die Strände, die zum Resortkomplex **Playa Dorada** (Karte 2, C2/3) gehören. Die hier ansässigen großen All-inclusive-Hotels sind eine Welt für sich mit Golf- und Tennisplätzen, Bars, Restaurants, Schönheitssalons und Läden aller Art.

Westlich von Puerto Plata liegen die ebenfalls annehmbaren **Playa Cofresí** und **Playa Costámbar** (beide Karte 2, B2).

Schlafen

Kolonialer Palast

1 **El Palacio:** Hohe Räume, viel Holz, viel Stil, alles peinlich sauber und ordentlich – das Palacio ist sicherlich das beste unabhängige Hotel der Stadt. Es befindet sich in einem Altbau von 1920 im historischen Zentrum und wird von dem holländischen Paar Stan und Mariann geführt, die hier auch einen skurrilen, absolut sehenswerten Antiquitätenladen betreiben.

Calle Prof. Juan Bosch 14, T 809 261 09 42, www.hotelelpalacio.com, DZ ab 50 €, Frühstück 350 RD-$

Einfach, aber angenehm

2 **Kevin:** Sehr zentral um die Ecke des Parque Central gelegen, allerdings dürfen Sie hier keinen kolonialen Luxus erwarten. Mit Restaurant und Bar ist es ein Treffpunkt für die wenigen Traveller in der Stadt.

Calle Prof. Juan Bosch 41, T 809 244 41 59, DZ ab 1300 RD-$

Blick auf die Berge

3 **Mountain View:** Ein Klassiker in Puerto Plata. Das Hotel hat 22 funktional eingerichtete Zimmer, einige davon mit Blick auf den Pico Isabel de Torres – lassen Sie sich ein Zimmer nach Osten geben.

Calle J. E. Kunhardt, Ecke Calle Villanueva, T 809 586 57 57, DZ 1500 RD-$

In guter Wohngegend

4 **Puerto Plata Apartments:** Das amerikanisch-deutsche Pärchen Jeff und Petra vermietet seit Jahren mit einigem Erfolg diese gut ausgestatteten Ferienapartments mit Garten und Pool. Die Gegend ist grün, sicher und ruhig. Allerdings werden Langzeitgäste bevorzugt.

Urbanización Torre Alta, Calle H, T 809 586 33 20, www.puertoplata-apartments.com

Eis aus österreichischer Hand gibt's in der Heladería Mariposa. Auch Sahnegebäck und Kaffee ist im Angebot.

Essen

Fusion-Küche

1 **Mares:** Chef Rafael Vásquez gilt als einer der herausragenden Köche des Landes und hat hier das beste Restaurant der Stadt aufgebaut. Die gehobenen internationalen Speisen werden in einem schönen Garten unter Palmen und neben einem Pool serviert. Das Menü, das hauptsächlich aus Fisch und Meeresfrüchten besteht, wechselt Vásquez monatlich.

Calle Francisco J. Peynado 6a, Ecke Calle Presidente Vásquez, T 809 261 33 30, www.maresrestaurant.com, Gerichte ab 300 RD-$

Angenehme Atmo

2 **El Bergantin:** In einem gepflegten Kolonialhaus direkt am Parque Central liegt dieses fein wirkende, aber gar nicht teure Restaurant mit sehr ansprechenden Gerichten (v. a. Meeresfrüchte). Das Ambiente in der Altstadt macht es besonders.

Calle Beller, Ecke Calle Separación, direkt am Parque Central, T 809 261 58 60, www.elbergantin.com.do, 9–23 Uhr, Gerichte ab 350 RD-$

Schmetterlinge im Bauch

3 **Le Papillon:** Seit vielen Jahren ist ›der Schmetterling‹ der Klassiker in Puerto Plata. Und das zu Recht! Unter einem Palmblattdach serviert Chef Thomas Ackermann Filets, Langusten sowie vegetarische Gerichte. Auch deutschen Zwiebelkuchen hat er auf der Karte. Von der Decke des schönen, nach drei Seiten hin offenen Raums hängt ein Segelschiffmodell, an den Wän-

den können Sie Landkarten und (natürlich) Schmetterlinge bestaunen.

Villas Cofresí, an der Straße nach Imbert, hinter Costámbar links ausgeschildert, T 809 970 76 40, www.lepapillon-puertoplata.com, Di–So ab 18 Uhr

Wohnzimmeratmo

4 **Solo.Y:** Dieses Bistro-Restaurant gehört zu den erst kürzlich eröffneten Häusern im alten Stadtkern und trägt damit zu seiner Belebung bei. Man sitzt auf einer Veranda oder in hellen, luftigen Räumen, die gut renoviert wurden. Die Ausstattung mit Sofas, Sesseln und Wandschmuck schafft eine Wohnzimmeratmo. Auch das Essen, raffinierte dominikanische Küche, ist fein, wenn auch leicht hochpreisig.

Calle José del Carmen Ariza, Ecke Calle 12 de Julio, T 809 739 97 90, Mo–Sa 11–23, So 9–23 Uhr

Süßigkeiten

5 **Mariposa:** Das Eiscafé *(heladeria)* am unteren Ende des Parque Central gibt es schon ewig. Sowohl das Eis als auch die Backwaren sind erste Sahne. Der Kaffee auch. Der ›Schmetterling‹ wird ja auch von einem Österreicher betrieben. Die haben Erfahrung mit Kaffeehäusern.

Calle Beller 38, am Parque Central, www.heladosmariposa.com, Mo–Fr 8–23, Sa, So bis 23.30 Uhr

Einkaufen

Souvenirläden finden Sie in den Sträßchen westlich des Parque Central, etwa in der **Calle Duarte** und in der **Calle Beller.**

Souvenirschnäppchen

1 **María Rodríguez Gift Shop:** Aus diesem etwas chaotischen Großhandel stammen viele Souvenirs, die auf der ganzen Insel angeboten werden. Sie finden Mitbringsel auf zwei Etagen, und zwar wesentlich günstiger als anderswo!

Calle Antera Mota, Ecke Calle José Ramón López, Mo–Fr 8–12, 14–17, Sa 8–12 Uhr

Zigarrenmanufaktur

2 **Espigón Cigar Factory:** Aufgeräumter Zigarrenladen unter Führung des Amerikaners Dennis. Hier können Sie bei der Herstellung der Zigarren zuschauen und sogar Probe rauchen. Wenn Kreuzfahrtschiffe anlegen, wird es hier voll.

Calle San Felipe, Ecke Calle Duarte, T 809 261 01 78, Mo–Fr 9–17 Uhr

Bewegen

Reiten

1 **Rancho Lorilar:** Nach den kanadischen Gründern Lori und Larry benannte

Z

EIN HOCHPROZENTIGER ZAUBERTRANK

In vielen Souvenirshops sieht man Flaschen mit Hölzern, Blättern und Rinden. Sie schwimmen manchmal in einer roten Flüssigkeit, die verdächtig nach Sangría mit Hustensaft riecht. Ist aber **Mamajuana,** das dominikanische Nationalgetränk: hochprozentig und angeblich aphrodisierend. Wenn Sie den Zaubertrank selbst ansetzen wollen, geht das so: Zu den bereits in der Flasche enthaltenen Ingredienzien werden zwei Fingerbreit Honig, drei Fingerbreit Rum sowie Rotwein gegeben. Das Ganze lässt man ein wenig ziehen und kippt den ersten Aufguss weg – so will es das Originalrezept. Dann wiederholt man die Prozedur und fertig ist der Zaubertrank, den man sowohl als Aperitif als auch als Digestif genießen kann.

Ranch, die Ausritte für Anfänger und Fortgeschrittene durch die landwirtschaftlich geprägte Zone am Fuß des Pico Isabel de Torres anbietet. Es kommen viele Touristen aus den Resorts. Nicht wirklich günstig.

Calle Fellito Mezon, Sabana Grande, T 809 855 31 85, www.facebook.com/RanchoLorilar, Mo–Sa 9–16 Uhr

Tauchen

2 Diwa Dominicana Dive Center: Die beste Adresse in Puerto Plata für Tauchausflüge. Es werden 16 Tauchgründe vor der Küste angesteuert, darunter das Wrack des Frachters Zingara und die Süßwasserlagune Dudú (s. S. 197).

Plaza Turisol, geg. der Fábrica de Ron Brugal, T 809 261 31 50, www.diwadominicana.co

Wohlbefinden

3 Jasmine Spa & Wellness Centre: Bewegen müssen Sie sich hier nicht unbedingt, aber aktiv entspannen, wie man heute so sagt. Das kleine Wellnesszentrum liegt abgeschieden in den Bergen und bietet verschiedene Pakete an, z.B. einen 1-tägigen Aufenthalt inkl. Peeling, Massagen und Masken sowie Mittagessen für 125 US-$.

Tubagua, Crta. Turística Richtung Santiago Km 22, T 829 252 52 72, www.jasmine-spa-wellness.com

Ausgehen

Fish 'n'Chips, Zigarren, Abhotten

Am frühen Abend sitzt man gemütlich am **Parque Central** mit seiner Glorieta und schaut dem Treiben zu. Für ein Bier oder einen Rum sucht man die Strandkioske am östlichen Ende des Malecón auf, etwa **Big Lee's Beach Bar** 1 (Höhe Calle Neptuno, www.bigleesbeachbar.com), wo es auch Fish 'n'chips gibt. Wer es schick und gediegen mag, kann sich auf einen Rum und eine Zigarre in die neue **Vivonté Cigar Lounge** 2 (Calle José del Carmen Ariza 5, www.vivontecigars.com, tgl. 8–23 Uhr) begeben. Tanz- und Feierwütigen seien die Discos in den Hotelkomplexen an der **Playa Dorada** empfohlen, deren Namen sich oft ändern, weswegen hier keine Empfehlung ausgesprochen wird. Konstant angesagt ist aber **Kviar Show Disco & Casino** 3 (Complejo Costa Dorada, 20–4 Uhr).

Feiern

- **DR Festival de Jazz:** Wochenende im Okt./Nov., www.drjazzfestival.com. Konzerte international bekannter Jazzmusiker.
- **Festival del Merengue:** Okt. Fünftägiges Fest mit Tanz, Kultur und Kunst, kreolischen Speisen und Aktivitäten.
- **Carnaval:** Ende Feb. Auch in Puerto Plata gibt es einen Karneval, jedoch weniger berühmt als der in La Vega, La Romana und Santo Domingo.

Infos

- **Flüge:** Der Aeropuerto Internacional Gregorio de Luperón liegt ca. 18 km östlich von Puerto Plata. Verbindungen nach Europa und Nordamerika. Der Transport vom Flughafen nach Puerto Plata erfolgt per Taxi oder Guagua (man läuft ein paar Minuten zur Hauptstraße und hält per Winkzeichen einen der Minibusse an).
- **Busse:** Überlandbusse u.a. nach Santiago de los Caballeros, Santo Domingo, Monte Cristi und Samaná bieten Caribe Tours (Calle Camino Real, Ecke Calle 4, www.caribetours.com.do) und Metro Autobuses (Calle Beller, Ecke Calle 16 de Agosto, www.metroserviciosturisticos.com). Guaguas verkehren zum Teil bis Las Terrenas, z.B. Transportes Papagayo (T 809 749 64 15).
- **Transport vor Ort:** Kleinere Buslinien und Sammeltaxis fahren die Avenida Circunvalación Sur entlang.

TOUR
Rauschendes Abenteuer

Die 27 Wasserfälle des Río Damajagua

Ins Gepäck gehören Badesachen sowie feste, leichte Schuhe, die nass werden dürfen. Brillenträger sollten Kontaktlinsen verwenden. Ihre Kameras werden in Plastiktüten verpackt und von den Führern getragen. Kommen Sie nachmittags, dann ist es leerer.

Die 27 Wasserfälle von Damajagua gelten als größter Abenteuerspielplatz in der Region Puerto Plata. Man schwimmt durch den schmalen Río Damajagua und klettert durch kleine Canyons nach oben. Auf dem Rückweg springt man dann in Wasserbecken oder rutscht die Fälle hinunter. Sie haben die Wahl zwischen der Erkundung von sieben, zwölf oder 27 Fällen. Entscheiden Sie je nach Kondition und Zeit. Die meisten Besucher gehen nur bis zum siebten Fall, ab dem zwölften wird es anstrengend und knifflig. Für alle 27 Fälle benötigt man einige Stunden Zeit. Sie gehen in Begleitung eines Führers.

Die Einheimischen hüteten das Geheimnis lange. Seit Jahrzehnten schon kannten sie jene einzigartige Flusslandschaft in den Bergen. Sie kamen hierher, um zu baden – und um den Fluss weiter zu erkunden. Denn wie viele Wasserfälle gab es eigentlich den Río Damajagua aufwärts? Am Ende zählten sie 27 und die **27 Charcos de Damajagua** waren getauft. Übersetzt heißt *charco* ›Wasserbecken‹.

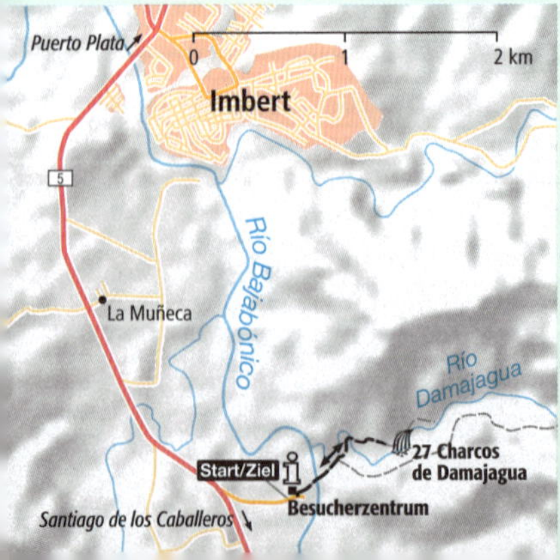

Dennoch dauerte es, bis die Fälle für den Tourismus erschlossen wurden. Als 2004 ein 12-jähriger Junge ertrank, beantragte der amerikanische Peace-Corp-Freiwillige Joe Kennedy III. 80 000 US-$ zur Verbesserung der Sicherheit. Die US-Entwicklungshilfe und die UN gewährten dem Enkel von Robert Kennedy die Summe, mit der auch das Besucherzentrum gebaut werden konnte. Heute kommen jährlich ca. 50 000 Menschen, die von jungen Männern aus der Region geführt werden. Von jeder Eintrittskarte geht ein Teil an gemeinnützige Projekte.

Infos

D 1

Start/Ziel: am Besucherzentrum ca. 23 km südwestl. von Puerto Plata

Im Internet: www.27charcos.com

Öffnungszeiten und Kosten: tgl. 8–15 Uhr, 1–7 Wasserfälle 500 RD-$, bis 12 Wasserfälle 550 RD-$, bis 27 Wasserfälle 700 RD-$ inkl. Führer und Ausrüstung

Touren: Anfahrt entweder auf eigene Faust oder in Rahmen einer organisierten Tour

Am **Besucherzentrum** bekommen Sie Helm und Schwimmweste ausgehändigt. Sie durchqueren den steinigen **Río Bajabónico** und laufen dann einen Waldpfad entlang. Am ersten Wasserfall, den Sie erreichen, sollen die Taíno einst eine Statue der Jungfrau errichtet haben, von der aber nichts mehr zu sehen ist. Sie durchschwimmen das hellblaue Wasserbecken und klettern über eine Holzleiter empor. Der Canyon schließt sich nun, und Sie schwimmen gegen die Strömung, werden von Ihrem Führer emporgehievt. Die Wasserfälle, die bis zu 6 m hoch sind, tragen Namen wie ›Tonkrug‹ oder ›Korkenzieher‹. Der Punkt, an dem viele Tourgruppen umkehren, nennt sich passend ›Höhle‹. Es ist ein Canyon, dessen Felsreliefs die Wasserstände der letzten Jahrmillionen preisgeben. Danach beginnt das eigentliche Abenteuer. Es wird einsam und man bekommt den Eindruck, dies sei tatsächlich das »bestgehütete Geheimnis der Dominikanischen Republik«, wie es im Besucherzentrum heißt.

Über Wasserfall Nr. 12 gehen die Führer nur hinaus, wenn der Fluss kein Hochwasser führt. Einer der weiter oben gelegenen Fälle wird ›Heiß und Kalt‹ genannt. Sein Wasser ist entgegen den Naturgesetzen unten wärmer als oben. Kommen Sie nur hier herauf, wenn Sie sich zutrauen, auf dem Rückweg aus mehreren Metern in Wasserpools zu springen und die Fälle hinunterzurutschen. Wer es wagt, wird es nicht vergessen.

Luperón

D1

Bei Hurrikans ist man hier sicher

Einem General und Politiker verdankt **Luperón** seinen Namen. Bekannt ist der Ort aber eigentlich nur für seinen natürlichen Hafen, die **Marina de Luperón** (www.luperon-marina.com). Sie wird von Seglern geschätzt, die hier Reparaturen ausführen oder ihre Schiffe vor Stürmen in Sicherheit bringen wollen. Nordwestlich davon erstreckt sich die **Playa Grande,** wo es einst ein Hotelresort gab. Ansonsten scheint Luperón etwas aus der Zeit gefallen zu sein, was ja auch seinen Reiz hat.

Schlafen

Natur vor der Tür

La Casa del Sol: Das familiär geführte Hotel hat fünf einfache, sehr saubere Zimmer, eine schöne grüne Gartenanlage und ein kleines Restaurant.

Am Ortsausgang von Luperón Richtung El Castillo in der Siedlung Los Salados, T 809 964 21 02, www.casadelsolluperon.com, DZ 45 US-$ inkl. Frühstück

Ruinas La Isabela

C/D1

Die **Ruinas La Isabela** sind von großer historischer Bedeutung: Es handelt sich um die erste dauerhafte europäische Siedlung auf amerikanischem Boden, von der noch etwas übrig ist.

Wenn Sie aus Puerto Plata kommen, können Sie die schöne Strecke über Luperón zur Anreise nehmen. Aus südlicher oder westlicher Richtung fährt man am besten über Villa Isabela. Die Ruinen liegen in dem Dorf **El Castillo,** das sich mittlerweile auf die Besucherströme eingestellt hat.

Tgl. 8–17 Uhr, 100 RD-$

Im Namen der Königin

Wer die schöne Bucht von Isabela sieht, versteht, warum Kolumbus Ende 1493 während seiner zweiten Reise entschied: Wir bauen Häuser! Es ist ein schönes Fleckchen Erde, das die 1500 Konquistadoren betraten. Schon im Jahr zuvor hatten sie einige Matrosen an der Nordküste des heutigen Haiti zurückgelassen, um die Siedlung La Na-

S

EIN SCHIFFSBUG IN DER LANDSCHAFT

Der Franzose Georges hat mitten in die Landschaft ein Haus in Schiffsform gebaut. Einst servierte er auf dem Deck mit grandioser Aussicht über die Bucht seine selbst kreierten Gerichte. Dann brach das Geschäft ein, weil die Tourveranstalter ihre Gäste lieber woandershin karrten, und das **Castillo del Pirata** musste schließen. Der Bau steht aber immer noch wie eine gestrandete Karavelle am Straßenrand. Tatsächlich hat er am Bug die Ausmaße der Santa María, mit der Kolumbus in der nahen Bucht gelandet war. Zuletzt lebte hier ein Jesusfreak, der sich als Soldat Christi bezeichnete und in großen Lettern die Rückkehr des Herrn am Schiffsbug verkündete. Es ist ein Beispiel für die vielen individuellen Versuche, auf der Insel im Tourismus Fuß zu fassen – die leider auch manchmal scheitern (kurz vor dem Ortseingang von El Castillo aus Luperón kommend).

vidad zu gründen. Aber nun fanden sie sie vollkommen zerstört vor (niemand weiß mehr, wo sie lag). Und so wählten sie jetzt ein weiter östlich ins Meer vorspringendes Plateau, das gut bewässert und leicht zu verteidigen war. Den Ort, den sie errichteten, benannten sie nach ihrer Königin: Isabela. Es gab hier einst Steinhäuser, ein Viertel für Handwerker und indigene Bedienstete. Umso erstaunlicher ist es, dass erst 1990 mit der archäologischen Erforschung von La Isabela ernst gemacht wurde.

Früchte gegen Eisen

Bei den Grabungen kam heraus, dass es ganz in der Nähe einen zweiten Ort namens **Las Coles** gegeben haben muss. Er hatte eine Mühle, außerdem Töpfereien. Insgesamt standen in El Castillo und Las Coles 150 bis 200 Häuser, in denen die Spanier zumeist mit indigenen Frauen lebten, da auf den Schiffen nur Männer mitgereist waren.

Einige Siedlungen der Taíno lagen in Reichweite, und ihre Bewohner kamen nach El Castillo, um Waren wie Maniokmehl und Früchte gegen spanische Ton- und Eisenarbeiten zu tauschen. Generell aber waren die Beziehungen zwischen Spaniern und Taíno gespannt. Ein Erdwall grenzte daher Isabela gegen das Hinterland ab. Die Siedlung wurde ganz in der Tradition der spanischen Städte dieser Zeit errichtet und dementsprechend mit den typischen Bauten wie Kirche, Friedhof, Lager und Festung ausgestattet.

Spur der Steine

Auf den ersten Blick mag die Ruinenstätte enttäuschend wirken. Tatsächlich kümmerte sich vor 1986 kaum jemand um sie, und das Dorf El Castillo wurde auf ihr gebaut. Die Bewohner wurden später umgesiedelt, um die Ausgrabungen zu ermöglichen. Aber sie hatten bereits viele historische Materialien für

Ruinas La Isabela

ihre Häuser verwendet oder nach Puerto Plata geschafft. So lassen sich bis heute in alten Hausmauern Puerto Platas Steine aus La Isabela identifizieren.

Skelette in der Hocke

Im Norden des Ortes befand sich das **Lagerhaus** *(alhóndiga)*, geschützt durch einen **Turm.** Davor war das **Pulvermagazin** *(polvorín)*. Die Bauweise entsprach der zu der Zeit in Europa und v. a. in Andalusien üblichen Technik. Auf einem gestampften Erdwall *(tapia)* wurden Steine mit Mörtel zu Wänden hochgezogen. Die Dächer bedeckte man mit gebrannten Ziegeln.

Weiter südlich stand die **Kirche,** die von einem **Friedhof** umgeben war, auf dem man 60 Skelette fand. Sie waren sowohl spanischer wie indigener Herkunft. Die Spanier lagen auf dem Rücken mit gekreuzten Armen, die Taíno gekrümmt auf der Seite oder in Hockstellung. Wichtigstes Bauwerk war das **Haus von Kolumbus** am südlichen Rand der Siedlung, dessen Mauern noch in einer Höhe von bis zu 60 cm erhalten sind.

Lieber hungern als Indianeressen

Beeindruckend an den Ausgrabungen von La Isabela sind auch die Alltagsgegenstände im angeschlossenen **Museo Arqueológico:** ein Sammelsurium aus

P

KOMMT DER PAPST EINFACH NICHT

Bei El Castillo steht auch der **Templo de las Américas.** Das unspektakuläre Kirchlein wurde 1993, zum 500. Jahrestag der ersten Stadtgründung, erbaut. Man erwartete damals zu den Feierlichkeiten den Papst persönlich – der dann nicht kam.

Kriegsgerät, Pferdegeschirr, Fischerhaken, Münzen und persönlichen Objekten wie Glasperlen, Broschen und Ohrringe. Sie zeigen, dass La Isabela ein funktionierendes Gemeinwesen war. Warum also wurde es schon nach fünf Jahren wieder aufgegeben? Die Ursachen waren vielfältig: Isolation, Unsicherheit, Streitigkeiten. Der wichtigste Grund aber war die mangelnde Versorgung mit Lebensmitteln, was zu ständigem Hunger führte, wie man an den Skeletten festgestellt hat. Doch wie konnte das in dieser fruchtbaren Region mit fischreichen Gewässern passieren?

Die Archäologen vermuten, dass sich die Eroberer nicht an die fremden Lebensverhältnisse gewöhnen konnten. Sie waren Getreide und Gemüse gewohnt, das nur unregelmäßig von Schiffen gebracht wurde. Maniokmehl und andere Wurzelknollen waren ihnen zuwider, die tropischen Früchte suspekt, die unbekannten Fische und Krebse fürchteten sie. Es war ›Indianeressen‹. Und die Spanier wussten nicht recht, ob die Indios wirklich Menschen waren.

Schlafen

Auf historischem Grund

Rancho del Sol: In El Castillo ist dies die beste Option – eine freundliche, ruhige Unterkunft mit vier Zimmern und Zugang zum Steinstrand. Dazu gehört eine große Parkanlage. Zum Frühstück sitzen Sie auf einer Terrasse mit Blick aufs Meer.

El Castillo, T 809 696 03 25, www.thornlesspath.com, DZ 1600 RD-$

Essen

Am kleinen Strand von El Castillo gibt es annehmbare Garküchen, wo man Fisch mit Reis für einen schmalen Taler bekommt.

Familiär

Olivo: Zweifellos gibt es hier den besten und günstigsten Fisch der Gegend. Das Olivo ist ein sympathischer Familienbetrieb mit Terrasse in recht einsamer Lage.

4 km östl. von El Castillo Richtung Luperón

Punta Rucia ✪ C1

Dorf mit Tagestrubel

Die meiste Zeit döst **Punta Rucia** in der Hitze. Das Meer plätschert gemächlich. Aber einmal am Tag wird es unruhig: Touristengruppen reisen in Bussen oder per Schnellboot an, um das Koralleninselchen Cayo Arena zu besuchen. Nichtsdestotrotz ist Punta Rucia der schönste Badeort westlich von Puerto Plata. Er hat sich eine dörfliche Idylle bewahrt, der man v. a. unter der Woche nachspüren kann. An Wochenenden füllen sich die Strände mit Einheimischen, insbesondere die 2 km östlich des Ortes gelegene **Playa Ensenada** mit ihren Fischrestaurants wird dann zum Ort von Musik und Bohei.

Auf Korallen gebettet

Es heißt **Cayo Arena** (›Sandinsel‹), vermarktet wird es als **Cayo Paraíso,** was keiner Übersetzung bedarf. Das 15 km

Lieblingsort

Frei Haus

Als die deutsche Gertie und ihr Partner Marc in Punta Rucia ankamen, war es noch Pionierland. Sie bauten drei bunte Hütten auf einem Hügel mit super Aussichten. Die Idee: eine umweltfreundliche Unterkunft in der Natur. Heute führt eine asphaltierte Straße nach Punta Rucia und der Ort hat sich touristisch belebt. Aber bei Gertie, die nie ein Blatt vor den Mund nimmt, ist es immer noch wie früher. Man sitzt im **Casa Libre** auf der Terrasse seiner einfachen Hütte und fühlt sich in der Karibik angekommen (s. S. 174).

vor der Küste liegende Inselchen ist lediglich 25 x 15 m groß und sitzt auf einem Riff, das man schnorchelnd und tauchend erkunden kann. Es gibt ein paar Verkaufsstände mit Tischen unter Sonnenschirmen, aber sonst keinen Schatten. Kommen Sie entweder früh am Morgen oder am späten Nachmittag, wenn die großen Tourigruppen noch nicht oder nicht mehr da sind.

Manatís sichten

8 km östlich von Punta Rucia erstreckt sich der winzige **Parque Nacional Estero Hondo.** In seiner Lagune leben die seltenen Seekühe (s. Kasten), die Sie mit etwas Glück von einer Aussichtsplattform sehen können. Sie erreichen das Schutzgebiet entweder per Auto oder auf einer Bootstour von Punta Rucia aus.

Tgl. 8–18 Uhr, 250 RD-$

Schlafen

Liebevoll

Casa Libre: Seit vielen Jahren die erste Wahl im Ort. Es gibt einen eigenen Strandzugang, eine Yoga-Terrasse und über Gertie lassen sich verschiedene Ausflüge organisieren. Sie macht das Frühstück persönlich und hat immer zahlreiche Tipps parat.

Kurz vor dem Ortseingang rechter Hand ausgeschildert, T 809 693 50 10, www.casa-libre.com, DZ 1400 RD-$

In den Schlaf abtauchen

Corales: Der deutsche René Thalheim hat in Punta Rucia ein kleines Paradies geschaffen. Er betreibt eine Pension mit acht sehr großen, hellen und stilvoll eingerichteten Zimmern, eine Tauchschule und ein Restaurant mit Terrasse.

Vor dem Ortseingang linker Hand ausgeschildert, T 829 882 35 22 (auch WhatsApp), www.coralespuntarusia.com, DZ 2300 RD-$

Mit Meerblick

Villa Rosa: Die zweistöckige, aus Naturmaterialien (viel Holz und Palmblattdach) erbaute Villa liegt direkt im Ort. Sie hat drei große Zimmer mit Terrasse und Meerblick. Die Leitung ist französisch.

Im Ortszentrum, T 809 801 81 60, www.lavilla-rosa.com, DZ 40 €

K

KÜHE, DIE IM MEER GRASEN

Die Dominikanische Republik ist berühmt für die Wale, die sich im Winter rund um die Halbinsel Samaná paaren. Weniger bekannt ist ein anderer hier heimischer Meeressäuger: der Karibik-Manatí, auf Deutsch ›Rundschwanzseekuh‹. In Buchten und Lagunen rund um die Dominikanische Republik grasen die bis zu 3,5 m großen und 590 kg schweren Tiere. Der wahrscheinlichste Ort, um Manatís zu sehen, ist der kleine **Parque Nacional Estero Hondo** bei Punta Rucia.

Essen

Dominikanisch gut

Damaris: Die authentischste und günstigste Option im Dorf. Es gibt typisch dominikanische Küche mit viel Fisch und Meeresfrüchten, dazu immer Bohnen, Reis, Tostones und Salat.

Im Ortszentrum, tgl. 8–23 Uhr

Die drei Ps

Pizzeria Lino: Hier gibt es zu etwas gehobeneren Preisen viel Pasta, Paella mit Meeresfrüchten und natürlich Pizzen. Auch Grillfleisch steht auf der Speisekarte. Man sitzt herrlich auf einer Terrasse mit Meerblick.

Am westl. Ortsende, tgl. 17.30–23 Uhr

Vier Holzwände, ein hoffentlich dichtes Dach, weder fließend Wasser noch Strom – so einfach wie diese Haitianerin leben viele ArbeiterInnen.

Mit den Füßen im Sand

Playa La Ensenada: An dem Strand reihen sich *frituras* aneinander, typische Garküchen. Es gibt standardmäßig frischen frittierten oder gegrillten Fisch mit Kochbananen, Reis, Yucca und Bohnen zu zivilen Preisen. Wer genug von Fisch hat, kriegt auch Hühnchen oder Ziege. Empfehlenswert ist das Restaurant von **Teo.** Es hat die Nummer 20.

2 km östl. von Punta Rucia, teils nur Sa, So geöffnet

Bewegen

Ausflüge & Wandern

Der größte Veranstalter in Punta Rucia ist **El Paraiso Tours** (T 809 841 76 06). Sehr viel günstiger geht es, wenn Sie Gertie von der **Casa Libre** fragen (s. S. 173). Auch René Thalheim von der **Pension Corales** kann behilflich sein (s. S. 174), er bietet auch Trekkingtouren durch das noch sehr bäuerlich geprägte Hinterland an.

Tauchen

Am besten wenden Sie sich an René Thalheim von der **Tauchschule Corales** in der gleichnamigen Pension (s. S. 174). Vor diesem Küstenabschnitt gibt es viele Riffe und einige Wracks. Es sind exzellente Tauchgründe.

Infos

- **Anreise:** Nach Punta Rucia gelangt man am einfachsten mit einem Mietwagen, die Straße ist bis Punta Rucia in einem guten Zustand. Die einfachste Anfahrt führt über das 30 km entfernte Villa Isabela (nicht zu verwechseln mit dem historischen Ort La Isabela weiter südlich). Vom Verkehrsknotenpunkt Imbert (D 1) fahren Minibusse nach Villa Isabela, wo man umsteigt nach Punta Rucia und an die Playa Ensenada.

Monte Cristi B1

Man sieht ihn immer als Erstes: den Morro, das Wahrzeichen von **Monte Cristi.** Wie ein Gugelhupf ragt der Hügel aus der Landschaft auf und markiert den nordwestlichsten Punkt der Dominikanischen Republik. Dahinter brandet der Atlantik gegen die Küste.

Eiffelturm in klein

Die Stadt selbst ist keine Schönheit, wird von vielen Trucks in Richtung Grenzübergang Dajabón durchfahren. Aber sie hat eine interessante Atmosphäre, hier ganz am Rand des Landes.

Monte Cristi entstand im 18. Jh., und es gibt einige Exemplare viktorianischer Häuser in den symmetrisch angeordneten Straßen. Eine, vielmehr die einzige Sehenswürdigkeit steht auf der **Plaza de Reloj** (›Uhrenplatz‹):

TOUR
Der letzte Gipfel

Aufstieg zu El Morro

Meersalz soll gesünder sein als herkömmliches Salz. Und seine Gewinnung ist nachhaltig. In den Salinenbecken auf dem Weg zum Morro können Sie die sanfte Produktion hautnah beobachten.

Am 4. Januar 1493 segelte Kolumbus an diesem Küstenabschnitt vorbei und notierte in sein Bordtagebuch, dass er einen »sehr hohen, schönen Berg« gesehen habe. Da irrte Kolumbus. Denn der Berg, den er Monte Cristi taufte, ist mit 239 m eher ein Hügel. Und schön ist er auch nicht, aber sehr eigentümlich. Geologen sehen die Erhebung, die abrupt aus der flachen Landschaft aufragt, als Überrest eines versunkenen Gebirges. Das würde auch die vielen Inseln in unmittelbarer Umgebung erklären.

El Morro gehört zum **Parque Nacional Monte Cristi** (s. S. 178) und erhebt sich rund 5 km nördlich von Monte Cristi auf einer Landzunge. Der Aufstieg ist teilweise etwas beschwerlich. Einst befand sich am Startpunkt gegenüber dem Nationalparkbüro eine Holztreppe, doch sie wurde von einem Hurrikan 2002 zerstört und nicht erneuert. Ihre Trümmer bedecken teilweise noch den Pfad nach oben. So kann die Tour zu einer kleinen Kraxelei werden.

Sie können von Monte Cristi aus zum Morro wandern oder mit dem Auto fahren, zu verfehlen ist der Hügel nicht. In beiden Fällen verlassen Sie die Stadt auf der **Avenida San Fernando,** vorbei an den **Salinas de Monte Cristi** (s. S. 178). An deren Ende folgen Sie der Straße, die nun parallel zum Meer auf den Morro zuläuft. Sie

kommen an der **Marina de Monte Cristi** vorbei, dahinter beginnt eine windzerzauste Landschaft mit kleinen Bäumen. Hinter den Pflanzen verbirgt sich ein riesiger Mangrovensumpf, dessen ganzes Ausmaß Sie nur vom Morro aus erkennen können. Übrigens trägt der Hügel wegen seiner buckeligen Form den Spitznamen *Dromedario durmiente* (›Schlafendes Dromedar‹).

Auf dem Morro lässt sich die Windrichtung an den Sträuchern ablesen

Am grün gestrichenen **Nationalparkbüro** befindet sich ein Parkplatz. Unterhalb davon liegt die kleine, wilde **Playa El Morro** mit starker Brandung. Der Pfad auf den Hügel beginnt schräg gegenüber der Holzhütte der Parkwächter. Nach dem gut 20-minütigen Aufstieg stehen Sie auf **El Morro.** Vor Ihnen breitet sich der Nationalpark Monte Cristi aus: Am Horizont hinter der Stadt mündet der Río Yaque del Norte in die Bucht von Monte Cristi. Er ist mit 298 km der längste Strom des Landes, entspringt in den Zentralkordilleren, unweit des Pico Duarte. Linker Hand erstreckt sich der größte Mangrovensumpf des Landes und rechts im Meer verliert sich die unbewohnte Isla Cabra.

Es lohnt sich, bis zum anderen Ende des Hügels zu laufen, das sind grob geschätzte 750 m. Es gab hier mal einen Pfad, doch er ist zugewuchert, und so müssen Sie sich durchs Unterholz kämpfen. Achten Sie auf die vielen verschiedenen Grüns der knorrigen Akazien und Wunderblumengewächse. Auf die extrem seltenen Sträucher, auf die weißen, roten und lilafarbenen Blüten, auf die frische Luft, die Stille und das Meeresrauschen. Die Aussicht ist toll. Sie blicken auf die **Bahía de Icaquitos** und die nördlichen Kordilleren. Dort, wo das Meer weiß schäumt, verläuft das längste Korallenriff des Landes, an dem viele Schiffe zerschellten.

Infos

B 1

Start/Ziel: Nationalparkbüro gut 5 km nördlich von Monte Cristi

Länge: 3 km hin und zurück

Dauer: ca. 2 Std.

Schwierigkeit: leicht bis mittel

Kosten: Eintritt frei

Ausrüstung: feste Schuhe, evtl. lange Hosen (auf dem Morro kann die Vegetation sehr dicht sein), Wasser, Sonnenschutz

Eigentlich ganz einfach: In den Salinen wird das Meerwasser in Becken geleitet, aus denen es verdunstet. Zurück bleibt das Meersalz. Die harte Arbeit folgt danach, wenn das Salz per Hand herausgeschaufelt wird.

ein 1895 von Gustave Eiffel erbauter Uhrturm. Monte Cristi besitzt also einen Mini-Eiffelturm.

Von (fast) allem das Größte

Nordwestlich des Zentrums öffnet sich eine eigentümliche Landschaft: große rechteckige Becken voller Meerwasser. Verdunstet das Wasser, bleibt Meersalz zurück. Neben dem Ort Las Salinas (s. S. 98) im Süden der Insel sind die **Salinas de Monte Cristi** das zweite dominikanische Zentrum der Meersalzproduktion.

Die Salinen liegen bereits im **Parque Nacional Monte Cristi,** der sich wie ein lang gestrecktes Band an der Küste entlangzieht. Zu ihm gehören **El Morro,** der bereits erwähnte Gugelhupfberg, sowie ein aus drei Flüssen gebildetes Mündungsdelta, in dem man Teile des ursprünglichen Trockenwalds, den größten Mangrovensumpf und das größte Korallenriff des Landes, Salzwiesen und Koralleninseln findet. Es hält sich auch eine artenreiche Tierwelt: 163 Vogelarten, darunter Pelikane, außerdem eine große Zahl von Schnecken und Muscheln sowie elf Reptilienarten, u. a. Krokodile. Selbst kleine Gruppen von Seekühen (s. S. 174) haben hier ihre Heimat. Sie können das Schutzgebiet per Boot (s. S. 179) oder zu Fuß erkunden (s. S. 176).

Schlafen

Am Fuß des Morro

El Morro Eco Adventure Hotel: Abseits und sehr ruhig liegt diese große, gepflegte und gut designte Anlage mit zwölf

Zimmern sowie einem großen Pool, von dem man einen tollen Landschaftsblick hat. Es gibt ein Gourmetrestaurant, eine Bar und eine Lounge Area.

Calle El Morro, T 849 886 16 05, www.elmorro.com.do, Zimmer ab 120 US-$

Treffpunkt

Chic: Das Hotel ist der gesellschaftliche Mittelpunkt des Ortes, entgegen seinem Namen jedoch nicht schick, sondern eher schlicht. Große Zimmer und Betten und ein immer belebtes Terrassenrestaurant (s. rechts). Die Unterkunft liegt zentral, vielleicht sogar zu zentral, denn vor der Tür ist immer Verkehr.

Calle Benito Monción 44, T 809 579 23 16, www.chichotel.net, DZ 30–45 US-$

Mit dem Meer vor der Tür

Marbella: Das alte und einfache Hotel wurde zuletzt etwas auf Vordermann gebracht, allerdings kann es rundherum laut werden, weil die Dominikaner hier gerne am Strand und in den umliegenden Bars feiern. Lärmempfindliche Menschen seien also gewarnt. Einige Zimmer und Suiten haben Meer-, andere Salinenblick. Mit Restaurant.

In Richtung El Morro, T 809 579 23 17, www.marbellamontecristi.com, DZ ab 33 US-$

Essen

Fisch satt

Coco Mar: Das beste Restaurant in Monte Cristi, allein schon wegen seiner Lage am Meer. Es ist schön mit maritimen Fundstücken eingerichtet, luftig und hell. Nach dem Essen kann man sich in einen Schaukelstuhl fallen lassen. Serviert wird kreolische Küche, insbesondere frischer Fisch, alles in großen Portionen und zu fairen Preisen.

Playa Juan de Bolaños, T 809 579 73 54, tgl. 8–22 Uhr

Mittendrin

Chic: Wer am Stadtleben von Monte Cristi teilnehmen will, geht ins Chic. Hier kann man es sich auf der Terrasse bequem machen, dominikanische Küche, Sandwiches und Frühstück zu fairen Preisen essen und das örtliche Treiben beobachten.

Im gleichnamigen Hotel (s. links)

Bewegen

Boots- und Angeltouren, Tauchen

Bootsausflüge vermitteln das **El Morro Eco Adventure Hotel** (s. S. 178) sowie **Soraya & Leonardo Tours** (T 809 961 63 43, www.sorayayleonardotours.com). Mit Soraya und Leonardo, den besten Touranbietern in Monte Cristi, lassen sich zudem Angelausflüge, Hochseefischen und Tauchtouren zu den Wracks der Gegend organisieren. Letztere müssen jedoch einige Tage vorher angemeldet werden, da es in Monte Cristi selbst keine Tauchstation mit Equipment gibt.

Feiern

- **Carnaval:** Feb./März. *Toros* (›Stiere‹) und *civiles* (›Bürger) kämpfen symbolisch mit Peitschen gegeneinander. Es wird getrunken, gelärmt und getanzt.

Infos

- **Busse:** Nach Santiago de los Caballeros und Santo Domingo mehrmals tgl. mit Caribe Tours (www.caribetours.com.do) von deren Terminal an der Ecke Carretera 1 und Carretera 45 im Zentrum. Kleinbusse von Expreso Liniero (Crta. 1, Ecke Calle Beller) fahren nach Santiago de los Caballeros und zur 60 km entfernten Grenzstadt Dajabón, deren Besuch insbesondere an den Markttagen (Mo, Fr) empfohlen sei.

Zugabe

Ein ziemlich typischer Inselstrand

Playa Buen Hombre

Eine landschaftlich sehr interessante Fahrt führt zur Playa Buen Hombre (C 1). Zum Schluss geht es über eine Straße, die steil aus den Bergen hinabführt. Man hat herrliche Aussichten. Der Strand selbst erscheint zunächst vielleicht enttäuschend, weil er im zentralen Teil nicht sauber ist – was sich aber Richtung Westen ändert. Dort können Sie lange durch den Sand laufen. Das eigentlich Interessante ist aber, dass es hier an den meisten Tagen noch sehr verschlafen dominikanisch zugeht. Ausländische Touristen finden kaum einmal her. Entlang des östlichen Strandabschnitts gibt es Familienküchen, in denen man kreolisch isst, also viel und gut. Kommen Sie unter der Woche, da es besonders samstags und sonntags ziemlich voll wird. ■

ARTILES

Die Nordküste von Sosúa bis Samaná

240 km misst dieser Abschnitt — Hier gibt es Traumstrände, kleine Touristenorte und viel zu tun für Aktive.

Seite 186

Castillo Mundo King

Es ist das verrückteste Haus der Insel. Das Castillo Mundo King in Sosúa wurde von einem Deutschen erbaut und mit haitianischer Kunst gefüllt. Allein die Architektur ist unbedingt den Besuch wert.

Seite 189

Tubagua Plantation Eco Village

Von der Öko-Herberge des kanadischen Ex-Konsuls Tim Hall hat man tolle Aussichten auf Meer, Ebene und Berge zwischen Puerto Plata und Sosúa. Auch ein Tagesbesuch lohnt sich.

Setzen Sie sich nicht unter Kokospalmen, das kann böse enden!

Eintauchen

Seite 192

Cabarete

Der Ort ist ein Treffpunkt der internationalen Surferszene: Wellenreiter, Kitesurfer, Windsurfer. Hier weht immer ein Lüftchen, hier rollen runde Wellen herein. Aber auch Individualreisende ohne sportliche Ambitionen fühlen sich hier wohl.

Seite 197

Playa Grande

Er wird zu den schönsten Stränden der Welt gerechnet. Völlig gerechtfertigt! Die Playa Grande vereint schönen Sand, ein tiefblaues und bewegtes Meer und einige Garküchen, die gegrillten Fisch servieren.

Seite 200

Las Terrenas

Der Ort brummt. Viele Individualreisende kommen hierher. Wegen der Strände, der guten Unterkünfte und der vielen Möglichkeiten, aktiv zu sein, z. B. Mountainbiken im Hinterland.

Seite 206

Wale beobachten

In der Bucht von Santa Bárbara de Samaná paaren sich zwischen Januar und März die Buckelwale – ein Naturspektakel sondergleichen.

Seite 208

Parque Nacional Los Haitises ✪

Höhlen charakterisieren diesen Nationalpark, aber auch die Mogotes, kleine Felsinseln, die aus dem Meer aufragen. Die Landschaft wirkt surreal und ist unfassbar schön. Segeln Sie mit dem Spanier Alex hin!

&

Seite 210

El Valle ✪

Hier herrscht eine Atmosphäre von Ruhe und Ursprünglichkeit.

Seite 213

Las Galeras

Ein entspanntes Dorf mit herrlichen Stränden, tollen Wandermöglichkeiten und netten Unterkünften.

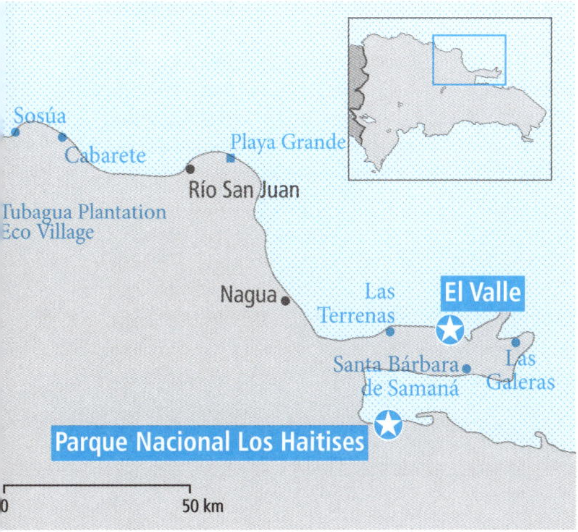

»Locken des Glücks« heißt eine Kampagne gegen das Vorurteil, dass natürliches afrikanisches Haar hässlich sei.

Palmenstrände sind ja schön, aber wenn Sie einmal einen rauschenden Wald aus Palmen sehen wollen, dann sind Sie hier im Norden richtig, v. a. auf der Halbinsel Samaná.

erleben

Region für Aktive

E

Es ist eine lange Strecke von Puerto Plata bis Las Galeras, dem letzten Ort auf der Halbinsel Samaná. Dazwischen gibt es alles, was dieses Land ausmacht: quirlige Touristenstädtchen, tolle Strände, ein bäuerlich geprägtes Hinterland, Berge, eine vielfältige Natur, eine interessante Geschichte. Dieser Teil der Nordküste ist die beste Region für Aktivurlauber. Insbesondere Cabarete, Las Terrenas und Las Galeras empfehlen sich, wenn man Lust auf viel Bewegung in üppiger Natur hat. Zahlreiche kleinere Unternehmen bieten Tauchexkursionen, Wanderausflüge, Kitesurfkurse, Mountainbike- und Reittouren an. Eine weitere Besonderheit: Es finden sich viele interessante familiengeführte Unterkünfte. Sie gehören häufig Europäern, die ihren Häusern und Anlagen einen ganz besonderen Touch geben. Außerdem schreiben sie oft Nachhaltigkeit groß, haben etwa viel Naturmaterialien verwendet, versuchen Müll zu vermeiden oder nutzen Solarenergie.

Die Halbinsel von Samaná ist selbst für die so üppige Dominikanische Republik noch eine Besonderheit. Hier liegt nicht nur die Bucht von Samaná mit dem faszinierenden Nationalpark Los Haitises. Hier gibt es auch riesige Palmenwälder, den (manchmal überlaufenen) ›Traumwasserfall‹ von Limón, Strände ohne Touristenrummel und kleine Orte mit charmant-entspannter Karibikatmosphäre inmitten einer spektakulären Landschaft.

ORIENTIERUNG **O**

Im Internet: www.gosamana.com (gut gemachte Seite mit Infos auf Englisch zur gesamten Halbinsel).
Anreise und Weiterkommen: Die Region zwischen Puerto Plata und Las Galeras lässt sich gut mit Guaguas erkunden. Transportes Papagayo (T 809 749 64 15) deckt die Strecke bis nach Las Terrenas ab. Man muss anrufen, um Abfahrtszeiten zu erfragen und zu reservieren. Auf kürzeren Strecken fahren regelmäßig kleinere Guaguas, oft umgebaute Pickup-Trucks, etwa zwischen Santa Bárbara de Samaná und Las Galeras oder zwischen El Limón und Las Terrenas. Zwischen Puerto Plata, Sosúa und Cabarete verkehren Kollektivtaxis, die feste Routen abfahren. Wenn Sie Unabhängigkeit mögen, sollten Sie über einen Mietwagen nachdenken. Ein guter Anbieter ist OK Motors (www.ok-motors.com, günstige Vollkaskoversicherung) in Sosúa.

Sosúa

📍E 1; Karte 2, E 2/3

Zwiespältige Angelegenheit

Sosúa hat zwei recht unterschiedliche Seiten. Da sind einmal die beiden schönen Stadtstrände. Sie machen den Ort zu einem guten Ziel, wenn man einen Badeurlaub plant. Die andere Seite Sosúas ist der Sextourismus. Er zieht eine große Gruppe internationaler Herrschaften an und ist ein wichtiger Wirtschaftsfaktor. Das zeigt sich besonders auf der zentralen Calle Pedro Clisante. Sie wird schon tagsüber bevölkert von jungen dominikanischen und haitianischen Frauen, die versuchen, an etwas Geld zu kommen, indem sie ihre Körper westlichen Männern anbieten. Sosúa ist somit auch ein Symbol für das extreme globale Wohlstandsgefälle. Auf diese ambivalente Mischung sollte man vorbereitet sein, wenn man hierher reist. Sie unterscheidet Sosúa von anderen Touristenorten entlang der Nordküste.

Die Strände

Zwei Strände, zwei Welten

Der längere und lebhaftere Strand im Ort ist die **Playa Sosúa** ❶. Er ist feinsandig und geschützt, das Wasser ist sauber, ruhig und klar. Hier treffen sich Touristen und Einheimische, hier schlägt tagsüber das Herz von Sosúa. An der schmalen Uferpromenade reihen sich kleine Fischrestaurants und Bars sowie Souvenirshops aneinander. Der Strand verbindet auch die beiden Stadtteile Sosúas: das touristische **El Batey** im Norden und das ärmere und ursprüng-

Noch vor wenigen Jahren existierte die Playa Alicia nicht. Sie entstand nach einem schweren Sturm. Seitdem tut man viel, um den Strand zu halten, etwa Palmen anpflanzen. Völlig zurecht: Er ist der schönere der beiden Strände in Sosúa.

Lieblingsort

Das Märchenschloss von Sosúa

Dies ist das irrste Haus der Insel. Obwohl von Haus ja keine Rede sein kann. Es ist ein Märchenschloss, das der Hamburger Ingenieur und Performancekünstler Rolf Schulz am Rand von Sosúa gebaut hat. Sieben Etagen hoch, versammelt das **Castillo Mundo King** ❹ auf 2650 m² fünfzehn Wohnzimmer, zwölf Säle, zehn Badezimmer, sieben Terrassen, sechs Balkone und zwei Türme. Die futuristisch verschachtelte Architektur erinnert an die Fantasieschlösser Ludwigs II. Oder an die märchenhaften Bauten Antoni Gaudís. Schulz versammelte in seinem Reich eine enorme Sammlung haitianischer Kunst: meterhohe Mahagonistelen, tonnenschwere Granitskulpturen, Raumschiffmodelle. Er starb 2018, liegt nun in einer Gruft unter dem Haus. Sein faszinierendes Schloss steht Besuchern offen, es wird von zwei jungen Haitianern in Stand gehalten (am Ende des Camino Llibre, der von der Durchgangsstraße gleich neben der Polizeistation abgeht, tgl. geöffnet bis Sonnenuntergang, 300 RD-$).

lichere **Los Charamicos** im Süden. Auf den Felsen über dem Strand findet man Fischrestaurants, etwa **Michael's Stone Restaurant & Bar** 5 (s. S. 190).

Der kleinere Strand nennt sich **Playa Alicia** ❷. Er liegt am unteren Ende des Zentrums und ist noch nicht allzu alt. Ein Sturm warf vor einigen Jahren den Sand auf. Die Playa Alicia ist ruhiger, beschaulicher und breiter, hier fehlt das Basarambiente. Das Meer kommt etwas bewegter an, wenn man Wellen mag. Und man hat einen weiten Blick übers Wasser bis nach Puerto Plata, die Sonnenuntergänge sind spektakulär.

Die Juden von Sosúa

Karibisches Kibbuz

Sosúa ist historisch spannend, weil Ende der 1930er-Jahre jüdische Flüchtlinge aus Deutschland hierherkamen. Diktator Trujillo versprach damals 100 000 europäischen Juden eine neue Heimat auf der Karibikinsel. Sein Kalkül: die ihm zu dunkle ›dominikanische Rasse‹ aufhellen. Am Ende fanden 800 Flüchtlinge Aufnahme in Sosúa. Sie wurden in einem abgelegenen Barackenlager untergebracht, wo man sie sich selbst überließ.

Heute ist es kaum noch vorstellbar, in welcher Isolation sie lebten. Andererseits hatten sie nach den Erfahrungen von Verfolgung und Flucht nun die Möglichkeit, ein selbst verwaltetes Gemeinwesen aufzubauen. Sie errichteten Häuser, organisierten kulturelle Veranstaltungen und druckten ihre eigenen Zeitungen in deutscher Sprache. Ihre einzige Einnahmequelle aber war die Landwirtschaft in diesem karibischen Kibbuz. Ob zuvor Lehrer, Künstler oder Architekt, alle waren sie nun ›Heimstättler‹, die zusammen Land rodeten und Gemüse anbauten, Viehwirtschaft betrieben und eine bis heute bekannte Wurst- und Käseproduktion aufbauten. Das Unternehmen war von Erfolg gekrönt, doch mit den Erträgen wuchsen auch die Probleme. Es gab keinen Markt, keine Straße und kein Verteilersystem, um die Überschüsse zu verkaufen.

Vom Fluchtort zum Touristenort

Als der Zweite Weltkrieg endete und die Siedler über die bitterste Not hinweg waren, wurden die Gemeinschaftsgüter aufgelöst und viele verließen die Dominikanische Republik. Die verbleibenden Juden waren zwar nicht wirklich heimisch geworden, doch hatten sie ihr Auskommen. Einige heirateten in dominikanische Familien ein, aber die meisten lernten nie richtig Spanisch. Informationen über die Außenwelt bezogen sie über den ausländischen Rundfunk. Ihre Kinder studierten in den USA oder Kanada, fanden dort Arbeit und heirateten in die nun dritte Heimat. Sosúa blieb für sie das tropische Eden ihrer Kindheit, in das sie in den Ferien zurückkehrten.

Darin liegt eine gewisse Ironie. Denn das Städtchen, unter dessen Isolierung die Siedler so gelitten hatten, entwickelte sich zum ersten großen Ferienort der Dominikanischen Republik. Der Touristenboom setzte in den 1970er-Jahren ein, und Sosúa wuchs mit großem Tempo: Hippies, Freaks und Aussteiger, aber auch betuchte Touristen kamen.

Wichtige Erinnerung

An die jüdischen Siedler erinnern heute noch Straßennamen wie Dr. Rosen und Stern. Es gibt eine mit dem Davidstern geschmückte **Synagoge** von 1940, in der ein siebenarmiger Leuchter und eine alte Thorarolle aufbewahrt werden. Hier befindet sich auch das **Museo Judío** ❸. Es dokumentiert die bemerkenswerte Geschichte der Juden von Sosúa.

Calle Dr. Alejo Martínez, neben der Casa Marina Reef, T 809 571 13 86, Mo–Fr 9–13, 14–16, Sa 9–14 Uhr, 150 RD-$

Sosúa

Ansehen

1 Playa Sosúa
2 Playa Alicia
3 Museo Judío
4 Castillo Mundo King

Schlafen

1 Tropix Hotel
2 Casa 21 Boutique Hotel
3 B & B El Mirador al Mar
4 B & B Pavillion
5 El Rancho de Sosúa
6 Guesthouse Villa La Caña
7 Tubagua Plantation Eco Village

Essen

1 Café Tropical
2 La Puntilla & La Terrazza
3 On the Waterfront
4 Osteria Toscana
5 Michael's Stone Restaurant & Bar

Bewegen

1 Northern Coast Diving
2 Monkey Jungle

Schlafen

Mit Historie

1 **Tropix Hotel:** Das älteste Hotel in Sosúa wurde von den Nachfahren jüdischer Siedler erbaut. Heute managt es der zuvorkommende US-Amerikaner Carl. Die vier 2-stöckigen Villen mit zehn geräumigen Zimmern und Apartments stehen um einen Pool herum. Das Tropix liegt oberhalb des Zentrums, in Laufnähe zu den Stränden.

Camino Llibre 7, T 809 571 22 91, www.tropixhotel.com, DZ 35–55 US-$

Traum in Weiß

2 **Casa 21 Boutique Hotel:** Hier ist Weiß angesagt. Das ganz in hellen Tönen gehaltene Haus hat vier sehr gepflegte,

luxuriös ausgestattete Zimmer. Sehr ruhig oberhalb der Straße nach Puerto Plata gelegen, ist man hier fernab des hektischen dominikanischen Alltags. Mit hervorragendem Restaurant (s. S. 190).
Calle Piano, Reparto Tavares, T 829 341 85 51, www.casa21.be, DZ ab 110 €

Spirituell angehaucht

3 **B&B El Mirador al Mar:** Herrlich abgelegen und ruhig liegt diese neue und luftige Pension des italienischen Paares Massimo und Luce. Man hat Ausblicke aufs Meer und in die Landschaft. Die beiden freuen sich über Gäste, die Yoga praktizieren oder meditieren wollen. Es gibt Räumlichkeiten dafür.
Camino Llibre 27, T 809 817 86 54, www.bbelmiradoralmar.com, DZ ab 63 US-$ inkl. Frühstück

In Laufdistanz zum Laguna Beach

4 **B&B Pavillion:** Die Unterkunft unter sehr sympathischer italienischer Leitung liegt angenehm abseits vom urbanen Geschehen im östlichen Stadtteil Laguna Beach. In der Villa mit Pool gibt es drei große Zimmer in familiärer Atmosphäre, die Betreiberin backt Brot, Kuchen und stellt Limoncello her.
Calle Principal 9, Playa Laguna, T 809 858 79 82, www.bbpavillion.com, DZ 1900 RD-$

Mitten im Gewimmel

5 **El Rancho de Sosúa:** Das freundliche, familiär geführte Haus in schönen Terrakottafarben hat 18 Zimmer, Bar und Pool. Es liegt sehr gut in der Nähe der Playa Alicia.
Calle Dr. Rosen 36, T 809 57 40 70, www.hotelelranchososua.com, DZ ab 50 US-$

Im Grünen

6 **Guesthouse Villa La Caña:** Der deutsche Christian und seine dominikanische Frau vermieten einige schöne Zimmer in ihrer Villa mit Pool, die in einer ruhigen, grünen Siedlung etwas oberhalb von Sosúa liegt. Frühstück auf Anfrage, Küchenbenutzung gegen kleinen Aufpreis. Insgesamt absolut preiswert!
Calle Lomas Del Sol, La Mulata I, T 829 633 11 22, www.caribbean24.com, DZ ab 28 US-$

Essen

Gut, günstig, schnell

1 **Café Tropical:** Wenn Sie mal schnell, unkompliziert und günstig essen möchten, dann kommen Sie ins Tropical. Es gibt ein reichhaltiges Buffet mit Fisch, Fleisch, Wurzelgemüsen und Reis. Man sitzt zwar nicht am Strand, sondern in einem klimatisierten Raum mit großen

T

FAST WIE BEI DEN TAÍNO

Das spektakulär im Hinterland zwischen Puerto Plata und Sosúa gelegene **Tubagua Plantation Eco Village** 7 ist eine der wenigen Unterkünfte auf der Insel, die das Label ›öko‹ wirklich verdienen. Es gibt einige Hütten aus Naturmaterialien, die an die Bauweise der Taíno angelehnt sind, und es wird versucht, Wasser zu sparen und zu recyceln. Der Besitzer Tim Hall, Journalist und kanadischer Ex-Konsul, beteiligt sich an Initiativen zur Stärkung der lokalen Gemeinden. Er kann Touren zu handwerklich ausgerichteten Projekten und zu versteckten Wasserfällen organisieren. Auch ein Besuch ohne Übernachtung bei Mr. Hall lohnt sich, allein um die grandiose Aussicht zu genießen (E 1, Crta. 25 Km 19, ca. 7 km hinter der Abfahrt von der Crta. 5 Puerto Plata–Sosúa, T 809 696 69 32, www.tubagua.com, Dorm 35 US-$/Pers., Hütte für 2 Pers. 81 US-$).

Fenstern, aber auch das kann ja mal ganz angenehm sein.

Am westl. Ende der Durchgangsstraße (Crta. 5), geg. Supermarkt Playero, T 809 571 24 00, Mo–Sa 8–21, So 8–15 Uhr

Edelst

2 Casa 21: Das wahrscheinlich beste Restaurant in Sosúa wird von einem belgischen Paar betrieben. Täglich wechselnde Gerichte, immer frische Zutaten und gute Weinkarte. Man sitzt wunderbar auf einer Terrasse am Pool. Unbedingt vorher reservieren, gehobene Preise.

In der gleichnamigen Unterkunft (s. S. 188), Mi–So 18–22 Uhr

Elegant & italienisch

2 La Puntilla & La Terrazza: Hierher kommt man, weil man diesen Kitsch mal gesehen haben muss – oder ihn vielleicht sogar mag. Das Restaurant auf den Klippen gehört zum Hotel Piergiorgio. Man sitzt auf einer Terrasse oder in kleinen runden Balkonen, die wie Schwalbennester direkt über dem rauschenden Meer hängen. Die Küche ist italienisch orientiert und die Preise sind gehoben.

La Puntilla 21, im Hotel Piergiorgio, T 809 571 26 26, www.hotelpiergiorgio.com, tgl. 12–23 Uhr

Gelegenheiten zum Knüpfen zwischenmenschlicher Beziehungen gibt es in Sosúa zuhauf, das Restaurant La Terraza bietet sich dann für ein romantisches Tête-à-tête an …

Für Feinschmecker

3 On the Waterfront: Hier wird das Essen von einem preisgekrönten Koch zubereitet. Das Waterfront ist ein Klassiker in Sosúa – über dem Meer sitzt man einfach gut, Sonnenuntergang inklusive. Die Speisekarte ist abwechslungsreich (z. B. Rinderfilet in Brandy- und Mandelsoße) und mittel- bis hochpreisig kalkuliert.

Calle Dr. Rosen 1, im gleichnamigen Hotel, T 809 571 30 24, tgl. 7.30–24 Uhr

Auf dem Weg zum Strand

4 Osteria Toscana: Das Restaurant liegt zwar in der Sündenmeile Calle Clisante, aber ganz am östlichen Ende, wo kein Trubel ist. Hier wird natürlich italienisch gekocht, der Laden hat tolle Antipasti und immer guten Fisch, auch Muscheln! Die Preise sind mittel bis gehoben und voll angemessen. Man sitzt auf einer zweigeteilten Terrasse, leider ohne Meerblick.

Calle Pedro Clisante 1, T 829 861 56 70, tgl. 11–23 Uhr

Auf den Klippen

5 Michael's Stone Restaurant & Bar: Das kleine Restaurant, das auch immer gut für ein Bierchen ist, liegt toll auf den Klippen. Es ist einfach, offen und hell. Zum Essen gibt es frische Meeresfrüchte und Fisch. Die Aussicht über die Bucht wird nicht extra berechnet. Günstig!

Am westl. Ende der Playa Sosúa, Los Charamicos, Di–So 10.30–23 Uhr

Bewegen

Im Wasser

1 Northern Coast Diving: Die größte und professionellste Tauchschule vor Ort.

T

TABAK, KAFFEE, HISTORIE

Abwechslung vom Meer gewünscht? Dann mieten Sie sich doch ein Auto und erkunden das **Valle del Cibao** (s. S. 131). Die ca. 200 km lange Rundtour beginnt westlich von Sosúa. Auf der Carretera 25 geht es in die nördlichen Kordilleren. Bei Km 19 liegt das **Tubagua Plantation Eco Village** (s. S. 189), ein ›Ökodorf‹ mit fantastischen Aussichten. Einen Stopp wert ist die Stadt **Santiago de los Caballeros** (s. S. 123) mit dem besten Museum der Insel. Südlich davon liegen am Fuß des **Santo Cerro** (s. S. 131) in **La Vega Vieja** (s. S. 132) die Reste der zweitältesten europäischen Stadt Amerikas. Das nächste Ziel heißt **Salcedo.** Hier steht das Geburtshaus der ›drei Schmetterlinge‹, die 1960 von Trujillos Geheimdienst getötet wurden, heute das **Museo de las Hermanas Mirabal** (s. S. 146). Über **Moca** erreichen Sie die Carretera 21, der Sie nach Norden folgen. **La Cumbre** ist ein schöner Aussichtspunkt auf 850 m. Bevor Sie wieder in die Küstenstraße einbiegen, schauen Sie doch im indischen **Restaurant Blue Moon** (s. S. 194) des Franzosen Gideon vorbei.

In der Umgebung von Sosúa gibt es Korallenriffe, der Küstenabschnitt gehört zur besten Tauchgegend der Nordküste. Ein zusätzliches künstliches Riff ist angedacht.

Calle Pedro Clisante 8, T 809 571 10 28, www.northerncoastdiving.com

In der Luft

❷ **Monkey Jungle:** In dem Zipline-Park kann man über Wald und Farmland ›fliegen‹, es ist die längste Strecke dieser Art in der Karibik. Zur Anlage gehört auch ein Schießstand – und Affen gibt es tatsächlich auch.

Ca. 14 km südöstl. von Sosúa, T 829 554 24 25, www.monkeyjungledr.com, Mo–So 9–16 Uhr, ab 55 US-$

An Land

Outback Adventures: Der an der gesamten Nordküste aktive Veranstalter organisiert Tagesausflüge, um Ihnen das Hinterland nahezubringen. Die Tour, als Safari deklariert, führt auch zu einheimischen Familien und Herstellern lokaler Produkte. Ein Teil des Preises von 79 US-$ fließt laut Veranstalter in Gemeindeprojekte.

T 809 320 25 25, www.outback-adventures.com

Ausgehen

Vorsicht: rot!

Sosúa hat ein berüchtigtes, vom Sextourismus geprägtes Nachtleben, das man nicht lange suchen muss. In der **Calle Pedro Clisante** reiht sich eine Bar an die nächste. Die Clubs und Diskotheken dienen v. a. der Anbahnung von Beziehungen zwischen jungen einheimischen Frauen und westlichen Männern älteren Semesters. In den Bars verteilt sich die Szene nach Nationalitäten. Ab 1 Uhr nachts zieht man in die jeweils angesagte Disco oder den Casino-Club am westlichen Ende der Straße weiter. Die halbherzigen Versuche der Stadt, das Treiben einzudämmen, blieben bisher ohne Erfolg. Die Prostitution ist ein wichtiger Wirtschaftsfaktor für Sosúa. Ausweichmöglichkeiten sind die empfohlenen Restaurants, die oft auch Bars haben und dann bis spät geöffnet sind.

Infos

- **Im Internet:** www.sosuanachrichten.com (Aktuelles mit Infos auf Deutsch), www.

sosua.com (Liste von Hotels, Restaurants und vielen anderen Einrichtungen).

- **Busse:** Nach Santo Domingo und Santiago de los Caballeros fahren Caribe Tours (Ortsausfahrt Richtung Puerto Plata, www.caribetourscom.do) und Metro Autobuses (Calle Dr. Rosen 1, www.metroserviciosturisticos.com). Guaguas in Richtung Osten starten an der Hauptstraße, z. B. El Papagayo (T 809 749 64 15, unbedingt Abfahrt erfragen und reservieren). In näher gelegene Orte fahren Kollektivtaxis von der Haltestelle gegenüber der Texaco-Tankstelle ab.

Cabarete F1; Karte 2, G3

Ort der Bretter

Um **Cabarete** zu verstehen, braucht es ein wenig Erdkunde: Die Küste der Dominikanischen Republik richtet sich vor Cabarete nämlich nach Südosten aus. Dadurch ist sie starken Atlantikwinden ausgesetzt. Diese Winde haben den Ort zu einem Top-Spot der internationalen Kite- und Windsurferszene gemacht. Da sich in Cabarete auch Strände mit schöner Brandung finden, zieht es die klassischen Wellenreiter ebenfalls hierher. Ein ganzer Wirtschaftszweig hat sich auf die Surfer ausgerichtet. Es gibt günstige Pensionen, Surfschulen, Zubehörläden. Darüber hinaus hat Cabarete auch klassischen Strandtourismus und ein interessantes Hinterland.

Von seiner Struktur ist Cabarete ein Straßendorf. Es gibt eine viel befahrene Durchgangsstraße, an der sich Hotels, Restaurants, Souvenirshops, Einkaufsmärkte, Banken reihen. Hinter der Geschäftszeile liegt dann das Wichtigste: der 4 km lange, wie eine Sichel geschwungene Strand. An ihm spielt sich das tägliche Leben Cabaretes ab. Sie finden hier Sonnenschirme, Liegen, Strandverkäufer sowie Bars und Restaurants.

Zum Fürchten still

Im kleinen **Parque Nacional El Choco** 1 einige Minuten vom Ortskern entfernt können Sie wandern und Höhlen erkunden. In einer der Höhlen ist es zum Fürchten still und dunkel, Sie hören Ihr eigenes Blut pulsieren. In anderen finden sich Spuren der Taíno und glasklare Badebecken. Der Eingang zum Nationalpark liegt am Ende der Straße, die westlich des Dorfzentrums an der Ecke des Restaurants Concho Loco abzweigt,

Tgl. 8.30–17.30 Uhr, für die Erkundung ist ein Führer obligatorisch, der Preis ist mit 20 US-$ recht hoch angesetzt

Schlafen

Unter Surfern

1 **Cabarete Surf Camp:** Die gepflegte Anlage liegt in einem schönen tropischen Garten und direkt an einer Lagune. Hier gibt es für jeden Geschmack und Geldbeutel etwas: einfache Hütten, Bungalows, Suiten und ganze Villen. Außerdem hat das Surf Camp einen Pool. Es ist beliebt bei jungen Leuten, die in Cabarete surfen und/oder Spanisch lernen wollen. Das Preis-Leistungs-Verhältnis ist gut. Zum Surf Camp gehört ein zweites, direkt am Strand gelegenes Haus mit Selbstversorgerküche und kleinen Zimmerchen (ab 12,50 US-$) sowie größeren Räumen mit Meerblick (ab 20 US-$). Billiger geht es nicht.

Calle Bahía 11, T 829 548 66 55, www.cabaretesurfcamp.com, www.cabaretebeachhostel.com, 25–90 US-$ inkl. Frühstück und Abendessen

Günstig und akzeptabel

2 **Alegría:** Hier zieht ein amerikanisch-kumpelhaftes Management die Strippen. Das Alegría hat 14 Zimmer und Apartments mit Küche, Kühlschrank und Balkon, dazu gibt es einen Fitnessraum, ein Jacuzzi und einen Pool auf dem Dach. Sehr gutes Preis-Leistungs-Verhältnis.

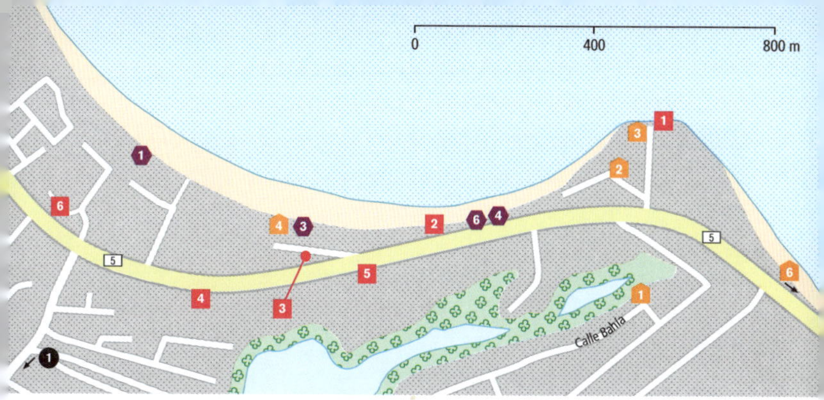

Cabarete

Ansehen
1 Parque Nacional El Choco

Schlafen
1 Cabarete Surf Camp
2 Alegría
3 Velero
4 Villa Taína
5 Natura Cabaña
6 Blue Moon Retreat

Essen
1 Otra Cosa
2 Casita del Papi
3 Panadería Repostería Dick
4 Belgium Bakery
5 Fresh Fresh Café
6 Vagamundo Coffee & Waffles

Bewegen
1 Laurel Eastman Kiteboarding School
2 Kite Club Cabarete
3 Cabarete Windsports Club
4 ION CLUB Cabarete
5 Take Off
6 Iguana Mama

Im Zentrum, etwas eingezwängt zwischen größeren Hotels, T 809 571 04 55, www.hotel-alegria.com, DZ 35–70 US-$

Luxus und Sport

3 **Velero:** Das ›Segelschiff‹ liegt passenderweise direkt am Strand. Es hat einen Pool sowie ein Spa und ein Fitnessstudio. Hauptattraktion ist die Hotelterrasse mit tollem Blick über Meer und Strand.
La Punta 1, T 809 571 97 27, www.velerobeach.com, DZ ab 80 US-$

Mit Wellnessfaktor

4 **Villa Taína:** Das Wellnesshotel ist nach Fengshui-Prinzipien gestaltet und hat sich der Umweltfreundlichkeit verschrieben. Im Angebot sind Massagen, Yogakurse, ein Spa und Aktivitäten wie Reiten, Wandern oder Kajakfahren. Manche Zimmer haben Meerblick. Es gibt auch einen Pool.
Im Zentrum, T 809 571 07 22, www.villataina.com, einfaches DZ ab 97 US-$

Schlaraffengarten

5 **Natura Cabaña:** Einige Kilometer westlich von Cabarete finden Sie diese extrem ruhige, gepflegte und luxuriöse Anlage mit elf tropisch eingerichteten Bungalows im Grünen und direktem Strandzugang. Angeschlossen sind ein Restaurant und ein Spa mit diversen Wellnessanwendungen.
Paseo del Sol 5, Perla Marina, T 809 571 15 07, www.naturacabana.com, DZ ab 135 US-$ inkl. Frühstück

Über die geschäftige Durchgangsstraße von Cabarete brummen und knattern den ganzen Tag lang Autos und Motorräder. Am Strand hinter der Häuserzeile kriegt man vom Verkehr aber nichts mit.

Rückzugsort

6 **Blue Moon Retreat:** Der Franzose Gideon hat das Blue Moon aufgebaut, eine der famosesten Unterkünfte der Insel. Auf einer Bergkuppe ca. 20 km südlich von Cabarete im Hinterland stehen vier moderne Bungalows mit je zwei Apartments. Morgens gibt es ein ausführliches Landfrühstück mit Aussicht über das bäuerlich geprägte Hinterland. Auch Yoga ist im Angebot, und abends wird die Pension zu einem der besten **indischen Restaurants** der Dominikanischen Republik (reservieren!). Sogar einen großen Pool gibt es – da vergisst man glatt, dass das Meer etwas weiter weg liegt. Das Preis-Leistungs-Verhältnis ist super.

Crta. 21 Km 8, zw. Los Brazos und Jamao al Norte, T 809 757 06 14, www.bluemoonretreat.net, Apartment für zwei Pers. ab 50 US-$

Essen

Teuer, aber berühmt

1 **Otra Cosa:** Unter französischer Leitung gibt es hier kreative exotische Küche mit besonderem Pfiff und für den etwas volleren Geldbeutel. Das Ambiente ist angenehm, die Portionen stimmen.

La Punta, direkt am Meer beim Hotel Velero, T 809 571 06 07, Mi–Mo 18.30–22.30 Uhr, Hauptgerichte ab ca. 700 RD-$

Mit den Füßen im Sand

2 **Casita del Papi:** ›Papis Häuschen‹ ist eines der beliebtesten Restaurants in Cabarete, und zwar zu Recht. Spezialität sind mittelpreisige Garnelen und andere Meeresfrüchte.

Am Strand, nicht zu verfehlen, tgl. 11–23 Uhr

Essen im Garten

1 **Ali's Restaurant:** Das Restaurant in einem schönen Garten gehört zum Cabarete Surf Camp. Hier sitzt man unter einem Palmendach und isst Alis mittlerweile berühmte Grillfilets mit Spezialmarinade.

Im Cabarete Surf Camp (s. S. 192)

Koffein tanken & frühstücken

Einst traf sich das Dorf morgens in der **Panadería Repostería Dick** 3. Hier gibt es internationale Frühstücksvariationen, Gebäck und exzellenten Kaffee. Mittlerweile besteht scharfe Konkurrenz durch die **Belgium Bakery** 4, das **Fresh Fresh Café** 5 und das **Vagamundo Coffee & Waffles** 6 (www.vagamundocoffee.com). Sie liegen alle an der Durchgangsstraße.

Bewegen

Surfen bestimmt das Leben in Cabarete. Die **Playa Cabarete** unterhalb des Ortes ist den Windsurfern vorbehalten, die westlichen Strandabschnitte ›gehören‹ den Kitesurfern. Die Wellenreiter gehen zur **Playa El Encuentro** 4 km westlich.

Kitesurfen

Die **Laurel Eastman Kiteboarding School** 1 (im Millennium Resort & Spa, www.laureleastman.com) wird von einer der weltweit besten Kiteboarderinnen betrieben. Der **Kite Club Cabarete** 2 (www.kiteclubcabarete.com) ist v. a. für Anfänger geeignet.

Windsurfen

Gute Adressen sind der **Cabarete Windsports Club** 3 (www.cabaretewindsportsclub.com) und der **ION CLUB Cabarete** 4 (www.ion-club.net).

Wellenreiten

An der Playa El Encuentro rollen bis zu 4 m hohe Wellen rein. Hier finden sich zahlreiche Brettverleiher (ca. 25 US-$/Tag) und Schulen (45 US-$/3 Std.), z. B. die von Deutschen geleitete **Take Off** 5 (T 809 963 78 73, www.321takeoff.com).

Exkursionen

6 **Iguana Mama:** Einer der größten Anbieter alternativer Ausflüge auf der Insel. Im Angebot sind Whale Watching, Trekking, Rafting, Klettern, Reiten und Canyoning. Am beliebtesten sind die Canyoning-Trips am Magic-Mushroom-Wasserfall, der wirklich die Form eines Pilzes hat.

An der Hauptstraße, T 809 571 02 28, www.iguanamama.com

Ausgehen

Wer ist am lautesten?

Abends und nachts trifft man sich entlang eines relativ kleinen Abschnitts am Strand, an dem luftige **Bars** und **Diskotheken** darum konkurrieren, wer die lauteste Musikanlage hat. Inzwischen trifft man auch vermehrt junge Frauen auf der Suche nach westlichen Freiern. Entlang der Hauptstraße gibt es zwei beliebte und laute **Billardsalons.**

Infos

- **Busse:** In Richtung Osten kommt man mit Guaguas weiter. Nach Sosúa und Puerto Plata fahren regelmäßig Sammeltaxis.

Río San Juan und Umgebung

G1/2

Der erste Stopp östlich von Cabarete lohnt sich in **Río San Juan.** Man erreicht den Ort über die wenig befahrene und sehr schöne Küstenstraße, die Carretera 5.

Lieblingsort

Leichter Schwindel inbegriffen

Im kleinsten Naturschutzgebiet des Landes – nur 1,25 km²! – liegt das **Cabo Francés Viejo** (G 1), das ›Kap des alten Franzosen‹. Wer sich auf der Fahrt zwischen Puerto Plata und Samaná die Beine vertreten möchte, sollte die 10 Min. vom Parkplatz zu diesem hoch über dem Meer gelegenen Felsvorsprung spazieren. Hier finden Sie einen verfallenen Leuchtturm aus der Trujillo-Zeit, der die steilen Klippen bewacht. Der Ausblick reicht weit übers Meer. Vor der Küste liegt einer der tiefsten Punkte des Atlantiks, und man hat einen tollen Blick auf einen kleinen wilden Strand, der passend **Playa El Bretón** heißt: ›Der Bretone‹ (ca. 15 km östl. von Río de San Juan bei dem Ort Abreu, immer geöffnet, Eintritt frei).

Laguna Gri-Gri

G2

Durchs Mangrovendickicht

Die Hauptattraktion von Río San Juan ist die **Laguna Gri-Gri:** ein Becken, in das ein unterirdischer Fluss mit kristallklarem Wasser mündet. Vom Ort aus windet sich die Lagune in einem natürlichen Kanal Richtung Meer. An einem Kiosk am Eingang der Lagune kann man eine Bootstour buchen. Die Fahrt führt durch Mangrovenwälder und übers Meer zu einer Höhle. Die Boote drehen eine Runde und fahren anschließend zur **Playa Caletón.** Der Ausflug dauert etwas länger als eine Stunde.

Tgl. 8–17 Uhr, 1500 RD-$/Boot, der Preis wird durch die Zahl der Mitfahrer (mind. 3) geteilt

Playa Grande

G1

Einer der schönsten der Insel

Knapp 10 km hinter Río San Juan liegt mit der **Playa Grande** einer der schönsten Strände der Insel. Er erstreckt sich über 2,5 km zwischen einem Golfplatz und einem Felsvorsprung. Dank seiner Länge findet man hier auch an betriebsamen Tagen ein ruhiges Plätzchen. Am östlichen Ende gibt es Garküchen sowie Verleiher von Wassersportutensilien. Hier ist auch die Strandzufahrt mit Parkplatz und Rotonde. Etwas zurückgesetzt liegt die luxuriöse Hotelanlage Playa Grande Beach Club (www.playagrandebeachclub.com) der US-Designerin Celerie Kemble.

Laguna Dudú

G2

Den Nachmittag vertrödeln

Südlich von **Cabrera** gibt es einen spektakulär in einer Krateröffnung gelegenen See, die **Laguna Dudú** (wohl als Gegenstück zur Laguna Gri-Gri). Ihr klares, frisches Wasser ist tiefblau und türkis. Sie wird unterirdisch gespeist und ist von einer kleinen Touristenanlage umgeben. Man kann hier herrlich baden, tauchen und einen Nachmittag verbringen. Es gibt auch eine Zipline. Achtung: An Wochenenden und Feiertagen wird es voll.

Ca. 8 km südl. von Cabrera ausgeschildert, tgl. 8.30 – 17 Uhr, https://dudu-lagoon-laguna-dudu.business.site, 200 RD-$

Schlafen

Schon lange dabei

Bahía Blanca: Das dreistöckige Traditionshotel liegt auf einem Küstenvorsprung und hat eine große Frühstücksterrasse mit Blick über einen kleinen Strand. Zwar ist es schon etwas verlebt, aber das Hotel hat nach wie vor einen besonderen Charme und ist preiswert. Die Besitzer sind ein älteres Paar aus Québec. Mit Restaurant.

Calle Gastón F. Deligne, Río San Juan, T 809 589 25 63, www.bahiablancariosanjuan.com, DZ 525–1225 RD-$

Landschaftlich reizvoll

Vista Linda Lodges & Villas: Im Hinterland von Río San Juan steht diese neue, aufwendig gestaltete Anlage mit einigen sehr schönen villenartigen Häusern mit Pools und Terrassen. Unvergleichlich still.

Crta. Río Bejuco Alambre, ca. 5 km südöstl. von Río San Juan, T 829 325 07 50, www.hotelvistalindalodgesetvillas.com, ab 60 US-$

Essen

Sterne und Orchideen

In Río San Juan gibt es mehrere Bistros und Restaurants, etwa das **Estrella** (Calle Duarte, tgl. 8–24 Uhr) oder direkt an der Lagune das **La Orquídea** (Calle 16 de

Agosto 9, tgl. 9–22 Uhr) mit kreolisch-französischer Küche und Weinkarte.

Infos

• **Busse:** Caribe Tours hält an der Durchgangsstraße und fährt über Nagua nach Santo Domingo. Guaguas pendeln auf der Küstenstraße in östlicher und westlicher Richtung. Am besten an der Texaco-Tankstelle nachfragen.

Nagua

G2

Gut für einen Zwischenstopp

Auf dem Weg von Sosúa zur Halbinsel Samaná ist **Nagua** die größte Stadt. Aus touristischer Sicht gibt es von hier nichts zu berichten, auch wenn sich in der Umgebung riesige Palmenwälder und landschaftlich reizvolle Reisfelder erstrecken. Rund 30 km östlich von Nagua zweigt die gut ausgebaute Carretera 7 ins ca. 120 km entfernte Santo Domingo ab.

Schlafen

Biblisch nett

Sinai: Mit dieser Unterkunft gibt es eine erstklassige Lösung für Durchreisende. Das Hotel wurde schon 1942 gegründet. Es befindet sich in einem großen viktorianischen Haus, hat 18 tipptopp saubere Zimmer und kann durchaus als Kleinod betrachtet werden. Mit kleinem Swimmingpool und Fitnessraum.
Calle Sánchez 97, T 809 584 22 84, www.hotelsinai.com.do, DZ ab 1770 RD-$

Der Nationalsport der Dominikaner ist Baseball. Die besten Spieler kommen aus San Pedro de Macorís und Santo Domingo, aber überall im Land feilt man an seiner Schlag- und Fangtechnik, in Nagua sogar mit Meerblick.

Península de Samaná

H–K3

Die Schatzhalbinsel

Willkommen in einer der abwechslungsreichsten, schönsten und kulturell interessantesten Ecken des Landes. Die **Península de Samaná** ist vergleichsweise klein, aber ihre Lage zwischen dem offenen Atlantik im Norden und der Bucht von Samaná im Süden eröffnet zahlreiche Möglichkeiten, etwas zu unternehmen.

Der Tourismus auf der Halbinsel war lange Jahre unterentwickelt. Es kamen Abenteurer und Aussteiger. Das änderte sich mit der Asphaltierung und dem Neubau von Straßen. Insbesondere die Carretera 7 nach Santo Domingo hat viel verändert: Die Halbinsel brummt heute, es wird investiert. Das ist zweischneidig: Auf der einen Seite gibt es eine immer größere Auswahl an Unterkünften, Restaurants und Aktivitäten, andererseits verliert die Península de Samaná durch die vielen Besucher ihren alten Charme der Abgeschiedenheit.

Etwas zur Geschichte und Kultur

Ein Hoch auf die Kokosnuss

Die einstige Isolierung ist historisch zu erklären: Nach der Vernichtung der indigenen Bevölkerung blieb die Península de Samaná wegen ihrer Randlage jahrzehntelang fast unbewohnt. Noch im 18. Jh. war sie vom ›Festland‹ durch eine schmale Wasserstraße getrennt, die später von Sedimenten des Río Yuna zugeschwemmt wurde.

Einen ersten Versuch der Besiedlung unternahm man während der haitianischen Besatzung zwischen 1822 und 1844, als befreite Sklaven aus den USA hier Land zur Verfügung gestellt bekamen. Ihre Nachkommen, die Namen wie Green, King oder Lockward tragen, haben die englische und protestantische Kultur bis heute rudimentär bewahrt. Ihnen sind einige kulinarische Spezialitäten zu verdanken, die man sonst nur in der anglophonen Karibik findet: Johnnycake (*yaniqueque*, ein Maisfladenbrot), Kokosbrot *(pan de coco)* sowie Fischgerichte mit Kokosmilch.

Besatzung, Bahn und Brände

Vielleicht ist diese Prägung ein Grund dafür, warum die Halbinsel den spanischstämmigen Dominikanern lange fremd blieb. Das ganze 19. Jh. hindurch wurde darüber gestritten, ob man sie nicht an die Franzosen oder an die USA als Stützpunkt verpachten sollte. Vor allem die Yankees machten begehrliche Augen, während die patriotisch gesinnten Dominikaner das Ansinnen ablehnten. Schließlich erledigte sich die Frage dadurch, dass die USA 1915 die gesamte Insel besetzten.

Ein einschneidendes Ereignis für Samaná war die Eröffnung der Eisenbahnlinie zwischen La Vega und Sánchez gegen Ende des 19. Jh. Leider ließ man Züge und Schienen verrotten, als das Straßennetz ausgebaut wurde. Eine weitere prägende Begebenheit war der große Brand, der Santa Bárbara de Samaná 1946 größtenteils vernichtete – die Stadt bestand aus Holzhäusern. Man munkelt, dass Diktator Trujillo dahintersteckte.

Sánchez

H3

Zum Durchfahren

Es ist nur noch schwer vorstellbar, dass **Sánchez** einmal ein wichtiger Umschlagplatz war. Per Güterzug wurden die landwirtschaftlichen Güter aus dem Cibao-Tal hierhergebracht und zum

Export auf Schiffe verladen. Heute ist Sánchez nur noch ein verkehrsreicher Durchgangsort, Sehenswürdigkeiten gibt es keine. Von hier führt die alte Panoramastraße über die Berge ins nördlich gelegene Las Terrenas. Die Strecke wird von Guaguas bedient. Kleinbusse fahren auch nach Santo Domingo.

Las Terrenas

H3

Im Wandel der Jahrzehnte

Las Terrenas war ein Fischerdorf. Dann kamen Aussteiger und Typen, die in Europa Dreck am Stecken hatten und verschwinden mussten. Dann kamen Touristen, angezogen von den herrlichen Stränden, an denen man stundenlang entlanglaufen möchte. Heute wird Las Terrenas von einer aktiven französischen Gemeinde dominiert, die sogar eine eigene Schule betreibt. Französisch ist daher teils Verkehrssprache – was auch mit der Ankunft zahlreicher Haitianer*innen zu tun hat, die Kunsthandwerk verkaufen, im Tourismus arbeiten oder sich prostituieren. Obwohl es einige Resorthotels in Las Terrenas gibt, besteht eine gesunde Balance zwischen Pauschaltouristen und Freaks, Eingewanderten und Einheimischen, Dynamik und Phlegma. Mit der Abgeschiedenheit ist es allerdings aus.

Die beiden Hauptstraßen von Las Terrenas laufen spitzwinklig auf die Küste zu. Sie gleichen denen einer Goldgräbersiedlung, sind gesäumt von Restaurants, Friseursalons, Supermärkten und Lädchen, in denen Gemälde, Souvenirs, Zigarren und Strandequipment verkauft werden. Über sie schleppt sich auch ein unendlicher Strom von Fahrzeugen, der erst nachts zur Ruhe kommt.

Die Qual der Wahl

Die Stadtstrände erreicht man, indem man am unteren Ende der Hauptstraße entweder links zur **Playa Las Terrenas** ❶ oder rechts zur lohnenswerten

Las Terrenas

Ansehen
1. Playa Las Terrenas
2. Playa Punta Popy
3. Playa Las Ballenas
4. Playa Bonita
5. Playa Cosón
6. Ecotopía Park

Schlafen
1. Casa Delfin
2. Fata Morgana
3. Coyamar
4. Iguana
5. Clave Verde Ecolodge
6. Samana Ecolodge

Essen
1. Mi Corazón
2. La Casa Azul
3. Le Tre Caravelle
4. Luis Parrillada
5. Boulangerie Française

Einkaufen
1. Haitian Caraibes Art Gallery
2. Mundo Puro

Bewegen
1. Real Bike Shop
2. Kite World Las Terrenas
3. Samana Diving
4. Profundo Blue

Ausgehen
1. One Love Surfshack
2. La Bodega

Playa Punta Popy ❷ fährt oder läuft. Die schönsten Strände aber sind die **Playa Las Ballenas** ❸, die **Playa Bonita** ❹ und die **Playa Cosón** ❺. Sie liegen weiter westlich. Man erreicht sie über einen ausgeschilderten Abzweig am oberen Ende der Hauptstraße.

Traum in Grün
Die Anlage ist der verwirklichte Traum des Deutschen Colmar-Andreas Serra. Auf 30 ha bewahrt er ein herrliches Stück Natur. Im **Ecotopía Park** ❻ stehen große Bäume und eine Vielzahl tropischer Pflanzen, die Andreas bei einer Führung erklärt. Man kann wandern, einen Aussichtspunkt besuchen und in einem natürlichen Pool auf dem Dschungelgelände baden, das Andreas mit internationalen Freiwilligen pflegt. Vereinbaren Sie vor einem Besuch einen Termin, da Andreas nicht immer da ist (s. auch S. 220).
Ca. 3 km südl. von Las Terrenas an der Straße nach Sánchez, T und WhatsApp 809 299 48 20, tgl. geöffnet, 7 US-$

Schlafen

Jung & alternativ
1 **Casa Delfin:** Das Haus erkennt man leicht an seinen fröhlichen Farben. Es ist ein nettes B&B mit vier einfachen Zimmern, empfehlenswert ist das auf dem Dach. 50 m von der Playa Las Terrenas und fünf Gehminuten von der Ausgehmeile Pueblo de los Pescadores entfernt.
Calle Pedro Francisco Bono 5, T 809 224 79 85, www.casadelfindr.com, Zimmer ab 25 €

Mit großem Garten
2 **Fata Morgana:** Hier geht es sehr entspannt und freundschaftlich zu, dies ist die wohl beste Budgetoption im Ort. Die Holländerin Edith vermietet in einem weitläufigen Garten sechs bunte Zimmer in Bungalows. Es gibt eine offene Gemeinschaftsküche.
Zw. Las Terrenas und Playa Bonita, T 809 240 96 02, www.fatamorganalasterrenas.com, ab 22 US-$ für 2 Pers.

Schön bunt

3 Coyamar: Diese herrliche, etwas esoterisch angehauchte Anlage ist das Werk des Deutschen Peter Müller. Mehrere alternativ gestaltete Häuschen stehen in einem Park direkt am Meer. Freundlich und tadellos geführt!

Playa Bonita, T 809 240 51 30, www.coyamar.de, DZ ab 60 US-$

Süße Tropen

4 Iguana: Die französische Gastgeberin serviert selbst gemachte Marmelade zum Frühstück. Es ist das i-Tüpfelchen auf einer sehr gepflegten Anlage mit acht Bungalows in einem tropischem Garten, ca. 200 m hinter dem Strand. Es gibt auch eine Gemeinschaftsküche.

Playa Las Ballenas, T 809 240 55 25, www.iguana-hotel.com, Bungalow für 2 Pers. ab 80 US-$

Paradiesisch

5 Clave Verde Ecolodge: Die Dominikanerin Noemi und ihr englischer Mann haben diese ganz besondere Anlage aufgebaut: ökologisch ausgerichtet mit vier großen Apartments für zwei bis acht Personen und herrlichen Aussichten. Das Paar legt Wert auf Regenwasserverwertung, Kompostierung, Sonnenenergie und die Verwendung lokaler Zutaten in ihrem ausgezeichneten Restaurant. Es gibt auch einen Swimmingpool mit toller Aussicht sowie eine Lounge-Terrasse.

Ca. 10 km Richtung El Limón, Abzweig in der kleinen Gemeinde La Barbacoa ausgeschildert, T 809 802 11 46, www.claveverde.com, ab 75 US-$ inkl. Frühstück

Superöko

6 Samana Ecolodge: Der junge Engländer Benjamin Bryant hat erst vor wenigen Jahren ein großes Stück Land bei dem Ort El Limón gekauft und darauf Holzhäuser mit Palmblattdächern gebaut. Einige sind als Schlafsäle für Gruppen ausgelegt, andere gut für zwei bis drei Personen geeignet. Zu der mit Solarenergie betriebenen Anlage gehören ein Naturpool und ein Restaurant. Es geht unkompliziert zu.

Calle Samaná 91, an der Straße von Las Terrenas nach El Limón, T 809 357 14 81, www.facebook.com/samanaecolodge, Dorm 15 US-$/Pers., Holzhaus ab 35 US-$

Essen

Die Augen essen mit

1 Mi Corazón: Das deutsch-schweizerische Trio Daniel, Lilo und Flo betreibt dieses exzellente und immer wieder herausgehobene Restaurant in einem Kolonialpatio. Sie legen Wert auf die Qualität der Zutaten, Frische und Einfachheit. Etwas gehobene Preislage.

Calle Duarte 7, T 829 566 04 01, www.micorazon.com, Di–Do 11–24 Uhr

Pizza am Strand

2 La Casa Azul: Die beste Pizza der Stadt gibt es schon lange zu fairen Preisen im ›blauen Haus‹. Man sitzt mit den Füßen im Sand unter Palmen. Der Hauswein ist annehmbar.

Calle Libertad, tgl. 11–23 Uhr

Maritimes Ambiente

3 Le Tre Caravelle: Hier mag das Ambiente etwas kitschig sein, aber die französische Kochkunst macht das wieder wett. Mittleres Preisniveau.

Calle 27 de Febrero, Playa Punta Popi, T 809 917 66 39, Do–Di 11–24 Uhr

Alles gegrillt

4 Luis Parrillada: Das offene Grillrestaurant direkt am Strand ist der Klassiker an der Playa Cosón. Allein wegen Luis' Grillspezialitäten kommen die Leute hierher – viel frischer Fisch, üppige Portionen und dominikanisch entspannte Preise.

Playa Cosón, unmittelbar am Parkplatz, tgl. geöffnet

À la française

5 Boulangerie Française: Selbst in den heißen Tropen können Törtchen und Gebäck köstlich schmecken. Wer außerdem über die Neuigkeiten im Ort informiert bleiben möchte, sollte hier mindestens einmal am Tag einkehren und dem Tratsch an den Nachbartischen zuhören.

Calle Duarte, Plaza Taína, tgl. 7–19 Uhr

Einkaufen

Haitianische Malerei

1 Haitian Caraibes Art Gallery: Hier werden, neben allerlei Kunsthandwerk, einmal nicht die üblichen haitianischen ›Fließbandmalereien‹ verkauft, sondern Einzelstücke teilweise bekannter haitianischer Künstler, die allerdings auch ihren Preis haben.

Calle Duarte 233, Mo–Sa 9–13, 15–19 Uhr

Zigarren & Rum

2 Mundo Puro: Der Franzose Marcos ist Kenner und Genießer. Deswegen kriegt man in seinem Zigarren- und Rumladen mit Zigarrenmanufaktur auch nur beste Ware. Marcos sammelt und verkauft auch Gemälde distinguierter Künstler der Insel. Man trifft ihn häufig in seinem Laden an, in dem es auch einen Humidor gibt.

Calle Duarte 262, ganztägig geöffnet

Bewegen

Radtouren

1 Real Bike Shop: Es ist der professionellste Anbieter von Mountainbiketouren im Land. Luis, ein Fahrradenthusiast aus dem schweizerischen Solothurn, hat den Laden aufgebaut. Die Fahrräder und die Ausrüstung sind tipptopp, die Touren einzigartig und auf die Kunden maßgeschnei

Klar, dass man die selbst gedrehten Zigarren einer Kostprobe unterziehen muss, bevor sie in den Verkauf gehen. Im Zigarrenladen Mundo Puro in Las Terrenas qualmen die Angestellten.

TOUR
Ein Fall für Adam und Eva

Wanderung zum Salto El Limón

Infos

J3

Start: Parada El Café

Ziel: Parada La Manzana

Länge: 5 km

Dauer: 1,5–3 Std.

Schwierigkeit: einfach bis mittel

Kosten: Eintritt 100 RD-$

Anbieter: Gut ist www.cascadalimonsamana.com (ab 15 U$-$/Pers.).

In einer paradiesischen Tropenlandschaft stürzt er in die Tiefe: der **Salto El Limón.** Er ist eine der Hauptattraktionen der Republik. Die meisten Besucher schließen sich einer organisierten Tour an und halten sich zwischen 10 und 14 Uhr auf den Pfaden und am Wasserfall auf. Wenn Sie davor oder danach kommen, ist es ruhiger. Der Weg lässt sich problemlos auf eigene Faust begehen.

Die Tour beginnt ca. 1 km hinter dem Ort **El Limón** an der **Parada El Café.** Haben Sie kein eigenes Fahrzeug, lassen Sie sich hier vom Minibus oder einem Motoconcho absetzen. An der Parada warten Führer auf Kundschaft, wollen Sie begleiten oder auf kleine Pferde setzen. Sie können die Angebote aber ohne schlechtes Gewissen ausschlagen – die Guides machen ihr Geld mit Touristengruppen.

Der Weg führt nun durch eine abwechslungsreiche Landschaft: mal durch Wald, mal durch offenes Hügelland. Mehrfach durchquert man den **Río El Limón.** Nach ca. 3 km ist die **Bar Cascada Limón** erreicht, wo Sie den Wasserfall erstmals in der Ferne sehen können, ein spektakulärer Anblick. Nach 500 m Abstieg erreichen Sie ihn dann: Aus 52 m Höhe strömt das Wasser in feinen Kaskaden herab und bildet einen hellgrün schimmernden Pool, in dem man baden kann.

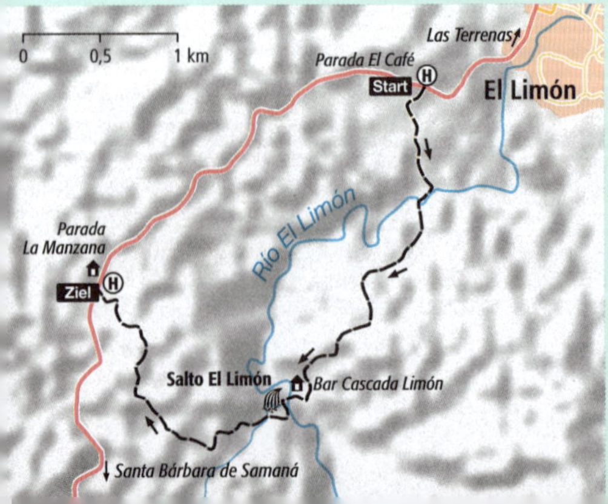

Für den Rückweg nimmt man am besten den Pfad Richtung **Parada La Manzana.** Es geht zunächst steil eine Treppe bergan, dann wiederum durch Wald und Weideland. An der Haltestelle gibt es ein gutes Restaurant gleichen Namens.

dert. Der immer gesprächige Luis hat sich nämlich die Mühe gemacht, nicht nur die gesamte Umgebung von Las Terrenas nach geeigneten Radpfaden zu durchkämmen, sondern die gesamte Nordküste bis Monte Cristi. Man kann also mit ihm und seinem Kompagnon Primoz mehrstündige Touren durch das wunderbare geschwungene Hinterland von Las Terrenas und entlang der Küste unternehmen oder aber die gesamte Nordküste und ihre Kultur vom Sattel aus kennenlernen.

Blvd. Turístico del Atlántico, Ecke Av. Abra Grande, www.mtbvacationsdr.wixsite.com/realbike, ab 70 US-$

Kitesurfen

2 Kite World Las Terrenas: Las Terrenas hat Wind und so kann man auch hier gut (Kite-)Surfen. In dieser beständigsten Schule kann man es lernen oder nur Equipment leihen. Stand-up-Paddling ist ebenfalls im Angebot.

Im Resort Grand Bahía Príncipe El Portillo, www.kiteworldlasterrenas.com

Tauchen

Es gibt zwei verlässliche Tauchschulen: **Samana Diving** 3 (Calle Francisco Caamaño Deño, vor dem Hotel Puerto Plaza, www.samanadiving.com) und **Profundo Blue** 4 (Punta Poppy, neben dem Hotel Playa Caribe, www.profundoblue.com).

Ausgehen

Das Nightlife in Las Terrenas ist schnelllebig. Bis auf wenige Ausnahmen machen Bars und Clubs auf und wieder zu. Die einzige Konstante bleibt, dass sich die Ausgehorte im **Pueblo de los Pescadores** und entlang der unteren **Calle Duarte** (Calle Principal) konzentrieren.

Zuerst speisen, dann abhotten

1 One Love Surfshack: Am frühen Abend sitzt man hier gemütlich und trinkt einen Cocktail, auch Abendessen wird serviert. Später verwandelt sich das Lokal in einen Tanzschuppen.

Calle Libertad, www.onelovesurfshack.com, Mi–Mo 15–1, Happy Hour 17–20 Uhr

Für Tanzfreunde

2 La Bodega: Hier ist immer etwas los, es mischen sich Einheimische und Touristen. Gespielt werden fast ausschließlich Bachata und Merengue.

Calle Duarte, tgl. 21–4 Uhr, Eintritt frei

Infos

- **Busse:** Die Kleinbusse nach Santo Domingo und Sánchez starten von der Kreuzung Calle Duarte und Carretera 7 am oberen Ortsende von Las Terrenas neben der Esso-Tankstelle. Nach El Limón und Santa Bárbara de Samaná nimmt man die Guaguas an der Ecke Calle Duarte, Av. 30 de Marzo.

Santa Bárbara de Samaná

J3

Nicht schönheitspreisverdächtig

Santa Bárbara de Samaná oder kurz Samaná, wie die Stadt meist genannt wird, ist nicht als Urlaubsort, sondern v. a. als Ausgangspunkt für Exkursionen bekannt. Etwas voller wird es im Februar und März, wenn Tausende Besucher anreisen, um die Buckelwale zu beobachten, die sich in der **Bahía de Samaná** paaren. Häufig liegen auch Kreuzfahrtschiffe in der Bucht vor Anker. Die Passagiere werden an Land gebracht und tapsen dann oft etwas verloren und mit enttäuschten Mienen durch den Ort. Samaná selbst ist nämlich keine Preziose. 1946 zerstörte ein Feuer fast die gesamte Stadt, die daraufhin im Stil der 1950er-Jahre neu errichtet wurde.

Die Wunderkirche

Gegenüber der Hafenpromenade liegt das im viktorianischen Stil errichtete Einkaufszentrum **Plaza Pueblo Príncipe,** das viel Leerstand hat. Quirliger geht es auf dem **Mercado Público** (Av. Francisco del Rosario Sánchez, Ausfallstraße Richtung Westen) zu, wo eine Fülle lokaler Erzeugnisse und viel Fisch verkauft werden.

Ebenfalls sehenswert ist die methodistische, ganz aus Holz erbaute **Iglesia San Pedro,** die 1824 aus England importiert wurde. Sie diente den ehemaligen Sklaven aus den USA als Gotteshaus und entging wie durch ein Wunder dem Brand von 1946. Als sie im Zuge einer Stadterneuerung abgerissen werden sollte, wurde sie von Nachkommen der ehemaligen Sklaven gerettet. In Anlehnung an das englische Wort *church* nennen sie noch heute viele Einheimische **La Churcha** (Calle Theodore Chasereaux, Ecke Calle Duarte, 2 Gehmin. vom Malecón entfernt). Die Kirche ist das eigentümliche Monument einer protestantischen Kultur in einem katholischen Land.

Landschaftlich reizvoll ist die direkt vor der Stadt gelegene Bucht mit ankernden Booten und zwei über eine 60 m lange Fußgängerbrücke erreichbaren Inseln: **Cayo Linares** und **Cayo La Vigía.** Ein hübscher Strand, die **Playa Cayacoa,** existiert unterhalb des Luxushotels Gran Bahía Príncipe de Cayacoa, das über der Bucht auf einem Hügel thront.

Schlafen

Einfach & nett

Samana Island Hostel: Dieses angenehme, sehr saubere Hostel unter Führung einer älteren Amerikanerin ist eindeutig die beste Budgetoption in Samaná für Individualreisende. Mindestaufenthalt zwei Nächte.

Calle San Juan 8, T 829 371 62 74, www.tropicalislandbb.com, Zimmer für 1 Pers. ab 20 US-$, jede weitere Pers. 7 US-$

WALE BEOBACHTEN, ABER SANFT

W

Die Bucht von Samaná wird zwischen Mitte Januar und Ende März zur Kulisse für ein großes Schauspiel: Sie verwandelt sich ins Liebesnest der Buckelwale. Rund 2000 der bis zu 40 t schweren Tiere finden sich zur Paarung ein, was Tausende von Touristen anzieht. Das führte in der Vergangenheit zu Konkurrenz unter den Bootsführern, die immer näher an die Wale heranfuhren. Experten protestierten, darunter die teils vor Ort lebende Walforscherin Kim Beddall. Schließlich wurden ›Anstandsregeln‹ aufgestellt, um das Whale Watching artgerecht und angenehmer für alle zu gestalten: Nur noch 43 Boote haben eine Lizenz, nicht mehr als drei dürfen sich gleichzeitig bei einer Walgruppe aufhalten; die Mindestdistanz zu einer Mutter mit ihrem Kalb beträgt 80 m; gibt es eine ›Warteschlange‹ von Booten, ist die Beobachtungszeit auf 30 Min. begrenzt; die Geschwindigkeit der Boote in der Beobachtungszone darf nicht mehr als drei Knoten betragen und der Motor muss während der Beobachtung in den Leerlauf geschaltet werden; es ist verboten, mit den Walen zu schwimmen oder zu tauchen. Ob die Samana Bay Whale Watch Regulations immer eingehalten werden? Die besten Touren leitet die US-Forscherin **Kim Beddall** (www.whalesamana.com, 59 US-$). Ein ebenso empfehlenswerter Anbieter ist der Spanier **Santi** mit seiner Agentur in El Limón (www.cascadalimonsamana.com, ab 75 US-$ inkl. anderer Ziele).

La Churcha im Blick

Docia: Unter den einfachen Hotels von Santa Bárbara de Samaná ist das Docia, das sich neuerdings als Backpackerhostel empfiehlt, das beste. Es liegt sehr zentral, aber dennoch ruhig gegenüber der Holzkirche.

Calle Teodore Chasereaux, T 809 538 24 97, DZ 900 RD-$

Essen

Land und Meer

Tierra y Mar: Hier finden Sie sicherlich das beste Preis-Leistungs-Verhältnis. Es gibt exzellente Pasta ab 250 RD-$ in ungezwungener Atmosphäre. Probieren Sie auch die frischen und teils ungewöhnlichen Säfte, etwa den aus der Jenipapo-Frucht *(jagua).*

Calle María Trinidad Sánchez, nahe Malecón, T 809 538 24 36, tgl. 8–22.30 Uhr

Am Malecón 1

Taberna Mediterránea Tapas & Wines: Etwas versteckt, aber schön am Malecón gelegen. Spanisch dominierte, üppige und günstige Küche. Man sitzt auf einer Terrasse.

Av. Malecón 1, T 829 994 36 34, Di–So 11–23.30 Uhr

Am Malecón 2

La Mata Rosada: Beliebtes Restaurant mit gehobener, aber preiswerter Küche. Unter französischer Leitung.

Av. Malecón 5, T 809 538 23 88, tgl. 8–15, 18.30–23 Uhr

Viel Fleisch

L'Hacienda: Ein Grillrestaurant unter französischer Leitung mit sehr guter dominikanischer und internationaler Küche, gut ist das Filet in Pfeffersauce. Mit Bar. Mittelpreisig.

Av. Malecón 6, T 809 538 23 83, Do–So 19.30–23.30 Uhr

Gut zielen! Auf dem Markt in Samaná schlägt eine Händlerin mit kräftigen Hieben eine Kokosnuss auf. Sie hat lange Übung und offenbar keine Furcht davor, einen Finger zu verlieren.

Schöne Aussicht im Klassiker

El Chino: Der Name kommt nicht von ungefähr – das Lokal wird von einem Chinesen geführt. Es existiert schon seit zig Jahren und bietet variantenreiche und günstige Küche, ist aber berühmter für seine Lage auf dem Stadthügel mit Aussichtsterrasse.

Calle San Juan 1, auf dem Hügel oberhalb der Holzkirche, T 809 538 22 15, tgl. 11–23 Uhr

Infos

- **Busse:** Caribe Tours (www.caribetours.com.do) fährt vom Malecón am westlichen Ende der Plaza Pueblo Príncipe 8 x tgl. nach Santo Domingo. Guaguas nach Las Galeras, El Limón, Las Terrenas und bis nach Puerto Plata starten am Mercado Público.
- **Fähren:** Die Personenfähre nach Sabana de la Mar fährt 4 x tgl. (7, 9, 11, 15 Uhr, 1–1,5 Std., 200–250 RD-$).

S

SEGEL SETZEN

Wer die Region vom Wasser aus kennenlernen möchte, sollte sich an **Alexander Matás** wenden. Der junge Spanier hat sein Segelboot in Santa Bárbara de Samaná liegen und bietet entspannte Törns für bis zu sechs Personen in den Nationalpark Los Haitises, zum Cayo Levantado oder rund um die Halbinsel an. Bei mehrtägigen Trips wird an Bord der 12 m langen Jacht geschlafen und gegessen. Der unkomplizierte Matás schneidet die Trips auf seine Gäste zu (T und WhatsApp 829 525 84 38, www.calua.net, ca. 60 US-$ pro Tag und Pers.).

Cayo Levantado J3

Die Insel aus der Werbung

Cayo Levantado in der Bucht von Samaná ist ein schwieriger Fall. Von Tourveranstaltern wird es gerne als Bacardi-Insel vermarktet, weil dort in den 1980er-Jahren ein bekannter Werbespot für die Rumindustrie gedreht wurde. Tatsächlich hat die Palmeninsel weiße Sandstrände und glasklares Wasser. Aber wie das so ist mit dem Zauber eines Ortes – er verflüchtigt sich in dem Moment, an dem er von Hunderten Menschen zur gleichen Zeit bevölkert wird. Schon morgens füllen sich die Strände und das seichte Wasser mit Urlaubern, die hier einen Piña Colada trinken und dem Karibikfeeling hinterherspüren.

Das soll nicht heißen, dass die Insel nicht sehenswert wäre. Aber kommen Sie lieber am frühen Morgen oder am späten Nachmittag. Eine weitere Alternative ist ein mehrtägiger Aufenthalt auf der Insel, besonders für Leute, die etwas mehr Kleingeld übrig haben. Das Fünf-Sterne-Resort Luxury Bahía Príncipe Cayo Levantado (www.bahia-principe.com) nimmt 420 US-$ die Nacht.

Infos

• **Boote:** Ein Boot für die Überfahrt mietet man am Kai von Santa Bárbara de Samaná in der Mitte des Malecón. Der Preis ist Verhandlungssache (ca. 10–15 US-$/Pers.).
• **Touren:** Moto Marina (Av. Malecón 3, T 809 538 23 02, www.motomarinatours-excursionsamana.com, 65 US-$) verbindet die Touren zur Insel meist mit einem Besuch im Nationalpark Los Haitises.

Parque Nacional Los Haitises H/J3/4

Stellen Sie sich bewaldete Korallenfelsen vor, die steil aus dem Wasser aufragen, fast so, als ob sie schweben könnten. Stellen Sie sich riesige Höhlen mit mysteriösen Felsmalereien vor und Kanäle, die sich durch Mangrovenwälder winden. Das alles und noch viel mehr ist der **Parque Nacional Los Haitises,** mit 208 km² einer der größten Nationalparks des Landes. Das Wort Haitises stammt übrigens aus der Sprache der Taíno und bedeutet ›Land der Berge‹. Der Name des Nachbarlandes Haiti geht auf den Begriff zurück.

Der Park kann nur im Rahmen einer geführten Tour besucht werden (s. S. 210)

Reich an Arten

Üblicherweise starten die Bootstouren in den Nationalpark vom Anleger in Santa Bárbara de Samaná. Es geht quer über die Bucht, deren Wasser weniger salzhaltig ist als im offenen Ozean. Wissenschaftler glauben, dass die Buckelwale u. a. deshalb zur Paarung kommen: Parasiten fallen hier leichter von ihnen ab.

Irgendwo auf dem Grund der Bucht liegt das Schiff des puertoricanischen Piraten Roberto Cofresí, der es auf der Flucht vor den Spaniern versenkte. Er entkam mit seiner Mannschaft in die Mangrovenwälder.

Nach etwa 30 Min. tauchen die Mogotes auf: Dutzende bizarr geformte Kalksteinkegel ragen grün überwuchert 30 bis 50 m in die Höhe. Sie bestehen aus Korallenkalk und entstanden vor 1 bis 2 Mio. Jahren, als sie durch vulkanisch-tektonische Bewegungen an die Oberfläche gedrückt wurden. Über Kanäle geht es nun in die Mangrovensümpfe hinein. Die knorrigen Wurzeln der Bäume ragen aus dem Wasser. Sie bilden einen Schutz für Pflanzen und Tiere. Los Haitises ist nicht umsonst eines der artenreichsten Gebiete der Karibik. An Land wächst ein immergrüner Regenwald mit zum Teil seltenen Palmenarten. Außerdem gedeihen hier Zedern, Kapok- und Mahagonibäume sowie Farne und Bromelien. Die Tierwelt ist u. a. mit braunen Pelikanen, Fregattvögeln, Eulen, Kormoranen, blauen Reihern und Sittichen vertreten. Ziemlich selten anzutreffen sind Exemplare der beiden einheimischen Säugetierarten *hutía* (Waldratte) und *soledón* (Schlitzrüssler).

Orte der Zuflucht und Kunst

Das Höhlensystem des Nationalparks diente einst der indigenen Bevölkerung als Unterschlupf. Sie lebte hier offenbar in versprengten Gruppen noch während des gesamten 16. Jh.

Die größte und bekannteste Höhle ist die **Cueva de la Línea,** auch **Cueva del Ferrocarril** (›Eisenbahnhöhle) genannt, da ganz in der Nähe eine Eisenbahnlinie existierte. Man vermutet, dass sie schon vor 4000 Jahren von den Siboney genutzt wurde, einem Volk, das vor den Taíno

Sie enstanden vor Jahrmillionen Jahren und ragen heute surreal aus dem Meer auf: die Mogotes genannten Kalkfelsen im Nationalpark Los Haitises. Sie werden von Pelikanen und Neuweltgeiern bewohnt.

auf Hispaniola lebte. Den Taíno diente die Cueva de la Línea als Kultstätte. Sie haben rund 950 Malereien hinterlassen. Die Farbe dazu stellten sie aus Harz, Rinde, Fledermauskot und dem Fett der Seekühe her. Zu sehen sind Wale, Haie, Vögel, ein Reiher, außerdem Bilder von Kindern und Abdrücke von Händen. Spektakulär ist die Darstellung einer weiblichen Gottheit, die von Vögeln umrundet wird. Über ihrem Kopf bilden 13 Strahlen eine Art Diadem, was auf den Mondkult hindeutet.

Nicht von jedem Touranbieter wird die **Cueva de la Arena** angesteuert. Am Eingang sind zwei menschliche Gesichter in den Stein gehauen: wachende Gottheiten. Im Inneren der Höhle finden sich Zeichnungen von Segelschiffen. Sie stammen aus dem 16. Jh. und sind womöglich die ersten Taíno-Darstellungen europäischer Schiffe. Nach den Taíno fanden Piraten Zuflucht in Los Haitises, darunter Jack Banister, Willy Simmons und der bereits erwähnte Roberto Cofresí.

Infos

- **Touren:** Es gibt verschiedene Möglichkeiten, den Nationalpark zu erkunden, aber fahren Sie nur mit ausgewiesenen Anbietern, z. B. **Alexander Matás** (s. Kasten S. 208), **Moto Marina** (s. S. 208) oder **Sunshine Holiday** (s. S. 217), die alle von Santa Bárbara de Samaná aus starten. Eine Erkundung von der anderen Seite der Bucht ab Sabana de la Mar kann organisiert werden über das Hotel **Paraíso Caño Hondo** (s. S. 87).

El Valle ✪ J3

Der Geheimstrand

Der rund 12 km nördlich von Santa Bárbara de Samaná gelegene wilde Sandstrand von **El Valle** ist immer noch ein Geheimtipp. Kaum besucht, liegt er malerisch in einer Bucht zwischen grünen Hügeln. Seit die Straße hierher asphaltiert wurde, kommen manchmal Touristengruppen, aber in der Regel trifft man hier nicht viele Menschen.

Am Strand gibt es drei, vier Restaurants. Auch neue, allerdings nicht ganz preiswerte Unterkünfte finden sich mittlerweile in dem Tal. Wenn Sie richtig abenteuerlustig sind, machen Sie die Wandertour zur **Laguna Salada,** die versteckt in den Bergen östlich des Strandes liegt (s. S. 211).

Schlafen, Essen

Unter Affen

Dominican Tree House Village: Die Anlage an einem Fluss steht für eine neue Form des Tourismus: naturnah, exklusiv, originell. Das Dominican Tree House Village liegt mitten im Dschungel und besteht aus 20 Baumhäusern, die über dem Waldboden zu schweben scheinen. Lange, gewundene Treppen führen nach oben. Es ist eine einzigartige, wenn auch kostspielige Erfahrung, obwohl die meisten Baumhäuser kein Badezimmer haben. Daher empfehle ich eher, hier einen Kaffee zu trinken und sich die ungewöhnliche Anlage anzuschauen. Es gibt Yogakurse und eine Zipline. Viele Amerikaner.

Knapp 10 km nördl. von Santa Bárbara de Samaná, T 0800 820 13 57, www.dominicantreehousevillage.com, Baumhaus ab 235 US-$ inkl. Frühstück, auch All-inclusive-Pakete

Eingebettet in die Natur

Unique Exotic Eco Hotel: Es sind eigentlich zwei Hotels in einem, die die Argentinier Tomás und Fernando hier errichtet haben. Das Mutterhaus liegt an der Straße zum Strand und fügt sich perfekt in die Natur ein. Der beeindruckende Komplex besteht fast komplett aus Naturmaterialien und verfügt über Zimmer und

TOUR
Dominicana Jones

Wanderung zur Laguna Salada

Infos

J 3

Start/Ziel: El Valle

Länge: ca. 5,5 km

Dauer: 4–5 Std.

Schwierigkeit: sehr anspruchsvoll, auf keinen Fall ohne Führer losgehen!

Führer: über das Unique Exotic Eco Hotel (s. S. 210)

Sie ist nicht leicht zu finden und der Weg hierher strapaziös. Östlich von **El Valle,** im **Parque Nacional Cabo Cabrón,** findet sich die Laguna Salada, die ›Salzlagune‹.

Der Weg beginnt am östlichen Ende der **Playa El Valle** und steigt sogleich steil an. Sie durchlaufen eine Graslandschaft und mehrere Plantagen. Wenn Sie am höchsten Punkt der Wanderung angelangt sind, wandern Sie über freies Gelände und können das luxuriöse, einsam auf einem Gipfel stehende Haus irgendeines superreichen Dominikaners bestaunen. Von hier geht es wieder hinab und man dringt in dichten Dschungel ein. An einigen Stellen muss der Weg mit der Machete freigeschlagen werden. Sie klettern über umgefallene Bäume, laufen auch mal nach der Trial-and-Error-Methode in eine ›Sackgasse‹, um zu schauen, wo es weitergeht. Die Tour hat also etwas von einem Dominicana-Jones-Abenteuer, kaum jemand unternimmt sie. Am Ende erreicht man die **Laguna Salada,** eine Art Dschungelsee, der von Meerwasser unterirdisch gespeist wird und deswegen salzhaltig ist. Seine Ufer sind komplett bewaldet und von Berghängen umgeben, hoch über Ihnen kreisen schwarze Geier. Das Schwimmen im dunklen Wasser der Lagune ist herrlich.

Für dieses Profiabenteuer brauchen Sie unbedingt einen Führer. Als ich den Weg Ende 2018 ging, war er teilweise völlig zugewuchert und kaum mehr auffindbar. Insbesondere der Rückweg entlang des Küstenhangs gestaltete sich schwierig, um nicht zu sagen: ziemlich strapaziös und etwas nervig. Machen Sie sich etwa auf zerkratzte Waden und Unterarme gefasst. Das Erlebnis ist es allerdings wert.

Lieblingsort

In besten Händen

Das immer gut gelaunte und aktive französische Paar Armelle und Christian hat mit ihrem **La Lomacita** 1 eine der freundlichsten und schönstgelegenen Unterkünfte der Insel geschaffen. Sie vermieten zwei geschmackvoll eingerichtete Zimmer sowie drei etwas abseits davon gelegene Apartmenthäuser. Armelle bereitet ein großartiges Frühstück zu, mit frischem Brot, selbst gemachten Marmeladen und selbst angebauten Früchten. Manchmal wird im Garten ein Lagerfeuer angezündet. Außerdem kocht Armelle auf Bestellung zu Abend. Und sie kann Tipps für Ausflüge in die Umgebung geben oder sogar mit Ihnen reiten gehen. La Lomacita ist ein Schmuckstück (gut 3 km östl. von Las Galeras, ab dem Amhsa Marina Grand Paradise Beach Resort ausgeschildert, T 829 905 32 72, www.lalomacita-lodge.com, DZ ab 50 €, Haus ab 65 €).

Suiten mit Blick in die landwirtschaftlich geprägte Umgebung. Auf der Restaurantterrasse sitzt man ›mitten‹ im Dschungel. Das zweite Gebäude befindet sich direkt am Strand und ist dort bislang die einzige Unterkunft. In dem schönen, komplett aus Holz, Bambus und Palmblättern errichteten Bau gibt es zwei Zimmer mit einer Terrasse und viel Strand davor.

T 829 262 05 50, WhatsApp 809 457 91 73, www.uniquedrhotel.dr, DZ ab 150 US-$

Infos

- **Busse:** Vom Mercado Público in Santa Bárbara de Samaná fahren Guaguas – in diesem Fall Pickup-Trucks – bis zum Strand in El Valle. Sie müssen sich nach den Abfahrtszeiten erkundigen.

Las Galeras

J/K3

Wilde Schönheit

Sie haben es geschafft, Sie sind am nordöstlichsten Zipfel der Insel angelangt. Vor Ihnen liegt der offene Atlantik. Die Straße hierher, Sie werden es gemerkt haben, ist eine der schönsten des Landes. Sie verläuft immer parallel zur Küste, entlang von Palmenwäldern und Feldern und durch kleine Ortschaften. Lange lag **Las Galeras** im Dornröschenschlaf, dann wurde vor wenigen Jahren die Straße hierher asphaltiert. Seitdem kommen immer mehr Besucher, angezogen von der abgelegenen Lage, der entspannten Atmosphäre, der wildschönen Natur und den vielen Möglichkeiten, auf eigene Faust etwas zu unternehmen. Außerdem gibt es in Las Galeras schöne Unterkünfte und gute Restaurants. Der Ort ist perfekt, wenn Sie nur Zeit für einen Kurzurlaub haben. Allerdings ist man hier ohne eigenen Wagen auch etwas gestrandet bzw. auf Mototaxis und Guaguas angewiesen.

Sand vor der Haustür

Las Galeras ist umgeben von sehr unterschiedlichen Stränden. Am Ende der Hauptstraße erstreckt sich die unschöne **Playa Grande Las Galeras** ❶, die in erster Linie als Ablegeort für die Boote dient, die Touristen in weiter entfernte Buchten bringen.

In Laufnähe (ca. 20 Min.) zum Zentrum von Las Galeras liegt westlich die kleine **Playa La Playita** ❷, an der man tagsüber herrlich baden und bis abends wunderbar sitzen und Fisch essen kann. Leider versuchte zuletzt der Besitzer des Lokals La Playita, den mittleren Teil des Strandes mit Liegen vollzustellen, für die er natürlich Geld kassiert. Das ist eigentlich illegal, aber so läuft das in einem Land mit schwachem Staat.

Ein Traum von einem Strand

Noch unbebaut und beinahe unberührt ist diese Ecke *(rincón)* der Halbinsel: die **Playa Rincón** ❸ ca. 18 km westlich von Las Galeras. Vor Ihnen entfaltet sich ein Panorama aus türkisblauem Wasser, umgeben von üppig bewachsenen Bergen. Stellen Sie sich vor, wie hier im 16. Jh. spanische Karavellen ankerten. Am nördlichen Ende der 3 km langen Bucht mündet ein kühles Flüsschen. Ungefähr in der Mitte des Strandes liegt das empfehlenswerte Restaurant Rincón Rubi (Mi–Mo 10–22 Uhr). Laufen Sie über den rechten Rand der Playa Rincón hinaus und Sie erreichen den wildromantischen Bruderstrand.

Der Strand ist 6 km vor Las Galeras ausgeschildert. Man kann ihn auch per Boot von Las Galeras aus erreichen. Bootsmänner bringen Sie in 15-minütiger Fahrt hinüber (800 RD-$/Boot hin und zurück).

Mit natürlicher Kletterwand

Ein wilder Strand ist die **Playa Frontón** ❹, die östlich von Las Galeras hinter einer Bergkuppe liegt und ein

¡Buen provecho! Aus dem Meer direkt auf dem Teller landet der Fisch in vielen Strandrestaurants. Als Beilage gibt es Avocados, Gemüse und natürlich und unvermeidlich: frittierte Kochbananan aka tostones.

schönes Ziel für eine Wanderung abgibt (s. S. 218). Nahebei findet sich die kleinere, ebenfalls wilde **Playa Madama** 5 mit einer Fledermaushöhle. Beide Strände grenzen an Palmenwälder und man kann hier gut den Robinson spielen. Der gesamte Landzipfel der Halbinsel Samaná hinter Las Galeras ist unbewohnt und wurde zum **Monumento Natural Cabo Samaná** erklärt.

Ein Boot vom Dorfstrand in Las Galeras zur Playa Frontón kostet 2000 RD-$. Zur Playa Madama gelangt man auch per Pferd (s. S. 217).

Das Maul des Teufels

Vorsicht: unerwartete Wasserdusche! Durch einen Spalt in der Felsküste drückt das Meer mit voller Wucht mehrere Meter große Fontänen in die Höhe. Es ist ein ohrenbetäubendes Schauspiel. Die Piste zum **Boca del Diablo** 6 (›Teufelsmaul‹), das sich auf der Südseite des Inselzipfels öffnet, führt an einem halblegalen Marmorabbau vorbei. Die Fahrt per Auto von Las Galeras dauert eine halbe Stunde.

Schlafen

Viktorianisch

2 **Todo Blanco:** Es wirkt wie ein Herrenhaus, hat eine tolle Lage am Strand und einen großen Palmengarten. Das Todo Blanco ist, wie der Name schon sagt, ganz in Weiß gehalten und im karibischen Gingerbread-Stil errichtet. Alles ist picobello, die Einrichtung stilsicher. Zum Sicherheitsteam des italienischen Besitzers Maurizio zählen mehrere Hunde.
T 809 538 02 01, www.hoteltodoblanco.com, DZ ab 75 US-$

Palmblattgedeckt

3 **Chalet Tropical:** Bei der Ankunft ihrer Gäste stellt die engagierte italienische Vermieterin Sarah einen bunten Früchtekorb bereit. Sie vermietet vier Chalets und einen Bungalow in einem gepflegten Garten in einer ruhigeren Ecke von Las Galeras. Die schönen Häuser, ihre Ausstattung und der Service machen den fehlenden Meerblick wett.

Camino Chalet Tropical, von der Hauptstraße ausgeschildert, T 809 901 07 38, www.chalettropical.com, Chalets ab 105 US-$/2 Pers., DZ ab 60 US-$

Schlupfwinkel für Verliebte

4 **Villa Serena:** Hier wurden schon Folgen deutscher Fernsehserien gedreht. Kein Wunder, denn das Serena bietet alles, was man sich unter Karibik vorstellt: ein elegantes Hotel im viktorianischen Stil mit 21 unterschiedlich gestalteten Zimmern und einen tropischen Garten, der direkt an die Küste grenzt. Alle Zimmer haben Meerblick, es gibt Spa-Angebote.

Calle Jimi Hendrix, T 809 538 00 00, www.villaserena.com, DZ ab 110 US-$

Für Backpacker

5 **La Rancheta:** Der Belgier Ronald betreibt diese sehr alternative und relaxte Unterkunft in einem grünen Garten. Es gibt mehrere Zimmer mit Gemeinschaftsküche, einen Bungalow und einen Pool. Abends wird belgisches Bier serviert.

An der Straße hinter dem Amhsa Marina Grand Paradise Beach Resort, T 829 939 82 85, www.larancheta.com, DZ 35 US-$, Bungalow für bis zu 5 Pers. 65 US-$

Extravagant

6 **Sunset Samaná Boutique Hotel:** Der Katalane David Camps hat am Rand von Las Galeras, hoch über dem Meer, ein kleines Schlösschen gebaut. Es besitzt fünf Zimmer und strahlt weithin in Weiß. Von der großen Terrasse mit Bar und Pool überblickt man die Bucht. Man fühlt sich hier draußen sehr exklusiv. Das Haus lohnt unbedingt einen Blick.

Am Ende der Calle Javo Beach, hinter der Playa La Playita, T 829 448 22 22, www.samanaboutiquehotel.com, DZ 80 US-$

H

HIER SIND SIE AUCH!

Während der Walsaison von Januar bis März kommen rund 2000 Buckelwale in Las Galeras vorbei. Sie sind auf ihrem Weg in die Bucht von Samaná, wo sie sich paaren (s. S. 206). Beobachten kann man die Wale von der Felsküste aus, etwa vom Restaurant El Monte Azul (s. unten). Es ist aber auch möglich sich ihnen per Boot zu nähern, Dario Pérez (s. S. 217) hat eine Lizenz.

Essen

Entlang der Hauptstraße gibt es verschiedene Restaurantoptionen, die alle lohnend sind und für jeden Geschmack und Geldbeutel etwas bieten. Einfach mal nach Gusto reinschauen.

Food on the Hill

1 **El Monte Azul:** Der ›Blaue Berg‹ ist nicht nur wegen seines Essens das beste Restaurant der Gegend, sondern auch wegen seiner Lage auf einer Bergspitze. Sie haben von hier oben einen tollen Blick über die Buchten von Samaná. Deswegen wird der Laden, den der Franzose Pierre und die Laotin Vanin betreiben, auch von Gästen angesteuert, die von weit her kommen. Serviert werden exzellente franco-dominikanische und thailändische Gerichte zu angemessenen Preisen. Reservieren!

Ca. 11 km südl. von Las Galeras, Abzweig ausgeschildert, T 849 249 36 40/41, www.restaurantsamana-monteazul.com, Mi–Mo 12–15, 18–24 Uhr, ab 620 RD-$

Food on the Plaza

2 Joya: Der neue Ableger des Monte Azul direkt in Las Galeras. Bei meinem letzten Besuch war es noch nicht eröffnet, aber wenn es anknüpft an das Mutterhaus, sollte man hier einkehren.

An der zentralen Kreuzung auf der Hauptstraße, geg. dem Hotel Plaza Lusitania, T 849 249 36 40

Zentral und gut

3 La Cueva del Pirata: Die italienischen Pizzen haben noch jeden überzeugt. Man sitzt einfach und gemütlich auf einer Terrasse und beobachtet das Dorfgeschehen. Der Hauswein ist sehr annehmbar, das Essen ist mittelpreisig, der Laden schon lange ein Klassiker in Las Galeras.

Im Hotel Plaza Lusitania an der zentralen Kreuzung auf der Hauptstraße

Über den Klippen

4 El Cabito: Es ist ein einzigartiger, aber mittlerweile auch schwieriger Ort. Der Holländer John und die Berlinerin Cathrin errichteten dieses Restaurant einst in mühevoller Arbeit auf Holzpfählen über den Klippen. Von der Terrasse blickt man weit über die angrenzenden Steilküsten. Aber: El Cabito wird heute von dem grantigen Mallorquiner Tomeu gemanagt und ist zu teuer, zudem wird die Anlage nicht mehr richtig gepflegt. Es lohnt sich dennoch hierherzukommen – die Aussicht ist die gleiche wie zu Johns und Cathrins Zeiten.

4 km östl. von Las Galeras (über eine zerlöcherte Piste zu erreichen), Mi–Mo ab 10 Uhr

Direkt am Strand

5 Isabel & Misael: Hier sitzt man mit dem Füßen im Sand. Sehr gut sind die üppigen Fischteller für 400 RD-$.

Playa La Playita, tgl. bis Sonnenuntergang

Bewegen

Reiten

Erfahrene Reiter fragen Armelle von **La Lomacita** 1 (s. S. 212). Sie hat zwei

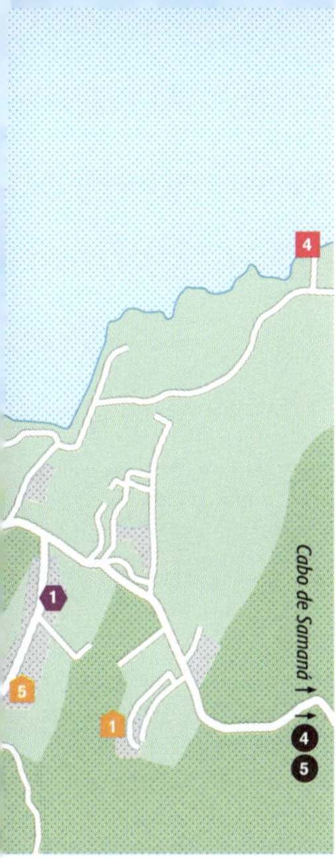

Las Galeras

Ansehen
1 Playa Grande Las Galeras
2 Playa La Playita
3 Playa Rincón
4 Playa Frontón
5 Playa Madama
6 Boca del Diablo

Schlafen
1 La Lomacita
2 Todo Blanco
3 Chalet Tropical
4 Villa Serena
5 La Rancheta
6 Sunset Samaná Boutique Hotel

Essen
1 El Monte Azul
2 Joya
3 La Cueva del Pirata
4 El Cabito
5 Isabel & Misael

Bewegen
1 Rudy's Rancho
2 Dario Pérez Excursiones/ Las Galeras Divers
3 Sunshine Holiday

große Pferde und kennt die Gegend wie die berühmte Westentasche. Alle anderen gehen zum klassischen Anbieter von Las Galeras, **Rudy's Rancho** 1 (T 829 305 33 68, www.rudysrancho.com). Er hat diverse Touren im Programm, ein 2,5-stündiger Ausritt zur Playa Madama kostet 45 US-$.

Wandern

Eine tolle Tour führt zur **Playa Frontón** 4 (s. S. 218). Es gibt aber auch eine Menge anderer Ziele im landwirtschaftlich geprägten und sehr urwüchsigen Hinterland – erkundigen Sie sich in Ihrer Unterkunft.

Boots- und Schnorcheltouren

2 **Dario Pérez Excursiones:** Ob über oder unter Wasser, Dario Pérez hat für jeden etwas im Angebot.

Im Laden von Las Galeras Divers (s. unten), darioperez48@hotmail.com, T 809 538 0149

Tauchen

2 **Las Galeras Divers:** Die Tauchschule bringt Sie zu 15 Revieren rund um Las Galeras. Die besten Tauchgründe liegen vor dem Cabo Cabrón. Hier gibt es den 48 m hohen Korallenturm Piedra Bonita, der von kleineren Fischen belagert und von Barracudas, Makrelen und Schildkröten umkreist wird.

An der zentralen Kreuzung auf der Hauptstraße, T 809 538 02 20, www.las-galeras-divers.com

Ausflüge

3 **Sunshine Holiday:** Der empfehlenswerte deutsche Touranbieter Marcel und seine sympathische Schwester Diana organisieren Ausflüge zu Zielen auf der Halbinsel, u. a. per Boot in den Nationalpark Los Haitises.

An der Hauptstraße, T 809 538 02 02, www.sunshine-holiday.net

Infos

- **Busse:** Guaguas verbinden mehrmals tgl. Las Galeras mit Santa Bárbara de Samaná.

TOUR
Hier könnte Robinson gestrandet sein

Wanderung zur Playa Frontón

Klettern gehört noch zu den kaum verbreiteten Sportarten in der Dominikanischen Republik. An der Playa Frontón gibt es eine der ersten Routen des Landes an einer spektakulär aufragenden Felswand.

Am besten starten Sie die Wanderung an der Weggabelung 1,3 km hinter dem Eingang zum **Amhsa Marina Grand Paradise Beach Resort.** Sie gelangen mit einem Motoconcho aus **Las Galeras** in wenigen Minuten her. Wenn Sie bereits im Ortszentrum loslaufen wollen, erhöht sich die Distanz um etwa 6 km hin und zurück. Sie sollten aus Sicherheitsgründen mit einem Führer gehen: um sich nicht zu verlaufen, aber auch weil ganz vereinzelt schon Räuber auf dem Weg gelauert haben. Ihre Unterkunft kann Ihnen sicherlich weiterhelfen.

Vorbei an **Rudy's Rancho** 1 geht es einen kurzen steilen Abschnitt hinauf. Schon ist man mittendrin im Hinterland. Noch sieht man vereinzelte Villen, aber bald übernehmen Natur und Landwirtschaft. Es geht über einen gut zu laufenden Feldweg, vorbei an Maniokfeldern,

Bananenplantagen und dem einen oder anderen kleinen Hof.

Nach etwa 3 km beginnt der Aufstieg auf den Bergzug, der die Playa Frontón von Las Galeras trennt und zu seiner Isolierung beiträgt. Wenn Sie Zeit haben, machen Sie vor dem Anstieg einen Abstecher zu einem Aussichtsturm, **El Firmamento** genannt, auf dem zwei Parkwächter Dienst tun (zusätzlich ca. 400 m hin und zurück).

Die abgelegene Playa Frontón liegt in einem Naturschutzgebiet und hinter einer hohen Felswand, weswegen sie zum Glück (noch) unbebaut ist.

Der recht steile Pfad, der Sie nun recht schnell auf eine Höhe von 160 m führt, kann nach Regen rutschig sein. Oben angekommen, haben Sie den höchsten Punkt der Wanderung erreicht. Auf der anderen Seite liegt das offene Meer. Der dicht bewaldete Ostzipfel der Península de Samaná ist unbewohnt und wurde zum **Monumento Natural Cabo Samaná** erklärt.

Der Rest des Weges besteht nun aus dem Abstieg zum Strand. Als ich die Wanderung machte, begegneten wir einer großen Schlange, die in einem Baum lag. Vielleicht haben Sie auch Glück und sichten ein Exemplar. Die **Playa Frontón** ❹ ist relativ schmal und von Palmen gesäumt, Menschen leben hier nicht, aber es gibt ein paar Strandverkäufer und Sie können sich eine Kokosnuss aufschlagen lassen. Das Meer ist wilder als auf der Nordseite der Landzunge von Las Galeras, dennoch kann man hier baden. Riffe schützen den Strand, das Wasser leuchtet türkisfarben. Für Kletterer ist die Playa Frontón interessant, weil es hier bis zu 200 m aufragende Felswände gibt, an denen bereits Routen existieren, sprich Haken eingeschlagen wurden.

Sie können nun ein Boot zurück nach Las Galeras chartern oder die gleiche Strecke zurückwandern. Wer noch etwas Kraft in den Beinen hat, sollte den lohnenden Abstecher zur kleineren **Playa Madama** ❺ machen (vom Abzweig 4 km hin und zurück).

Infos

J/K 3

Start/Ziel: Las Galeras

Länge: 11 km hin und zurück

Dauer: ca. 3–4 Std.

Schwierigkeit: einfach, mit steilen Abschnitten

Zugabe

Es grünt so grün – ein Deutscher forstet auf

Colmar-Andreas Serra und sein einzigartiges Umweltprojekt Ecotopía

Es war 1980, als Colmar-Andreas Serra zum ersten Mal in die Dominikanische Republik kam. Er war damals 20 Jahre alt und besuchte seine Mutter, deren Mann an der deutschen Botschaft in Santo Domingo arbeitete. Im Jahr darauf verschlug es Andreas auf die Halbinsel Samaná nach Las Terrenas. »Es war ein idyllisches Fischerdorf«, erinnert er sich. »Es gab ein einziges Auto, kein elektrisches Licht, nur ein einziges Hotel. Die Fischer lebten in Häuschen am Strand. Es hat sich viel verändert.«

Als Sohn von Diplomaten hatte Andreas damals schon viel von der Welt gesehen. Daher hatte er wohl nicht mehr das Fernweh, das andere Menschen seines Alters befällt. »Ich suchte bereits nach einem Ort, um mich niederzulassen.«

Im hügeligen Hinterland von Las Terrenas wurde er fündig und kaufte 30 ha Weideland. Er studierte damals in Bonn Agrarwissenschaften und hatte die irrwitzige Idee, das »ökologisch degradierte« Gelände wieder aufzuforsten. Mit harter Arbeit, viel Geduld und einer Menge Lehrgeld verwandelte er das Terrain über die Jahre in einen einzigartigen tropischen Wald voller seltener Pflanzen und Tiere. Er nannte sein Projekt Ecotopía – nach dem gleichnamigen Zukunftsroman von Ernest Callenbach aus dem Jahr 1975, der auch die Grüne Bewegung stark beeinflusste.

Von Beginn an wollte Andreas etwas von seinem Wissen weitergeben, und so arbeitet er bis heute mit freiwilligen Helfern und Biologiestudenten, die in seinem Projekt forschen möchten. Menschen aus 25 Ländern seien schon dagewesen, sagt Andreas. Außerdem macht er Führungen für Touristen über das weite Areal, zu dem auch ein Aussichtspunkt und ein Dschungel-Swimmingpool gehören. Zurzeit experimentiert Andreas mit Permakulturen, also der Schaffung sich selbst regulierender, ökologischer Kreisläufe. Dabei unterstützt ihn auch der Botanische Garten in Santo Domingo mit Pflanzenspenden.

Was Andreas, heute Doktor der Agrarwissenschaften, jedoch große Sorgen macht, ist die generelle Situation der Umwelt im Land: die Brandrodungen, die Überweidung, die Bodenerosion, der Pestizideinsatz, das Korallensterben, die Zerstörung der Nationalparks durch korrupte Cliquen, der Abtransport von Sand und Steinen aus den Flussbetten für die mächtige Bauindustrie, Plastikmüll selbst an den entlegensten Orten. Andreas' Liste ist lang und frustrierend. Zu alldem geselle sich auch noch der Klimawandel. Andreas

»Viele Dominikaner haben keinen Draht zur Umwelt.«

hat beobachtet, wie sich die Trocken- und Regenzeiten in letzter Zeit verschoben haben. So dauere die Trockenperiode heute länger als früher, was den Bauern wiederum die Möglichkeit gebe, noch mehr Brandrodung zu betreiben.

»Viele Dominikaner haben keinen Draht zur Umwelt«, konstatiert Andreas. Das Thema werde in den Schulen nicht systematisch behandelt. Zwar gebe es heute eine kleine Umweltschutzbewegung, v. a. unter den Jugendlichen mache sich Unmut breit über die Umweltzerstörung, aber die Elite nutze das generell fehlende Bewusstsein aus. Den armen, kleinen haitianischen Köhler buchte man ein, aber den gut vernetzten Avocadozüchter, der seine Plantagen illegal im Naturschutzgebiet anlegt, lasse man gewähren – selbst dann noch, wenn die Medien darüber berichten.

Ecotopía ist zu alldem ein Gegenbeispiel. Hier gibt es viel Wasser, Luft, Pflanzen und Tiere. Alles, was anderswo vom Verschwinden bedroht ist, findet hier eine Arche. Unterstützung von der Regierung hat Andreas noch nie bekommen. Stattdessen hätten einige Bauern schon sein Land besetzt – und Hilfe von den korrupten Behörden erhalten. Es ist die gleiche Geschichte, die man immer wieder von Ausländern hört, die auf der Insel ein Stück Land gekauft haben und sich trotz einer Besitzurkunde häufig mit Nachbarn und den Behörden herumschlagen müssen, die ein Auge auf das Areal geworden haben. Die Korruption macht es möglich. »Regeln einhalten und Rücksicht nehmen ist nicht die Sache vieler Einheimischer«, sagt Andreas. Und dennoch lebt er gerne hier und sagt: »Die Dominikanische Republik ist immer noch ein gutes Land mit liebenswerten Menschen!« Dazu leistet auch der heute 60-jährige Colmar-Andreas einen großen Beitrag. ■

Im Internet: www.facebook.com/ecotopia.park; s. auch S. 201

Mit den Führungen durch ›seinen‹ Dschungel will Colmar-Andreas Serra auch Bewusstsein für die immer stärker bedrohte Natur schaffen.

Das Kleingedruckte

Baseball ist der Nationalsport. Viele junge Dominikaner träumen davon, Profispieler zu werden und der Armut zu entkommen.

Anreise

… mit dem Flugzeug

Drei dominikanische Flughäfen werden aus Deutschland, Österreich und der Schweiz direkt angeflogen: Santo Domingo (SQN), Punta Cana (PUJ) und Puerto Plata (POP). Die Preise für Hin- und Rückflug variieren je nach Saison zwischen 650 und 1200 €. Linienflüge gibt es eher nach Santo Domingo, Chartergesellschaften fliegen nach Punta Cana und Puerto Plata.

Für die individuelle Weiterreise empfiehlt sich ein Taxi oder der günstigere Transportdienst von Uber (s. S. 235). In Santo Domingo kostet die 25-minütige Fahrt mit dem Taxi vom Flughafen ins Zentrum ca. 1500 RD-$, per Uber zahlen Sie 800 bis 1000 RD-$. Nach Boca Chica (ca. 15 Min. Fahrt) kostet ein Taxi 300 bis 500 RD-$. Die Preise sind verhandelbar.

Von den Flughäfen fahren auch spottbillige Kleinbusse, sogenannte Guaguas, in die nächsten Orte. Sie werden v. a. von Einheimischen genutzt. In Santo Domingo starten sie im oberen Stockwerk des Flughafens, in Puerto Plata läuft man ca. 5 Min. an die Straße Puerto Plata–Sosúa und stoppt ein Guagua, in Punta Cana ist man auf den Bus seines Reiseveranstalters oder Taxis angewiesen.

Bewegen und Entschleunigen

Die Dominikanische Republik bietet viele Möglichkeiten für sportliche Urlauber. Größere Hotels haben Tennis- und Golfplätze, es werden Reitausflüge und Schnorcheltouren angeboten. In vielen Küstenorten gibt es Tauchschulen. Die Zentren für Abenteuertourismus sind Jarabacoa in den Zentralkordilleren sowie Cabarete an der Nordküste. Sie können Kitesurfen lernen und Mountainbiketouren unternehmen, Canyoning machen und

S

STECKBRIEF

Lage: Die Dominikanische Republik nimmt die beiden östlichen Drittel der Insel Hispaniola ein. Im westlichen Drittel liegt Haiti. Nach Kuba ist Hispaniola die zweitgrößte Insel der Antillen. Im Osten von Hispaniola befindet sich Puerto Rico, im Norden die Turks- und Caicosinseln.
Größe: Mit 48 730 km² ist die Dominikanische Republik etwas größer als Niedersachsen. Von Ost nach West misst sie ca. 390 km, von Norden nach Süden max. 265 km.
Einwohner: 10,3 Mio. Der Anteil der Stadtbevölkerung liegt bei 80 %.
Hauptstadt: Santo Domingo (3 Mio. Einw.)
Sprache: Spanisch. In den Touristenzentren wird etwas Englisch gesprochen.
Geografie: Vier große Kordillerenketten durchziehen die Dominikanische Republik in west-östlicher Richtung. In den Zentralkordilleren befindet sich der Pico Duarte, der mit 3087 m höchste Berg der Karibik. Zwischen den Kordilleren erstrecken sich fruchtbare Ebenen wie das Valle de Cibao mit Santiago de los Caballeros als Zentrum. Im äußersten Nordwesten und im Südwesten hingegen herrscht oft Trockenheit. Die Dominikanische Republik weist mit der Enriquillo-Senke den tiefsten Punkt der Karibik auf, er liegt ca. 40 m unter dem Meeresspiegel.
Staat und Politik: Demokratie mit Präsidialsystem
Religion: 95 % Katholiken
Vorwahl: 001
Währung: Dominikanischer Peso (RD-$, DOP)
Zeitzone: MEZ -5 Std., während der Sommerzeit -6 Std.

raften. Auch ausgedehnte Bergwanderungen sind möglich. Die Adressen der jeweiligen Veranstalter stehen im Reiseteil.

Baden

Mit ihren vielen schönen Stränden ist die Dominikanische Republik ein Badeziel. Strandurlaub und Wassersport sind die Hauptinteressen der meisten Touristen und prägen die Wahrnehmung des Landes.

Canyoning

Schluchten erklettern, durch Flüsse schwimmen, Wasserfälle hinuntergleiten: Es klingt abenteuerlich, aber mit einem Führer können selbst Kinder ab 12 Jahren mitmachen. Sowohl in Jarabacoa als auch an den spektakulären 27 Charcos de Damajagua und in Cabarete werden Touren angeboten.

Golfen

Die Anlagen des Landes sind bei Golfern beliebt. Plätze finden Sie im noblen Casa de Campo (www.casadecampo.com.do), in Punta Cana (www.puntacana.com/golf.html), im Resortkomplex Playa Dorada bei Puerto Plata sowie in Playa Grande (www.playagrande.com). Zwischen Dezember und März sollten Sie reservieren. Auskünfte erteilt die Federación Dominicana de Golf (www.fedogolf.org.do).

Der Schweizer Louis vom Real Bike Shop fährt mit seinen Gästen durch die herrliche Natur rund um Las Terrenas.

Radfahren

Radfahren kommt immer mehr in Mode, etwa in Santo Domingo, wo man mit Leihrädern die Altstadt erkunden kann. Andernorts vermieten Hotels Räder für kleinere Ausflüge. Für ausgedehntere, sportlichere Touren bietet sich Jarabacoa an. Nicht ganz so viel Atem braucht man im hügeligen Hinterland von Cabarete und Las Terrenas.

Rancho Baiguate organisiert Touren in Jarabacoa. In Cabarete fragen Sie bei Iguana Mama nach und in Las Terrenas wendet man sich an den ausgezeichneten Real Bike Shop, dem mit Abstand besten Ansprechpartner im Land für Radtouren.

Rafting und Kajakfahren

In den Bergflüssen um Jarabacoa gibt es Möglichkeiten zum Wildwasserrafting. Es kommen auch immer mehr Kajakfahrer. Rancho Baiguate veranstaltet Touren, ebenso Iguana Mama.

Reiten

In allen touristischen Orten werden Ausritte angeboten. Sie können auf stattlichen Tieren reiten oder auf den kleinen Landpferden. Die Touren führen am Strand entlang, es geht zu Wasserfällen oder in die Berge. Eine Option ist Rancho Lorilar in Puerto Plata, ein toller Anbieter Rudy's Rancho in Las Galeras.

Schnorcheln

Fast überall entlang der Küste können Sie schnorcheln. Equipment gibt es oft am Strand oder im Hotel. Schöne Reviere findet man im Südwesten an der Bahía de las Águilas, an der Südküste bei Bayahibe und in Punta Cana, auf der Halbinsel Samaná sowie an der Nordküste in Punta Rucia.

Tauchen

Die wärmeren und tropischeren Tauchgründe liegen an der Südküste, etwa im Parque Nacional Submarino La Caleta bei Santo Domingo, vor der Isla Catalina bei La Romana sowie im Parque Nacional Cotubanamá. An der Nordküste ist das Meer unruhiger, dafür ist die Topografie interessanter. Vor Monte Cristi und Punta Rucia liegen das Korallenriff Silver Banks und die Korallenatolle der Siete Hermanos. Auch die Küste zwischen Sosúa und Río San Juan hat interessante Tauchgründe. In den Gewässern vor der Halbinsel Samaná finden sich Schiffswracks und Steilwände, als Startpunkte sind Las Galeras und Las Terrenas ideal. Ganz im Osten schließlich entfaltet sich die Unterwasserwelt von Punta Cana mit Wracks, skurrilen Felsformationen und dem Kamir-Riff. In allen touristischen Küstenorten gibt es Tauchbasen, oft unter deutsch- oder englischsprachiger Leitung. Auf www.taucher.net finden Sie eine aktuelle Liste mit den Tauchschulen der Insel. Pro Tauchgang werden üblicherweise um 45 US-$ verlangt – je mehr Tauchgänge man in einer Schule bucht, desto günstiger.

Wandern

Jarabacoa ist das Zentrum für Wanderungen in den Zentralkordilleren. Von dort aus, aber auch von San Juan de la Maguana auf der Südseite des Gebirges starten die Touren zum höchsten Berg der Karibik, dem 3087 m hohen Pico Duarte. Gute Ausgangspunkte für Wanderungen sind auch Las Galeras auf der Halbinsel Samaná sowie Polo in der Sierra de Baoruco auf der Península de Pedernales im Südwesten. Oft können Hotels geführte Wanderungen vermitteln.

Generell gilt, dass kürzere und einfachere Wanderausflüge so gut wie überall machbar sind und man immer einen Führer findet, wenn man herumfragt. Bestens geeignet hierfür sind der kleine Parque Nacional El Choco bei Cabarete oder der Parque Nacional Cotubanamá bei Bayahibe.

Wellenreiten, Wind- und Kitesurfen

Die Dominikanische Republik gehört zu den zehn weltbesten Destinationen für Surfer. Hauptort ist Cabarete an der Nordküste. Die große Bucht mit ihren Atlantikwinden ist sowohl für Anfänger als auch für Profis interessant. Das weiter westlich gelegene Las Terrenas bietet sich ebenfalls an.

Diplomatische Vertretungen

… in Deutschland, Österreich und der Schweiz

Embajada de la República Dominicana
Cicerostr. 21
10709 Berlin
T 030 959 985 120
www.dr-botschaft.de

Prinz-Eugen-Str. 18
1040 Wien
T 01 505 85 55
embajada@embrepdom.at

Weltpoststr. 4
3015 Bern
T 031 351 15 85, 031 351 25 62
consulado.rd.berna@gmail.com

… in der Dominikanischen Republik

Deutsche Botschaft
Av. Núñez de Cáceres 11, Ed. Ginaka 2.0
Ensanche Bella Vista
Santo Domingo
T 809 542 89 49, 809 542 89 50
Notfälle: T 809 543 56 50 (Botschaft),
T 809 542 89 61 (Konsularabteilung)
www.santodomingo.diplo.de

Österreichische Botschaft
Av. Jiménez Moya 71, Ed. Aeromar
Santo Domingo
T 809 412 40 14
santo-domingo-as@bmeia.gv.at

Schweizerische Botschaft
Av. Jiménez Moya 71, Ed. Corporativo 2010
Santo Domingo
T 809 533 37 81
www.eda.admin.ch/santodomingo

Einreisebestimmungen

Deutsche, Österreicher und Schweizer benötigen für die Einreise einen mindestens sechs Monate gültigen Reisepass. Als Tourist sind Sie zu einem Aufenthalt von 90 Tagen berechtigt. Dennoch wird bei einem Aufenthalt von mehr als 30 Tagen eine progressiv ansteigende Strafgebühr verlangt, die Sie bei der Ausreisekontrolle zahlen. Kinder benötigen unabhängig vom Alter ein eigenes Ausweisdokument.

Elektrizität

Die Netzspannung beträgt 110 Volt. Der Steckdosentyp ist derselbe wie in den USA, hat zwei parallele Schlitze. Für EU-Stecker ist ein Adapter erforderlich.

Feiertage

6. Januar: Día de los Reyes (Hl. Drei Könige)
21. Januar: Nuestra Señora de la Altagracia (Tag der Jungfrau zur Hohen Gnade)
26. Januar: Día de Duarte (Geburtstag des Nationalhelden Pablo Duarte)
27. Februar: Día de la Independencia (Unabhängigkeitstag)
1. Mai: Día del Trabajo (Tag der Arbeit)
16. August: Día de la Restauración (Tag der Wiederherstellung der Republik)
24. September: Nuestra Señora de las Mercedes (Tag der Gnadenreichen Jungfrau)
6. November: Día de la Constitución (Tag der Verfassung)
25. Dezember: Navidad (Weihnachten)

Fotografieren

Die Dominikaner mögen es, fotografiert zu werden, und stellen sich fast immer sofort in Pose. Auf dem Land und in touristisch nicht erschlossenen Gegenden sollte man um Erlaubnis fragen, ebenso unbedingt, wenn man Haitianer fotografiert. Sie sind generell reservierter als die Dominikaner.

Frauen alleine unterwegs

Anmache ist ein Gesellschaftsspiel dominikanischer Männer. Die Machos (s. S. 254) sind manchmal hartnäckig, aber selten gefährlich. Allein reisende Frauen, die sich dem nicht aussetzen möchten, halten sich besser an die großen Hotels und Restaurants. Auch in All-inclusive-Anlagen hat frau meist ihre Ruhe.

Geld

Währung ist der Dominikanische Peso, abgekürzt RD-$ oder DOP. Kleinere Münzen (Centavos) spielen kaum eine Rolle. Es gibt Münzen zu 1, 5, 10 und 25 Pesos sowie Scheine zu 10, 20, 50, 100, 500, 1000 und 2000 Pesos. Bis 2002 war der Peso relativ stabil, unter der Regierung Leonel Fernández geriet sein Wert dann etwas ins Rutschen. Die inflationäre Tendenz hat sich zuletzt verlangsamt.

US-Dollar und Euro werden überall problemlos gewechselt, andere Währungen nur in der Zentralbank von Santo Domingo. Von ›schwarzen‹ Wechselgeschäften ist abzuraten – sie sind verboten und lohnen sich auch nicht, fast immer ist Übervorteilung eingeplant.

In den größeren bzw. teureren Hotels und Restaurants kann man mit US-Dollar bezahlen, die eine Art Zweitwährung des Landes sind. Dort werden auch alle gängigen Kreditkarten akzeptiert, wobei recht

R

REISEKASSE

Da der Peso gegenüber dem Euro und dem Dollar schwächelt, ist die Dominikanische Republik für Ausländer ein relativ günstiges Reiseland. In Touristenorten kann man schon für umgerechnet 10 bis 15 € sehr gut zu Abend essen, auf dem Land ist es natürlich billiger. Insgesamt liegen die Lebenshaltungskosten deutlich unter denen der Eurozone. Um den Wertschwankungen des Pesos gegenüber dem Dollar und Euro auszuweichen, geben viele Hotels ihre Preise in US-Dollar oder sogar in Euro an.

hohe Gebühren anfallen können (bis zu 16 % der Rechnungssumme).

Geldautomaten gibt es in den meisten von Touristen frequentierten Orten. Mit der entsprechenden Kreditkarte, z. B. von der DKB, lässt sich gebührenfrei Geld ziehen. Auch mit Bank-/Maestro-Karten kann man Bargeld bekommen. Sie werden von allen mit diesem Zeichen ausgewiesenen Geldautomaten angenommen. Hinweis: Die ATMs sind manchmal defekt, sodass man es in ländlichen Gebieten nicht auf den letzten Peso ankommen lassen sollte. Zur Not kann man sich auch mit Kreditkarte und Reisepass in der Bank Bargeld besorgen.

Wechselkurse (Stand August 2019): 1 € = 57 RD-$, 1 US-$ = 51 RD-$, 1 CHF = 52 RD-$, 100 RD-$ = 1,74 € = 1,94 US-$ = 1,91 CHF

Gesundheit

Impfungen sind nicht vorgeschrieben, aber das Auswärtige Amt empfiehlt einen Schutz gegen Tetanus, Diphtherie und Hepatitis A, bei Aufenthalten von über vier Wochen auch Hepatitis B, Tollwut und Typhus. Da es vereinzelte Fälle von Denguefieber und Malaria gab, sollte man sich gut vor Mücken schützen. Aktuelle Infos findet man z. B. unter www.fit-for-travel.de und www.auswaertigesamt.de.

Gegen Durchfallerkrankungen helfen die üblichen Vorsichtsmaßnahmen: kein Leitungswasser trinken, bei Eiswürfeln nachfragen, woher das Wasser stammt, beim Verzehr von geschälten Früchten und Salat auf die Hygiene achten.

Vor Ort gibt es überall gut sortierte Apotheken *(farmacia)*. Oft findet man Medikamente nicht unter dem in Europa bekannten Markennamen, doch die Apotheker kennen Generika mit den gleichen oder ähnlichen Inhaltsstoffen.

Die ärztliche Versorgung ist ausreichend, auch wenn die meisten Praxen und Kliniken sehr einfach ausgestattet sind. Einen guten Ruf hingegen genießen private Kliniken. Unbedingt empfehlenswert ist eine Auslandskrankenversicherung mit Rückholgarantie, wie sie beispielsweise für 8 € jährlich von der Debeka angeboten wird.

Informationsquellen

… in Deutschland

Fremdenverkehrsamt der Dominikanischen Republik
Hochstr. 54
60313 Frankfurt
T 069 91 39 78 78
www.godominicanrepublic.com

… in der Dominikanischen Republik

Secretaría de Estado de Turismo Dominicana
Av. México, Ecke Calle 30 de Marzo
Santo Domingo
T 809 221 46 60/61
info@sectur.gov.do
Diese Hauptanlaufstelle ist sehr bürokratisch, wenig ergiebig und nicht besonders

gut organisiert. Besser ist die kompetente und freundliche Stadtinformation im Palacio Borgella, Calle Isabel la Católica 103, Santo Domingo, T 809 686 38 58.

Im Internet

www.godominicanrepublic.com Offizielle Website der Secretaría de Estado de Turismo Dominicana mit Informationen zu Kultur, Geschichte, Kunst und Freizeitangeboten sowie interaktiver Landkarte und aktuellen Veranstaltungshinweisen (dt.).
www.dominicantoday.com Sehr aktuelle Nachrichtenseite mit Neuigkeiten zu unterschiedlichsten Schwerpunkten wie Politik, Sport, Tourismus und Armut (engl.).
www.domrep-magazin.de Internetzeitschrift mit Artikeln zu aktuellen Themen und Ereignissen in der Dominikanischen Republik (dt.).
www.dominicanadventures.com Internetführer für Freizeitaktivitäten und Abenteuertouren (engl.).
www.dominicanwatchdog.org Eine kritische, etwas übereifrig betriebene Website, die sich mit den unterschiedlichsten Missständen in der Dominikanischen Republik auseinandersetzt (engl.).
www.dumontreise.de Informationen zur Reisevorbereitung und ständig aktualisierte Internetadressen auf der Seite des DuMont-Reiseverlags (dt.).

Internetzugang

WLAN gibt es mittlerweile in den meisten Hotels, wenn auch noch nicht in allen. Viele Restaurants und Cafés bieten WLAN an, v. a. in den Städten. Ansonsten empfiehlt es sich, eine SIM-Karte zu kaufen (s. S. 233).

Kinder

Die Dominikaner sind sehr kinderfreundlich, sie haben ja selbst so viele – rund ein Drittel der dominikanischen Bevölkerung ist jünger als 15 Jahre. Dementsprechend ist man auf Kinder eingestellt. Viele Hotels, gerade in den Touristengebieten, verfügen über entsprechende Einrichtungen wie z. B. Kinderbecken im Poolbereich. Ebenso sind viele Freizeitangebote, etwa Reiten, auch auf Kinder zugeschnitten. Bei Sehenswürdigkeiten und Aktivitäten gelten in der Regel Preisnachlässe für Kinder.

Unter den vielen Stränden gibt es einige, die für Kinder besonders geeignet sind, weil sie flach ins Wasser führen und das Meer in der Regel ruhig ist, da vorgelagerte Riffe die Wellen abfangen. Hierzu zählen etwa die Strände bei Boca Chica, Bayahibe, Punta Cana/Bávaro sowie die Playa La Cueva und die Bahía de las Águilas bei Pedernales.

Klima und Reisezeit

Wann dorthin reisen?

In der Dominikanischen Republik herrscht ein warmes bis heißes tropisches Klima mit hoher Luftfeuchtigkeit, plötzlichen Regengüssen und einer relativ beständigen Temperatur, die in der Hauptstadt Santo Domingo bei durchschnittlich 27 °C liegt. Die Differenz zwischen Nacht und Tag beträgt statistisch nur etwa 8 °C. Kühl kann es insbesondere in größeren Höhen werden. In den Zentralkordilleren unterschreiten die Temperaturen im Winter mitunter sogar den Gefrierpunkt.

Die Wassertemperaturen liegen auf der südlichen, also der karibischen Seite im Sommer durchschnittlich bei 28 °C und im Winter bei 26 °C. Im Atlantik an der Nordküste liegen sie bei 26 bzw. 24 °C.

Aufgrund der gleichmäßigen Temperaturen gibt es für die Dominikanische Republik keine Saison, die sich besonders als Reisezeit empfehlen würde. Sie sollten jedoch berücksichtigen, dass es im Sommer etwas mehr und ausgiebiger regnet, wobei generell gilt, dass der Nor-

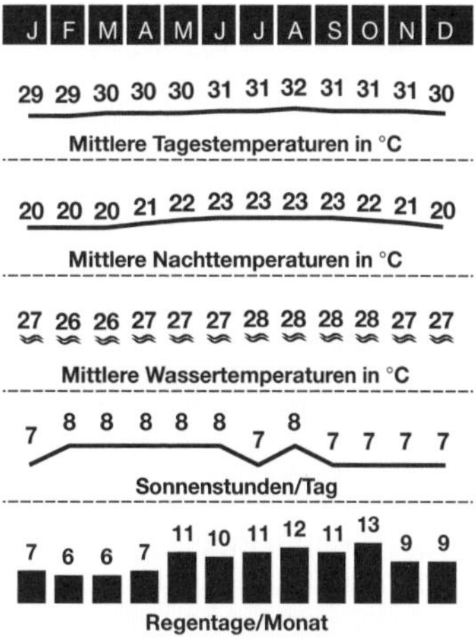

So ist das Wetter in Santo Domingo.

den unbeständiger ist als der Süden, und es hier auch im Winter mal eine bewölkte Woche geben kann. Doch auch in den feuchteren Monaten folgt auf Regengüsse meist wieder ein klarer Himmel. Längere Perioden ›schlechteren‹ Wetters sind die Folge von Stürmen oder Hurrikanen.

Klimazonen

Vier Gebirgsketten teilen die Insel in unterschiedlichste Kleinklimazonen, deren Übergänge mitunter drastisch ausfallen. So liegt das kühlste Gebiet der Insel, die östlichen Zentralkordilleren, nur wenige Kilometer von der extrem heißen Enriquillo-Senke entfernt.

Die Niederschlagsmenge in der Dominikanischen Republik wird vom Wind bestimmt, der vom Atlantik kommt. Daher regnet es auf der Nordseite der vier großen Gebirgszüge mehr als auf ihrer Südseite. Gut zu beobachten ist dies an den Zentralkordilleren, die eine Regenbarriere bilden: Nördlich der Berge liegt das fruchtbare Cibao-Tal, während es südlich davon wüstenartige Zonen gibt. Allgemein kann man sagen, dass es an der Nordküste der Insel häufiger und ausgiebiger regnet als an der Südküste. Neben der trockenen Halbinsel von Pedernales gibt es eine weitere Trockenzone bei Monte Cristi ganz im Nordwesten.

Was gehört in den Koffer?

Vorwiegend leichte Kleidung, also kurze Hosen, Kleider, T-Shirts, kurzärmelige Hemden, Blusen, Turnschuhe, Sandalen sowie natürlich Badesachen, Sonnenbrille, Sonnenschutz und Hut. Alles andere hängt davon ab, was Sie vorhaben. Zum Wandern in den Zentralkordilleren sind wärmere Kleidung (lange Hose, Pulli, Regenjacke) sowie stabile Schuhe mit gutem Profil empfehlenswert.

Lesetipps

Die Zeit der Schmetterlinge, Julia Alvarez: Ein literarisches Denkmal zum Leben und Tod der drei unter Trujillo ermordeten Schwestern Mirabal (s. S. 146).

Im Namen der Salomé, Julia Alvarez: Eine Reverenz an die Nationaldichterin der Republik, Salomé Ureña de Henríquez.

Silberschiffe. Tauchen nach versunkenen Schätzen, Jacques Cousteau: Berichte und Geschichten um die versunkenen Schiffe der spanischen Silberflotten in der frühen Kolonialzeit.

Petersilie. Die afro-amerikanischen Religionen – Santo Domingo, Venezuela, Miami, Grenada, Hubert Fichte: Immer noch sehr lesenswert. Präzise gezeichnete, sehr subjektive und polemische Stimmungsbilder des weit gereisten Autors.

Das Verlorene Paradies. Eine Reise durch Haiti und die Dominikanische Republik, Philipp Lichterbeck: Spannende Reportagen vom Autor dieses Reiseführers, die einem die widersprüchliche Realität der Insel nahebringen.

Bordbuch. Aufzeichnungen seiner ersten Entdeckungsfahrt nach Ameri-

L

UNBEDINGT LESEN!

Die Dominikanische Republik hat nicht viele, aber ein paar tolle Schriftsteller. Einer von ihnen ist der Pulitzer-Preisträger Junot Diaz. Sein Meisterwerk trägt den opulenten Titel **Das kurze wundersame Leben des Oscar Wao.** Es handelt von einer Familie, die von der Trujillo-Diktatur zerstört wird und später zwischen Santo Domingo und New Jersey hin- und hergerissen ist.

ka 1492–93, Christoph Kolumbus: Der Klassiker der Entdeckungsgeschichte, der das europäische Bild von der Neuen Welt mitprägte.
Die süße Saat der Tränen, Edwidge Danticat: Die haitianische Autorin erzählt in diesem Meisterwerk bewegend die Geschichte des trujillistischen Massakers an den Haitianern in den 1930er-Jahren. Ein Pflichtroman, wenn man das schwierige Verhältnis zwischen den beiden Nachbarnationen verstehen will.
Das Fest des Ziegenbocks, Mario Vargas Llosa: Der peruanische Literaturnobelpreisträger beschreibt die letzten Tage des Diktators Trujillo und reflektiert zugleich durch ein raffiniertes literarisches Arrangement die Schwierigkeiten der heutigen dominikanischen Gesellschaft, mit der Erinnerung an diese grauenhafte Zeit fertigzuwerden.

Rauchen

In geschlossenen öffentlichen Räumen ist Rauchen untersagt, ebenso an öffentlichen Stränden. An Hotelstränden gibt es in der Regel Raucherzonen. Anders als in Deutschland werden Rauchverbote in der Dominikanischen Republik (wie überhaupt in ganz Lateinamerika) strikt eingehalten.

Reisen mit Handicap

Menschen mit Behinderung wird empfohlen, sich an große Hotels, am besten mit Pauschalarrangement, zu halten. Einzelreisende stoßen auf viele Probleme, denn ein behindertengerechter Ausbau von Gehwegen, Hotels, Restaurants und Sehenswürdigkeiten ist nahezu unbekannt, insbesondere außerhalb der Städte.

Reiseplanung

Stippvisite: die Dominikanische Republik zum Kennenlernen

Die Dominikanische Republik hat eine phänomenale Eigenschaft: Sie ist auf relativ kleinem Raum landschaftlich extrem vielfältig. So können Sie einen Strandurlaub problemlos verbinden mit einem Besuch der denkmalgeschützten Hauptstadt Santo Domingo oder Ausflügen ins Hinterland mit seinen Bergen, Nationalparks und Kulturlandschaften. Wenn ich wählen müsste, wo ich einen Kurzurlaub verbringe, würde ich Las Galeras im Osten der Halbinsel Samaná wählen. Der kleine Ort ist gut zu erreichen, überschaubar und freundlich. Es gibt stilvolle familiäre Unterkünfte, gute Restaurants und schöne Strände. Rund um Las Galeras kann man auch tauchen, wandern und reiten.

Wohin als Kulturinteressierter?

An erster Stelle sei die Hauptstadt Santo Domingo genannt. Ihr historisches Zentrum ist UNESCO-Weltkulturerbe, hier stehen Festungen, Kirchen und Ruinen aus dem 16. Jh. Das Altstadtensemble wurde renoviert und verkehrsberuhigt. In der Neustadt lohnen sich die Besuche des Museo del Hombre Dominicano und des Museo de Arte Moderno.

Auf dem Land finden sich viele fast vergessene historische Orte. Dazu gehören die Ruinen von La Isabela, der ersten dau-

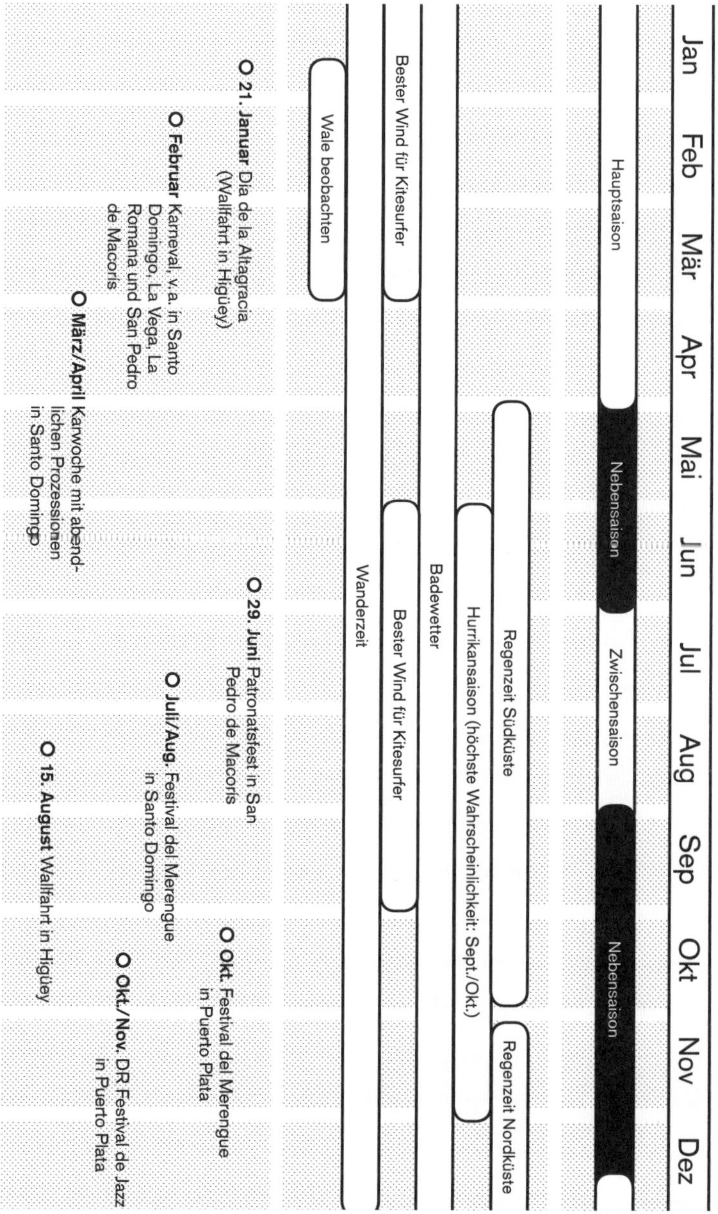
Jan
Feb
Mär
Apr
Mai
Jun
Jul
Aug
Sep
Okt
Nov
Dez
Hauptsaison
Nebensaison
Zwischensaison
Nebensaison
Regenzeit Südküste
Regenzeit Nordküste
Hurrikansaison (höchste Wahrscheinlichkeit: Sept./Okt.)
Badewetter
Bester Wind für Kitesurfer
Bester Wind für Kitesurfer
Wanderzeit
Wale beobachten
21. Januar Día de la Altagracia (Wallfahrt in Higüey)
Februar Karneval, v.a. in Santo Domingo, La Vega, La Romana und San Pedro de Macoris
März/April Karwoche mit abendlichen Prozessionen in Santo Domingo
29. Juni Patronatsfest in San Pedro de Macoris
Juli/Aug. Festival del Merengue in Santo Domingo
15. August Wallfahrt in Higüey
Okt. Festival del Merengue in Puerto Plata
Okt./Nov. DR Festival de Jazz in Puerto Plata

erhaften spanischen Siedlung auf amerikanischem Boden, die Casa Ponce de León aus dem 16. Jh. bei Boca de Yuma und die Cueva de las Maravillas mit Malereien der Taíno.

Wo finde ich einen dieser ›echten‹ karibischen Traumstrände?

Der sogenannte Postkartenstrand ist die erste Assoziation, die viele Europäer mit der Dominikanischen Republik verbinden. Zu den schönsten Stränden gehören die Playa El Valle auf der Halbinsel Samaná, die Playa Grande bei Río San Juan, die Playa La Cueva bzw. die Bahía de las Águilas bei Pedernales, die Playa Rincón bei Las Galeras, die Kiesstrände bei den Balnearios von San Rafael und Los Patos an der Ostseite der Halbinsel Pedernales sowie die Playa Limón östlich von Miches.

Reisen auf eigene Faust, geht das?

Ja, die Infrastruktur wird immer besser und viele Orte sind verkehrstechnisch angebunden. Fast überall, auch im Hinterland, finden sich kleine bis mittelgroße Unterkünfte. Auf Individualreisende ausgerichtete Orte sind Cabarete, Las Terrenas, Las Galeras, Bayahibe, Jarabacoa sowie der Küstenabschnitt zwischen Barahona und Oviedo auf der Halbinsel Pedernales. Als Reisender werden Sie meist auf hilfsbereite Menschen treffen, allerdings sollten Sie schon ein wenig Spanisch beherrschen.

Für das unabhängige Reisen in der Dominikanischen Republik spricht ein Kuriosum: Die Mehrzahl der Touristen hält sich in den großen Hotelenklaven auf, sodass man den Rest des Landes sozusagen für sich alleine hat!

Das letzte Stück der Carretera 44 nach Pedernales führt durch Wüstenlandschaft und ist eine der urigsten Straßen des Landes.

Brauche ich einen Mietwagen?

Ja und nein. Auch der winzigste Ort des Landes ist irgendwie zu erreichen, sei es per Kleinbus (Guagua) oder Motorradtaxi (Motoconcho). So machen es ja auch die Einheimischen. Wer wenig Zeit hat, nicht ausreichend Spanisch spricht und sich unabhängig bewegen möchte, sollte ein Auto mieten (s. S. 235). Das ist nicht unbedingt preiswert, insbesondere wenn man einen Geländewagen wählt, lohnt sich aber – eben weil man entscheiden kann, wann man wohin fährt.

Welche Rolle spielt der Sextourismus?

Die Hochburgen des Sextourismus sind Sosúa und Boca Chica. Oft ist die Grenze zwischen Professionellen und Gelegenheitsprostituierten fließend. Viele der Mädchen sind auf der Suche nach einem Mann, der sie aus der Armut holt und liebt, andere träumen von einem Leben in Luxus. Nicht so augenfällig ist der Sextourismus westlicher Frauen. Generell gilt, dass Sexualität mit weniger Tabus belegt ist als in Europa.

Sicherheit und Notfälle

Im Vergleich zu anderen Karibikinseln (Jamaika, Bahamas) und zum restlichen Lateinamerika ist die Dominikanische Republik sicher. Ehrlicherweise muss man sagen, dass Diebstähle und gewalttätige Überfälle zunehmen, was damit zu tun hat, dass Hispaniola zu einem Drogen-Transitland geworden ist. Ebenso spielen die Abschiebungen krimineller Dominikaner aus den USA sowie die soziale Ungleichheit eine Rolle. Die meisten Reisenden werden davon jedoch nichts mitbekommen. Warnungen der großen Hotelresorts, es sei zu gefährlich, sich außerhalb der Unterkunft alleine zu bewegen, zielen darauf ab, die angebotenen Touren zu vermarkten. Ich selbst fühle mich in Lateinamerika nur auf Kuba noch sicherer. Dennoch sollten Sie weder Geld noch andere Wertgegenstände zur Schau stellen, zwielichtige Angebote ausschlagen, sich nicht auf Streitereien einlassen und nachts nicht alleine durch dunkle Straßen oder am Strand entlanglaufen.

Telefonieren

Für Auslandsgespräche gelten folgende Vorwahlen: Deutschland 01149, Österreich 01143, Schweiz 01141. Vom Handy aus entfällt die 011 und es gelten +49, +43, +41. Im Anschluss folgt wie immer die Ortskennzahl ohne 0 und die Rufnummer des Teilnehmers. Für Ferngespräche innerhalb der Dominikanischen Republik muss vor der eigentlichen Nummer eine 1 und dann 809 oder 829 gewählt werden.

Dominikanische SIM-Karten fürs Handy bekommt man günstig und unkompliziert in den Läden der größten Mobilfunkanbieter Claro, Viva und Orange.

Trinkgeld

In der Dominikanischen Republik ist v. a. in den Dienstleistungsbereichen ein Trinkgeld *(propina)* üblich. Viele Restaurants führen es mit 10 % bereits auf der Rechnung aus, trotzdem ist es Sitte, zumindest Kleinbeträge liegen zu lassen und bei einem besonders guten Service noch etwas hinzuzufügen. Auch das Zimmermädchen im Hotel erwartet ein Trinkgeld.

NOTRUFNUMMERN

N

Polizei, Ambulanz, Feuerwehr, Rotes Kreuz, Hilfe bei Vergiftungen etc.: T 911
Touristenpolizei (Cestur): T 809 200 35 00
Panne: T 829 688 10 00
Sperrung von Handys, Bank- und Kreditkarten: T +49 116 116

Übernachten

Die meisten Besucher der Dominikanischen Republik kommen All inclusive in einer Hotelanlage an der Küste unter. Wenn man sein Resort einmal verlassen möchte oder ohnehin auf eigene Faust unterwegs ist, bietet sich eine Vielzahl alternativer Unterkünfte an. Das Angebot reicht von einfachen Bungalows *(cabañas)* über Mittelklasseherbergen und naturnahe Lodges bis hin zu noblen Boutiquehotels. Die meisten Unterkünfte sind auf Buchungsplattformen wie booking.com zu finden.

Wenn Sie zur Hauptsaison im Dezember und Januar, um Ostern sowie zum Karneval anreisen, empfiehlt sich eine Reservierung. Ansonsten sollte sich auch immer spontan eine Unterkunft finden lassen.

All inclusive

In den All-inclusive-Anlagen ist für alles gesorgt: vom Flughafentransfer über das Essen bis zur Freizeitgestaltung. Man liegt am hoteleigenen Strand, sitzt in der Hotelbar und geht in die Hoteldisco. Es gibt Tennis-, teilweise sogar Golfplätze. Fast täglich werden organisierte Ausflüge angeboten, deren Preise jedoch unverhältnismäßig hoch sein können.

Wie Pilzgewächse ragen die Baumhäuser des Dominican Tree House Village bei El Valle aus dem Blätterdach auf.

Die Resorts konzentrieren sich rund um Puerto Plata, östlich von Santo Domingo in Boca Chica, Juan Dolio und Bayahibe sowie ganz besonders in Punta Cana/Bávaro. In puncto Preis, Ausstattung und Zustand weisen die Resorts große Unterschiede auf.

Hotels, Gästehäuser, Pensionen und Hostels

Einige der schönsten Hotels der Insel liegen in Santo Domingo und sind in stilvoll renovierten Kolonialbauten untergebracht. In der Hauptstadt und auf der Península de Samaná gibt es mittlerweile auch Backpackerhostels. Einfache Unterkünfte findet man selbst in kleinen Orten im Hinterland. Dort gibt es auch immer mehr auf Naturtourismus ausgerichtete Lodges, z. B. bei Santa Bárbara de Samaná (Unique Exotic Eco Hotel), in Las Galeras (La Lomacita), auf der Halbinsel Pedernales (Rancho Platón) oder bei Puerto Plata (Tubagua Plantation Eco Village).

Generell gilt, dass auch billigere Hotels sauber sind. Die Zimmer verfügen über eine Dusche (oft nur mit kaltem Wasser) und eine Toilette, Seife und Handtuch werden gestellt. Manche Zimmer sind mit Ventilatoren oder Klimaanlage ausgestattet. Eine Klassifizierung nach Sternen ist nicht die Regel, aber die Preise bieten Anhaltspunkte. Ein Doppelzimmer abseits der Touristenrouten ist bereits ab 750 RD-$ zu bekommen. Die nächsthöhere Preisklasse liegt zwischen 750 und 1200 RD-$. Am verbreitetsten sind Mittelklassehotels zwischen 1200 und 1900 RD-$. Bezahlt wird pro Zimmer, das Frühstück ist im Preis meist nicht inbegriffen.

Campingplätze

Das Zelten ist den Dominikanern eher fremd, aber es gibt einige über das Land verstreute Gästehäuser mit kleinen Campingplätzen, etwa im Macao Beach Hostel bei Bávaro oder im Rancho Ecológico El Campeche bei San Cristóbal. Bei Pedernales gibt es direkt am Meer zwei Glamping-Anlagen.

Verkehrsmittel

Busse

Das sicherste und preiswerteste Verkehrsmittel in der Dominikanischen Republik sind die Überlandbusse der beiden großen Unternehmen Caribe Tours (www.caribetours.com.do) und Metro Autobuses (www.metroserviciosturisticos.com). Sie verbinden alle größeren Orte miteinander – und zwar nach Fahrplan. Es gibt in den Städten keine zentralen Busbahnhöfe, jede Busgesellschaft hat ihr eigenes Terminal. In kleineren Orten fahren die Busse auch am Marktplatz oder an der Ausfallstraße ab. In der Hochsaison empfiehlt es sich, sein Ticket rechtzeitig zu besorgen. Neben den beiden großen Linien gibt es Busunternehmen, die bestimmte Regionen abdecken, etwa Expreso Bavaro (www.expresobavaro.com) zwischen Santo Domingo und Punta Cana.

Guaguas

Guaguas heißen die Minibusse oder auch mit Sitzflächen ausgestatteten Pick-up-Trucks, die in großen Städten fahren oder zwischen den wichtigsten Orten einer Region pendeln. Sie stellen eine preiswerte, manchmal abenteuerliche Alternative zum Taxi dar: Oft sind sie sehr voll und die Chauffeure halten sich für Formel-1-Piloten. Dafür geht es meist schnell und günstig. Um etwa die Nordküste zu bereisen, ist man auf Guaguas angewiesen, deren Abfahrtsorte man erfragen muss. Auf offener Strecke halten sie auf Handzeichen.

Motoconchos

Eine gerade auf dem Land unkomplizierte und günstige, aber auch eine riskante Art des Transports ist die Fahrt mit dem Motorradtaxi *(motoconcho)*. Die jungen Männer, die die Motorräder fahren, bringen Sie zu jedem Ziel und kennen sich meist gut aus. Fahrpreis vorher aushandeln!

Colectivos

Sammel- bzw. Kollektivtaxis *(colectivos)* sind alte Pkws, die in Städten auf festen Routen verkehren oder nahe gelegene Ortschaften miteinander verbinden, etwa Puerto Plata–Sosúa–Cabarete. Es gibt feste Haltepunkte, aber unterwegs nehmen diese Taxis jeden mit, der winkt. Die Fahrpreise sind festgelegt. Meist versuchen die Fahrer zwei Passagiere auf dem Beifahrersitz und vier auf der Rückbank unterzubringen, es kann also eng werden. Die Grenzen zwischen Stadt- und Überlandverkehrsmitteln sind nicht deutlich gezogen.

Taxis

Bei Individualtaxis muss der Fahrpreis vor dem Einsteigen unbedingt ausgehandelt werden, zumal die Fahrer von Touristen gerne Fantasiepreise verlangen. Normalerweise beträgt der Preis für eine Fahrt innerhalb Santo Domingos 170 RD-$. Wer die Möglichheit hat, sollte sich vom Hotel oder Restaurant ein Funktaxi rufen lassen – der Wagenzustand ist besser, die Fahrpreise werden von der Zentrale genannt.

Am teuersten sind die ausgesprochenen Touristentaxis, meist schwere amerikanische Limousinen. Eine gute Alternative stellt der Online-Taxidienst Uber (www.uber.com) dar, der günstig und sehr zuverlässig ist. Dazu brauchen Sie die Uber-App auf Ihrem Smartphone.

Mietwagen

Mietwagen sind ab 30 US-$ pro Tag zu bekommen, allerdings häufig zu schlechten Versicherungskonditionen. Diese können stark variieren und sollten immer im Vorhinein genau erfragt werden. Meist ist eine hohe Selbstbeteiligung vorgesehen, nur bessere Firmen bieten eine Vollkaskoversicherung ohne Selbstbeteiligung an. Eine wegen ihrer Transparenz zu empfehlende Vermietung ist OK Motors (www.ok-motors.com) in Sosúa, die unter deutscher Leitung steht. Daneben gibt es eine kaum überschaubare Zahl kleiner und kleinster lokaler Anbieter, die mit Gebrauchtwagen arbeiten. Dies bedeutet nicht, dass man mit diesen Autos schlecht fährt, es könnte nur schwieriger werden, im Falle einer Panne einen Ersatzwagen gestellt zu bekommen. Das größte Risiko besteht letztendlich im Versicherungsschutz: Selbst wenn man an einem Schaden schuldlos ist, bleibt man oft auf der Eigenbeteiligung sitzen. Trotzdem ist ein Leihauto für jeden zu empfehlen, der die Dominikanische Republik besser kennenlernen will und nicht so viel Zeit hat, stundenlang auf ein öffentliches Transportmittel zu warten. Auch sind viele Sehenswürdigkeiten und schöne Strände mit lokalen Verkehrsmitteln nicht immer einfach zu erreichen. Zum Anmieten eines Leihwagens benötigt man einen Führerschein (der nationale reicht aus) und eine Kreditkarte. Zu den Verkehrsbedingungen s. S. 294.

Sprachführer Spanisch

A

AUSSPRACHE

c vor a, o, u wie k: casa
c vor e und i wie engl. th: cena
ch wie tsch: chico
g vor a, o, u wie deutsches g: gusto
g vor e und i wie deutsches ch: genial
j wie deutsches ch: jefe
ll wie deutsches j: llamo
ñ wie gn bei Champagner: niña
qu wie k: quiosco
y am Wortende wie i: hay,
sonst wie deutsches j: yo
z wie s

Allgemeines

guten Morgen/Tag	buenos días
guten Tag (ab 12 Uhr)	buenas tardes
guten Abend/gute Nacht	buenas noches
auf Wiedersehen	adiós
bis bald	hasta luego
Entschuldigung!	¡Disculpe! ¡Perdón!
Hallo! Grüß dich/Sie!	¡Hola!/¿Qué tal?
bitte	por favor
danke	gracias
ja/nein	sí/no
Wie bitte?	¿Perdón?

Unterwegs

Bahnhof	estación
Flughafen	aeropuerto
(Mini-)Bus	guagua
Auto	coche
Haltestelle	parada
Parkplatz	aparcamiento
Fahrkarte	billete
Tankstelle	gasolinera
Eingang	entrada
Ausgang/-fahrt	salida
rechts	a la derecha
links	a la izquierda
geradeaus	todo recto
hier/dort	aquí/allí
Auskunft	información
Stadtplan	mapa de la ciudad
Postamt	correos
geöffnet	abierto/-a
geschlossen	cerrado/-a
Kirche	iglesia
Museum	museo
Brücke	puente
Straße	calle
Platz	plaza

Notfall

Apotheke	farmacia
Arzt	médico
Zahnarzt	dentista
Hilfe!	¡Socorro!
Unfall	accidente
Krankenhaus	hospital/clínica
Polizei	policía
Schmerzen	dolores
Notfall	emergencia

Übernachten

Einzelzimmer	habitación individual
Doppelzimmer	habitación doble
Dusche/Bad	ducha/baño
Toilette	servicio
Balkon	balcón
Halbpension	media pensión
Vollpension	pensión completa
Gepäck	equipaje

Einkaufen

kaufen	comprar
Geschäft	tienda
Markt	mercado
Geld	dinero

Geldautomat	cajero automático
bar	en efectivo
Kreditkarte	tarjeta de crédito
Lebensmittel	comida
teuer	caro
billig	barato
bezahlen	pagar

Zeit

Stunde	hora
Tag	día
Woche	semana
Monat	mes
Jahr	año
heute	hoy
gestern	ayer
morgen	mañana
morgens	por la mañana
mittags	al mediodía
nachmittags	por la tarde
Montag	lunes
Dienstag	martes
Mittwoch	miércoles
Donnerstag	jueves
Freitag	viernes
Samstag	sábado
Sonntag	domingo

Zahlen

1	uno	18	dieciocho
2	dos	19	diecinueve
3	tres	20	veinte
4	cuatro	21	veintiuno
5	cinco	30	treinta
6	seis	40	cuarenta
7	siete	50	cincuenta
8	ocho	60	sesenta
9	nueve	70	setenta
10	diez	80	ochenta
11	once	90	noventa
12	doce	100	cien
13	trece	101	ciento uno
14	catorce	150	cientocincuenta
15	quince		
16	dieciséis	200	doscientos
17	diecisiete	1000	mil

WICHTIGE SÄTZE

Allgemeines

Ich spreche kein Spanisch.	No hablo español.
Sprechen Sie Deutsch/Englisch?	¿Habla alemán/inglés?
Ich verstehe nicht.	No entiendo.
Ich heiße …	Me llamo …
Wie heißt du/heißen Sie?	¿Cómo te llamas/se llama?
Wie geht's?	¿Qué tal? ¿Cómo estás?
Danke, gut.	Muy bien, gracias.

Unterwegs

Wo ist …?	¿Dónde está …?
Wie komme ich nach …?	¿Por dónde se va a …?
Wann kommt …?	¿Cuándo llega …?

Notfall

Können Sie mir bitte helfen?	¿Me podría ayudar, por favor?
Ich brauche einen Arzt.	Necesito un médico.
Mir tut es hier weh.	Me duele aquí.

Übernachten

Haben Sie ein Zimmer frei?	¿Tiene una habitación libre?
Ich habe ein Zimmer bestellt.	He reservado una habitación.

Einkaufen

Was kostet …?	¿Cuánto cuesta …?
Wann öffnet/schließt …?	¿Cuándo abre/cierra …?

Im Restaurant

Die Speisekarte, bitte.	La carta, por favor.
Was empfehlen Sie?	¿Qué recomienda?
Die Rechnung, bitte.	La cuenta, por favor.

Kulinarisches Lexikon

Allgemeines

azúcar/sacarina	Zucker/Süßstoff
comida	Essen
vegetariano/-a	vegetarisch
desayuno	Frühstück
entrada	Vorspeisen
pimienta/sal	Pfeffer/Salz
plato del día	Tagesgericht
plato principal	Hauptgericht
postre	Nachspeise
ración	Portion

Zubereitung/Spezialitäten

ahumado/-a	geräuchert
al ajillo	in Knoblauchsoße
a la plancha	gegrillt
arroz congrí	Reis mit schwarzen Bohnen
asado/-a	gebraten/gegrillt
asopao	Eintopf mit Tomaten und Erbsen
brocheta	Spieß
crudo/-a	roh
empanado/-a	paniert
frito/-a	frittiert
frito verde/patacón	frittierte, grüne Kochbanane
gambas al ajillo	Krevetten in Knoblauchöl
guisado/-a	geschmort
hervido/-a	gekocht
bandera dominicana	Reis mit braunen Bohnen und Fisch oder Fleisch
mangú	Frühstück aus gekochten Bananen, Zwiebeln, Gewürzen
moros y cristianos	Reis mit roten/ schwarzen Bohnen
picadillo habanero	Rinderhack mit Tomaten und Oliven
plátanos fritos	frittierte süße Bananen
plátano maduro	frittierte, reife Kochbanane
sancocho	Eintopf mit Fleisch, Kochbananen, Yucca etc.
tostones	frittierte Kochbananen

Snacks und Suppen

bocadillo	belegtes Brötchen
crema de queso	Käsesuppe
huevos fritos	Spiegeleier
jamón	Schinken
pan con lechón	mit Spanferkelfleisch belegtes Brot
panecillo	Brötchen
pan (tostado)	(getoastetes) Brot
perro caliente	Hotdog
queso	Käse
revoltillo	Rührei
sopa de chícharo	Kichererbsensuppe
sopa de pollo	Hühnersuppe
tortilla	Omelett

Fisch und Meeresfrüchte

almeja	Muschel
atún	Thunfisch
camarón	Garnele
cangrejo	Krebs
croqueta de pescado	Fischkrokette
lambí	Meeresschnecke
langosta	Languste
mariscos	Meeresfrüchte
mejillón	Miesmuschel

Fleisch und Geflügel

albóndiga	Frikadelle
cabrito/chivo	Zicklein
carne en salsa	Fleischstücke in Soße

cerdo	Schweinefleisch
chuleta	Schweinekotelett
chuletas de cerdo	geräuchertes Kasseler (Schwein)
conejo	Kaninchen
cordero	Lamm
escalope	Schnitzel
pato	Ente
pavo	Truthahn
pechuga de pollo	Hähnchenbrust
picadillo	Hackfleisch
pierna de puerco asado	Schweinshaxe
pollo	Hühnchen
rés	Rind
salchicha	Würstchen
solomillo	Filet
ternera	Kalb

Gemüse und Beilagen

aceituna	Olive
aguacuate	Avocado
ajo	Knoblauch
alcachofa	Artischocke
arroz blanco	weißer Reis
berenjena	Aubergine
boniato	Süßkartoffel
calabaza	Kürbis
cebolla	Zwiebel
col	Weißkohlsalat
espinaca	Spinat
fideo	Nudel
frijol negro	schwarze Bohne
garbanzo	Kichererbse
guisante	Erbse
judía verde	grüne Bohne
lechuga	grüner Blattsalat
lenteja	Linse
malanga	stärkehaltige, kartoffelähnliche Knolle
maniok	typisches Wurzelgemüse
papa	Kartoffel
papas fritas	Pommes frites
pepino	Gurke
pimiento	Paprikaschote
puré de papas	Kartoffelbrei
remolacha	rote Beete
yams	stärkehaltiges Wurzelgemüse
yuca	süße Variante des Maniok
zanahoria	Möhre

Nachspeisen

arroz con leche	Milchreis mit Zimt und Zucker
cake	Torte
frío-frío	geschabtes Wassereis
galleta	Keks
helado	Eiscreme
natillas	Cremespeise
pastel	Kuchen

Obst

cajuil	Frucht des Cashewbaums
cereza	Kirsche
chinolas	Passionsfrucht
cimito	Pflaumenart
coco	Kokosnuss
fruta bomba	Papaya
guanábana	Stachelannone
guayaba	Guave
guineo/plátano	Banane
limón	Limone
manzana	Apfel
melocotón	Pfirsich
melón	(Honig-)Melone
naranja	Apfelsine
piña	Ananas
sandía	Wassermelone
tamarindo	Tamarindenschote
toronja	Grapefruit

Getränke

añejo	mindestens 6 Jahre alter brauner Rum
batida de leche	Milchshake
cerveza	Bier
champán	Sekt
hielo	Eis
jerez	Sherry
licuado	Saft
leche	Milch
rón	Rum

Das

Besser geht's mit Sonnenbrille. Die Arbeiter in der Salzgewinnungsanlage von Las Salinas sind auch wegen der Reflexe der Salzkristalle ständig gleißendem Sonnenlicht ausgesetzt.

Magazin

Im Hinkeschritt

Das Alter spielt beim Merenguetanzen keine Rolle, die Dominikaner haben den Rhythmus ohnehin im Blut.

Der Rhythmus, bei dem man mit muss — Der Merengue gibt das Tempo des Landes vor, und es gibt kein Entkommen. Seien Sie also besser vorbereitet auf ein Tänzchen.

Sie werden es schon gemerkt haben: Die Dominikaner hören gerne Musik. Ob im Bus oder Taxi, beim Frisör, im Colmado oder am Strand. Es dudelt immerzu und meistens auch sehr laut. Was gehört wird? So gut wie immer Dominikanisches – wenn nicht gerade Weihnachten ist und die US-Dominikaner (die Dominiyorkers) mit ihrem Hip-Hop ins Land einfallen.

Schaumschlägerei

So gut wie immer ist die Musik auch tanzbar. Denn eins ist auch klar: Die Dominikaner tanzen gerne, viel und gut. Der Zeitgeist mag ihnen internationale Hits auftischen, aber am Ende landen sie doch immer wieder beim Merengue. Der Besucher steht dann meist etwas verwirrt vor der Vielfalt dessen, was als Merengue definiert wird. Dabei helfen akademische Dispute wenig, sagen die Dominikaner: Einfach tanzen!

Als Merengue wird im Spanischen übrigens auch ein Schaumgebäck aus gezuckertem Eischnee bezeichnet. Im deutschen Sprachraum ist es als Meringue, Baiser oder Spanischer Wind bekannt. Ob die Musik oder die Süßigkeit zuerst da war, kann an dieser Stelle nicht geklärt werden. Aber man kann durchaus argumentieren, dass der Merengue die ins Musikalische gewendete Form des süßen Gebäcks ist. Eine Schaumschlägerei, bei der gedreht, geschwungen und gerührt wird. Von den verschiedenen Musikstilen, die man in der Dominikanischen Republik am meisten hört – also Merengue, Salsa, Bachata und Reggaeton – ist der Merengue der älteste und traditionellste. Und wie der jüngere Bachata ist er ein Produkt der Dominikanischen Republik, während Salsa und Reggaeton gesamtkaribischen Ursprungs sind.

Eine nationale Errungenschaft

Bei der Entstehung des Merengue spielten afrikanische Einflüsse die größte Rolle. In Chroniken taucht etwa der als lasziv angesehene Calenda als eine ›Zutat‹ auf. Aber die Entwicklungsgeschichte des Merengue ist schwer dingfest zu machen. Das hat auch damit zu tun, dass die Musik von Sklaven und der einfachen Landbevölkerung gespielt wurde, die nicht lesen und schreiben konnte. Bis Mitte des 19. Jh. kannte man den Merengue nur auf dem Land. In den exklusiven Salons der Städte spielte er keine Rolle. Er galt als die ziemlich unanständige Musik der Armen und der Schwarzen. Dann begann auch die ›bessere Gesellschaft‹ sich für den Merengue zu interessieren. Heute gilt er als nationale Errungenschaft, auf die alle Dominikaner stolz sind.

Guayo, Marimba, Maraca

Nun gibt es wie bei jeder Musikrichtung verschiedene Ausprägungen. Beim Merengue ist das beispielsweise der im Hinterland und den Bergen populäre Perico Ripiao (›frikassierter Papagei‹). Er wird mit nur drei Instrumenten gespielt: ein klassisches Akkordeon, eine doppelseitig bespannte kleine Trommel, die auf der einen Seite mit der Hand, auf der anderen mit dem Stock geschlagen wird. Und schließlich die Güira oder Guayo, ein aus Weißblech gefertigter Hohlkörper in Form einer Küchenreibe, der beim Streichen ein Ratschen erzeugt. Es können aber auch noch eine Marimba oder die bekannten Maraca-Rasseln hinzukommen. Beim modernen Merengue kennt die Palette der Instrumente hingegen keine Grenzen. Trompeten und eine elektrische Gitarre sind üblich, nicht einmal eine Violine ist ausgeschlossen. Das bedeutet, dass der Name Merengue manchmal auch als Gattungsbezeichnung gebraucht wird, unter die der romantischere Bachata oder der karibische Bolero fallen, aber auch der wirbelnde Salsa.

KURZANLEITUNG ZUM MERENGUE-TANZEN

K

Zunächst einmal bewegt man sich, wie es die anderen vormachen. Wenn man die Grundschritte des Tanzes beobachtet, sieht man, dass sie einfach sind. Man tritt, simpel gesagt, immer nur von einem auf den anderen Fuß, was den Eindruck des Hinkens erweckt. Die Raffinesse liegt in den Körperbewegungen. Ein enthemmtes Schlenkern der Extremitäten wäre falsch, aber auch das In-den-Hüften-Wiegen reicht nicht aus. Der ganze Körper ist beteiligt, und zwar in dialektischer Form. Die Bewegung der einen Partie, z. B. der Hüften, wird unterstrichen durch die Ruhe der anderen, z. B. des Oberkörpers. Ganz wichtig: Man muss sich im Kopf auf den Merengue einlassen und eine Spannung herstellen – zwischen Bewegung und Bewegungslosigkeit, zwischen Freiheit und Disziplin, zwischen Zurückweisung und Exhibitionismus. Es ist die Spannung der Verführung, die Gleichzeitigkeit von Anlocken und Abwehren. Man lernt daher Merengue-Tanzen am besten, wenn man seinem Partner das Arsenal der in der eigenen Körpersprache enthaltenen Verführungsgesten offenbart, ihn gleichzeitig aber auch immer wieder in die Schranken weist.

Der Bachata

An dieser Stelle muss der Bachata eingeführt werden, die zweite dominikanische Nationalmusik. Er entstand in den 1960er-Jahren, war aber wie der Merengue jahrzehntelang wegen seiner kaum zweideutigen Texte als Musik der Armen, Prostituierten und Kleinkriminellen verschrien. Dann trat er in den 90ern seinen Siegeszug durch Radios, Diskotheken und Reisebusse an. Die Melodie des Bachata stammt von einer rasant gezupften Gitarre, zu der sich Schlagwerk, Ratsche, Bass und Stimme gesellen. Der Tanz, ein Viervierteltakt, funktioniert ungefähr so: Drei Takte in die eine Richtung gelaufen oder getrippelt, beim vierten Takt eine Art Knicks vollzogen und ab in die andere Richtung. Dazu die Hüften synchron kreisen lassen. Das Ganze will mit Grazie bewerkstelligt werden. Zweitens kommen diverse Richtungswechsel, Pirouetten und andere Schnörkel hinzu. Weltweit bekannt wurde der Bachata, als die US-dominikanische Gruppe Aventura 2004 mit »Obsesión« einen Hit landete. Neben dem verpoppten Bachata von Aventura und ihrem Solosänger Romeo existiert in der Dominikanischen Republik ein ursprünglicher Bachata. Dessen größter Vertreter ist Anthony Santos.

Ein Wort zu den Texten

Merengue und Bachata sind kreolische – also durchmischte – Musik, und das bedeutet, dass alles erlaubt ist, was gefällt. Das gilt auch für die Texte. Aus der altspanischen Romanze kommen die eher konservativen Inhalte, in denen Liebesleid und -freud thematisiert werden, v. a. aber die Klage des verlassenen Machos. Aber es gibt genauso die boshaften Texte: die oft versteckte Anspielung auf einen Politiker, die Klage über die steigenden Preise oder gar, in doppelter ironischer Brechung, der Seufzer über die Verderbnis der Sitten. ■

Ulrich Fleischmann, Philipp Lichterbeck

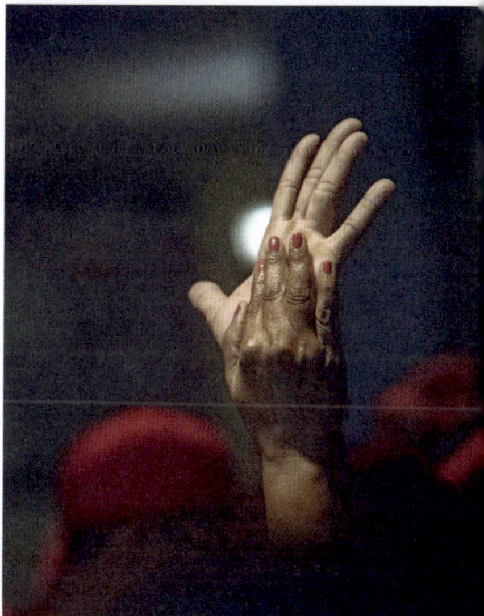

Die Dominikanische Republik ist gleichbedeutend mit Musik. Sie plärrt immer und überall aus den Lautsprechern. Sobald sich auch nur die kleinste Gelegenheit bietet, werden die Hüften geschwungen.

Saufgelage in der Kathedrale

Es ist eine Story wie aus »Game of Thrones« — und Santo Domingo war ihr Schauplatz: die Geschichte eines Überfalls von weltpolitischer Bedeutung mit vielen kleinen Dramen.

Das Trauma ist bis heute lebendig. Denn was der Freibeuter Francis Drake damals anrichtete, war mehr als nur ein Überfall. Der Engländer und seine Mannen brandschatzten Santo Domingo, entweihten die Kathedrale und demütigten die Bewohner. Die Attacke war der Beginn des Niedergangs von Santo Domingo, damals noch Hauptstadt des spanischen Amerikas. Hernach verlor die Insel ihre weltgeschichtliche Hauptrolle, wurde verlassen und in Europa vergessen. Die Musik spielte jetzt woanders. Das ›verlorene‹ 17. Jh. begann.

Der Fall Santo Domingos

Es war am 11. Januar 1586, als sich die Befürchtungen der Bewohner von Santo Domingo bewahrheiteten. Sie hatten Kunde, dass der englische Freibeuter Francis Drake Kurs auf ihre Stadt genommen hatte. Nun sahen sie, wie seine Flotte sich mit 23 Schiffen aus Westen näherte. Man rüstete sich für den Angriff. Was die Verteidiger nicht wussten: Drake hatte schon bei der Mündung des Río Haina einen Trupp von 700 bis 800 Mann (von insgesamt 2300) an Land gesetzt. Sie rückten bereits durchs Dickicht auf die Stadt vor. Hektisch trafen die Spanier Vorbereitungen. Viele Menschen flüchteten, schafften Gold und Schmuck aus der Stadt. Drei Schiffe wurden in der Mündung des Río Ozama versenkt, um den Engländern den Angriff zu erschweren. Schließlich stellten sich rund 1500 Soldaten und Milizen den Freibeutern entgegen. Doch ihr Widerstand war zwecklos. Die Überraschung war auf Seiten der Engländer, die die Stadt von See und von Land angriffen. Bei den Kämpfen wurden 200 Spanier verwundet oder gefangen genommen, lediglich sieben wurden getötet. Die Verluste der Freibeuter waren ähnlich.

Stinkefinger nach Rom

Aber was taten die Engländer, nachdem sie in die Stadt eingerückt waren? Sie schlugen ihr Lager ausgerechnet am heiligsten Ort der Stadt auf: in der Kathedrale! Eine gezielte Provokation, denn die Engländer waren keine Katholiken. Sie waren Anglikaner und Englands Königin Elisabeth I. lag mit dem Papst im Clinch. Er ließ sogar

Attentäter nach London schicken, um sie umzubringen – Komplotte, die allesamt scheiterten.

Francis Drake war ein getreuer Mann Ihrer Majestät und hielt die Gelage mit seiner Truppe nun eben im Hauptschiff der Kathedrale ab. Er selbst residierte in der Kapelle Santa Ana, die Kapelle San Pedro war das Gefangenenlager, andere Kapellen dienten als Pferdeställe. Es ging den Engländern ganz offenbar darum, den spanischen Katholizismus zu provozieren und eine Art Stinkefinger nach Rom zu senden. Schließlich packte Drake auch den Kirchenschatz ein, der sich bis heute in London befindet.

Die Engländer blieben einen Monat lang in der Stadt, terrorisierten ihre Bewohner, hängten ein paar Mönche auf, begannen Häuser niederzubrennen und die Stadtmauern zu zerstören. Drake drohte auch damit, die Kathedrale zu schleifen. Er und seine Leute machten erst Anstalten abzuziehen, als die Bürger Santo Domingos nach schwierigen Verhandlungen 25 000 Dukaten zusammentrugen, um sich sozusagen von der Besatzung freizukaufen.

Der Niedergang Spaniens

Der Überfall war ein Schock für die spanische Krone und zugleich ein Wendepunkt in der amerikanischen Kolonialgeschichte. Es war klar geworden, dass die Spanier ihre wichtigste Stadt in Amerika nicht verteidigen konnten. Als die Engländer zwei Jahre später dann auch noch die einst ruhmreiche spanische Armada vernichteten (wobei Francis Drake erneut eine wichtige Rolle spielte), lag der Niedergang Spaniens auf der Hand. Zu lange hatten die Könige in Madrid allein auf die Gold- und Silbertransporte aus Amerika gesetzt. Spanien war abhängig geworden von der Gnade der Atlantikstürme und dem Glück, Freibeutern zu entgehen. Elisabeth I. von England wiederum ernannte Francis Drake zum Dank für seine reichen Beutezüge (die häufig auch von privater Hand finanziert wurden) zum Admiral. Mit ihm wurde die Freibeuterei ein entscheidender Faktor im jahrhundertelangen Kampf um die Vorherrschaft im Karibikraum.

Boom der Piraterie

Wie die Engländer begannen nun auch die Franzosen Freibeuterschiffe auszustatten. Sie sollten nicht nur reiche Beute machen, sondern auch die Eroberung neuer Kolonien vorbereiten. Während Jamaika, Trinidad und Teile der Karibikküste Zentralamerikas an die Engländer fielen, baute Frankreich seine Piratennester auf der Insel Hispaniola zu einer Kolonie aus. Daraus entstand später Haiti, wegen des Zuckerrohrs eine Zeit lang die reichste Kolonie Amerikas und die Perle der Karibik. Der spanische Teil der Insel versank hingegen in der Bedeutungslosigkeit. Für die einstige Hauptstadt der Neuen Welt begannen die *años de miseria*, die ›Jahre des Elends‹. An diese Geschichte erinnert bis heute wie ein stiller, steinerner Zeuge die Kathedrale von Santo Domingo. ■

A

AUGE UM AUGE ...

Als die englischen Freibeuter mit den Spaniern das Lösegeld verhandelten, um aus der Stadt abzuziehen, schickten sie einen schwarzen Jungen mit einer Nachricht an die Spanier. Er war aus der Sklaverei befreit worden und hatte sich den Piraten angeschlossen. Aber die Spanier fühlten sich beleidigt und erstachen den Jungen. Das erboste Francis Drake so sehr, dass er nun spanische Gefangene exekutieren ließ. Er gab erst Ruhe, als die Spanier den Mann hängten, der den schwarzen Jungen ermordet hatte.

Die fabelhafte Welt von Meister Toribio

Insel der Farben — Die Dominikanische Republik hat fantastische Volkskünstler. Einer von ihnen ist der Maler Toribio, der versteckt im Landesinneren lebt. Ein Besuch bei einem Schelm, Farbpoeten und großen Träumer.

Der Meister wohnt in einem kleinen Haus an einer Staubstraße. Die Straße hat keinen Namen, aber das Haus eine Nummer: 68. Meister Toribio begrüßt mich barfuß, gut gelaunt und in einer von Farbflecken übersäten Hose. Unter dichten Brauen funkeln zwei unternehmungslustige Augen. Toribio sagt: »Mein Freund, willkommen. Meine Frau hat gekocht. Reis, Bohnen, Yucca, Fleisch, Eier – alles, was das Herz begehrt. Rum ist auch da.«

Utopien von einer besseren Insel

Ricardo Arsenio Toribio ist einer der wichtigsten Maler der Dominikanischen Republik, er selbst nennt sich Volkskünstler. Für manche mag der Begriff abschätzig klingen – für Meister Toribio ist es die höchste Ehre.

»Meine Bilder entstehen aus kollektiven Träumen«, sagt er. »Sie handeln von dem, was auf unserer Insel möglich wäre. Sie sind Möglichkeitsformen.« Toribio schnappt sich seine Gitarre und intoniert einen Song, von ihm geschrieben. Es geht um die Liebe: enttäuschte Liebe, verrückte Liebe, verratene Liebe, solche, die nie vergeht, und solche, die einfach vorüber ist. An den Wänden um ihn herum hängen seine Ölbilder. Die Formate reichen von winzig (15 x 15 cm) bis sehr groß (2 x 2,50 m). Auf fast allen Bildern kehrt ein Motiv wieder: ein bauchiges Schiffchen, an dessen Deck ein schiefes Holzhaus steht. Rund um das Haus sind farbige Menschen zu sehen, mit Strohhüten, Kopftüchern, Latzhosen, langen Röcken und Sandalen. Sie arbeiten auf dem Feld, musizieren, tanzen und spielen. Eine ländliche Pastorale, eine Sehnsucht, eine Feier. Die Häuschen, sie schweben über Landschaften aus kunstvoll ineinander verschobenen Drei- und Vierecken. »Sie sind Inseln«, sagt Toribio. »Unsere Insel!«

Der Meister trägt ziemlich dick auf

Das Eiland, es gleitet auch durch die ständigen Ausstellungen der beiden wichtigsten dominikanischen Museen in Santo Domingo und Santiago, dem Museo de Arte Moderno und dem Centro Cultural Eduardo León Jimenes. Ebenso durch Privatsammlungen in Europa und den USA. »Vor ein paar Tagen waren Wissenschaftler aus den Niederlanden da«, erzählt Toribio. »Sie suchten Motive, um eine Konferenz über magischen Realismus zu illustrieren.«

Das Zweite, was an Toribios Bildern auffällt, ist der verschwenderische Gebrauch der Farbe. Der Meister trägt dick auf: knallig, bunt – wie die Natur dieser Insel. »Man braucht Öl für diese ländlichen Szenen, kein Wasser!«, sagt er. »Musik wird aus Tönen komponiert, Gemälde aus Farben.« Toribio kennt sich mit beiden aus. Er singt: »Mir gefällt dein Ja und dein Lächeln, dein Licht und deine Ruhe, wenn du mich besuchen kommst.«

Magischer Realismus, gemalt

Der Meister wohnt im Grünen am Ufer eines Flusses bei der Kleinstadt San José de las Matas im tiefen Landesinneren. Ein Kunstkritiker hat mal über ihn geschrieben: »Man sollte diesem Kerl die Planung unserer Städte und Dörfer überlassen. Sie würden schweben.«

Häufig wird Toribio von der Kritik als magischer Realist bezeichnet, jener lateinamerikanischen Variante des Surrealismus, in der Traum und Wirklichkeit zu einer neuen, flexiblen Realität ineinanderfließen. Nirgendwo sonst ist das überzeugender dargestellt worden als in Lateinamerika. Sprechende Tote, Jungfrauen mit grünem Blut, Schuppenmenschen und solche, die fliegen. Toribio sagt: »Meine Bilder sind nicht die Produkte von rationaler Planung und Abstraktion. Sie sind Utopien, sie entstehen aus den Dingen, die mich umgeben: Pflanzen, Wolken, Erde, Meer. Und natürlich den wunderbaren Menschen, die so viele Hautfarben haben: Weißbeige, Kupferbraun, Blauschwarz. Wir antillanischen Maler tragen das in uns: afrikanische Imagination, europäische Perspektive, indianisches Erstaunen. Aber unsere Malerei ist viel größer als die Summe der einzelnen Teile.«

K

KUNST AUF DER INSEL

Es gibt nicht viele Kunstmuseen im Land. Lohnenswert sind aber das Centro Cultural Eduardo León Jimenes in Santiago (s. S. 125) sowie das Museo de Arte Moderno in Santo Domingo (s. S. 44). Beide zeigen Werke von Ricardo Toribio. Auch verschiedene Kunstgalerien in der Hauptstadt sind zu empfehlen, darunter die Galería Bolós (s. S. 48), die Quinta Dominica (s. S. 25) und das Museo Fernando Peña Defilló (s. S. 28).

Sein Bild im Parlament

Toribio stellt sich Hispaniola als Paradies vor. Als das wunderbare Land Quisqueya der Taíno, in dem es keine Grenzen mehr gibt. Nicht zwischen Haiti und der Dominikanischen Republik, nicht zwischen oben und unten, nicht zwischen den Hautfarben. Man mag das naiv finden. Aber seit wann entsteht Kunst offenen Auges? Die halbgeschlossenen Lider machen den großen Charme in Toribios Werk aus. Somnambul, schwirrend. Es gibt ein Gemälde von Ricardo Toribio, es hängt im dominikanischen Abgeordnetenhaus. Darauf schlängelt sich ein Pfad spektakulär an den Hängen einer Schlucht entlang. Rechts und links steigen die Felsen schwarz und bedrohlich auf, aber der Pfad leuchtet den vier Menschen, die auf ihm unterwegs sind: eine Frau mit Kind, zwei Männer mit Gitarre. Vom Horizont her kommen drei von Toribios bauchigen Schiffen durch die Schlucht geschwebt. Er hat das Bild »El camino de la esperanza« genannt – ›Der Weg der Hoffnung‹. Toribio ist stolz auf das Gemälde, aber er zweifelt daran, ob es im Parlament gut aufgehoben ist: »Bei diesen Kanaillen, die uns bestehlen und verkaufen.«

Glaube, Liebe, Licht und Farbe

Ricardo Toribio hat nie eine Kunstschule besucht. Seine erste Kunstlehrerin war seine Mutter. »Ich habe sie oft beobachtet«, erzählt Toribio. »Sie war eine sehr praktische Frau, sie konnte mit ihren Händen umgehen: kochen, nähen, flechten, basteln. Und wenn sie Lust hatte, malte sie und sang dabei.« Mit 13 Jahren fing Toribio selbst an. Er zeichnete Dinge im Haushalt. Mit 18 wusste er, dass er von der Kunst leben konnte. Er tauschte eines seiner Bilder bei einem Herrn Olivo in Santiago gegen ein goldenes Kruzifix. Er wollte es seiner Mutter schenken, aber sie sagte: »Davon will ich nichts wissen! Ich will Jesus nicht in diesem Zustand sehen.«

Wir betreten Toribios Atelier. Ein Chaos, Bilder überall. In den Regalen, an den Wänden, auf dem Boden, auf Staffeln. Dazwischen Musikinstrumente: Trompete, Pauke, Orgel. Der einlullende Geruch der Ölfarben. In einer Ecke steht ein alter Computer. Wenn er malt, höre er oft Musik, sagt der Meister. »Meine Bilder sind Gesänge aus Öl.« Gagá-Musik, haitianische Musik, afrikanische Musik. Als die kapverdische Diva Cesária Évora starb, weinte er. Einen ganzen Tag lang. Und am Ende des Tages war ein Bild fertig: »Blumen für Mutter und Cesária.«

Manchmal aber ist Toribios Musik die Stille. »Die Kreativität ist ein Nachtwesen«, sagt er. Wenn der Wind ums Haus streicht, wenn die Vögel der Dunkelheit singen und der Fluss murmelt. Dann ist Toribio ganz bei sich. Er sagt, die Malerei sei *alumbramiento*. Es heißt Geburt und Beleuchtung zugleich. »Es dauert manchmal eine ganze Nacht, bis sie sich in all ihren Details offenbart.« Der Tag ist dazu da, die Sonne und die Farben zu empfangen. In der Nacht fließen sie zurück auf Toribios Leinwand. Hoffnung, Glaube, Liebe, Licht und Farben. Klingt kitschig. Hier, in der Welt von Meister Toribio, ergibt es Sinn. ■

Die Ermordung des Diktators

Er war eitel, gierig, rachsüchtig und grausam — Nach 30 Jahren an der Macht wurde Rafael Leonidas Trujillo von Oppositionellen erschossen. Aber sie hatten die Verschwörung schlecht geplant. Es folgte ein groteskes Schauspiel.

Fährt man in Santo Domingo über den Malecón stadtauswärts Richtung San Cristóbal, stößt man auf einen Platz mit einer großen Tafel. Darauf sind 28 Namen eingraviert. Sie gehören Verschwörern, die hier an einem Abend im Mai 1961 das Auto eines der berüchtigsten Diktatoren des 20. Jh. stoppten und ihn erschossen. Rafael Trujillo beherrschte das Land seit 1930 und war gerade auf dem Weg zu einem Stelldichein mit einer Konkubine gewesen. Das Attentat verlief nach Plan, aber die Tyrannenmörder hatten nicht bedacht, wie es danach weitergehen sollte. So gelang es der alten Clique um Trujillo, das Ruder in der Hand zu behalten. Es ist ein tragisches Stück dominikanischer Geschichte.

Im Volk sorgte die Ermordung Trujillos eher für Erleichterung. Der Mann hatte so viele Verbrechen verübt, zuletzt sogar die Ermordung der drei Schwestern Mirabal angeordnet (s. S. 146). Aber es herrschte auch Orientierungslosigkeit. Man hatte sich an die Diktatur gewöhnt. Erst später machte sich Stolz darüber breit, den Diktator ohne fremde Hilfe aus dem Weg geräumt zu haben.

Aufstieg eines Tyrannen

Trujillo war 1891 in San Cristóbal geboren worden und von einfacher Herkunft. Er schloss sich der Armee an und stieg schnell mit Glück und Wendigkeit zum Brigadegeneral auf. In den Wirren nach der US-Besatzung gelang es ihm 1930, Kandidat für die Präsidentschaftswahl zu werden – und zu gewinnen. Seine Macht konsolidierte er rasch durch Ausschaltung seiner politischen wie privaten Gegner und durch den Aufbau eines Systems von persönlichen Beziehungen, Pfründen und Organisationen, die ihm verpflichtet waren.

Eitelkeit und Antikommunismus

Als Trujillo 1934 wiedergewählt wurde, war seine Herrschaft nicht mehr zu erschüttern. Aus Eitelkeit taufte er Santo Domingo in Ciudad Trujillo um. Den höchsten Berg des Landes, den Pico Duarte, ließ er Pico Trujillo nennen. In den Kirchen hingen Schilder, auf denen stand: »Gott im Himmel, Trujillo auf Erden.« Seine Hybris kannte keine Grenzen. Ebenso wenig seine Habgier. Trujillo und seine Familie rissen einen Großteil der dominikanischen Wirtschaft an sich. Die Grenze zwischen Staatseigentum und persönlichem Besitz verschwamm völlig. Trujillos Herrschaft gilt als eine der blutigsten Tyranneien Lateinamerikas im 20. Jh. Seine Herrschaft rechtfertigte er durch einen fanatischen Antikommunismus, der ihm die Unterstützung der US-Regierung sicherte. Weitere Charakteristika seiner Regierung: Persönlichkeitskult – Trujillo ließ sich barocke Fantasieuniformen schneidern – und die Unterdrückung der Opposition. Das Recht wurde ausgeschaltet, es gab Gefängnisse und Folterzentren. Jeder konnte verschwinden, Morde wurden als Unfälle getarnt.

Rachsüchtig, brutal und geil

Getrieben wurde Trujillo auch von Rachsucht und einem Hang zur Brutalität. Das brachte ihn außenpolitisch immer wieder in Schwierigkeiten. Die Ermordung von Zehntausenden Haitianern an der Grenze konnte er noch mit Zahlungen an Haitis Diktator François Duvalier ›vergessen machen‹, aber im Laufe seiner Amtszeit wurde Trujillos Selbstherrlichkeit auch für die USA immer schwieriger hinzunehmen. Kritiker im Exil verschleppte man in die Dominikanische Republik und ermordete sie. Im Inland reichte es schon aus, ihm unsympathisch zu sein, um in ständiger Lebensgefahr zu schweben. Er ließ sich Frauen und Mädchen zuführen, die ihm gefielen, selbst wenn sie verheiratet waren. 1960 ordnete Trujillo dann ein Bombenattentat auf den venezolanischen Präsidenten Betancourt an. Daraufhin brachen die meisten amerikanischen Staaten die Beziehungen zur Dominikanischen Republik ab. Schließlich legte sich der ›Wohltäter des Vaterlandes‹ sogar mit den USA und der katholischen Kirche an, Stützen, auf die er immer gebaut hatte.

E

(K)EIN ENDE IN SICHT?

Bis heute gibt es Versuche von rechtsradikalen Kreisen in der Dominikanischen Republik, die Diktatur Trujillos zu rehabilitieren. Ein Enkel des Diktators, Ramfis Domínguez-Trujillo, tritt sogar bei den Präsidentschaftswahlen 2020 an. Große Chancen werden ihm nicht ausgerechnet. Seine Partei nennt sich Partei der Demokratischen Hoffnung.

Das Komplott

Doch Trujillo war kaum aus dem Sattel zu werfen und seine Beseitigung wurde zu einer blutigen Groteske. In der Nacht des 30. Mai 1961 ließ sich der Diktator zu seinem Landsitz in San Cristóbal fahren, als ihn das Auto mit den Attentätern überholte und die Straße blockierte. Trujillo brach unter ihren Schüssen zusammen. Danach packten die Verschwörer seine Leiche in ihren Kofferraum und rasten zurück in die Stadt. Ihrem Plan entsprechend sollte ein Komitee den Tod des Diktators über Rundfunk verkünden und eine provisorische Regierung ausrufen. Doch die Scheu vor dem Diktator und der Glaube an seine Unverwundbarkeit waren groß: Der Führer des Komitees wollte den Regierungswechsel erst verkünden, nachdem er die Leiche Trujillos gesehen hatte. Aber der Mann hielt sich versteckt und die Attentäter fanden ihn nicht, weswegen sie die Nerven verloren. Sie ließen das Auto mit der Leiche stehen, um sich selbst in Sicherheit zu bringen, und verspielten ihren entscheidenden Vorteil: die Überraschung.

Der letzte Akt des ›Schauerspiels‹

Inzwischen war der leicht verletzte Chauffeur Trujillos nach Santo Domingo zurückgekehrt und hatte Lärm geschlagen. Die alte Nomenklatura war informiert. Wie selbstverständlich übernahm Trujillos Sohn Ramfis das Präsidentenamt, quasi als persönliches Erbe. Die Verschwörer wurden gestellt und verrieten sich unter Folter gegenseitig. Einige ermordete man grausam, andere hielt man gefangen.

Als Ramfis merkte, dass er sich nicht an der Macht halten konnte, bereitete der Trujillo-Clan seine Flucht vor. Am Abend davor, es war Ende November 1961, ließ Ramfis die sechs überlebenden Attentäter in sein Haus bringen, angeblich um ihnen zu verzeihen. Er exekutierte sie in alter Trujillo-Tradition persönlich. Dann ließ er die Leiche seines Vaters auf die Familienjacht bringen und verließ das Land. Damit war die Geschichte aber noch nicht zu Ende.

Die Regierung, die nun von Joaquín Balaguer, einem früheren Gefolgsmann von Trujillo, geleitet wurde, hatte die Flucht der Diktatorenfamilie wie gelähmt verfolgt. Als ihre Jacht die Insel Martinique erreichte, meuterte die Mannschaft, angeblich im Auftrag Balaguers, und brachte das Schiff in die Dominikanische Republik zurück, aber ohne Ramfis. An Bord fand man 4 bis 5 Mio. US-Dollar in Bargeld – nur ein kleiner Teil des ungeheuren Vermögens, das die Trujillos außer Landes geschafft hatten – sowie die Leiche des Diktators, die man nun per Luftfracht zu Ramfis nach Paris sandte. ■

Der furchtbar eitle Diktator Trujillo ließ sich nur allzugerne feiern, hier bei seiner Rückkehr aus Europa im August 1954, wo er sogar ein Treffen mit dem Papst hatte.

Von Machos und Memmen

Männlichkeit und Weiblichkeit im Wandel — Die Geschlechterrollen verändern sich auch in der Dominikanischen Republik. Aber der Fortschritt ist langsam und der Machismo bestimmt vielerorts noch das Selbstbild der Herren.

Trotz Feminismus und #metoo – der Macho ist in der Dominikanischen Republik lebendig. Er existiert hier noch in seiner ganzen Selbstherrlichkeit, denn der gesellschaftliche Fortschritt ist eine Schnecke. Und dennoch wird auch hier das Eis, auf dem er sich bewegt, zunehmend dünner. Ein Grund dafür ist die Zwiespältigkeit des karibischen Machismo. Er musste viel Widersprüchliches vereinen: auf der einen Seite das Erbe der gewaltsamen und vermeintlich virilen spanischen Konquistadoren und auf der anderen Seite das Erbe der afrikanischen Sklaven mit ihrem Matriarchat, in dem die Frau die größte Rolle spielte, weil sie die Familie zusammenhielt.

Heute hat der globalisierte Tourismus mit seinen Dienstleistungsberufen ganz neue Widersprüche für den dominikanischen Macho geschaffen. Denn er muss neue Verhaltenskodexe verarbeiten und sich anpassen, trifft er doch auf ganz andere Typen von Frauen und Männern. Für allein oder zu zweit reisende Frauen bedeutet das, dass sie in Hotels und in Touristenorten keine ungebührlichen Annäherungsversuche erwarten müssen. Außerhalb dieser Enklaven aber sorgen sie für Aufsehen und dürfen mit den vielgestaltigen Avancen dominikanischer Männer rechnen.

Der Macho und der Hahn – eine sinnbildliche Verknüpfung

Bloß nicht als ›Schwuchtel‹ gelten

Was aber macht den dominikanischen Macho aus? Es beginnt mit Würde und Respekt, zwei Schlüsselbegriffe. Sie erfordern, dass der Mann sich nach außen hin immer als seriöser Charakter präsentiert. Mit mir ist nicht zu spaßen, soll es heißen. Der Macho muss beständig darauf achten, dass niemand seine Würde verletzt und ihm gegenüber respektlos ist. Das gilt v. a. für Frauen, Partnerinnen, Schwestern, Kolleginnen. Drittens muss er seiner vermeintlichen gesellschaftlichen Verpflichtung nachkommen und allen Frauen, die sich ihm nähern, zumindest symbolisch nachstellen, damit auch ja niemand seine Männlichkeit anzweifeln kann. Er will ja nicht als *maricón* gelten, als ›Schwuchtel‹. Denn das wäre das absolut Schlimmste.

Und die Frauen?

Dominikanische Ehefrauen und Freundinnen gelten als eifersüchtig – was der dominikanische Mann häufig als Beweis für seine Unwiderstehlichkeit betrachtet. Aber es ist nicht billig, ein konsequenter Macho zu sein. Man muss der Frau etwas bieten: Markenkleidung, ein Auto, ein edles Abendessen. Das ist angesichts von Arbeitslosigkeit und niedrigen Löhnen schwierig. Außerdem haben auch die Dominikanerinnen immer weniger Lust auf den klassischen Macho und die alten Rollenbilder. Sie suchen nach besser bezahlter Arbeit, studieren, bilden sich fort, wollen unabhängig sein. So kann der Mann es nicht abwenden, dass die Objekte seiner Begierde finanziell und emotional freier werden. Hinzu kommt ein entscheidender Faktor, der in allen Entwicklungsländern zu beobachten ist: Frauen sind häufig die besseren Geschäftsleute, sie sind zuverlässiger und können besser mit Geld umgehen.

All das kratzt natürlich am Selbstbild des dominikanischen Mannes. Eine ganz neue Rolle nimmt er an, wenn er sich als sogenannter Sanky Panky betätigt. Das sind gut gebaute, häufig sehr charmante Männer, die ausgezeichnet tanzen und Beziehungen mit westlichen Frauen eingehen, die sie in der Regel für die Dauer eines Urlaubs als Liebhaber adoptieren. Wie der weiblichen Prostituierten geht es auch dem Sanky Panky letztlich darum, einen Ausweg aus der wirtschaftlichen Perspektivlosigkeit zu finden. Doch seine Rolle gibt ihm auch das Recht, sich als smarter Verführer zu verstehen, der mancher Westlerin noch einmal das Gefühl gibt, jung und begehrenswert zu sein.

B

BISCHOF VERSUS BOTSCHAFTER

Die Homophobie im Land bekam sogar Wally Brewster zu spüren, US-Botschafter in Santo Domingo von 2013 bis 2017. Man riet ihm vor Amtsantritt, seine Homosexualität bloß unter der Decke zu halten. Brewster und sein Partner dachten nicht daran, und prompt wurde Brewster vom Erzbischof der Stadt als Schwuchtel bezeichnet. Kardinal Nicolás de Jesús López Rodríguez fragte, ob man als Nächstes zu den Hühnern übergehen würde. Und er forderte die Dominikaner auf, Brewster möglichst viele Unannehmlichkeiten zu bereiten, damit er nicht lange bliebe. Als Brewster einmal die Korruption im Land kritisierte, riet der Erzbischof ihm, doch lieber seinen häuslichen Pflichten nachzukommen. Das Kuriose an der Story: Die katholische Kirche des Landes wurde etwa zur gleichen Zeit in einen Sexualskandal gerissen – hohe Geistliche hatten Jungs aus armen Familien Geld für sexuelle Gefallen gezahlt.

Getrennte Sphären

Generell läuft das Leben zwischen Männern und Frauen in der Dominikanischen Republik getrennter ab als bei uns. Die Orte, Aufgaben und gesellschaftlichen Rollen der beiden Geschlechter sind einigermaßen klar definiert. Die Männer treffen sich zum Bier im Colmado, zum Dominospiel auf der Straße oder im Parque Central. Im Billardsalon. Oder beim Hahnenkampf. Der Hahn ist denn vielleicht auch das beste Bild, um den dominikanischen Macho zu beschreiben. Er ist stolz und schön, aber irgendwie wirkt sein Stolzieren auch immer lächerlicher. ■

Das zählt

Zahlen sind schnell überlesen — aber sie können die Augen öffnen. Nehmen Sie sich Zeit für ein paar Einblicke. Und lesen Sie, was in der Dominikanischen Republik zählt.

3

Schmetterlinge wurden zum Symbol des Widerstands gegen den Diktator Trujillo. Sie symbolisieren die drei Schwestern Mirabal, die der Tyrann 1960 ermorden ließ – und damit sein eigenes Ende einleitete.

48.730

Quadratkilometer beträgt die Landesfläche der Dominikanischen Republik. Sie ist damit etwas größer als Niedersachsen. Das Nachbarland Haiti hat etwa die Größe Mecklenburg-Vorpommerns. Da die Insel aber von mehreren großen Gebirgsketten durchzogen ist, erscheint sie weitaus größer.

16

Millimeter misst die kleinste Eidechse der Welt. Sie wurde im Parque Nacional Jaragua auf der Halbinsel Pedernales gesichtet.

129

ist der Rang, den die Dominikanische Republik unter 180 Nationen auf dem Korruptionsindex von Transparency International belegt. Gemessen wird der Grad der empfundenen Korruption, die ja im Verborgenen geschieht.

26

Jahre alt sind die Dominikaner im Durchschnitt. Zum Vergleich: Das Durchschnittsalter der Deutschen beträgt etwa 44 Jahre.

392

Euro beträgt der monatliche Durchschnittsverdienst eines Dominikaners. Der Durchschnittslohn in Deutschland: 2.869 Euro.

1.288

Kilometer Küstenlinie besitzt die Dominikanische Republik. Sie bestehen aus Sand- und Kieselstränden, Mangroven und teils steil abfallenden Felsküsten.

5

große Vegetationszonen hat die kleine Insel. Es gibt tropischen Regenwald, Monsunwald, Bergwald, Savanne und sogar Halbwüste.

1.800.000

Menschen dominikanischer Abstammung leben etwa in den USA. Rund die Hälfte von ihnen ist eingewandert, die andere Hälfte wurde in den USA geboren. Auch die Dominikanische Republik ist ein Immigrationsland, hier leben rund 1 Million Haitianer, etwa ebenso viele in den USA.

30

Prozent der Dominikaner leben laut CIA-Factbook unter der Armutsgrenze. Das wird besonders an der Peripherie der Städte und im abgeschiedenen ländlichen Raum deutlich.

5.909.880

ausländische Touristen besuchten die Dominikanische Republik im Jahr 2018, das ist ein Anstieg um 6,3 Prozent im Vergleich zum Vorjahr. Neben dem Baugewerbe und dem Dienstleistungssektor ist der Tourismus der wichtigste Wirtschaftszweig des Landes.

2

Mal erlangte die Dominikanische Republik ihre Unabhängigkeit: 1821 von Spanien und 1844 von Haiti. Streng genommen sind es sogar drei Mal, wenn man auch den Sieg im Restaurationskrieg gegen Spanien 1865 dazuzählt.

31

Jahre lang beherrschte der Diktator Rafael Trujillo das Land, ehe er 1961 von Verschwörern in Santo Domingo umgebracht wurde. Keinem anderen Volk Lateinamerikas gelang es im 20. Jh. seinen Peiniger selbst um die Ecke zu bringen.

5.600

Pflanzenarten etwa wurden in der Dominikanischen Republik gezählt. Das sind fast so viele, wie es in Gesamteuropa gibt.

46

Meter unter dem Meerespiegel liegt der Lago Enriquillo und ist damit der tiefste Punkt der Karibik. Den Spitzenplatz für den tiefsten an Land zugänglichen Punkt der Welt nimmt mit 428 m das Tote Meer ein.

120

Meter hoch ist der höchste Wasserfall der Karibik, der Salto de La Jalda bei dem Ort Miches weit im Osten der Insel. Fälschlicherweise wird oft der Salto Aguas Blancas bei Constanza als höchster Wasserfall des Landes genannt, er misst aber nur 82 Meter.

3.087

Meter hat der Pico Duarte, der höchste Gipfel der Karibik. Zur Zeit der Diktatur hieß der Berg Pico Trujillo. Der eitle Diktator ließ ihn in den Atlanten des Landes um 100 Meter ›erhöhen‹, weil er ihm zu klein erschien.

Die Geheimnisse der Taíno

Als die Spanier auf Hispaniola eintrafen — lebten die Taíno auf der Insel. Sie begrüßten die Seefahrer neugierig und herzlich. Aber die Europäer hatten nicht die Absicht, Freundschaft zu schließen.

Sind das Menschen wie du und ich? Oder Tiere? Ist ihr Körper wie der unsere? Haben sie Gefühle? Eine Seele? Sind sie von Gott erschaffen? Mit der Ankunft der Spanier in der für sie neuen Welt gerieten die Ureinwohner ins Zentrum des europäischen Interesses. Während die Taíno die Fremden zuvorkommend empfingen, zeigten sich die Spanier von Beginn an misstrauisch. Es waren Männer, die nicht viel anderes kannten als den Krieg. Sie hatten jahrzehntelang in ihrer Heimat gegen die Mauren gekämpft und sich dabei ein gehöriges Maß an Grausamkeit und Intoleranz zugelegt. Es waren Glücksritter, Desperados, Diebe und Ausgestoßene, die wie Stefan Zweig in »Sternstunden der Menschheit« schreibt, »den Tod weniger scheuen als ehrliche Arbeit oder den Schuldturm«. Die Spanier waren nicht aus wissenschaftlicher Neugier gekommen oder um sesshaft zu werden. Was sie wollten, waren Gold und Ruhm. Und da störten die Ureinwohner zunächst einmal. Also zogen die Spanier deren Menschsein und Humanität in Frage und verorteten sie auf dem Niveau von Tieren – die man straflos ausbeuten, versklaven und umbringen durfte.

W

WÖRTERKLAU BEI DEN TAÍNO

Im Deutschen gibt es einige Wörter, die aus der Sprache der Taíno stammen: Barbecue, Guave, Hurrikan, Leguan, Kai (Anleger), Kaiman, Kannibale, Karibik, Kazike, Kanu, Mais, Papaya, Savanne, Tabak. Andere Begriffe haben sich nur im Spanischen eingebürgert, z. B. *batata* (›Kartoffel‹) oder *hamaca* (›Hängematte‹). Wieder andere sind nur im dominikanischen Spanisch gebräuchlich, etwa *bohío,* die Bezeichnung für ein traditionelles Haus mit Palmblattdach.

Wie von Gott erschaffen
Am 15. Februar 1493, drei Monate, nachdem er das spätere Amerika betreten hatte, notierte Christoph Kolumbus: »Die Bewohner dieser Insel sind ohne Unterschied des Geschlechts vollkommen nackt, wie Gott sie erschaffen hat. Sie kennen weder Eisen noch Stahl und besitzen keine Waffen.« Kolumbus behauptet, er habe mit ihnen handeln wollen, aber sie seien weggelaufen. Daraus schließt er: »Sie sind von unheilbarer Feigheit.« Diese wenigen Worte zeigen die Widersprüchlichkeiten in der Einord-

Die Felsgravuren der Taíno wirken oft wie Kindergekritzel, sind aber uralte Kunstwerke, die manchmal mit Kreide besser sichtbar gemacht werden.

nung – und auch Behandlung – der Taíno. Einerseits beschreibt Kolumbus sie einem Ideal der Renaissance entsprechend als natürliche und gute Menschen, die keine Kleidung, keinen Besitz und keinen Krieg kennen, andererseits wird seine Geringschätzung deutlich, mit der er einem solch naiven Volk ohne Gott, ohne König, ohne Zivilisation gegenübertrat. Wann immer Indios neugierig auf sein Schiff kommen, lässt er sie gefangen nehmen, um sie wie exotische Tiere oder Pflanzen den Königen in Spanien vorzuführen.

Eine entwickelte Kultur

Von diesen Vorurteilen und dem beschränkten Wissen der Zeit sind die ersten Berichte über die Taíno geprägt. Bis heute gibt es nur wenig konkrete Informationen über sie, was natürlich auch daran liegt, dass sie kein Schriftsystem hatten. Historiker vermuten aber, dass die Gesellschaft und das politische System der Taíno viel differenzierter waren, als die Spanier es wahrnahmen. Die Insel war in fünf Reiche unterteilt, denen jeweils ein Kazike und eine Gruppe von Edlen vorstanden. Diese hießen Nitaino, wovon später die Bezeichnung für das ganze Volk abgeleitet wurde.

Es wird auch von einer Dichtung und Gesangskunst der Taíno berichtet. Von ihren religiösen Vorstellungen zeugen Steinfiguren, die Götter oder Geister darstellen, sogenannte Zemis. Auch die vielen Felsgravuren und Höhlenzeichnungen erzählen etwas vom Weltbild dieser Menschen. Die materielle Kultur der Taíno war immerhin so weit entwickelt, dass die Spanier viele Begriffe aus ihrer Sprache einfach übernahmen. Einige gingen in den gesamteuropäischen Sprachgebrauch ein (s. Kasten).

Der Aufstand

Obwohl Kolumbus glaubte, dass die Taíno feige seien, bewiesen sie bald das Gegenteil. Als die Indigenen den wahren Charakter der Invasion erkannten, begannen Sie einen verzweifelten Widerstandskampf. 1533 führte der Kazike Enriquillo – heute eine Art dominikanischer Nationalheld – einen letzten Feldzug, der ihm für kurze Zeit eine Rückzugsstätte in der Sierra de Baoruco im Süden von Hispaniola sicherte. Doch vergeblich. Die letzten der ursprünglich 500 000 bis 1 Mio. Taíno starben wohl um das Jahr 1550. Ihr Volk war ausgelöscht worden, in Frondiensten erschöpft, mit Krankheiten angesteckt, Familien und Dörfer zerstört. Ihre Sklaven holten die Spanier nun von anderen Karibikinseln und aus Afrika.

Gibt es Überlebende?

Es kursieren jedoch auch andere Geschichten. So hört man immer wieder in abgelegenen Orten, dass hier und dort einige Taíno überlebt hätten und sich ihre Linien bis heute fortsetzten. Es seien Menschen mit besonders schöner Haut und besonders schönen Haaren, wird dann gesagt. ■

Sündenböcke aus Haiti

Eine schwierige Beziehungskiste — Das Verhältnis der Dominikaner zu ihren Nachbarn aus Haiti ist gespannt. Es geht um Rassismus, alte Rechnungen und dumpfen Nationalstolz. Über das Wichtigste wird kaum geredet: Ohne die Haitianer würde die Wirtschaft der Dominikanischen Republik kollabieren.

Die Grenze zu Haiti ist eine willkürlich gezogene Linie. Sie durchschneidet Täler, Gebirge, Flusslandschaften. Zu beiden Seiten leben Bauern, Tagelöhner und Fischer, die sich nicht stark voneinander unterscheiden. Und doch ist *la frontera* für die Dominikaner enorm wichtig. In der Abgrenzung zu ihren Nachbarn formen sie ihren Nationalstolz. »Wir sind anders als die Haitianer«, sagen sie. »Nicht so schwarz, arm und unterentwickelt.« Die Haitianer wiederum sagen: »Wir haben die Insel von der Sklaverei befreit. Wir sind nicht so würdelos und käuflich wie die Dominikaner.«

Die Beziehung zwischen Haiti und der Dominikanischen Republik ist schwierig. Sie ist geprägt von Blutvergießen, Rassismus sowie einem extremen Wohlstandsgefälle – der durchschnittliche Dominikaner verdient sechsmal mehr als der Haitianer. Und so teilen sich beide eine kleine Insel, leben aber in verschiedenen Welten.

Der Aufstand der Sklaven

Als der Papst den Spaniern 1594 ein riesiges Stück Amerikas zur Christianisierung zuspricht, sind die anderen Nationen Europas sauer. Sie sehen nicht ein, warum sie von den Reichtümern der Neuen Welt ausgeschlossen bleiben sollen. Es beginnt eine Politik der Nadelstiche.

1697 besetzt Frankreich den westlichen Teil Hispaniolas. Die Franzosen bauen dort eine Zuckerrohrkolonie auf, die sie unglaublich reich macht. Haiti bekommt den Beinamen Perle der Karibik und der Exporthafen Cap Haïtien wird Paris der Antillen genannt. Für die Hunderttausenden von afrikanischen Sklaven aber, die man über den Atlantik zwingt, ist das Leben die Hölle. Die Quittung bekommen die Franzosen 1792, als sich die Sklaven im einzigen erfolgreichen Sklavenaufstand der Welt erheben und 1804 schließlich ihren eigenen Staat gründen: Haiti, die erste ›schwarze Republik‹ Amerikas.

Im 19. Jh. versuchen die Haitianer immer wieder, ihre Herrschaft auf die ganze Insel auszudehnen. Es gelingt zwischen 1822 und 1844. Die Sklaverei wird damals auf der Insel abgeschafft, aber nun unterdrücken die Haitianer die spanischsprachige Bevölkerung. Schließlich erheben sich die Dominikaner und erlangen ihre eigene Unabhängigkeit. Ein Detail: Während ihrer Feldzüge verwüsteten die haitianischen Truppen häufig dominikanische Städte. Es ist diese Erinnerung, die bis heute von rechten und antihaitianischen Politikern in der Dominikanischen Republik wachgehalten wird. Sie bemühen den Mythos von den ›schwarzen Horden aus dem Westen‹. Soll heißen: Wir sind zivilisierte Europäer, mit den ›afrikanischen‹ Haitianern haben wir nichts gemein.

Das Petersilienmassaker

Nach der Unabhängigkeit der Dominikanischen Republik bleibt die Grenzregion trotz allem lange Zeit undefiniert und unbewohnt. Und so siedeln mit den Jahren haitianische Bauern über. Bis der Diktator Trujillo im Oktober 1937 die Grenze mit Blut schreiben lässt. Das dominikanische Militär ermordet in einer organisierten Aktion mehrere Zehntausend Kinder, Frauen und Männer. Sie werden erschlagen, erstochen und erschossen. Tausende, teils schwer verletzte Menschen, die nach Haiti flüchten wollen, werden an der Grenze abgefangen und umgebracht. Auf dem Grenzfluss, der den Namen Massacre (›Massaker‹) wie ein schlechtes Omen trägt, treiben die Leichen zu Hunderten. Der Massenmord trägt den Kodenamen *perejil* (›Petersilie‹, gesprochen perechil). Wer vor den Bajonetten das Wort nicht ›richtig‹ aussprechen kann, gilt als Haitianer und wird getötet. Später stellt man fest, dass dem ›Test‹ auch viele schwarze Dominikaner der Unterschicht zum Opfer fielen, weil sich bei ihnen die gleiche ›falsche‹ Aussprache eingebürgert hatte.

Das Verbrechen wird nie geahndet, denn Haitis Diktator Duvalier begnügt sich mit einer Entschädigungszahlung von 750 000 US-Dollar – die er in die eigene Tasche steckt. Die Dominikaner befestigen damals die Grenze und bauen sie aus. Heute gibt es ähnlich wie in den USA den Vorschlag, eine Mauer zu errichten, um die Tausenden haitianischen Immigranten fernzuhalten – ohne deren billige Arbeitskraft freilich der Tourismussektor, das Baugewerbe, die Kaffeewirtschaft und die Zuckerrohrindustrie der Dominikanischen Republik zusammenbrechen würden.

EIN NAZI-VERGLEICH

N

Mehrfach verurteilte der Interamerikanische Gerichtshof für Menschenrechte die Dominikanische Republik wegen ihrer diskriminierenden Politik gegenüber den Haitianern – ohne Wirkung. 2013 erklärte das Land alle ab 1929 (!) unter »irregulären Umständen« im Land geborenen Menschen zu Ausländern. Es traf Tausende Dominikaner haitianischer Herkunft. Die Entscheidung löste auf der Insel große Spannungen aus und vergiftete das gesellschaftliche Klima. Literaturnobelpreisträger Mario Vargas Llosa zog in der spanischen Tageszeitung »El País« einen Vergleich zu den Nürnberger Gesetzen der Nazis. Der US-dominikanische Schriftsteller Junot Diaz sprach von blankem Rassismus – und wurde von der dominikanischen Regierung zur Persona non grata erklärt. Manche mutigen Dominikaner stellen sich dem ganzen Irrsinn entgegen und sagen: »Wir sind Brüder und Schwestern!«

Ausbeuten und Verteufeln – zwei Seiten derselben Medaille

Man weiß, dass wirtschaftliche Faktoren entscheidend für Migration sind. Die Haitianer kommen über die Grenze, weil Haiti arm ist und weil sie in der Dominikanischen Republik Arbeit finden. Viele Jahre fand so etwas wie ein halboffizieller Menschenhandel statt. Die Zuckerrohrkonzerne warben in Haiti Saisonarbeiter an, die Braceros (von *brazo* – ›Arm‹). Sie wurden in Lastwagen heimlich über die Grenze in die Zuckerrohrfelder gebracht, in denen man sie in Bateyes steckte, elende Lager, die sie nicht verlassen durften, bis sie nach der Ernte wieder nach Haiti deportiert wurden. Dort erhielten sie ihren dürftigen Lohn. Doch natürlich blieben auch viele Haitianer im Land. Eine kleine Einwanderungswelle erlebte die Dominikanische Republik nach dem Erdbeben, das 2010 Haitis Hauptstadt Port-au-Prince verwüstete.

Ein bitterböses Spiel

Wie viele Haitianer leben heute in der Dominikanischen Republik? Die Schätzungen liegen bei 1 Mio. Viele von ihnen wurden auf dominikanischer Seite geboren und wären eigentlich dominikanische Staatsbürger. Doch die Eltern, die in beständiger Angst vor der Deportation leben, haben die Kinder nicht registrieren lassen. Oder die Behörden verweigern ihren Kindern ganz einfach die Papiere. So bleiben sie Staatenlose. Diese Grauzone zwischen Duldung und Diskriminierung ist ein wichtiger Faktor der dominikanischen Politik. Immer, wenn die Regierung wegen Korruptionsvorwürfen unter Druck gerät, wird die haitianische Gefahr beschworen. Das führt zu Aufwallungen beim Volk. Dann deportiert man ein paar Tausend Haitianer – bis sich die Unternehmen beschweren, dass ihnen die Arbeitskräfte ausgehen. Es ist ein bitterböses Spiel, das seit Jahrzehnten auf dem Rücken der Arbeiter ausgetragen wird. ■

Von Avocados bis Zapotes

Probieren geht über studieren — Die dominikanische Küche ist reich an frischen, gesunden und exotischen Zutaten, von denen Sie noch nie gehört haben mögen. Das Land ist eine große Einladung an den experimentierfreudigen Gourmet.

Von jedem und allem etwas

Die dominikanische Küche gleicht einem Eintopf, in dem alle Bewohner der Insel ihre Zutaten hinterlassen haben: Taíno, Afrikaner und Spanier ebenso wie spätere Einwanderer. Einige Speisen lassen sich noch direkt auf die Taíno zurückführen, etwa das *casabe* genannte Fladenbrot aus Maniokmehl.

Grundlage der meisten Alltagsgerichte sind Reis, Bohnen, Fisch oder Fleisch, wobei Hühnchen *(pollo)*, Schwein *(cerdo)* und Ziege *(chivo)* dominieren. Die häufigsten Beilagen sind frittierte Kochbananen *(tostones)* oder die süßlich schmeckenden Maniokwurzeln *(yuca)*. Das Essen ist also v. a. eines: reich an Kohlenhydraten.

Die beiden Nationalgerichte der Dominikaner sind Sancocho (s. S. 264) und Bandera Dominicana, ein Gericht mit Reis *(arroz)*, roten Bohnen *(habichuela)* und Schweinefleisch. Es erinnert farblich an die dominikanische Flagge (= *bandera*), daher der Name.

Mit diesen Grundkenntnissen kann man sich an die exotischeren Feinheiten der dominikanischen Gastronomie heranwagen.

Das indigene Erbe

Zum indigenen Vermächtnis gehören einige wichtige Grundnahrungsmittel: zunächst die Kochbanane *(plátano)*, die sich durch ihre Größe von der Obstbanane unterscheidet. Meist wird sie grün geerntet und in Scheiben geschnitten. Jede Scheibe wird mit einem kräftigen Schlag breitgequetscht (daher die hämmernden Geräusche, die die Mittagszeit ankündigen) und frittiert. Für das goldbraune Ergebnis gibt es verschiedene Namen: *tostón, frito verde, banano pisado* oder *patacón*.

Indigener Tradition entstammen auch zwei Sorten von Maniok: Die süße Variante heißt hier *yuca* und dient in gekochten gelben Stücken als Beilage. Die bittere Variante *casabe* erfordert eine komplizierte Vorbereitung (s. S. 154).

Mit anderen Gemüsefrüchten, z. B. den hellgrünen Christophenen oder den Okraschoten, wird man seltener konfrontiert. Wegen ihrer Geschichte ist die Brotfrucht *(frutipan)* bekannt, die als schwere Kugel an mächtigen Bäumen wächst. Nach mehreren Versuchen gelang es 1793, die Schößlinge von Tahiti in die Karibik zu bringen, um sie als billige

Nahrungsquelle für Sklaven zu nutzen. Brotfrüchte gelten daher immer noch als Arme-Leute-Essen.

Aus dem Meer

Wer gerne Fisch isst, kann in einem Land mit 1288 km Küstenlinie natürlich kräftig zuschlagen. Am häufigsten werden Zackenbarsche *(mero)*, verschiedene Schnapper *(chillo)*, aber auch Papageifische *(cotorra)* gefangen. Fisch gibt es in Strandküchen meist frittiert, im Restaurant sind vier Zubereitungsarten üblich: in Tomatensauce *(a la criolla)*, mit Knoblauch *(al ajillo)*, in Kokosnusssauce *(al coco)* und in relativ scharfer Tomatensauce *(a la diabla)*. Ebenso werden Krebsfleisch *(cangrejo)*, Garnelen *(camarón)* und Tintenfisch *(pulpo)* serviert. Eine sehr leckere Zubereitungsart ist auch *a la vinagreta* (mit Essig, Öl, Zwiebeln und Zitronensaft). Als dominikanische Spezialität gilt *lambí.* Diese als Trompetenschnecke bekannte Muschel wurde schon von den Taíno geschätzt. Ihr weißes Fleisch erinnert geschmacklich an Kalmar.

Wo (günstig) essen?

Der europäische Magen kommt in der Regel gut mit dem dominikanischen Essen klar. Die Palette der Restaurants in der Dominikanischen Republik reicht von der kleinen Garküche in Familienhand bis zum Gourmetrestaurant mit französischem Chef. Dabei herrscht selbst in feineren Restaurants ein relativ moderates Preisniveau. Sie müssen für ein Essen in einem guten Restaurant inkl. Wein nicht mehr als 30 bis 35 € ausgeben. Eine Preisstufe darunter liegen die Restaurantes Criollos, in denen typisch Dominikanisches angeboten wird. Hauptgerichte sind hier schon ab 4,50 € zu haben. Das Nationalgericht *bandera dominicana* probiert man am besten in den schlichten Comedores (von *comer* = essen). Diese Familienrestaurants tischen meist Tagesgerichte (ab 2,50 €) auf. In Garküchen, oft nicht mehr als ein Bretterverschlag, wird viel Frittiertes angeboten, etwa *chicharrones* (frittierte Schweineschwarten). Halten Sie sich am besten an die Regel: Wo es voll ist, isst man gut und günstig.

DOMINIKANISCH-VEGETARISCH ZUM NACHKOCHEN

N

Kaum ein Gericht dürfte dominikanischer sein als **Sancocho,** ein sämiger Eintopf mit Unmengen an Fleisch und Wurzelgemüse, der jeden Magen füllt. Es gibt mehrere Zubereitungsvarianten, hier die vegetarische für vier bis sechs Personen.
Zutaten: ¼ Tasse Olivenöl, 3 Knoblauchzehen, 4 Paprika, 1 Teelöffel Oreganoblätter, 1 Tasse gelbe Erbsen, 3 l Gemüsebrühe, 1 Tasse getrocknete Pilze, je 250 g Yucca, Tannia, Kürbis und Yams, je 1 Kochbanane, Karotte und Maiskolben, je 1 Bund Kerbel und Petersilie, Salz, Peffer, Orangenessig
Zubereitung: Olivenöl erhitzen, gestoßenen Knoblauch, geschnittene Paprika, Oregano sowie Erbsen dazugeben und anbraten. 1 l Gemüsebrühe und 1 l Wasser dazugeben. Köcheln, bis die Erbsen weich sind. Verdunstete Flüssigkeit mit Gemüsebrühe nachfüllen. Nun Trockenpilze, Yucca, Tannia, Kürbis, Yams, Kochbanane, Karotte und Maiskolben hinzufügen (alles grob geschnitten). Köcheln, bis das Gemüse durch ist. Geschnittenen Kerbel und Petersilie hinzugeben. Mit Salz und Pfeffer abschmecken. Orangenessig nach Geschmack darüberträufeln. Mit Weißwein servieren.

Achtung: Viele Restaurants schlagen auf die Rechnung 18 % Steuern und 10 % Servicegebühr auf, die im Preis auf der Speisekarte nicht auftauchen. Das kann zu bösen Überraschungen führen.

Die Welt der tropischen Früchte

Kolumbus meinte, im Paradies gelandet zu sein. Tatsächlich ist diese Insel ein riesiger Fruchtgarten. In vielen Orten gibt es auf den Straßen Verkäufer, die eine Vielzahl an Früchten direkt von ihren Karren verkaufen. Hier kann man sich Ananas *(piña)* oder Melonen (*sandía* = Wassermelone, *melón* = Honigmelone) schälen und schneiden oder gleich einen Fruchtsalat zubereiten lassen, der oft mit Honig und Zitronensaft übergossen wird und wegen seiner Üppigkeit ein ganzes Frühstück ersetzen kann.

Die Orangen, die hier *china* heißen, wurden erst von Kolumbus auf die Insel gebracht. Im Straßenverkauf sehen sie aus wie Tennisbälle, da sie von ihrer Schale befreit sind und so leichter ausgelutscht werden können. Neben weiteren tropischen Klassikern wie Bananen *(guineo)*, Mangos *(mango)*, Papayas *(lechoza)*, Maracujas *(chinola)*, und Guaven *(guayaba)* finden Sie in der Dominikanischen Republik auch Besonderheiten wie Jenipapos *(jagua)*, Zimtäpfel *(anona)*, Sternfrüchte *(carambola)* oder die kleinen süßsauren Spanischen Limetten *(limoncillo)*, die wegen ihres Kerns, von dem man das Fruchtfleisch ablutscht, auch tropische Bonbons genannt werden. Weniger bekannt in Europa sind auch die violetten Sternäpfel *(caimito)*, die nach Melone schmecken, die avocadoförmige und braune Große Sapote *(sapote)* mit ihrem süßen weinroten Fruchtfleisch oder die Frucht des Cashewbaums *(cajuil)*. Sie ist apfelförmig und schmeckt herbsüß. Vorsicht: Keinesfalls den außen liegenden Kern in den Mund nehmen, er ist ätzend.

Banane ist nicht gleich Banane. Die großen, grünen Exemplare sind Kochbananen. Was muss man folglich vor dem Essen mit ihnen tun? Richtig: kochen oder frittieren.

Fruchtsäfte & mehr

Alle genannten Früchte dienen als Grundlage für Säfte, sei es als natürlicher *licuado* oder als *batida* (mit Milch gemixt). Man kann sich die gewagtesten Mischungen kreieren lassen – wobei ein Schuss Rum das Ganze abrundet. Lediglich den Griff zur Zuckerdose sollte man überwachen, denn die Dominikaner lieben es süß.

Andere Früchte wiederum wird man nur als Saft kennenlernen, wie z. B. die Tamarindenschote *(tamarindo)*, aus der man durch langes Kochen einen säuerlichen Saft gewinnt. Oder die Stachelannone *(guanábana)*, eine Frucht, deren weißes Fleisch einen aromatischen Saft ergibt. Die Säfte aus der Jenipapo- sowie der Nonifrucht sind hingegen wegen ihrer Strenge gewöhnungsbedürftig.

A propos Rum, den gibt es in allen Qualitäten und Preisklassen (s. S. 271). Außerdem trinken die Dominikaner gerne und viel Bier. Die häufigsten Marken sind Presidente und Bohemia. ■

In junger Gesellschaft

Jugendliche Dominikaner haben es schwer — Die meisten Familien sind zerrüttet, das Bildungssystem ist schlecht, die Arbeitsmöglichkeiten sind begrenzt. Auf dem Weg in eine bessere Zukunft wird die Improvisation zur Kunst.

Die Dominikanische Republik ist ein sehr junges Land. 45 % ihrer Bewohner sind unter 25 Jahre alt. (Zum Vergleich: Das Durchschnittsalter in Deutschland beträgt 43 Jahre.) Dementsprechend dominieren Kinder und Jugendliche das Straßenbild, v.a. die Jungs. Man sieht sie auf den Plätzen, an den Straßenecken, im Colmado, am Strand, in den Tanzläden. Sie sind fröhlich und kontaktfreudig, oft laut und ausgelassen, leben in scheinbar herrlicher Freiheit. Schaut man genauer hin, merkt man, dass ihr Leben nicht einfach ist.

Patchworkfamilien

Man braucht Glück, um weiterzukommen. Die wichtigste Voraussetzung ist, in die ›richtige‹ Familie hineingeboren zu werden, d.h. in eine mit regelmäßigem Einkommen und stabilen Verhältnissen, die Halt geben. Tatsächlich aber sind die meisten dominikanischen Familien zerrüttet. Die Männer betrachten es als Sport, eine oder mehrere Geliebte zu haben. Ohnehin führen sie sehr verschiedene Leben von den Frauen.

Der Mann verbringt viel Zeit auf dem Dorfplatz, in der Bar, der Hahnenkampfarena, beim Dominospiel. Er ist viel unter anderen Männern. Schließlich zieht er zu seiner jüngeren Geliebten, mit der er ein Kind hat, oder findet Arbeit in einer anderen Stadt. Die typische dominikanische Familie der Mittel- und Unterschicht besteht daher aus Frauen verschiedener Generationen – Großmütter, Tanten, Mütter, große Töchter –, die gemeinsam den Nachwuchs aufziehen.

Laufsteg Dorfplatz

So lernen schon die Kinder für sich selbst zu sorgen, besonders die Jungs. Sie versuchen den Touristen Kaugummis, Souvenirs oder sonst was anzudrehen, probieren ihr Glück als Motoconchofahrer oder machen Gelegenheitsjobs. Den Aufstieg in ein ordentliches Arbeitsverhältnis schaffen zumeist nur diejenigen, die aus besseren Verhältnissen stammen, studieren konnten und Zeit hatten, etwas zu lernen. Alle anderen sind auf unsichere Metiers angewiesen: als Busbegleiter, Parkplatzwächter, Straßenverkäufer.

Hielt man früher die Mädchen dazu an, zu Hause zu bleiben, um ja nicht zu viel Lebenserfahrung zu sammeln, so hat sich dies v.a. unter dem Einfluss des Internets stark geändert. Auch die Mädchen zieht es nun immer öfter auf die Dorfplätze, wo sie sich in Szene setzen. Die Jungs kommen

Mehr als die Hälfte der Bewohner der Dominikanischen Republik ist jünger als 25 Jahre. Als Kinder noch unbeschwert, wird es für sie später schwierig, eine gute Arbeit zu finden.

mit gewaschenen Hemden, modischen Hosen, Goldkettchen und Baseballkappe, die Mädchen im knappen Oberteil, Minirock oder enger Jeans. Die Urformen des Werbens kann man hier gut beobachten. Meist bleibt alles schön ›artig‹, zumindest an der Oberfläche.

Ein großer Unruhefaktor ist allerdings der westliche Tourist. Denn er stellt nicht nur eine scheinbar schnelle Verdienstmöglichkeit dar, sondern repräsentiert auch einen Ausweg aus der engen Inselgesellschaft und ihren begrenzten Möglichkeiten. Viele Mädchen träumen – so kitschig es klingen mag – vom westlichen Prinzen, der ihnen neue Türen öffnet.

Der Traum vom Aufstieg

Die Wirklichkeit wird von Enttäuschungen und wachsender Konkurrenz beherrscht. Selbst Universitätsabsolventen haben Schwierigkeiten, einen Job im schmalen Berufsspektrum der Dominikanischen Republik zu finden. Und ein Großteil der Kinder auf dem Land schließt nicht einmal die Grundschule ab.

Die Ausbildung in handwerklichen Berufen ist nicht geregelt und verlangt über Jahre hinweg miserabel bezahlte Handlangerdienste. Das Leben auf dem Land gilt als langweilig und sozial wenig angesehen. Aber in jeder Familie kennt man jemanden, der es im Tourismusgeschäft zu etwas gebracht hat. Frechheit, Zähigkeit und Wendigkeit sind hier gefragt – Qualitäten, die sich viele Jungs ohnehin früh aneignen mussten. Und viele Mädchen versuchen qua ihrer Schönheit und Sinnlichkeit im Leben weiterzukommen. ■

Ulrich Fleischmann, Philipp Lichterbeck

Land mit drei Vätern

Kampf um die Freiheit — die schwierige Geburt der Dominikanischen Republik. Oder: Wie die Revolution ihre Kinder fraß und diese später doch zu Nationalhelden wurden. Über drei Männer, die bis heute allgegenwärtig sind.

Man findet die strengen Gesichter der drei auf dem 100-Peso-Schein. Ein General, zwei Zivilisten. Zweimal Schnauzbart, einmal ohne. Im ganzen Land tragen Straßen, Alleen und Plätze ihre Namen. Die drei großen Brücken über den Río Ozama wurden nach ihnen benannt, der höchste Berg der Karibik nach dem bekanntesten der drei: Pablo Duarte. Intellektuelle untermauern ihre Argumente gerne mit den heroischen Taten der Nationalhelden oder deren Aussagen. In Santo Domingo haben sie ein Pantheon mit Marmorstatuen, sie sind die Ur-Patrioten der Dominikanischen Republik. Aber wer waren die drei Herren überhaupt: Juan Pablo Duarte, Ramón Mella und Francisco del Rosario Sánchez?

Die haitianische Besatzung

Springen wir zurück: 1804 war Haiti von ehemaligen Sklaven gegründet worden. 1822 besetzten die schwarzen haitianischen Revolutionstruppen dann die heutige Dominikanische Republik. Sie wollten die Sklaven auf der ganzen Insel befreien, was auch gelang. Die Haitianer wiesen die katholische Kirche in die Schranken, die sie mit ihren französischen Unterdrückern assoziierten. Sie begrenzten den Grundbesitz von Weißen. Aber auch die Benutzung der spanischen Sprache wurde in offiziellen Kontexten verboten. Viele Dominikaner empfanden die haitianische Besatzung daher bald als Unterdrückung, insbesondere, weil die von ihrem verschuldeten Staat schlecht versorgten Soldaten bei den Einheimischen auf Raubzug gingen.

Ein frühes Schneeballsystem

Um der Besatzung ein Ende zu bereiten, versammelten sich im Juli 1838 neun Männer heimlich in einem Haus in Santo Domingo – es ist bis heute in der Calle Arzobispo Nouel 255 zu besichtigen. Die Männer schworen im Namen der Dreifaltigkeit gegen das haitianische Joch zu kämpfen und hernach eine unabhängige Republik zu gründen. Jeder von ihnen musste drei Mitglieder werben, die wiederum das Gleiche tun sollten etc. So wuchs der Geheimbund im Schneeballsystem und wurde zu einer mächtigen Untergrundorganisation. Ihre Führer waren der Professor Juan Pablo Duarte, der General Ramón Mella und der Anwalt Francisco del Rosario Sánchez. Die Zahl drei gab der Organisation ihren Namen: Trinitaria – ›Dreifaltigkeit‹.

Ein Schuss

Doch der Aufstand gestaltete sich schwierig. Wie alle Revolutionen war auch diese verworren. Bei der Fülle an Mitwissern blieb es nicht aus, dass das Komplott 1843 verraten wurde. General Mella verschleppte man nach Port-au-Prince, Sánchez versteckte sich in Santo Domingo, Duarte ging nach Curaçao ins Exil. Dennoch wurde der Umsturzplan nicht aufgegeben.

Eine günstige Gelegenheit bot sich, als Mella überraschend freigelassen wurde und sich ein reicher Großgrundbesitzer der Verschwörung anschloss: Pedro Santana. Der durch ihn mitfinanzierte Aufstand im Februar 1944 ging dann in Santo Domingo ohne großes Blutvergießen vonstatten. Die haitianische Besatzung war schwach, und die Aufständischen nahmen die Stadt am 27. Februar im Handstreich ein. Ramón Mella feuerte an der Puerta de la Misericordia den ersten Schuss ab.

Die Haitianer kapitulierten schnell und bald wehte eine neue Fahne über Santo Domingo. Die Dominikanische Republik war geboren. In den nächsten Monaten setzte man sich erfolgreich gegen zwei haitianische Armeen zur Wehr, die den rebellischen Landesteil zurückerobern wollten.

Die drei Verräter der Nation

Aber Pablo Duarte, der eigentliche Anführer, hatte das große Ereignis verpasst. Er war zu spät aus Curaçao eingetroffen. Und dann musste er auch noch erfahren, dass sich die Sieger schnell zerstritten hatten.

Duarte selbst war ein liberal und progressiv denkender Mann. So wollte er die verschiedenen Ethnien des Landes unter der dominikanischen Flagge vereinen. Das Präsidentenamt, das man ihm anbot, wollte er nur antreten, wenn die Mehrheit der Dominikaner ihn wählte. Auch Mella und Sánchez waren Liberale. Doch die drei konnten sich mit ihrem progressiven Denken nicht behaupten gegen den starken Einfluss der Konservativen um den Großgrundbesitzer Pedro Santana. Der hatte keinesfalls eine Demokratie oder gar Rassengleichheit im Sinn, sondern die Restauration alter Verhältnisse.

Santana übernahm schließlich die Macht und erklärte Duarte, Sánchez und Mella zu Verrätern. Er schickte sie ins Exil nach Hamburg, wo sie kurze Zeit blieben. Duarte kehrte nach Lateinamerika zurück, verbrachte aber den größten Teil seines Lebens in Venezuela, wo er 1876 starb. Er erlebte noch, wie Pedro Santana 1861 die spanische Krone bat, erneut die Macht über das wirtschaftlich daniederliegende Land zu übernehmen. Die Dominikanische Republik wurde wieder zu einer Kolonie.

1863 brach der Restaurationskrieg gegen die Spanier aus. Darin spielte Ramón Mella als Heerführer noch einmal eine Rolle, erkrankte aber und starb 1864 verarmt. Auch Sánchez hatte sich der Rebellion angeschlossen. Er wurde früh gefangen genommen und 1861 hingerichtet. Der Krieg endete 1865 mit der Wiederherstellung der Unabhängigkeit. Die Revolution hatte auch in der Dominikanischen Republik ihre Kinder gefressen. ■

B

EINE GESCHICHTLICHE BESONDERHEIT

Die meisten Nationen Lateinamerikas erkämpften ihre Unabhängigkeit von Spanien Anfang des 19. Jh., nicht so die Dominikanische Republik. Hier musste man sich erst aus der Besatzung durch die benachbarten Haitianer befreien, das war 1844. Dieser Umstand prägt das nationale Selbstverständnis der Dominikaner bis heute negativ. Er macht sich in der Ablehnung des bitterarmen Nachbarlandes bemerkbar, in die sich rassistische Töne mischen.

Teufelskraut und Teufelszeug

Tabak und Rum — Die beiden berühmtesten Produkte der Karibik prägen die Dominikanische Republik seit ihren Anfängen. Dabei waren sie einst verpönt, galten als dubiose Rauschmittel der Sklaven und einfachen Matrosen. Heute sind der Rum und die Zigarren von hier Weltklasse, gar ein Beleg für Luxus und Lebensstil.

In Russland trinkt man Wodka, in Mexiko Tequila und in Italien Grappa. Zur Dominikanischen Republik gehört der Rum. Und dazu eine Zigarre. Das mag klischeehaft klingen, aber beide Genussmittel spielen für die Geschichte der Insel, für ihre Wirtschaft und Kultur eine wichtige Rolle. Außerdem zählen der Rum und die Zigarren von hier zur Weltspitze. Das hat auch mit den idealen Anbaubedingungen für die Rohstoffe zu tun, aus denen beide hergestellt werden: Tabak und Zuckerrohr.

Von zweifelhaftem Ruf

Die Tabakpflanze ist Amerikanerin. Den Spaniern war sie bei ihrer Ankunft auf Hispaniola unbekannt. Das Wort Tabak stammt etymologisch wahrscheinlich sogar aus der Karibik. Welche Bedeutung die Pflanze für die Ureinwohner hatte, zeigt sich daran, dass sie Kolumbus einige trockene Blätter schenkten. Er wusste freilich nichts damit anzufangen. Für die Taíno hingegen war der Tabak eine magische Pflanze mit berauschender Wirkung. Das kam den Spaniern spanisch vor, und der Tabak blieb für sie lange Zeit ein »Teufelskraut«, das nur von Menschen zweifelhaften Rufs benutzt wurde: Matrosen und Sklaven. Erst gegen Ende des 16. Jh. kam das Rauchen dann auch in Europa in Mode. Der erste große Tabakboom lockte bald Tausende Kleinbauern aus Spanien auf die karibischen Inseln. Ihr Glück verging jedoch rasch durch die Konkurrenz des Virginia-Tabaks aus den heutigen USA. Außerdem wurde der Tabak von einer Pflanze mit noch größeren Gewinnaussichten verdrängt: Zuckerrohr.

Der Teufelstöter

Das weiße Gold des Zuckerrohrs eroberte schnell die Weltmärkte. Ein frühes und wahrscheinlich von Sklaven entdecktes Nebenprodukt der Zuckerherstellung war der Rum. Man stellte ihn aus der Melasse her, die als brauner Sirup nach der Kristallisierung des Zuckers zurückblieb. Die tropischen Temperaturen und der hohe Zuckergehalt bewirkten ihre geradezu explosionsartige Gärung. Das berauschende Getränk wurde von Sklaven getrunken. Später begann man es zu destillieren. Der Rum war geboren. Das Wort stammt übrigens aus dem Slang der englischen Grafschaft Devonshire. *Rumbullion* bedeutet dort ›Aufruhr‹. Es ist ein Hinweis auf das schlechte Image des ›Teufelstöters‹ – der Rum diente dazu, die Sklaven bei Laune zu halten, und gehörte in festgelegten Rationen zur Heuer englischer Matrosen.

K

KAUFEMPFEHLUNG GEFÄLLIG?

Der dominikanische Markt konzentriert sich in den Händen weniger Großkonzerne, allen voran Brugal aus Puerto Plata. Größter Konkurrent ist Barceló aus Santo Domingo. Beide bieten solide Ware und einige gute gealterte Rums an. Der beste alte Rum kommt derzeit aber wohl aus dem Hause Oliver. Auch den erstklassigen, allerdings sehr starken haitianischen Rum Barbancourt findet man immer öfter in den Geschäften. Er ist ein exzellentes Beispiel für einen Rum, der aus Zuckerrohrsaft hergestellt wird (am besten ist die acht Jahre gereifte Réserve Spéciale mit den fünf blauen Sternen).

Tabak gegen Zucker

Die Frage, ob Tabak oder Zuckerrohr kultiviert wurde, entschied nun über das Schicksal ganzer Landstriche. Der Tabakanbau konnte sich zunächst nur in abgelegenen Regionen etablieren. Vor allem Kleinbauern widmeten sich ihm, der Einsatz von Sklaven war rar, und die Verarbeitung der Blätter zu genießbarer Rauchware erforderte Geschick. So bewahrte sich der Tabakanbau eine ›Kultur der Freiheit‹, mit der man sich gegen die Expansion der mächtigen Zuckerbarone zu wehren versuchte. Auch als in Spanien zu Beginn des 18. Jh. die Kunst des Zigarrendrehens perfektioniert wurde, blieb die Verarbeitung von Tabak ein komplizierter Prozess. Die Zigarrenherstellung können Sie heute in Tabakmanufakturen in Santiago oder in guten Tabakläden beobachten. An der Produktionsweise hat sich nicht viel geändert.

Rollen, schneiden, pressen

Bei der Ernte trennt man zunächst die oberen und besseren Blätter der Pflanze von den unteren. Sie werden in luftigen Schuppen getrocknet, wobei man die Temperatur und Luftfeuchtigkeit durch kleine Feuer oder Besprengen der Blätter mit Wasser reguliert. An einem feuchten Tag werden die Blätter dann gebündelt und zwei Monate lang in abgedeckten Ballen zum Fermentieren ausgelegt. Den Gärungsprozess, der sich jetzt in Gang setzt, lassen die Tabakbauern mehrfach ablaufen, bis schließlich die Deckblätter und die Einlage getrennt werden. In Ballen oder Kisten wandert der Tabak nun in die Manufaktur. Hier folgen weitere Arbeitsgänge: das Heraustrennen der Blattrippen, das Lagern in Fässern und nochmalige Fermentierungen. Bis zu zehn Jahre kann es dauern, bis der Tabak auf dem Arbeitstisch eines Zigarrendrehers landet. Hier sind Spezialisten am Werk. Die Einlage wird in eine Form gepresst und dann mit einem Deckblatt eingerollt. An den Enden sorgfältig beschnitten, werden die Halbprodukte in einen Schraubstock gezwängt. Das Endprodukt, die gleichmäßig geformte Zigarre, bekommt nun noch Etikett, Hülse oder ein Kistchen.

Die Qual der Wahl. Aber nicht nur der Preis macht den Unterschied, lassen Sie Ihren Gaumen entscheiden!

Das gewisse Etwas

Fast ebenso komplex ist die Herstellung von Rum. Das Vergären, Filtern und Abfüllen ist bei den großen Marken weitgehend automatisiert. Qualität und Alkoholgehalt sind standardisiert. Dennoch bewahrt jede Rumfabrik ihre Geheimnisse, z. B. der Zusatz von Hefen oder die Lagerung in Fässern. Für Kenner geben schon die äußeren Merkmale Hinweise auf die Qualität des Stöffchens: Farbe und Geruch sind entscheidend. Ist der Rum etwa dunkel, weil er lange in einem Fass gelagert hat oder weil Zuckercouleur beigemischt wurde? Riecht er scharf oder süßlich weich? Ein weiterer Unterschied: Der Rum in ehemaligen französischen Kolonien wird direkt aus dem Zuckerrohrsaft gewonnen, der Rum aus ehemaligen spanischen und englischen Kolonien kommt aus der Melasse. Letzterer ist meist dunkler und ›klebriger‹, Ersterer heller und flüssiger. Wie dem auch sei, Rum schmeckt wohl immer irgendwie nach Karibik, Fernweh und Hemingway. Eine gute Zigarre rundet die Geschmacksreise ab. ■

Von hoher Gnade

Unsere Maria — Jedes Jahr strömen Tausende Wallfahrer aus der gesamten Karibik in die Kathedrale von Higüey. Sie huldigen dem Bildnis einer Frau, die für die Dominikaner eine ganz besondere Bedeutung hat: Nuestra Señora de la Altagracia.

Jungfrau und Liebesgöttin
Die ›Jungfrau der Hohen Gnade‹ ist die Schutzpatronin der Dominikanischen Republik. Gedacht wird ihr am 21. Januar. Der Tag ist nicht zufällig gewählt, es ist das Datum eines Sieges. Am 21. Januar 1691 bezwangen die Spanier die Franzosen in der Schlacht von La Limonade im heutigen Haiti. Der Jungfrauenkult knüpft somit ein Band zwischen dem patriotisch aufgeladenen Sieg und uralter Volksfrömmigkeit. Auch die Wahl Higüeys als Wallfahrtsort ist nicht zufällig, denn hier war schon für die Taíno ein wichtiger Platz. Higüey bedeutete in ihrer Sprache ›Ort des Sonnenaufgangs‹. Damals wählten die Spanier häufig religiöse Plätze der Ureinwohner, um ihre Kirchen zu errichten. So wollten sie dem Katholizismus auf dem fremden Kontinent eine Legitimität verleihen. Gleichzeitig vermischten sich so die indigenen und christlichen Glaubenssysteme. Der lateinamerikanische Synkretismus entstand.

In Higüey mischten sich auch religiöse Traditionen der afrikanischstämmigen Bevölkerung in die Marienverehrung. Die christliche Madonna entspricht im Pantheon der Voodoo-Götter der Liebesgöttin Ezili, die in Haiti verehrt wird. So erlangt die Altagracia-Huldigung eine internationale Bedeutung, Wallfahrer aus vielen Teilen der Karibik pilgern hierher. Sie kommen auf der Suche nach Rettung und Heilung, sie wollen Dank sagen, möchten ihre Hingabe demonstrieren.

S

SCHMUCK FÜR MARIA

Das Bildnis der Maria soll in seiner Geschichte viele wunderbare Heilungen vollbracht haben. Um ihr Respekt zu zollen, kam 1979 Papst Johannes Paul II. nach Higüey – und brachte für die Jungfrau ein Diadem mit. Damit übertrat er den schmalen Grat, mit dem sich die katholische Kirche eigentlich vom ›heidnischen‹ Bilderkult distanziert. Allerdings kann man auch in Rom kaum übersehen, dass der Katholizismus in ganz Lateinamerika auf einem synkretistischen und damit teils heidnischen Sockel steht. Würde er eingerissen, könnte man den gesamten kirchlichen Überbau gefährden.

Sie kam immer wieder
Doch welche Rolle spielt eigentlich das Gnadenbild selbst? Es ist ein kleines, einfaches Gemälde wahrscheinlich flämischer Schule, das eine liebliche Maria in Anbetung eines auffallend kleinen Jesuskinds zeigt. Das Bild besitzt eine ganz eigene Geschichte, die, wie so oft, mit Wundern gewürzt ist. Angeblich kam es mit zwei spanischen Adligen von Spanien nach Higüey. Als man versuchte, es an einen anderen Ort zu bringen, kehrte es immer wieder hierher zurück. Nun kommen die Menschen zu ihm. ■

Sex & Tourismus

Grenzenlose Verfügbarkeit — Die Dominikanische Republik ist auch bekannt als Ziel von Sextouristen. Zwei Realitäten treffen aufeinander: die Armut der einheimischen Frauen und die Bedürftigkeit westlicher Männer.

Ich bin in einer Bar in Sosúa und sie setzen sich zu mir. Claudia, Luz und Falan. Auf Claudias rechtem Arm ist ein Herz tätowiert, auf dem linken ein nackter Engel. Sie trägt ein Oberteil, das hinten tief ausgeschnitten ist. Sie mustert mich, es ist klar, was sie will: tanzen. Als wir uns wieder setzen, bestellt sie ein Bier. Ihre Freundinnen fragen, ob sie auch eins haben könnten. Auf meine Rechnung, versteht sich. Claudia erzählt, dass sie 26 Jahre alt sei und eine Tochter habe, auf die gerade eine Freundin aufpasse. Auf meine Frage, was sie in Sosúa mache, legt sie den Kopf kokett zur Seite und fragt zurück: »Na, was wohl?«

Einen Mann, zwei Kinder, glücklich sein

Ihre Freundin Falan ist Haitianerin. Sie ist schlank, sehr schwarz und trägt blaue Kontaktlinsen. Ihr Schädel ist auf der einen Seite rasiert. Sie hat Piercings in Zunge und Nase, ihre Fingernägel sind grün lackiert. Sie sagt, dass sie eine dreijährige Tochter habe und der Vater im Erdbeben von Port-au-Prince umgekommen sei. Aber Falan ist schwierig zu verstehen, weil ihr Spanisch schlecht ist. Ihre Muttersprache ist Kreolisch.

Wie viele Haitianerinnen ist Falan nach der Naturkatastrophe über die Grenze gekommen. »Ich muss Geld verdienen«, sagt sie. Als Falan meine linke Hand ergreift, fasst Luz, die Dritte im Bunde, meine rechte. Das Erste, was Luz sagt: »Ich bin gut. Besser als die anderen, professioneller.« Luz hat indianische Züge. Sie ist stark parfümiert und kommt schnell zur Sache. Sie sagt, sie biete einen Service an, geküsst werde nur auf die Wange. Eine Stunde mit ihr koste zweitausend Pesos, vierzig Euro. Aber für eintausendfünfhundert würde sie es auch machen. Luz trägt hohe Absätze und enge Jeans. Und sie ist stolz auf ihre großen Brüste. »Kinder habe ich nicht!« Ich frage, was sie in Sosúa mache. Sie sagt: »Wir hatten mal eine Hühnerfarm, aber ein Konkurrent hat Feuer gelegt.« Wenn du dir etwas wünschen dürftest, Luz? Einen Mann, zwei Kinder, glücklich sein.

Diven, Göttinnen, Bauernmädchen

Es ist klar: Luz, Falan und Claudia arbeiten im ›Na-was-wohl?‹-Gewerbe von Sosúa.

Drei Frauen, die immer unter Menschen und doch einsam sind. Die Stadt versucht sich immer mal wieder vom Sextourismus zu befreien, aber die Versuche sind halbherzig. Sosúa hängt wirtschaftlich von dem Gewerbe ab. Schon am Nachmittag bevölkern Frauen aller Hautfarben und in allen Aufmachungen die kleine Calle Pedro Clisante im Zentrum. Sie streifen umher, schmeißen mit Blicken um sich, packen dich am Arm, kommen mit ihren Mündern ganz nah an dein Ohr, befehlen dir, einen Drink zu kaufen, sind Latina-Diven, haitianische Göttinnen und Bauernmädchen.

Die Orte der Anbahnung sind vielfältig. Es gibt eine Bar neben der anderen: den Britannia Pub für die Engländer, die ehemalige Bar Central für die Deutschen und Clubs für die amerikanischen GIs. Es gibt in den USA Reiseveranstalter, die einen auf Soldaten zugeschnittenen Sex-Pauschalurlaub in Sosúa anbieten. Es gibt geschlossene Etablissements, aus denen man die Frauen auslösen muss. Es gibt die Russen, die sich in russischen Luxusresorts mit Edelnutten vergnügen. Es gibt Anbieter in Deutschland, bei denen man online vorbestellen kann. Und es gibt Portale, in denen die Freier ihre Erfahrungen austauschen und sich gegenseitig Tipps geben. Sex und Liebe in den Zeiten von Internet und der Illusion grenzenloser Verfügbarkeit.

Eine Nacht mit einem Gringo, nur um einmal in den Genuss einer Klimaanlage zu kommen. Oder eines Restaurantbesuchs. Andere träumen von dem Prinzen, der sie in ein Märchenreich entführt – und warten lange vergeblich …

Deutsche, Russen, Amerikaner

»Die Deutschen«, sagt Claudia, »sind süß. Man muss ihnen das Gefühl geben, dass man sie wirklich mag, dann werden sie ganz zutraulich.« Luz schickt hinterher: »Die Deutschen sind harmlos.« Sie breitet den neuesten Tratsch aus. Einige Russen hätten ein paar Frauen mitgenommen, sie misshandelt und eingesperrt. »Aber die Russen waren zu dumm, den Mädchen die Handys abzunehmen. Die Frauen riefen die Polizei und die sperrte die Russen ein und nahm ihnen ihr Geld ab.« Luz lacht. Ein Hummer-SUV biegt um die Ecke, schwarze Fensterscheiben. Luz meint, das seien die Gringos, die Pornos drehten, aber nichts bezahlten, sondern den Mädchen versprächen, berühmt zu werden.

Claudia sagt: »Das Geschäft läuft beschissen.« Luz sagt: »Wenn man die Liebe sucht, kommt man nicht nach Sosúa.« Falan weint.

Offiziell verboten

Die Haitianerin war letzte Nacht auf dem Heimweg, als ein Motorrad neben ihr hielt und der Beifahrer ihr eine Pistole unters Kinn drückte. Er nahm Falan einhundert Dollar ab und klaute ihr den Pass. Den trug Falan bei sich, um nicht gleich deportiert zu werden, wenn die Polizei mal wieder Haitianerinnen von der Straße weggreift. Claudia wirft ein, dass die Polizei auch Dominikanerinnen verhafte. Denn offiziell ist die Prostitution in Sosúa verboten. »Die haben uns mal eine ganze Nacht lang in eine Zelle gesperrt. Die Bullen haben auf den Zellenboden gepisst, damit wir uns nicht hinlegen.« Luz verzieht das Gesicht und sagt, dass sie irgendwohin müsse, wo mehr los sei. Falan sagt, dass sie nach Hause gehe, ihr sei schlecht. Sie fragt, ob ich sie begleiten könne. Vor Falans Haus sitzen Haitianer an einem Imbiss und trinken Bier. Falan bittet mich, ihr ein Hotdog zu kaufen. Als sie gegessen hat, singt sie ein Lied. Einer der Haitianer schnauzt sie an, dass sie für einen Weißen kein haitianisches Lied singen solle. Falan greift nach seinem Bier, schüttet es ihm über den Kopf. Dann schimpft sie auf Kreolisch, die Haitianer lachen und zucken die Schultern.

Wie auf dem Sklavenmarkt

Als ich wieder in die Bar zurückkehre, sitzen zwei Herren in Hawaiihemden an der Bar und stecken sich Zigaretten an. Einer trägt Glatze, der andere lässt sich einen Schnauzer stehen, nikotingelb. Sie haben ihre besten Jahre hinter sich.

Der Reigen beginnt sofort: Zwei junge Dominikanerinnen streicheln den Männern über die Unterarme. Aber nur der Schnauzbart erwidert den Kontakt, das Mädchen macht einen Knutschmund. Der Glatzkopf ignoriert das Angebot, vielleicht hat ihm die Frau einen zu offensichtlichen Babybauch, eine zu große Nase oder zu schlechte Zähne. Es ist wie auf dem Sklavenmarkt. Also darf die Nächste ran. Sie ist üppig und lacht. Ihr Angriff stößt auf mehr Gegenliebe. Im Nu stehen vier Cuba Libre vor dem Quartett. Auf der Toilette spricht mich der Schnauzbart an. Heiner heiße er, und wo ich denn wegkäme. Er selbst sei ja schon seit einer Woche da. Es gefalle ihm super. Sosúa sei geil. »Nach der Rente ziehe ich her. Die Stimmung in Deutschland geht mir auf den Sack.«

Sosúa ist ähnlich wie Boca Chica an der Südküste ein Zentrum des Sextourismus in der Dominikanischen Republik. Es ist eine Realität, von der man nur ungern spricht. Sie bricht das Bild vom karibischen Urlaubsparadies. Aber es ist, was es ist. Die globale Ungleichverteilung von Wohlstand und Sinnlichkeit machen es möglich. Jeder gibt dem anderen, was er braucht: Geld gegen ein bisschen Aufmerksamkeit und falsche Liebe. ■

Kreolisch? Was ist das eigentlich?

Sie werden dem Begriff immer wieder begegnen — *criollo* oder *criolla*. Also kreolisch. Auf der Speisekarte steht dann etwa Comida Criolla. Oder es ist von einem Criollo oder einer Criolla die Rede, einem Kreolen oder einer Kreolin.

Die ersten Assoziationen, die man hat, wenn man den Begriff ›kreolisch‹ hört oder liest, haben meist mit tropischer Sinneslust zu tun: Rum, Musik, Tanz und nicht zuletzt auch die schöne Kreolin, die freigiebig zu Sinnesfreuden einlädt. Es sind die Stereotype, die das kühlere Europa gewöhnlich für die Karibik bereithält. Erotisch aufgeladene Projektionen, die bis heute ihre Wirkung entfalten. Dabei verbirgt sich hinter dem Begriff des Kreolischen eine weitaus komplexere und auch faszinierende Geschichte, die zum Verständnis der Dominikanischen Republik und ihres Alltags wichtig ist.

Eine ganz eigene Kultur

Für die Kreolen selbst ist der Begriff viel weiter gesteckt. Er entstand bereits mit der Eroberung Amerikas und bezeichnete die Anpassungen, die die Europäer vornehmen mussten, um sich in der neuen Welt zurechtzufinden. Daraus entstand mit der Zeit ein ganz eigener Lebensstil, der geprägt wurde durch die neuartigen Nahrungsmittel, die andersartigen Baumaterialien und natürlich auch die Vermischung zwischen Europäern, Indigenen und Afrikanern. Ganz einfach gesagt, ist die kreolische Kultur also das Ergebnis der Verschmelzung von europäischen, afrikanischen und indigenen Einflüssen.

Mixen und Remixen

Ganz am Anfang bezeichnete man als Kreolen nur die in Amerika geborenen Nachfahren spanischer Familien. So unterschied man sie von den Indigenen sowie von den Spaniern, die frisch aus Europa gekommen waren. Mit der Zeit benannte das Wort ›kreolisch‹ dann auch die neu entstehende lateinamerikanische Kultur, die sich immer weiter von der europäischen entfernte. Es wurden zahlreiche Elemente der neuen Heimat aufgenommen und zu etwas Neuem verarbeitet. So kochte man etwa nach alter Manier, benutzte dazu aber einheimische Zutaten und Gewürze. Oder man ließ sich inspirieren von indigenen und afrikanischen Zubereitungsarten, kochte etwa mit Kokosmilch oder bereitete Teig in Maisblättern zu. Der Vorgang hatte etwas mit Anpassung zu tun, mit Experimentierfreude, mit Mixen und Remixen. Heute würde man vielleicht sagen: Multikulti.

Gute Nachbarschaft

Die volle Entfaltung der karibisch-kreolischen Kultur begann auf Hispaniola mit der Sklavenbefreiung. Hier wurden nun

In der Dominikanischen Republik sorgt die kreolische Kultur mit ihrem Fokus auf Gemeinschaft dafür, dass niemand alleine bleibt, etwa beim Fischfang. Typisch kreolisch ist auch das Haus unten.

auch die freien Schwarzen und ihre Nachfahren als Kreolen bezeichnet. Sie zogen häufig in abgelegene Gebiete, in denen sie von Staat und Oberschicht unbehelligt blieben. Hier konnten sie ein autarkes Leben führen. Sie bauten auf kleinen Landflächen, den *conucos,* ihre Nahrung an. Was sie nicht selbst benötigten, verkauften sie auf dem Markt. Probleme und Streit regelte man im Idealfall in nachbarschaftlicher Zusammenarbeit, wobei der Rat der Älteren gehört wurde. Diese übten auch über ihre Geschichten, Märchen und Sprichwörter einen großen Einfluss auf die Vorstellungen der Menschen aus. Der Ruf nach der Polizei, ja der Umgang mit den Behörden war generell verpönt. Man misstraute dem Staat, betrachtete ihn als verlängerten Arm der Reichen. Da die kreolischen Bauern weder offiziell heirateten noch ihre Kinder eintragen ließen, entzogen sie sich auch den amtlichen Statistiken.

Geschichten bei Kerzenschein

In dieser ursprünglichen Form trifft man die kreolische Kultur heute natürlich nur noch selten an. Auch in entfernte Orte ist das moderne Leben in Form von Verwaltung, Schulen, Konsumgütern und dem Internet gelangt. Doch trotz dieser Veränderungen hat sich die kreolische Kultur einige charakteristische Eigenheiten bewahren können. Sie sind auf dem Land stärker ausgeprägt als in den Städten. Dazu zählen: die gute Nachbarschaft, die sich in gegenseitiger Hilfe ausdrückt, etwa beim Hausbau, der Drang nach wirtschaftlicher Selbstständigkeit und die Lust am Erzählen von Geschichten. Oft hört man Storys, die schon zum Besten gegeben wurden, als die Menschen noch bei Kerzenschein zusammensaßen, als es noch keine Elektrizität gab. Wer sich einmal aufmacht in Siedlungen abseits der Hauptrouten, kann dieses Leben erfahren. Das Internet ist hier schwach oder nicht vorhanden, der Strom fließt spärlich und der Fernsehempfang ist schlecht. Also sitzt man zusammen, schält Straucherbsen und palavert.

Motorrad statt Esel

Zur Wahrheit gehört auch: Viele junge Leute verlassen heute die Dörfer. Sie finden keine befriedigende Arbeit und das Leben erscheint ihnen zu langweilig. Aber auch in den Städten haben sie es nicht unbedingt einfacher, und das große Geld, das sie erhofften, bleibt meist aus. Also schließt man sich wieder zusammen. So wie das traditionelle kreolische Leben in den Dörfern schwindet, dehnt es sich in seiner städtischen Variante wieder aus. An die Stelle des Esels tritt das dröhnende Motorrad, die alten Geschichten werden durch Musik, das Internet und den Fernseher ersetzt. Aber Wesentliches ist geblieben: der freundschaftliche Umgang mit Nachbarn und Fremden, das Bedürfnis nach Autarkie sowie das tiefe Misstrauen gegenüber den Behörden und der Polizei. Erhalten hat sich vielerorts auch ein Volksglaube an Fabelwesen und den Einfluss übersinnlicher Kräfte (s. S. 289). ■

C

A LA CRIOLLA

Reisende werden die kreolische Kultur v. a. beim Essen erfahren. Typische Gerichte finden Sie im ganzen Land. In den Zentralkordilleren gibt es das *casabe* genannte Maniokbrot (s. S. 154). Auf der Halbinsel Samaná bereitet man Fisch häufig mit Kokosmilch zu. Hier wird auch das berühmte *pan de coco* gebacken: süßes Kokosbrot. Ein klassisches Essen ist Sancocho, ein sämiger Eintopf (s. S. 264). Probieren Sie zum Frühstück einmal das traditionelle *mangú,* ein Püree aus gekochten Bananen, roten Zwiebeln und Gewürzen. Dazu werden gebratener Frischkäse oder Eier serviert.

Indien war sein Ziel, in Hispaniola ist Kolumbus gelandet – und leitete mit seiner ›Entdeckung‹ den Untergang der Taíno, der Ureinwohner von Hispaniola, ein. Ein halbes Jahrhundert nach seiner Ankunft war das als freundlich beschriebene Volk ausgestorben. Überlebt haben einige Begriffe aus seiner Sprache, etwa Hurrikan, Kannibale und Karibik.

Reise durch Zeit & Raum

Geschichte unter freiem Himmel — Santo Domingo ist wie ein Freilichtmuseum. Mit etwas Fantasie ersteht zwischen den alten Mauern eine Epoche wieder auf. Man hört dann förmlich die Pferde der Eroberer übers Pflaster klappern.

Siboney, Taíno und Kariben

200–1492

Vor den Taíno lebten die Siboney auf der Insel, aber sie sind ein geheimnisvolles Volk, von dem man so gut wie nichts weiß. Sie waren Jäger und Sammler. Dann werden die Siboney von den Taíno verdrängt. Diese betreiben Ackerbau und kennen die Töpferei. Im 15. Jh. werden die Taíno von den kriegerischen Insel-Kariben bedrängt, die über die Kleinen Antillen vorstoßen. Von ihrem Namen stammen die Begriffe Karibik und Kannibale ab.

Zum Anschauen: Cueva de las Maravillas, S. 63

Die Spanier kommen

1492–1550

Am 5. Dezember 1492 betritt Christoph Kolumbus die Insel und nennt sie La Española (›die Spanische‹). Daraus wird der gebräuchliche Name Hispaniola. Am Weihnachtstag gründen die Spanier eine Siedlung an der Nordküste im heutigen Haiti, die sie La Navidad nennen. Im folgenden Jahr findet Kolumbus die Siedlung zerstört vor und lässt weiter westlich die Siedlung La Isabela errichten, von der heute noch Grundmauern stehen. 1496 gründen die Spanier dann Nueva Isabela an der Südküste. Es wird zum wichtigsten Ort des Landes und später zur Hauptstadt Santo Domingo.

Um das Jahr 1500 fällt Kolumbus am Königshof in Madrid in Ungnade und wird nach Spanien beordert. Als neuen Gouverneur setzt man Nicolás de Ovando ein, der den Grundriss der Altstadt von Santo Domingo festlegt. Unter seiner Regierung wird das Encomienda-System eingeführt. Es verpflichtet die Ureinwohner zur Zwangsarbeit und wird später in ganz Lateinamerika angewandt.

1509 wird Diego Kolumbus, der Sohn von Christoph, neuer Gouverneur und Santo Domingo erlebt eine Blüte als Zentrum von Spanisch-Amerika. Aber: Die Goldminen sind erschöpft und die Ureinwohner gehen an Krankheiten und der Zwangsarbeit zugrunde. Die Taíno versuchen unter Enriquillo, dem Kaziken von Jaragua, einen letzten Aufstand. Er scheitert und um 1550 sind die Taíno ausgestorben. Angezogen von den Goldfunden in Mexio und Peru verlassen die Spanier die Insel, die sich nun entvölkert.

Zum Anschauen: Historisches Zentrum von Santo Domingo, S. 17; Ruinas La Isabela, S. 170

Jahrhundert der Misere

1586–1697

Der englische Freibeuter Francis Drake plündert Santo Domingo, das sich vorerst nicht mehr erholt. Die spanische Regierung beschließt per Dekret, den nördlichen Teil der Insel aufzugeben und die dortigen Siedlungen zu zerstören. Man will den Schmuggel stoppen, der die spanische Krone wirtschaftlich schädigt. 1697 tritt Spanien dann den westlichen Teil von Hispaniola an Frankreich ab. Unter dem Namen Saint-Domingue wird dieser dank seiner Zuckerrohrplantagen und der brutalen Ausbeutung der Sklaven zur »besten Kolonie der Welt«.

Zum Anschauen: Kathedrale von Santo Domingo, S. 20

Kampf um die Freiheit

1791–1844

Im westlichen Inselteil Saint-Domingue rebellieren die Sklaven gegen die Franzosen. Nach zwölfjährigem Befreiungskrieg vertreiben sie die Kolonialherren und gründen 1804 Haiti. Bereits 1795 hatte Spanien den Ostteil der Insel (also die heutige Dominikanische Republik) an Frankreich abgetreten. Dieser gehört nun formal zu Haiti, das jedoch wirtschaftlich erschöpft ist. Trotzdem lässt der haitianische Präsident Jean Pierre Boyer seine Truppen 1822 einmarschieren.

Frankreich erkennt 1825 die Unabhängigkeit Haitis gegen eine astronomische Entschädigungssumme an. Dadurch wird Haitis Wirtschaft auf Jahrzehnte ruiniert. 1839 gründet der Intellektuelle Juan Pablo Duarte die Geheimgesellschaft Trinitaria, die die Unabhängigkeit des spanischsprachigen Ostteils der Insel von Haiti zum Ziel hat. 1844 stürmen die Männer und Frauen von Trinitaria die Festung von Santo Domingo und erklären die Unabhängigkeit des Landes, das den Namen Dominikanische Republik bekommt.

Zum Anschauen: Altar de la Patria in Santo Domingo, S. 34

Von Diktator zu Diktator

1861–1930

Nach erneuten haitianischen Invasionen sucht die Dominikanische Republik eine Schutzmacht – und unterstellt sich 1861 wieder Spanien. Aber die Spanier vergraulen die Dominikaner durch ihre autoritäre Politik. 1863 bricht der Restaurationskrieg aus. Die Spanier verlassen 1865 geschlagen das Land und die Zweite Republik wird ausgerufen. Es kommt zu blutigen Fehden verschiedener Gruppen um die Macht. 1882 tritt Ulises Heureaux das Präsidentenamt an, das er bis zu seiner Ermordung 1899 als Diktator ausübt. Die Verschuldung der Republik erreicht unter ihm fantastische Ausmaße.

1916 besetzen US-Truppen im Zuge des Ersten Weltkriegs die Insel. Sie sollen auch die Schulden der Dominikaner eintreiben und übernehmen die Finanzhoheit. Nach ihrem Abzug installieren sie 1930 den Brigadegeneral Rafael Leonidas Trujillo an der Macht, die er bis zu seiner Ermordung im Jahr 1961 grausam, willkürlich und gierig ausübt.

Zum Anschauen: Monumento Héroes del 30 de Mayo in Santo Domingo, S. 39

Der ewige Balaguer

1962–98

Die ersten freien Wahlen gewinnt 1962 der links-nationalistische Politiker Juan Bosch. Er wird ein Jahr später durch das Militär und die USA gestürzt. Er ist ihnen zu links. Nun übernimmt Donald Reid Cabral die Macht. Als er versucht, die Korruption einzudämmen, putscht das Militär wieder. Der neuerliche Staatsstreich löst einen Gegenputsch linksgerichteter Militärs aus. Sie wollen den legitimen Präsidenten Juan Bosch wieder an die Macht bringen. Es entbrennt ein Bürgerkrieg zwischen diesen ›Konstitutionalisten‹ und den rechtsgerichteten ›Loyalisten‹. Die USA, die eine kommunistische Gefahr wittern, greifen militärisch auf Seiten der ›Loyalisten‹ ein.

Operation Power Pack – 1965 schicken die USA Militär in die Dominikanische Republik, um eine angeblich kommunistische Machtübernahme zu verhindern.

1966 wird Joaquín Balaguer Präsident, der schon unter Trujillo einer der wichtigsten Politiker war. Er gewinnt auch die Wahlen 1970, 1974 und 1986. Im Jahr 1990 taucht dann Juan Bosch wieder auf. Mit seiner Partei PLD wird er zu einer Bedrohung für Balaguer, der entgegen allen Prognosen aber erneut die Wahlen gewinnt. Das Ergebnis wurde manipuliert. Zu allem Überfluss gewinnt der greise Balaguer dann auch noch das Votum 1994 mit angeblich knapper Mehrheit. Doch der Druck auf ihn wird so groß, dass er frühzeitig zurücktritt.

Zum Anschauen: Museo Memorial de la Resistencia Dominicana in Santo Domingo, S. 43

Die PLD reißt die Macht an sich

1998–2012

Im September 1998 verwüstet Hurrikan George weite Teile des Landes. 2004 gewinnt dann Leonel Fernández die Präsidentschaftswahl. Es ist der Beginn des Machtausbaus der PLD, der bis heute anhält. Dank seiner verschwenderischen Ausgabenpolitik, die im teuren Metrobau von Santo Domingo gipfelt, bindet Fernández eine feste Klientel an sich. 2010 erschüttert ein schweres Erdbeben Haiti. Die Dominikanische Republik reagiert hilfsbereit, es ist aber auch Korruption im Spiel. 2012 wird Danilo Medina von der PLD Präsident. Er setzt die Politik von Fernández fort: Infrastrukturprojekte und Sicherung der Machtbasis. Aber: Das Schulsystem verkommt, die Korruption wächst, die internationale Drogenmafia macht sich breit.

Zum Anschauen: Metro von Santo Domingo, S. 51

Rassismus, Korruption und eine Mauer

Ab 2013

Unter Medina nimmt die Politik gegenüber den haitianischen Arbeitern offen rassistische Züge an. Der Interamerikanische Gerichtshof für Menschenrechte verurteilt die Dominikanische Republik. Als Reaktion verlässt sie die Institution. 2016 wird Danilo Medina erneut zum Präsidenten gewählt. Die PLD reißt die Macht durch Günstlingswirtschaft immer weiter an sich. Beobachter warnen vor einem Einparteiensystem. Das Land kooperiert mit dem chavistischen Venezuela und erhält billige Öllieferungen.

2017 wird bekannt, dass der brasilianische Baukonzern Odebrecht auch in der Dominikanischen Republik Schmiergelder in Millionenhöhe an Politiker gezahlt hat. Tausende protestieren gegen die Korruption. Ihr Erkennungsmerkmal: grüne T-Shirts. Vor den Wahlen im Jahr 2020 zirkuliert der Vorschlag, an der Grenze zu Haiti eine Mauer zu bauen. Derweil ist die Umweltpolitik eine Katastrophe. So wird in Nationalparks die Anlage von Avocadoplantagen zugelassen.

Zum Anschauen: Grenze zu Haiti, S. 105, 113, 150, 152

Die alltägliche Korruption

Und alle machen mit — Die Dominikanische Republik belegt in Korruptionsrankings stets die hinteren Plätze. 70 % der Menschen hier sagen, Korruption sei Alltag für sie. Die Politik tut nichts dagegen. Im Gegenteil: Sie ist das Problem.

Ich bin auf der Straße zwischen Baní und Azua unterwegs, als ich an eine viel befahrene Kreuzung komme. Mehrere Bodenschwellen verlangsamen hier den Verkehr. Ich werde von einem Polizisten an den Straßenrand gewunken. Er fragt, wo ich herkäme und wo ich hinwolle. Dann verlangt er Führerschein und Fahrzeugpapiere. Beim Blick in die Versicherungsunterlagen hebt er die Augenbrauen. »Abgelaufen! Vor einem Jahr«, sagt er und hält mir das Formular hin. Tatsache, mein Wagen ist nicht versichert. Ich rufe bei der Autovermietung an. Die Dame am anderen Ende der Leitung scheint nicht überrascht zu sein. Sie sagt, »gib mir mal den Polizisten«. Ich reiche ihm mein Handy und er redet kurz mit ihr. Dann spreche ich wieder mit ihr: »Gib ihm 500 Pesos. Bekommst du wieder, wenn du den Wagen abgibst.« Gesagt, getan. Der Polizist erhält einen Schein und notiert seine Handynummer für mich. »Falls du auf dem weiteren Weg Probleme haben solltest, gute Fahrt!«

Alle machen mit

Was haben wir gelernt? Wie Korruption funktioniert. Dass ich ein Gringo bin, hat das ›Lösegeld‹ sicher etwas erhöht, aber auch ein Dominikaner wäre nicht darum herumgekommen, wenn er Schwierigkeiten hätte vermeiden wollen. Involviert in den illegalen Akt waren: ein Polizist, die Autovermietung und ich. Und wir alle haben von dem Deal profitiert.

Stell dir vor, es herrscht Korruption, und alle machen mit. In einer Umfrage haben rund 70 % der Dominikaner angegeben, dass Bestechung für sie zum Alltag gehört. Bereits 2010 veröffentlichte die Enthüllungsplattform WikiLeaks die Depeschen der US-Botschaft aus Santo Domingo. Die Dokumente besagten, dass dominikanische Politiker, Beamte und Militärs bis in höchste Stellen Schmiergeld für eine völlig legitime Einkommensform halten.

Der Fisch stinkt vom Kopf her

Besonders ein Fall sorgte für Aufsehen: Der Tourismusminister verlangte ungeniert 10 Mio. US-$ von einem amerikanischen Energiekonzern, weil er ihm sonst leider die Genehmigung zum Bau einer Ethanolfabrik nicht erteilen könne. Der Fisch stinkt also wie immer vom Kopf her.

Ein beliebter Sport unter der dominikanischen Elite ist die Vetternwirtschaft. Es geht darum, möglichst viele Familienangehörige, Freunde und Geschäftspartner in gut bezahlte Positionen zu hieven. Selbstverständlich kommt der Steuerzahler für die Rechnung auf. Ein Beispiel? In der dominikanischen Botschaft in Washington arbeiten mehr Funktionäre als in den Vertretungen Brasiliens und aller sieben zentralamerikanischen Länder zusammen. Ebenso aufschlussreich finde ich folgende Zahlen: Während in Chile 90 000 Staatsbedienstete für 16 Mio. Einwohner zuständig sind, kümmern sich in unserer kleinen Karibiknation 600 000 Beamte um 10 Mio. Menschen. Und ein letzter Beleg: Der Präsident der dominikanischen Zentralbank gönnt sich einen Lohn, der 32 % höher liegt als der des Chefs der US Federal Reserve.

Die politische Klasse des Landes versteht Politik also in erster Linie als Möglichkeit, sich auf Kosten der Allgemeinheit zu bereichern. Ebenso schamlos stiehlt sie öffentliches Land. Da werden dann über Nacht die Grenzen eines Naturschutzgebietes verlegt, und General X oder Parteifunktionär Y ummauert am nächsten Tag sein neues Grundstück in Premiumlage. Sollen wir dem Verkehrspolizisten vor diesem Hintergrund böse sein? ■

Z

SCHLECHTES ZEUGNIS

2018 belegte die Dominikanische Republik im Korruptionsindex von Transparency International von 180 Ländern den 129. Platz. Im Wettbewerbsranking des Weltwirtschaftsforums aus dem gleichen Jahr landete sie auf Rang 113 (von 140), wenn es um Veruntreuung öffentlicher Gelder geht. In demselben Ranking belegte sie die letzten Plätze bei der Frage nach der Zuverlässigkeit der Polizei und der Unabhängigkeit der Justiz.

Die Dominikaner haben es satt! Der Unmut über die grassierende Korruption der Eliten treibt sie immer häufiger auf die Straße.

Das Klima wandelt sich auch in der Karibik

»Ohne intakte Umwelt kommen auch keine Touristen mehr« — sagt Susanne Leib, eine Expertin für Aquakultur, die seit zehn Jahren in der Dominikanischen Republik arbeitet und zurzeit versucht, die Korallen vor den Küsten zu retten.

Susanne Leib ist Environmental Manager der renommierten Puntacana Ecological Foundation. Die Stiftung setzt sich für Umweltschutz, Nachhaltigkeit und soziale Belange ein und gehört zur Punta-Cana-Gruppe, einem der ersten Tourismusentwickler im Land und heute Betreiber des Flughafens Punta Cana sowie des luxuriösen Puntacana Resort & Club. Die 58-Jährige ist deutscher Abstammung und wurde im kolumbianischen Cali geboren.

Wie und warum sind Sie in die Dominikanische Republik gekommen?

Ich habe Aquakultur in Florida studiert und dann bis 2009 mit meinem Mann auf der Isla Margarita in Venezuela gearbeitet. Als sich abzeichnete, dass es politisch und wirtschaftlich mit Venezuela bergab gehen würde, hielten wir nach einer neuen Insel Ausschau. Wir entschieden uns für die Dominikanische Republik. Wir wollten uns und unseren Kindern eine stabile Zukunft bieten. Mein Mann hat übrigens den gleichen Beruf wie ich. Daher unsere Vorliebe für Inseln.

Was ist für Sie das Besondere an der Dominikanischen Republik?

Das Klima und das Leben in der Nähe des Ozeans. Ich mag das Meer – nicht nur aus beruflichen Gründen. Mir gefällt auch die Freundlichkeit und die Hilfsbereitschaft der Dominikaner.

Und was stört Sie?

Na, die Unpünktlichkeit. Auch der fehlende Ernst bei der Herangehensweise an wichtige Probleme. Natürlich ärgert mich auch die Korruption im Land.

Welche Ziele verfolgt die Ökologische Stiftung Puntacana, für die Sie tätig sind?

Wir arbeiten in drei Richtungen. Erstens: konkreter Umweltschutz. Zweitens: Umwelterziehung. Drittens: sozialer Wandel. Einige Beispiele: Wir betreiben eine Anlage zur Kompostierung von organischem Abfall aus dem Puntacana Resort & Club. In einem anderen Projekt sammeln wir gebrauchte Seife aus den Hotels und recyceln sie. Sie glauben gar nicht, wie viel das ist. Es gibt auch eine Anlage, in der wir Korallen erforschen und züchten. Sind die Korallen groß genug, setzen wir sie aus. Es ist unser Beitrag, um das Korallensterben aufzuhalten. Außerdem halten wir Bienen gemeinsam mit lokalen Imkern. Bei all diesen Projekten ist die Bevölkerung aktiv eingebunden. Sie arbeitet mit und lernt etwas. Wir bieten weiterhin Kurse für Frauen an, in denen sie etwas über die Produktion und Vermarktung von Kunsthandwerk lernen. Wir unter-

Ein Traumberuf auf einer Trauminsel? Einerseits ja, sagt Susanne Leib. Andererseits ist es schwierig, gerade den Armen beizubringen, wie sie vom Schutz der Umwelt profitieren.

halten zwei Schulen, unterstützen drei Gesundheitszentren.

Wieso ist das wichtig?

Es fehlt der Dominikanischen Republik nicht an talentierten Menschen, aber an Bildung, Bewusstsein, Perspektiven und Möglichkeiten. Wir möchten diese vier Dinge vermitteln. Besonders das Thema Umweltschutz hat dabei an Bedeutung gewonnen. Eine intakte Umwelt ist die Voraussetzung für den Tourismus auf der Insel. Wenn das Meer verschmutzt ist, kommt kein Besucher mehr. Wir versuchen die Dominikaner besser über das Thema aufzuklären und neue Wege aufzuzeigen.

Sehen Sie in Punta Cana schon Auswirkungen des Klimawandels?

Ja, eindeutig. Beispielsweise gibt es seit 2015 eine enorme Zunahme der Braunalge Sargassum vor den Küsten. Die Algen treiben im Wasser, werden an die Strände gespült und müssen entfernt werden. Die erhöhte Meerestemperatur scheint der Hauptverursacher für das rasante Algenwachstum zu sein. Das Meer erhitzt sich früher im Jahr als noch vor einiger Zeit. Wir beobachten außerdem mit großer Sorge ein Korallensterben. Es liegt an der erhöhten CO_2-Konzentration im Wasser. Das Meer übersauert.

Wie geht es der Umwelt in der Dominikanischen Republik allgemein? Wie ist das Umweltbewusstsein?

Beides sehe ich kritisch. Ein Beispiel: Es ist zwar gesetzlich verboten, aber dennoch werden ganze Wälder gerodet und zu Holzkohle verarbeitet. Viele Gewässer, gerade auch die Riffe, sind trotz strenger Regulierungen überfischt. Der Handel mit Aquariumfischen in die USA und nach Europa bedroht diese Fischpopulationen. Viele Dominikaner kennen die Probleme, sehen aber wegen der Armut häufig keine anderen Auswege.

Was tut die Regierung?

Die Dominikanische Republik hat eigentlich gute Umweltschutzgesetze. Es gibt viele und große Naturschutzgebiete, sowohl an Land wie im Meer. Aber: Die Naturparks werden nicht ausreichend geschützt, und die Gesetze werden nicht durchgesetzt. Der Staat ist schwach und korrupt. Die Behörden machen oft mit Umweltzerstörern gemeinsame Sache und verdienen mit.

Welche Schäden richtet der Massentourismus an?

Er verschlingt große Mengen an natürlichen Ressourcen, etwa frisches Wasser und Land. Die großen Resortanlagen benötigen viel Energie und produzieren große Mengen an Abfall. Unsere Stiftung versucht, dem etwas entgegenzusetzen und für mehr Nachhaltigkeit zu sorgen. ■

Im Internet: www.puntacana.org

Von Brujas, Ciguapas und Zánganos

95 % der Dominikaner sind offiziell Katholiken, das bedeutet aber nicht, dass sie nicht auch an Naturreligionen oder sogar an Hexen, Fabelwesen und Zauberer glauben. Diese treiben im gesamten Land ihr Unwesen, vor allem aber in den Wäldern der verschiedenen Kordilleren.

Den Alten zuhören — Der Glaube an Fabelwesen ist im Land weit verbreitet. In der Vorstellung der Menschen leben sie in den Bergen, Tälern und Wäldern und richten Unheil an. Besuch bei einem, der sich auskennt.

Ehrlich gesagt, glaubte ich auch nicht an Hexen, Zombies, Werwölfe oder Vampire. Aber sie existieren. Auf dem Land, in den Dörfern und Wäldern dieser Insel. In den Zeitungen, im Fernsehen und im Radio tauchen immer wieder Geschichten auf, es gibt Tausende Zeugen. Einer von ihnen: Bernardo Jesús Távarez. Die Suche nach ihm führt mich mitten hinein in die Zentralkordilleren, die sich mächtig im Zentrum Hispaniolas erheben. Aus dem Cibao-Tal schlängelt sich die Straße hinauf, vorbei an Rinderweiden und Nadelwäldern. Die Luft wird klar und frisch. In der kleinen Gemeinde Carrizal lasse ich das Auto stehen, es geht zu Fuß über einen Pfad durchs Unterholz. Schließlich erreiche ich eine Hütte aus rohen Brettern. Davor döst ein Mann in einer Hängematte. Als er mich bemerkt, ruft er: »Wer da?« – »Einer, der etwas über Hexerei erfahren will.« »Da bist du richtig, Bursche«, lautet die Antwort.

Sie wollen dich mit einem Lächeln kaufen

Bernardo Jesús Távarez ist ein breiter Mann mit kurzem Hals. Er trägt ein kurzärmeliges Hemd und lange Baumwollhosen, seine Füße stecken in Lederstiefeln. Es ist klar: Dies ist einer, der sein Leben lang harte körperliche Arbeit verrichtet hat. Távarez übt eine wichtige Funktion in seiner Gemeinde aus: Er ist der *tumbador de brujas* – der ›Hexen-Niederstrecker‹.

»Naive Menschen glauben, es gebe keine Hexen«, sagt Távarez. »Aber sie irren!« Bevor er ins Detail geht, braucht er etwas Koffein. Er ruft Delia. Eine Frau mit milchweißer Haut tritt aus dem Haus. Sie bringt zwei Tassen mit gezuckertem Kaffee. Wir setzen uns auf ein Matratzenlager mitten im Garten. »Hier sind wir sicher«, meint Távarez. »Ich habe rund ums Grundstück Sesam und Senfsamen gestreut. Zurzeit gibt es erhöhte Aktivitäten.« Erst drei Tage zuvor hatte Távarez Feindkontakt, so sagt er. Eine alte Schwarze sei aus den Bergen herabgestiegen und habe nach einem weißen Kopftuch, zwei Pesos, einer Bananenstaude und Parfüm gefragt. »Aber ich habe sie verjagt«, sagt Távarez. »Und ich sah ihr nicht ins Gesicht. Denn mit einem Blick können sie töten. Aber mit einem Lächeln kaufen sie dich!« Seitdem schleiche die Frau jede Nacht um sein Haus herum und kichere: »Tikitikitikitiki«, ahmt Távarez sie nach. Nur die Senftunke verhindere, dass sie näher komme.

Sie machen Riesensätze und fauchen

Der Hexenjäger zieht einen Papierumschlag hervor. Er lässt einige Senfkörner in meine Hand gleiten. »Damit du gegen die *bruja* geschützt bist.« Allerdings solle ich mir keine Illusionen machen. »Die Samen helfen nicht gegen *zánganos*. Vor zwei Wochen kam einer über die Berge gesprungen.« Távarez ahmt ein Rumsen und Rauschen nach. Zánganos, auch *galipotes* genannt, gehören zu den am häufigsten gesichteten Wesen in der Dominikanischen Republik. »Menschen sind das, die zu wolfsgleichen Wesen mutiert sind und deren Sprache das Gebrüll ist«, erklärt Távarez. »Sie machen Riesensätze, fauchen und verwüsten unsere Felder mit ihren Fangzähnen und ihrer Kraft.« Das Einzige, was gegen sie helfe, sei ein Knüppel, der am Karfreitag geschnitten wurde, oder eine mit Weihwasser gesegnete Pistole.

Bernardo Jesús Távarez ist 55 Jahre alt. Früher putzte er Schuhe auf den Plätzen der Region und verkaufte Gemüse und Früchte auf der Straße. Dann lernte er das Köhlerhandwerk. Nun besitzt er 4 ha Land, die seine Frau mit in die Ehe gebracht hat. Er baut Bananen, Kaffee, Mais und Yucca an. Zwei Dutzend Hühner und Truthähne huschen durch die Büsche. Und Távarez imkert. In einem hohlen Baumstamm hält er seinen Bienenstock.

Sie wollen dich verführen und töten

»Was wollen die Hexen eigentlich, Señor Távarez?« »Sie wollen Blut, am liebsten von Kindern. Sie saugen es durch den Bauchnabel oder den großen Zeh ein. Sie verwenden Rizinusblätter als Strohhalme. Sie wollen aber auch Männer zum Sex gebrauchen. Und sie fliegen und vergnügen sich mit dem Satan.«

Távarez hat einen Nachbarn. Eines Nachts beobachtete der seine Frau. Er sah, wie sie in die Küche schlich, ihre Haut abstreifte und sie in einem Tongefäß versteckte. Dann sprach sie: »Ohne Gott und ohne die heilige Maria!« Und flog auf ihrem Besen davon. Viel hinterhältiger als die Hexen gingen die *ciguapas* vor: weibliche Wesen, nicht selten schöne Taíno-Mädchen, mit blauer Haut, umgedrehten Füßen und leuchtenden Mähnen. »Sie leben in den Bergen und geben Klagelaute von sich«, weiß Távarez. Nachtaktiv und schön lockten sie unbedarfte Männer in den Wald, um sie zu verführen und zu töten. »Ich habe noch nie eine gesehen«, erzählt Távarez, »aber ich weiß, dass sie dort oben sind.« Man sage, dass sie in jungen Jahren vergewaltigt wurden. Und dass man ihre Spuren nicht verfolgen könne, weil ihre Füße verdreht seien. Woher weiß Távarez all das? »Die Augen offenhalten und den Alten zuhören«, erklärt er.

Sie schreien, dass es dir das Herz zerreißt

Der Glaube an Geisterwesen, Zauberer und Monster ist in der Dominikanischen Republik weit verbreitet, besonders auf dem Land. Er lässt sich lange zurückverfolgen. Vor Jahrhunderten flohen die Taíno-Indianer in die unzugänglichen Regionen der Insel, später folgten ihnen entlaufene Sklaven. Ihre Geister bevölkern in der Vorstellung der Menschen bis heute die Berge und Wälder des Landes. Kaum eine Woche vergeht, in der nicht irgendwo seltsame Vorkommnisse gemeldet werden.

Da gibt es etwa die *bienbienes* (auch *biembienes* oder *vienvienes*). Sie leben nackt und stumm in den Bäumen der Insel. Nachts rauben sie Nahrung aus den Gärten. Überrascht man sie, schreien sie so herzzerreißend, dass man anschließend sein Leben in Traurigkeit verbringt. Viel gefährlicher sind die *bacás*. »Der *bacá* nimmt die Form eines Hundes, einer schwarzen Katze oder eines Stieres an«, erklärt Távarez. »Wer sich mit dem *bacá* einlässt, will reich werden.« Als Gegenleistung fordere der *bacá* das Leben eines Angehörigen. Doch wer Skrupel bekomme und seinen Pakt mit ihm breche, ende im Selbstmord.

Zum Abschied gibt Távarez mir eine Warnung mit auf den Weg: Frauen, die Mercedes, Francisca, Chiquitín oder Negra hießen, gefalle das Fliegen. »Du kannst einzig der Fátima, der Maria, der Inmaculada, der Concepción und der Altagracia trauen.« Und: »Stell deinen Besen nicht mit dem Reisig nach oben auf. Sonst stiehlt ihn eine Hexe und fliegt darauf.« ■

Im Stollen

45 m unter der Erde — Larimar ist der Nationalstein der Dominikanischen Republik. Es existiert kein Souvenirshop auf der Insel, der ihn nicht führt. Aber die jungen Männer, die ihn der Erde entreißen, riskieren ihr Leben.

Immer an der Küste entlang. Links die Karibik, rechts die Sierra de Baoruco. Nach 20 Minuten geht es einen Geröllweg die Berge hinauf. Am Wegesrand trotten sieben Männer. Ich halte, sie steigen ein. Zwei auf dem Beifahrersitz, vier auf die Rückbank, einer im Kofferraum. Wir erreichen eine Rodung im Wald, mehrere Fußballfelder groß. Die Fläche besteht aus graublauem Geröll, ist von Löchern übersät. Es sind die Eingänge zu den Minenschächten. Am Rand des Areals stehen Wellblechverschläge, aus denen Rauchsäulen aufsteigen. Los Chupaderos heiße das Fleckchen Erde, sagen die Männer, in den Verschlägen würde Suppe gekocht. Die Arbeiter springen aus dem Wagen. »Gracias, amigo!«, sagen die drei Dominikaner. »Messi anpil« die vier Haitianer. Handschläge, nach oben gereckte Daumen. Einer der Dominikaner ist Johnny. Anfang 20, groß gewachsen, schlenkernde Glieder, ein offenes Lachen. Aber Johnnys Augen haben einen müden Glanz, er wirkt ramponiert und ausgezehrt. Seit vier Jahren arbeite er in der Mine, sagt er. Es sei nicht einfach.

L

LARISSA UND DAS MEER

Anfang der 1970er-Jahre fanden der US-Amerikaner Norman Rilling und der Dominikaner Miguel Méndez ungewöhnlich hell leuchtende Kiesel an der dominikanischen Südküste. Zu Ehren von Miguel Méndez' Tochter Larissa und in Anspielung an das türkisblaue Meer *(mar)* nannten sie ihre Entdeckung Larimar. Sie schickten Proben an das Smithsonian Institute in Washington, das den Stein als Varietät eines Pektolithen identifizierte. Streng betrachtet waren Rilling und Méndez aber gar nicht die Entdecker des Minerals. Schon die Taíno kannten ihn.

Auf allen vieren über Holzplanken

Der Larimar ist nur an zwei Orten auf der Welt zu finden. Ein winziges Vorkommen gibt es im italienischen Soave und ein schier unerschöpfliches Reservoir hier im Südwesten der Dominikanischen Republik im Inneren eines namenlosen Berges. Jeden Tag steigt Johnny in ihn hinab, um ihn zu durchwühlen. Später werden seine Funde die Hälse von Damen schmücken, die keine Ahnung haben, unter welchen Gefahren Johnny sie der Erde entrissen hat. Das Besondere am Larimar ist seine ätherische Farbgebung: hellblau, grünblau, weißblau, türkisblau. Seit 30 Jahren ist er auf dem Markt.

Bevor Johnny in den Stollen hinabsteigt, bekreuzigt er sich und küsst ein kleines Kruzifix, das er um den Hals trägt. Auch die Haitianer bitten Gott um Beistand, doch sie stehen mit ausgebreiteten Armen, geschlossenen Augen und nach oben gerichteten Handflächen auf einem Abraumhügel. Johnnys Schacht fällt senkrecht in die Erde hinab. Es folgt ein waagerechter Gang, dann wieder eine senkrechte Grabung, um Tiefe zu gewinnen, und noch ein waagerechter Gang. Die Gänge sind etwa 1,30 m breit und nicht höher als 1,60 m. Erst laufe ich geduckt hinter Johnny her, dann im Entengang und schließlich krieche ich über Holzplanken. Der Stollen wird gestützt von Holzbalken. Wie wehrt sich Johnny gegen die Angst, hier unten verschüttet zu werden? »Gewohnheit«, sagt er. Neben uns verläuft ein gelber Schlauch, über den Luft von oben in den Tunnel geblasen wird.

Die Jungs riskieren ihre Leben

Wir erreichen das Ende des Stollens, und Johnny beginnt, mit einer Hacke Felsbrocken aus dem Gestein zu brechen. Wir sind hier bestimmt 45 m unter der Erde und von allen Seiten dringt Feuchtigkeit ein. Johnnys einzige Lichtquelle ist eine LED-Leuchte, die er sich auf die Stirn gebunden hat. Es dauert nicht lange, bis Johnny einen Kunststoffeimer mit Gestein gefüllt hat. Ein zweiter Kumpel transportiert die Ladung bis zur letzten Schachtbiegung, und über eine Seilwinde ziehen fünf Arbeiter den Eimer nach oben. Seinen Inhalt kippen sie aus und ein Jugendlicher, vielleicht 15 Jahre alt, beginnt damit, die Steine mit einem Hammer zu zertrümmern. Sein nackter Oberkörper ist graublau verschmiert. Rund 150 junge Männer arbeiten in der Mine.

Esoteriker nennen den Larimar wegen seiner Farbe auch Atlantisstein und meinen, er beruhige die Nerven. Als ich wegen Platzangst wieder an die Oberfläche geflüchtet bin, denke ich: »Atlantisstein am Arsch! Das hat doch nichts Romantisches. Die Jungs riskieren da unten ihr Leben.« Unfälle sind nicht selten: Ein Stollen stürzt ein, die Sauerstoffversorgung versagt. Der Grund für einen Einsturz ist häufig, dass zwei Schächte zu nahe beieinander gegraben wurden. Es gibt keinen Querschnitt, auf dem man sehen könnte, an welchen Stellen schon Schächte existieren.

Oben und unten

Nach welcher Methode suchen die Arbeiter eigentlich? »Instinkt«, sagt Johnny später. Rund zehn Männer braucht es, um einen Schacht zu graben. Jede fünfte Grabung ist vergebens. Der Larimar wird für Ohrringe, Ketten, Ringe und Armreifen verwendet. 100 g geschliffene Steine sind für 200 bis 300 Euro auf dem Markt. Hier, direkt am Fundort, gelten andere Preise. Ein umherstreifender Junge zieht einen Gesteinsbrocken aus einem Stoffsack hervor. 500 Pesos will er dafür haben, 10 Euro.

In der Larimar-Mine haben sich die Arbeiter in Kooperativen zusammengeschlossen. Das heißt aber nicht, dass alle gleichberechtigt wären: Während in den Schächten meistens Dominikaner schuften, stehen an den Ausgängen Haitianer, die das Gestein aus dem Berg schaffen. Die unterschiedliche Verantwortung spiegelt sich im Verdienst wider. Wenn

Viel junge Männer arbeiten hart in den Stollen der Larimar-Mine. Reich wird keiner von ihnen, aber manch einer verliert sein Leben dort unten.

die Einnahmen aufgeteilt werden, erhalten die Dominikaner immer mehr als die Haitianer. Am meisten Geld aber machen die Zwischenhändler, die hier umherstolzieren und sich Gesteinsproben zeigen lassen.

Die Farbe des Meeres

Wenige Hundert Meter unterhalb der Mine ist ein Projekt der Europäischen Union zu besichtigen. Dort hat man einen Stollen von der Größe eines Eisenbahntunnels in den Berg getrieben. Die Wände sind mit Spritzbeton befestigt. Der Schacht soll den Arbeitern einen sichereren Zugang in den Berg ermöglichen. Aber als ich mit Johnny zu Mittag esse, schwört er auf die traditionellen Methoden. »Unsere Stollen haben schon Erdbeben überstanden«, sagt er.

Unten an der Küstenstraße haben sich zahlreiche Werkstätten auf die Verarbeitung des Larimars spezialisiert. Sie zerteilen die Felsbrocken, benutzen wassergekühlte Kreissägen, die sich unter ohrenbetäubendem Kreischen durchs Gestein mahlen. Anschließend wird der Stein geschliffen und poliert, bis er wolkig und hellblau leuchtet. So hellblau wie die Farbe des Meeres, das Johnny tief unter der Erde sucht. ■

Abenteuer Straße

Selbst regelnder Verkehr — Sie sind mit einem Mietwagen unterwegs? Dann empfiehlt es sich, die folgenden Absätze zu lesen. Sie können vor Überraschungen bewahren. Das motorisierte Fahren hat auf der Insel seine ganz eigenen Gesetze.

Es beginnt schon mit der Qualität der Straßen. Sie folgt einer kaum zu durchschauenden Logik, besonders im ländlichen Bereich. Da gibt es etwa exzellent ausgebaute Teilstücke, die sich plötzlich in Rallyepisten verwandeln. Die Asphaltdecke endet mit einem Mal und die Fahrt führt über eine Staubpiste mit spitzen Steinen oder über eine ehemals geteerte Straße mit tiefen Schlaglöchern – ehe ganz am Ende wieder eine exzellent asphaltierte Landstraße auf Sie wartet. So, als ob nichts gewesen wäre.

Neuer Asphalt, alte Löcher

Das Geheimnis dahinter kennen nur die Straßenbaubehörden. Häufig beginnen sie einen Bau, dann geht ihnen das Geld aus, irgendwann ist wieder welches da. Fairerweise muss auch gesagt werden, dass in den vergangenen Jahren viel passiert ist – der Ausbau des Verkehrsnetzes gehört zu den zentralen Punkten der Politik der Regierungspartei PLD. Es wurden gute Überlandstraßen gebaut, viele Strecken asphaltiert und einige neue Regionen ans Straßennetz angeschlossen. Allerdings, und dies ist ein weiteres Problem: Nach der Fertigstellung gibt es häufig kein Geld mehr für den Unterhalt. Und so reißt der Asphalt nach einiger Zeit an kritischen Abschnitten auf und verschwindet mit den Jahren ganz.

BLITZENDE LICHTER B

Die offiziellen Geschwindigkeitsbegrenzungen betragen 35 bis 60 km/h in Städten, 80 km/h auf Landstraßen und 100 km/h auf Autobahnen. Die wenigsten Autofahrer halten sich zwar daran, aber bei Radarkontrollen kann es teuer werden.

Elf Besonderheiten

Das andere Problem sind die Verkehrsgewohnheiten der Dominikaner. Für Überraschungen sorgen:

1. Der Rechtsüberholer – Das Prinzip ›rechts fahren, links überholen‹ gilt nicht. Seien Sie also auf zweispurigen Straßen gewappnet und blicken Sie bei jedem (!) Fahrbahnwechsel über die Schulter.
2. Der Fahrbahnkreuzer – Sogar die Autobahnen werden von Fahrzeugen aller Art, von Tieren und Menschen gequert.
3. Das Wrack – Nicht selten schleichen auf dominikanischen Straßen wahre Autozombies, die jederzeit auseinanderzufallen drohen. Sie haben in der Regel kein Licht und keine Blinker. Abbiegen wird per Handzeichen signalisiert.
4. Der Vollader – Manche Fahrzeuge sind so voll gepackt, dass man fürchten muss, die Ladung könnte einem entgegenkommen. Extrem langsam sind sie auch. Abstand halten!
5. Der motorisierte Zweiradfahrer – Er ist auch auf Autobahnen unterwegs, kreuzt gerne abrupt die Fahrbahn, hat kein Licht,

In der Dominikanischen Republik geht auf der Straße alles. Das Schöne daran: Alle haben ihren Spaß! Wer strenge zentraleuropäische Regeln gewöhnt ist, mag sich zunächst schwer damit tun.

keinen Rückspiegel und keine Ahnung, was hinter ihm vorgeht. Immer auf alles gefasst sein!

6. Tiere – Laufen, stehen oder liegen mitten auf der Straße, v. a. Kühe, Leguane, Hunde, Esel und Hühner.

7. Der Macho-Mann – Fährt gerne einen Hummer oder einen ähnlichen Panzerwagen. Ballert die Straße entlang, als ob es kein Morgen gäbe und er alleine auf der Welt wäre. Cool bleiben!

8. Schlafende Polizisten – Heißen wirklich so. Gemeint sind die Betonschwellen in Ortschaften, die man häufig erst im letzten Moment erkennt. Teilweise bremsen auch tiefe Abflussgräben den Verkehr vor Kreuzungen.

9. Wache Polizisten – Stehen gerne am Straßenrand, halten willkürlich Autos an und suchen nach ›Unregelmäßigkeiten‹, die ab 150 RD-$ ›Trinkgeld‹ sogleich wieder vergessen werden.

10. Der Falschfahrer – In den meisten Orten sind außer den Durchfahrtsstraßen alle Einbahnstraßen, wobei die Richtung kaum jemals angezeigt wird. Mopedfahrer und Radler beachten die Regel meist nicht und können hier schnell in die Irre führen.

11. Der Straßenverkäufer – Steht mit seiner Ware auf dem Standstreifen, vor Ampeln oder schlafenden Polizisten (s. oben) und ist für jede Überraschung gut.

Go with the flow!

Allen Eigentümlichkeiten zum Trotz ist der Verkehr in der Dominikanischen Republik weniger verwirrend, als es zunächst erscheinen mag. Der Trick lautet: Go with the flow – halten Sie sich an die Fahrweise der Dominikaner. Fahren Sie geduldig, orientieren Sie sich ständig nach allen Seiten und rechnen Sie stets mit allem. Dafür dürfen Sie dann aber auch fast alles. Ein freundliches Lachen und ein Handzeichen gelten unter dominikanischen Verkehrsteilnehmern mehr als Verkehrsregeln und Schilder, die ohnehin nur als Empfehlungen betrachtet werden. ■

Philipp Lichterbeck reiste 2010 zum ersten Mal in die Dominikanische Republik. Er war sofort fasziniert von der vielfältigen Schönheit dieses kleinen Landes, das hinter der Fassade des All-inclusive-Tourismus so viel zu bieten hat. Lichterbeck arbeitet seit 2012 als Reporter in Rio de Janeiro. Er kennt fast alle Länder Lateinamerikas, aber die Dominikanische Republik ist eines seiner Lieblingsziele. Er kommt fast jedes Jahr auf die Insel, um zu recherchieren und Neues zu entdecken. Und natürlich auch, um Urlaub zu machen und Freunde zu treffen.

Abbildungsnachweis
Getty Images, München: S. 125 (Chel Beeson); 2/3 (EyeEm/Fabien Burgue); 136 (Jane Sweeney) **iStock.com,** Calgary (CA): S. 154/155 (Gabriela-Navarro); 54 li. (sansara) **laif,** Köln: S. 147 (Camera Press/Clara Molden); 283 (Camera Press/CTK); 45 (Christian Heeb); 6 (Clemens Zahn); 285 (eyevine/Xinhua News Agency); 121 M., 280 (hemis.fr/Bertrand Gardel); 157 M. (hemis.fr/Richard Soberka); 120 li. (Jan Riephoff); 7 o. li., 15 o. re., 54 re., 99, 183 u. re., 219 (Le Figaro Magazine/Eric Martin); 130 (Polaris/Alex Quesada); 259 (Polaris/Les Stone); 288 (REA/Francois Perri); 242/243, 260 (Redux/NYT/Meridith Kohut); 245 u. re. (Redux/NYT/Victor J. Blue); 156 re., 169 (Redux/Sarah Fretwell); 61 (robertharding/Angelo Cavalli); 7 re. (robertharding/Frank Fell); Umschlagklappe vorn, 293 (Thomas Linkel); Titelbild, 14 li. (Toma Babovic) **MATO,** Hamburg: S. 75, 254 (Guido Cozzi); 55 M. (Massimo Borchi); 8 (Matteo Carassale); 12/13, 156 li. (Susanne Kremer) **Mauritius Images,** Mittenwald: S. 275 (Alamy/Roger Hutchings) **Philipp Lichterbeck,** Rio de Janeiro (BRA): S. 7 u. li., 14 re., 15 M., 17, 18, 22, 25, 29, 30, 34, 39, 40, 42, 49, 52/53, 55 o. re., 57, 63, 68, 71, 73, 77, 81, 83, 85, 86, 88/89, 90 li., 90 re., 91 M., 91 o. re., 93, 95, 102, 108, 112, 114, 117, 118/119, 120 re., 121 o. re., 123, 129, 133, 142, 145, 149, 151, 153, 157 o. re., 159, 162, 165, 173, 175, 177, 178, 180/181, 182 li., 182 re., 183 M., 183 o. re., 185, 186, 190, 194, 196, 198, 203, 207, 209, 212, 214, 221, 222, 224, 232, 234, 240/241, 245 o. re., 248, 265, 267, 270, 272, 278 o., 278 u., 287, 295 o., 295 u., 299 **picture-alliance,** Frankfurt a. M.: S. 253 (dpa/UPI) **Shutterstock.com,** Amsterdam (NL): S. 121 u. re. (marekuliasz); 55 u. re. (photastic); 15 u. re. (Sunflowerr); 157 u. re. (Theera Disayarat); 91 u. re. (Vereshchagin Dmitry)

Umschlagfotos
Titelbild: Mann klettert auf Kokospalme (Bahía de Ocoa); Umschlagklappe vorn: Dorf Enriquillo

Kartografie
DuMont Reisekartografie, Fürstenfeldbruck
© DuMont Reiseverlag, Ostfildern

Autor: Philipp Lichterbeck **Bildredaktion:** Susanne Troll, Titelbild: Carmen Brunner **Grafisches Konzept und Umschlaggestaltung:** zmyk, Oliver Griep und Jan Spading, Hamburg

Hinweis: Autor und Verlag haben alle Informationen mit größtmöglicher Sorgfalt geprüft. Gleichwohl erfolgen alle Angaben ohne Gewähr. Bitte schreiben Sie uns! Über Ihre Rückmeldung und Ihre Verbesserungsvorschläge freuen wir uns: DuMont Reiseverlag, Postfach 3151, 73751 Ostfildern, info@dumontreise.de, www.dumontreise.de

1. Auflage 2020

Printed in China

Offene Fragen*

Gibt es hier Kühe, die im Meer grasen?
Seite 174

Hat eine dominikanische Tellerwäscherin in Madrid ein Restaurant übernommen und dann zwei Michelin-Sterne erhalten?
Seite 139

Wo finde ich einen richtigen karibischen Traumstrand?
Seite 232

Gibt es auch Badeorte ohne Rummel?
Seite 213

Sind Kreolen Ohrringe?
Seite 277

Ist die Dominikanische Republik gefährlich?
Seite 232

Saß Kolumbus in der Dominikanischen Republik wirklich im Kerker?
Seite 29

Kann man einen Ausflug nach Haiti machen?
Seite 105, 113, 150

All-inclusive oder auf eigene Faust?

Ist Merengue ein Dessert?
Seite 243

Wurde das Nationalgericht nach den Farben der dominikanischen Flagge benannt?
Seite 263

Muss ich mich vor Hexen in Acht nehmen?
Seite 289

Gibt es auch Orte ohne Sextourismus?
Seite 232

Hat der Pirat Francis Drake in der Kathedrale von Santo Domingo biwakiert?
Seite 246

** Fragen über Fragen – aber Ihre ist nicht dabei? Dann schreiben Sie an info@dumontreise.de. Über Anregungen für die nächste Ausgabe freuen wir uns.*